新编社会学系列教材

社会统计学概要

卢淑华 编著

The Outline of
Social Statistics

北京大学出版社
PEKING UNIVERSITY PRESS

图书在版编目(CIP)数据

社会统计学概要/卢淑华编著. —北京:北京大学出版社,2016.7
(新编社会学系列教材)
ISBN 978-7-301-27236-7

Ⅰ.①社… Ⅱ.①卢… Ⅲ.①社会统计—高等学校—教材 Ⅳ.①C91-03

中国版本图书馆 CIP 数据核字(2016)第 144622 号

书　　　名	社会统计学概要 Shehui Tongjixue Gaiyao
著作责任者	卢淑华　编著
责 任 编 辑	张盈盈
标 准 书 号	ISBN 978-7-301-27236-7
出 版 发 行	北京大学出版社
地　　　址	北京市海淀区成府路 205 号　100871
网　　　址	http://www.pup.cn
电 子 信 箱	ss@pup.pku.edu.cn
电　　　话	邮购部 62752015　发行部 62750672　编辑部 62753121
印 刷 者	北京虎彩文化传播有限公司
经 销 者	新华书店 730 毫米×980 毫米　16 开本　21.75 印张　383 千字 2016 年 7 月第 1 版　2020 年 8 月第 2 次印刷
定　　　价	50.00 元

未经许可,不得以任何方式复制或抄袭本书之部分或全部内容。
版权所有,侵权必究
举报电话: 010-62752024　电子信箱: fd@pup.pku.edu.cn
图书如有印装质量问题,请与出版部联系,电话: 010-62756370

前　　言

首先要解释为什么出这本书。作者已经编著了一本《社会统计学》,它自1989年问世以来,已为广大的高等院校相关学科所采用,目前修订到第四版,截至目前已累计印刷达26次,拥有了稳定的读者群,似乎没有必要再写这样的教材了。但北大出版社负责社会科学编辑部的耿协峰博士,以及我的责任编辑张盈盈,多次提起要我再写本供大专用的统计教材,在他们的催促下,我查看了一下每年大专招生的人数,发现其规模几乎和本科生是相当的。这样庞大的读者群,确实需要有本合适的教材。

于是我想起在上世纪80年代初期,社会学恢复不久,北京市社科院曾开设了中国社会学函授大学,当时由我全面承担"社会统计学"的课程,撰写社会统计学教材(内部),邮寄给全国学员,记得全国最多时学员达上万名。由于是函授性质,各地学员在学习中遇到不懂的问题,又都通过邮件寄给我,由我汇总整理后,再在校刊上一一作书面解答。另一方面,我还利用休息日,在北京为学员开设教材的大课讲解,但不久,由于函授大学停办,我的教材只印刷了3次就结束了。现在看来,当时的函授教材和积累的解答内容,倒是很适合作为撰写本教材的素材,就这样,我一方面参考了当时的教材和学员提出的各种问题,另一方面结合作者后续近二十年的统计教学经验,编写了这本供大专、专科学生40学时用的社会统计学简明读本,也算是新的尝试吧!

本书和《社会统计学》一书相比,章节作了大量剪裁,从原有的15章中只选了9章,而且每章内容又作了部分删减,力求做到少而精,但这并不意味着,本书只是《社会统计学》的剪裁本或浓缩本,相反,为了适应更基础一些的读者群,本书吸收了程序教学课本的元素,也就是国际流行的教育产品,公文式教育(全球通称KOMON)方式,书中以自问自答的方式,将内容化整为零,问题与问题之间有联系,知识点与知识点之间有联系,看似烦琐,但学生可以轻松、渐进地掌握到统计思想。因此本书辅导的篇幅和习题数量,比《社会统计学》明显增多,这是本书重要的特点。

本书除了第一章和第三章作一般性介绍外,其他各章在正文介绍后,分四部分来消化正文的统计内容:首先是本章内容的要点辅导,为了引起读者的注意,书中采用了问答的形式进行讲解;第二部分是解题辅导,根据各章内容,选择恰当的题型,给出详尽的解题过程和解释;第三部分,在掌握了要点和解题基础上,对各章内容作提问式的要点归纳;最后一部分是习题,除了计算题外,还参考了作者教学中历届的考题,增加了一部分选择题,同时为了便于自检、自学,习题都有详细的答案。可以说,本书是将授课内容与辅导内容融为了一体。

本书和《社会统计学》一样,用于讲解统计内容的实例,多取材于社会生活,浅显易懂,没有专业知识的障碍,因此本书不仅适用于社会学专业,其他相近的学科也是适用的。

对于本科生教学来看,本书亦可作为答疑解惑、作业练习的辅导教材。

在此定稿出版之际,我要感谢北大出版社几年来和我共同编稿、校稿、排版的编辑和老师,没有他们辛勤的劳动,本书的出版是不可能的。同时我要感谢北大社会学系讲授"社会统计学"的周飞舟教授,是他率领社会学系博士生吴柳财、秦鹏飞、左雯敏,以及硕士生李松涛、王斯敏悉心审稿,十分认真,包括标点符号都不放过,他们严谨的治学态度值得学习,同时也让我对本书的出版更增加了信心。

最后,谨向关心和促成本书出版的师生和广大读者致谢。作为大专教材是初次尝试,欢迎广大师生提出宝贵意见,无论是教材内容方面,或是印刷排版方面,都可直接寄北京大学社会学系卢淑华收,或是寄北京大学出版社社科编辑室张盈盈收,电子信箱是:ss@pup.pku.edu.cn。

作者
2016年5月5日于北京大学

目　录

第一章　社会学研究与统计分析 ………………………………………（1）
　　第一节　社会学研究的科学性 ……………………………………（1）
　　第二节　社会调查资料的特点和统计学的运用 …………………（7）
　　第三节　怎样选用统计分析方法 …………………………………（15）

第二章　单变量统计描述分析 …………………………………………（24）
　　第一节　分布　统计表　统计图 …………………………………（24）
　　第二节　集中趋势测量法 …………………………………………（42）
　　第三节　离散趋势测量法 …………………………………………（50）

第三章　概率基础 ………………………………………………………（75）
　　第一节　概率 ………………………………………………………（75）
　　第二节　概率分布 …………………………………………………（80）

第四章　正态分布和极限定理 …………………………………………（89）
　　第一节　什么是正态分布 …………………………………………（89）
　　第二节　标准正态分布 ……………………………………………（95）
　　第三节　标准正态分布表的使用 …………………………………（102）
　　第四节　大数定理与中心极限定理 ………………………………（106）

第五章　抽样 ……………………………………………………………（125）
　　第一节　引言 ………………………………………………………（125）
　　第二节　抽样调查方法 ……………………………………………（127）
　　第三节　抽样误差 …………………………………………………（130）
　　第四节　样本容量的确定 …………………………………………（136）

第六章　参数估计 ………………………………………………………（151）
　　第一节　引言 ………………………………………………………（151）

第二节　从局部推论到总体 ………………………………… (153)
　　第三节　参数的点估计 …………………………………………… (155)
　　第四节　总体参数的区间估计 ………………………………… (162)

第七章　假设检验 ……………………………………………………… (182)
　　第一节　引言 ……………………………………………………… (182)
　　第二节　统计检验中的名词 …………………………………… (186)
　　第三节　假设检验的步骤 ……………………………………… (190)
　　第四节　单总体假设检验 ……………………………………… (193)

第八章　列联表（定类变量—定类变量） ……………………… (209)
　　第一节　引言 ……………………………………………………… (209)
　　第二节　什么是列联表 ………………………………………… (210)
　　第三节　列联表的检验 ………………………………………… (221)
　　第四节　列联强度 ………………………………………………… (231)

第九章　回归与相关（定距变量—定距变量） ………………… (257)
　　第一节　回归研究的对象 ……………………………………… (257)
　　第二节　回归直线方程的建立与最小二乘法 …………… (260)
　　第三节　回归方程的假定与检验 …………………………… (264)
　　第四节　相关 ……………………………………………………… (272)
　　第五节　用回归方程进行预测 ………………………………… (284)

习题答案 …………………………………………………………………… (300)

附　表 ……………………………………………………………………… (323)
　　附表1　随机数字表 ……………………………………………… (325)
　　附表2　标准正态分布表 ………………………………………… (326)
　　附表3　t 分布表 ………………………………………………… (327)
　　附表4　χ^2 分布表 …………………………………………… (329)
　　附表5　F 分布表 ………………………………………………… (340)
　　附表6　相关系数检验表 ………………………………………… (341)

参考书目 …………………………………………………………………… (343)

第一章

社会学研究与统计分析

第一节 社会学研究的科学性

社会学是一门研究不断变化着的社会生活的科学,提起社会学研究,人们很自然地就会想到社会调查。社会学工作者凭借社会这样一个大工厂,对社会的资料进行收集、整理和分析,以便对社会学的假设、理论进行谨慎的求证。社会对于社会学来说,犹如实验室、工厂对于自然科学一样,它是进行科学研究的源泉和手段。通过社会调查进行社会学研究,其成果与自然科学通过科学实验获取成果具有同等的科学价值。社会调查在社会学的现代化科学研究中,扮演了重要的角色。下面让我们来回顾一下社会研究方法教程中所列举的社会调查研究的大致步骤。

一、确定课题

社会现象,包罗万千,如何从中确定研究的课题呢?首先,课题的研究必须具有社会价值;其次,还要考虑人力、物力的可能。社会学研究课题除了少部分来源于社会学理论外,大部分都是来源于当前的社会现实和要解决的实际问题。因此,社会学的研究具有强烈的时代感,是直接为国家现代化服务的。例如,为配合我国当前构建小康社会,社会学工作者进行了大量关于社会各阶层利益的调查、效率与公平的调查,这些都为国家的有关决策提供了可靠的依据。可以不夸张地说,社会学在社会信息全面的提供上,起到了其他学科不可替代的作用。

二、了解情况

在确定研究课题之后,通过查阅文献和向有经验、有知识的人,了解本课题已有的进展。同时,更重要的还要向社会进行了解。运用个案调查、典型调查进行探索性研究,了解人们现实的想法与动态,以便取得第一手资料。

三、建立假设

在前两步的基础上,明确研究的范围,并在初步探索的基础上,提出一定的想法和建立假设。

举例说,如果我们确定的课题是有关生育意愿的问题,那么,通过探索性研究,不仅对当前人们希望生育的子女数,有了一定了解(例如理想的子女数是2个),同时发现,生育的意愿是因人而异的。具体说,文化程度高的人,希望生育的子女数,就比文化程度低的要少些。城市的居民又比农村的居民希望生育的子女数要少些。这里我们不仅讨论孤立的社会现象,诸如:希望生育的子女数;文化程度;地区等等。同时还要研究社会现象之间的联系。例如:希望生育的子女数与文化程度之间的联系;希望生育的子女数与地区之间的联系。这称作命题或模型的研究。模型的表述有两种方式:

第一,差异式:差异式仅说明现象与现象之间存在关系。例如上面所谈的地区不同、生育意愿亦不相同,就是差异式模型。

第二,函数式:函数式不仅说明了现象与现象之间存在关系,而且还说明了两者间变化的方向:

$$A 高则 B 高(正比)$$
$$A 高则 B 低(反比)$$

例中文化程度愈高,则生育意愿愈低就是反比关系。

需要强调的是,以上无论是对孤立现象的了解或模型的表述,都只是一种初步想法,或称假设,最终能否确认,还必须通过实践的检验。

四、确立概念和测量方法

通过上例可以看出,在社会学的研究中,需要采用适当的术语或概念来描述研究的对象。例如上例中就运用了"生育意愿"这样一个概念。概念是进行研究的基本单位,它犹如建筑大厦中的基石。通过它,才能建立起整体间的联系。概念一般具有抽象的属性,没有时间和空间的限制。抽象层次越高,所概括的现象越广。

概念不仅包括人们习惯了的一些术语,例如:性别、职业、文化程度,同时还包括根据研究需要所构造出来的术语,又称概念。例如社会化、都市化、社会地位、社会适应、职业流动、和谐社会、白领犯罪、社会角色等等。这些术语在使用时,除了要考虑到社会约定俗成的解释外,都必须给出作者的定义,以免混淆。例如"角色"这个概念,其含意既可指客观对行为者的要求,也可指行为者主观上对自己的要求,还可指行为者的实际行动等等。这些在使用中都必须有明确的界定。其次,上面所说的定义还只是抽象性的。为了进一步开展定量研究,还必须对所运用的概念建立定量测量的方法。犹如自然科学中仅仅知道了温度的定义和公式还不够,还必须有人发明温度计来测量温度。社会学研究中所涉及的概念,也必须用一串可以观察、可以测量的指标来模拟它。这称作概念的操作化定义。试比较以下一组概念的抽象定义和操作化定义(表1-1)。

表 1-1

概念	抽象定义	操作化定义
都市化	现代都市的生活形态。	妇女就业人数;子女数;交通;通信手段等等。
个人现代化观念	一个人由于经济、工业等现代工业因素的影响所产生的内部变化。	对时间、效率、家庭、亲属、消费、自信等具体问题的看法。
子代偏重	经济上、感情上和生活上对子代过分的偏重。	子代抚育费与家庭平均消费的比较;子代过生日与长辈是否过生日的比较;花在子代闲暇时间的多少等等。

可见,抽象概念通过操作化定义得到了测量和量化。操作化定义就其本质来说,只是对抽象概念的间接测量。而间接测量的手段往往不是唯一的。正像通过液体体积变化来间接测量温度一样,温度计里装的液体既可以是水银,也可以是酒精。同样,操作化定义对于同一个概念也不是唯一的。如果进一步问,温度计里是装水银好?还是装酒精好?答案是,要看水银和酒精随温度体积的变化,哪个变化更大、更灵敏,哪个就更好。同样一个抽象概念的操作化定义,也有好坏之分,好的操作化定义不仅应尽量模拟和包含抽象定义的内容,而且应灵敏的反应抽象概念的变化,也就是测量的信度与效度问题。

一般来说,一个效度高的操作化定义并不是很容易设计出来的。如果说统计分析技术还可以借助于统计工作者协助的话,那么,操作化定义的设计必须由课题研究人员自己来完成。而操作化定义设计的好坏则取决于研究人员对课题理解的深度、情况的掌握以及研究的素质和艺术。

研究概念及其操作化定义，就是要研究它在数量上或质量上有哪些变化。这些变化可以看作是概念表现形式的多值性。因此，概念可以称作变量，而它的各种表现形式就是变量的不同取值。例如性别是概念，也是变量，而男和女则是变量的两种可能取值。下面列举一组变量及其可能的取值（表1-2）。

表 1-2

变量	变量的可能取值
性别	男；女
家庭子女数	1个；2个；3个……
重要性	非常重要；一般；不重要
文化程度	大学；中学；小学；文盲

五、设计问卷

问卷是指一组与研究目标有关的问题。这些问题则是根据概念操作化所提出的。问卷包括的内容一般有：

(1) 事实：被访人的年龄、性别、职业、文化程度等等。这些事实属于基本资料，在分析过程中，往往被当作自变量来考虑。

(2) 态度与看法：被访人对某种行为、政策是否赞成，对某种职业的评价等等。

(3) 行为趋向：行为趋向具有假设性。要了解的往往是在某一种情况下，被访者会有什么样的行为。

(4) 理由：了解被访人采取某种态度和行为趋向的原因。

问卷的回答有两种方式：固定答题式和自由答题式。固定答题式一般是多种答案选择，这种问卷在大规模调查中经常使用。固定答题中答案的设计，取决于研究人员对问题实际情况了解的程度。为此，在探索性研究阶段，不妨采用自由答题式，以便收集到更多的活思想、新情况。

六、试填问卷

把问卷发给研究对象中的少数人试填，以便使问卷设计不周或遗漏之处，尽量在试填阶段予以纠正。否则，当大规模调查一经开始，纠正起来将相当困难,甚至不可能。这点凡具有实际经验的人,都知道它在调查研究中的实际价值和不可缺少性。

七、调查实施(抽样调查)

设计好问卷,下一步就可以开展大规模社会调查收集资料了。社会学研究,很少采用全面调查,一般都是从研究总体中,科学地抽取一部分进行研究,然后从局部推论到全体。但即便是抽样社会调查,一般调查人数也在数百人以上。因此对于大型抽样社会调查,培训访问员协助调查是必需的。但研究人员在问卷调查中,自己也要参加一部分实地调查,以便及时发现问题,指导访问员和对访问员进行质量检查。

八、校核与登录

问卷回收之后,应立即逐份进行校核,看看是否有填错或明显不合理的部分。例如初婚年龄过小或家庭成员之间关系前后填写有矛盾,或编码不合理等等。情况发现愈早,纠正起来愈方便。否则,时过境迁,无论访问员或被访者回忆起来,都将十分困难。问卷校核之后,可以将资料录入计算机保存起来,以便进一步处理。

九、统计分析与命题的检验

问卷回收的资料还只是原始的数据,它必须经过整理、归纳与分析,才能作为研究命题或假设的凭据。而资料的整理、归纳、分析以及如何收集资料,正是统计分析所要讨论的基本内容。

进行统计分析,其计算量一般都很大。目前这些大量重复、令人困倦的计算工作,一般都委以计算机去完成。例如国外常用的社会科学软件包有:SPSS,SAS,LISREL 以及 STATPAC 等等,这些都有专门的软件包课程讲授。

通过统计分析,可以进行以下几方面工作:检验最初研究阶段的命题或假设是否得以证实或部分证实,并在此基础上对研究内容提出建议和确定进一步的研究方案。可见,社会研究方法是遵循了人们认识真理的基本规律的。那就是理论来源于实践,而又必须受到实践的检验。人们在理论联系实践的多次循环认识中,逐步掌握了事物的客观规律。

总结以上所谈的步骤,可以看出社会研究包括了不可缺少的两个层次(或两个层面)的结合(表1-3)。

表 1-3 科学研究方法

抽象层		概念	命题	理论
	经验层			
研究设计	原则	观察 量度	测定 分析	测定 分析
	数据	搜集	使用计算机对数据记录、储存、管理与分析。	

抽象层次包括前面列举的一、二、三步骤,主要目的在于确定课题、概念以及概念与概念之间假设的关系(命题)或一组命题。但作为科学研究,仅此还不够,还必须得到经验层次支持与证实。为此,必须搜集数据。而概念与搜集之间,必须通过观察与量度才能使研究得以量化。这就是研究设计的概念操作化。作为研究,一般都要分析社会现象与现象之间的关系,因此,在对概念进行操作化,搜集数据的同时,还要对所假设的命题或理论进行测定、分析和检验。而社会学工作者的能力则表现在自由穿梭于两个层面、富于想象而又清晰、明朗,这就是要求具有良好的社会学想象力。

下面用一个简化的循环图来说明社会学研究称之为科学研究的进程,它又称科学环(图1-1)。其中,社会学理论和假设是指导我们应该收集那些资料,它是研究的基础,是定性的研究。而实践和经验概括则要解决资料如何收集,如何整理,如何分析和如何推论。

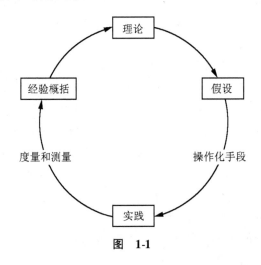

图 1-1

以上介绍了社会学研究全过程,它不仅适用于社会学的学术研究,也适用于从事具体的社会调查,如常见的民意调查、商业调查、专项调查等。所不同的是,这些调查的内容比较简单,目的性强,没有复杂的模型假设,概念是具体的、可操作的,问卷内容短小精悍,便于回答,但抽样实施仍然要遵循科学的原则,调查结果要有科学的分析,这些正是本教材所要介绍的内容。

第二节 社会调查资料的特点和统计学的运用

上节介绍了社会调查研究的全过程,下面将从概念的操作化定义(变量)所收集到资料的特点,阐明分析资料需要采用统计学的原因。

一、社会调查资料的特点

(一) 随机性

所谓随机性,指的是客观现象所具有的不确定性。客观现象可以分作确定性现象和非确定性现象。例如,物体在重力作用下的降落是确定性的。我们只要知道物体开始降落时刻的高度和速度,就可以完全肯定的预言在随后任一时刻的运动情况。同样,水在常压下,加热到100℃必然沸腾,这也是确定性现象。对于确定性现象,其因果关系可归纳为:

若 A,则必有 B。

A 与 B 之间,存在着确定性的函数关系

$$B = f(A)$$

和确定的函数图形(图1-2)。

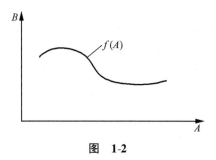

图 1-2

非确定性现象是指在某种条件下可能发生也可能不发生的现象。同样,如果把所指的某种条件也看做是一种现象,那么这两种现象可以说存在着某种关

系,但却不是唯一的,是非确定性关系。比如说,如果两性具有同样的价值观,则他们就可能结为伴侣。这里只存在可能性,而非必然结为伴侣。实际上同样的价值观只能是两性结合的一项重要条件,但并不是全部条件。因此非确定性关系可归纳为:

若 A,则可能有 B,
    但也可能有 C;
        D;
        E。

A 与 B 之间,表现为非确定性关系。A 和 B 之间虽然没有确定的函数关系和确定的函数图形,但 A 和 B 之间,仍然存在某种联系,其图形为(图1-3):

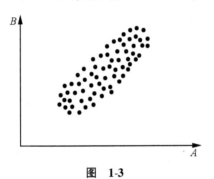

图 1-3

通过散布图(图1-3),我们仍能看出 A 与 B 之间的联系。例如,身高与体重之间之关系就表现为如上的散布图。

任何社会现象产生的原因都是十分复杂的。当我们仅研究其中的某一个或某几个因素时,剩下的未被研究的因素就可能处在不同的状态,从而导致现象不能完全地确定。因此,大部分社会现象都具有非确定性,现象与现象之间联系的命题也往往是非确定性的。我们不能像水到100℃必然沸腾那样来预言人到了某一年龄必然结婚。同样,也不能像抽查一滴水而知所有水的成分,或抽查一部分人就知道全体人的情况。下面举例说明。

[例]1. 下面列举了某企业全部女工的结婚年龄。假设总数 $N = 100$(表1-4)。

表 1-4

人名代号	1	2	3	4	5	6	7	8	9	10	11	12	13	14	15
结婚年龄	25	25	24	27	25	26	24	28	27	26	25	25	26	22	21
16	17	18	19	20	21	22	23	24	25	26	27	28	29	30	31	32	33	34
25	25	27	22	24	26	27	28	24	26	27	25	25	26	27	28	27	24	27
35	36	37	38	39	40	41	42	43	44	45	46	47	48	49	50	51	52	53
26	29	27	22	22	19	24	27	26	24	20	30	26	25	24	27	32	25	26
54	55	56	57	58	59	60	61	62	63	64	65	66	67	68	69	70	71	72
24	25	24	19	25	25	27	23	30	21	25	28	19	24	26	27	25	25	26
73	74	75	76	77	78	79	80	81	82	83	84	85	86	87	88	89	90	91
24	22	26	28	25	25	26	26	24	25	25	26	27	25	24	22	23	26
92	93	94	95	96	97	98	99	100
28	26	24	28	26	25	25	27	24

企业女工的平均结婚年龄(总体平均值):

$$\bar{n} = 25.26 \text{ 岁}$$

现在如果进行的不是全体统计,而是抽查。例如从中任意地抽查十名,并计算抽查的平均结婚年龄。并假设这样的抽查共进行了四次。于是有:

$$\bar{n}_1 = 25.9 \text{ 岁}$$
$$\bar{n}_2 = 25.7 \text{ 岁}$$
$$\bar{n}_3 = 25.5 \text{ 岁}$$
$$\bar{n}_4 = 26.1 \text{ 岁}$$

可见,四次抽样结果相互都不相等,且都不等于总体的平均值:

$$\bar{n}_1 \neq \bar{n}_2 \neq \bar{n}_3 \neq \bar{n}_4 \neq \bar{n}$$

读者如果有兴趣,不妨自己也试一下:把人名代号作为一百个阄,充分搅乱,从中摸十个,计算它的平均结婚年龄。

从上面四次抽样结果可以看出,对于社会调查资料,不存在局部平均值等于总体平均值的公式。这是和确定性现象"化验一滴水的成分就知道所有水的成分"所不同的。

下面再举一个总体百分数不等于抽样百分数的例子。

[例]2. 以下列举某企业职工对独生子女的看法。其中括号内的人名代号表示不赞成独生子女的。假设男、女总数都是100名(表1-5)。

表　1-5

男：

1,2,3,(4),5,6,7,8,(9),10,(11),
12,13,14,(15),(16),17,18,(19),20,21,22,
23,(24),25,26,27,(28),29,(30),31,32,33,
34,35,(36),(37),(38),39,40,(41),42,43,
44,45,(46),47,48,49,(50),51,52,53,(54),
55,(56),57,58,(59),60,(61),(62),63,64,
65,(66),67,68,69,70,(71),72,73,74,(75),
76,77,78,(79),80,81,82,83,(84),85,86,87,
88,(89),90,91,(92),93,94,(95),96,(97),
98,99,(100)。

女：

1,(2),3,(4),5,6,7,(8),9,10,(11),
12,13,14,15,(16),(17),18,19,20,21,22,
23,(24),25,26,(27),28,29,(30),31,32,(33),
34,35,36,(37),(38),39,40,(41),42,(43),
44,(45),46,47,48,(49),50,51,52,53,(54),
55,(56),57,58,59,60,(61),62,63,64,65,66,
(67),68,69,70,(71),72,73,74,(75),76,77,
(78),(79),80,81,82,(83),84,85,(86),87,
88,(89),90,91,(92),93,94,(95),(96),97,
98,99,100。

于是，总体情况有(表1-6)：

表1-6　总　体　状　况

	男	女
赞成	70人	70人
不赞成	30人	30人

与[例]1一样,为了比较总体与抽样结果,再进行抽查。每次男、女各25人。抽查的方法,仍然是抓阄,这样可以排除主观因素的干扰。下面列出二次抽查的结果(表1-7和表1-8)。如果读者有兴趣,不妨可以再抽几次,并记录其抽样结果。

第一章　社会学研究与统计分析

表1-7　第一次抽查

	男	女
赞成	17人	20人
不赞成	8人	5人

表1-8　第二次抽查

	男	女
赞成	20人	18人
不赞成	5人	7人

比较表1-7和表1-8两次抽查的结果,其中第一次不赞成的人数是男多于女,而第二次却是女多于男。而我们知道实际总体(表1-6)中男、女不赞成的总数是相等的,都等于30%。可见,抽样结果的男多于女或女多于男都不反映总体的真实情况。

(二)统计规律性

以上谈了社会调查资料的随机性、多种可能性或不确定性。由于存在着不确定性,因此在统计分析时,不能把局部的抽样结果或特征就看做总体的特征,但不确定性只是随机现象的一个方面,另一方面则是它潜在的统计规律性。婴儿的性别比就是一例。各家各户生男生女纯属偶然,但表1-9所列某市婴儿出生的情况,清楚地表明男、女的性别比在大量统计的基础上却一直在50%左右摆动。

表1-9　某市1956—1975年婴儿出生数及所占百分比

出生年份	男性		女性	
	人数	百分比(%)	人数	百分比(%)
1956	68688	51.0	66102	49.0
1957	71803	50.0	71768	50.0
1958	59931	48.8	62868	51.2
1959	55675	49.7	56441	50.3
1960	59564	49.1	61831	50.9
1961	50464	49.6	51346	50.4
1962	76986	51.8	71628	48.2
1963	92953	51.5	87598	48.5
1964	60033	51.6	56250	48.4
1965	43089	51.4	40811	48.6
1966	37461	51.8	34892	48.2
1967	37066	51.7	34585	48.3

(续表)

出生年份	男性		女性	
	人数	百分比(%)	人数	百分比(%)
1968	53194	51.5	50006	48.5
1969	46385	51.7	43418	48.3
1970	41504	51.8	38653	48.2
1971	37507	51.4	35476	48.6
1972	35742	51.5	33635	48.5
1973	33046	51.5	31098	48.5
1974	24219	51.6	22729	48.4
1975	22062	51.8	20547	48.2

资料来源:《社会》1983年第2期。

可见,表面杂乱无章的随机现象,实际上是有其内在规律性的。恩格斯说过,"在表面上是偶然性在起作用的地方,这种偶然性始终是受内部的隐蔽着的规律支配的,而问题只是在于发现这些规律"[①]。表1-9中婴儿性别的百分比就是隐蔽着的内部数量规律。这种规律性随着观察数目的增加将越为明显。

结论:对于随机现象,人们要看到它的两面性,一方面是不能简单地把抽样结果就当作总体的结果;另一方面,两者也并非毫无关系,两者存在着统计的内在规律性。正是这种规律性,使我们透过抽样可以推论总体。也就是说,抽样结果与总体性质是两个既有差别又有内在联系的两个量。

二、统计学的运用

统计学一词源远流长,它的含意随着时代的进步也在不断地变化。它的发源可追溯到拉丁词"*status*",是中世纪拉丁语中国家的意义。最初统计学是用文字描述一个国家的情况和制度。到19世纪,统计学逐渐形成狭隘的意义:"用数字的方法说明国家的特征。"后来管理国家要掌握的数字(据)实在太多,而且还涉及如何收集这些数据,于是统计学被用作是指这类数据收集、整理、分析和推论的方法。

从收集具有数据意义的统计资料来说,社会统计应包括一切与社会研究有关的定量数据。从这个意义上来说,要界定社会统计学的领域与范围是很不容易的。因为统计的内容是不断变化的,同时与部门统计也有一定的重复。例如婚姻和家庭的统计,既是人口学感兴趣的,也是社会学感兴趣的;健康与疾病的

---

① 《马克思恩格斯选集》第4卷,人民出版社1995年版,第247页。

第一章 社会学研究与统计分析

统计既是医学工作者感兴趣的,也是社会统计感兴趣的。例如,我国国家统计局制定了《社会统计指标体系(草案)》,其中规定了社会统计内容有十三个大类:(1) 自然环境;(2) 人口与家庭;(3) 劳动;(4) 居民收入与消费;(5) 劳动保险与社会福利;(6) 住房与生活服务;(7) 教育与培训;(8) 科学研究;(9) 环境与卫生保护;(10) 文化与体育;(11) 生活时间分配;(12) 社会秩序与安全;(13) 政治活动与社会活动参与情况。

本书要介绍的社会统计学,并非指上面所介绍的具有数据意义的资料统计,而是它的最后一种含义,即介绍有关社会调查资料收集、整理、分析和推论的统计方法。基于本节前面所介绍社会调查资料的随机性,以及由此产生的抽样结果的不确定性,决定了社会调查资料的分析和推论只能采用研究客观世界随机现象的数学工具,在我国称数理统计学,在西方称统计学,它是原有统计学含意的延伸和发展。

数理统计学的分析方法不仅可以用于社会调查资料的分析,它在其他一切具有随机现象的领域都有着广泛的运用。例如它用于教育学称教育统计学;用于医学称医学统计学;用于体育称体育统计学。这些应用统计学虽然运用的领域各不相同,但由于所用的数学理论工具都是以概率论为基础的数理统计学,因此各应用统计学介绍方法的框架大致相同。所不同的是多结合本学科的内容介绍统计的方法,以便读者更直接地学到统计学在本学科的运用。从这个意义上来说,各领域的应用统计学应加强联系。读者不仅要看本学科的统计分析,还可以看看其他领域的统计学,以便不断吸收其他学科在统计方法上的新成就。实际上,各学科的统计学家也正是这样做的。例如 1921 年遗传学家 S. Wright 首创的路径分析,60 年代为 Simon 和 Blalock 引进社会学后,已成为社会学因果分析中一个强有力的工具。

以上谈了社会统计学和其他应用统计学的共性。但是社会统计学也有它一定的特殊性。首先社会研究的内容往往是一些抽象概念,它只有经过操作化定义,形成一系列明确的问题,才能收集资料。因此社会学家除了关心社会统计分析,还要关心如何设计好问卷。其次,社会统计分析中资料收集的对象是人而不是物。对于被测量对象是物体来说,它是不可能拒绝被测或故意显示不正确的结果的,除非测量的仪器出了毛病。但是对于测量的对象人来说,是有主观意识的,他可以拒绝合作和回答,或虽然回答,但内容并不真实,因而收集资料本身要困难得多且误差很大,因此如何对付收集资料中的种种困难,提高有效问卷的回收率,也是进行社会统计分析的独特课题。此外社会统计中收集到的资料,往往有很多是低层次的变量,如定类、定序变量①。因此定类、定序变量统计分析方法在社会统计学中占有很大的篇幅。

三、统计分析的作用及主要内容

以上介绍了社会统计资料的特点,以及运用数理统计学作为资料分析、推论主要手段的必要性。下面根据本章的社会研究循环图(图 1-1)来分析在研究的哪些环节中需要运用统计分析,或者说,统计分析的前导是什么。首先在理论和假设阶段,基本上运用定性分析。对于操作化手段,也不是统计分析所能解决的。正如前面指出,它取决于研究人员对问题理解的深度和研究水平。正如医生对病情的询问,必须弄清楚哪些疾病可能会有哪些特征一样,否则将是无的放矢。经过多年国内外社会学工作者的努力,已累积了不少行之有效的概念操作化定义,简称量表。例如态度量表、生活满意程度量表、精神健康量表等等,这些都可作为进一步开展社会学研究的借鉴。

可见,没有理论、假设的定性研究,就没有进一步定量分析的基础。而没有操作化手段就无法完成定性研究向定量研究的转化。因此,理论、假设、操作化都是统计分析的前导。或者说,统计分析是否确有价值、是否正确都是以前导研究为基础的。

在实践和经验概括阶段,要完成资料的测量和度量,为此要研究资料如何收集、整理、分析和推论,以便验证初始的理论、假设。这时需要用到统计分析。但是要指出的是统计分析的完成是一个整体。例如,正确的分析来源于正确地收集资料,因此,如果数据的收集没有按照统计分析的要求去做,或者资料的收集不可靠,那么统计分析的结果就可能是虚假的。而我们知道,虚假信息甚至比没有结果还会产生更大的危害。因此,广义来说,统计分析的前导,不仅包括理论、假设、操作化,而且包括科学的收集数据、回收资料的信度和效度。这些条件就构成了统计分析能否被成功运用的前提或假定。可见,统计分析在社会调查研究中的功用,主要表现在经验层次的大面积数据处理方面。有人认为统计学应称作数据科学也是不无道理的。的确,统计学是数据分析理论和过程的主体。当然这样说,也并不排斥在定性研究阶段,运用统计技术对资料的信度与效度作一定的评估。

总之,在资料分析之前,一定要注意使用统计分析的前提是否满足:资料的信度和效度;资料收集的科学性;资料在总体中的分布是否满足统计分析的要

---

① 变量层次见本章第三节。

求等等。

除了以上要注意的问题外,还须强调的是对于统计结果不能轻率地作因果的结论。举例说,统计资料表明,经常服用补钙品的人群,骨折的比例反倒高于不服用补钙品的人群,那是否意味着补钙会引起骨折呢？不,这是由于统计中补钙的人群多为老人,不服用补钙品的多为青、壮年,而老人骨质下降,才是引起骨折的主要原因。

本书统计分析主要分两部分:统计描述和统计推论。在统计描述的分析里,主要介绍资料的整理、分类和简化或特征研究。在统计推论中,主要介绍参数估计、假设检验、回归、列联。

第三节 怎样选用统计分析方法

在前几节里,我们介绍了社会研究的全过程,分析了贯穿在全过程中两个层次的相互作用,并指出概念的操作化定义是两个层面之间、定性研究与定量研究之间的接口。在经验层次中,数理统计学是社会调查资料进行定量分析的强有力工具。

在着手统计分析之前,应对收集的数据,明确以下几个问题,以便选择恰当的统计方法。

一、全面调查与非全面调查

在经验层次中,从收集资料来看,不外两种情况:一种是对所研究全部对象都进行观察与调查,从而掌握整个单位的全部资料,这种调查称作全面的调查。例如国家统计机关所颁发的各种统计报表或小范围的调查,常采用这种方法。另一种是在全部研究对象中只调查其中的一部分,称作非全面调查。例如个别访问(个案调查)、典型调查、解剖麻雀等等,在非全面调查中,以概率抽样法或简称抽样调查最为重要,它是大型社会调查最常用的方法。所谓抽样调查,就是在一定条件下,不是抽取总体的全部单位,而是科学、客观地抽取总体中一部分单位来加以研究,其目的是获得对于总体性质的正确叙述。

对于全面调查,一般可使用统计描述,所谓统计描述是将所观察的数据、资料,进行整理、归纳和分析,以期找出某些规律。常用的统计方法有频次分布、统计图、统计表、集中趋势测量法、离散趋势测量法、相关等等(详见第二章)。

对于抽样调查,根据社会调查资料随机性的特点,我们不能简单地将部分资料的结论当作总体的特征,因此,仅用统计描述对抽样调查资料进行分析是不够的,还必须根据统计资料的统计规律性,运用概率论,正确地从局部推论到全体。这种根据不完全数据对全体作出正确推论的方法称作统计推论,又称统计归纳。

二、单变量与多变量

在统计分析之前,除了要研究是全面调查还是抽样调查外,还要研究是单变量还是多变量。

如果是单变量,调查的内容仅包括一个或多个相互独立的概念。这时需要对每个独立的变量研究它有哪几种可能变动的情况,有多少人次(频次)或比例(相对频次),其集中和分散的特征如何(详见第二章)。

对于二变量即命题的研究,除了依单变量研究外,还要研究两个变量之间是否存在关系,如果确定了存在关系,那关系的密切程度(强度)又如何?此外,如果资料来源于抽样调查,还要研究这些结论能否推论到全体。

对于多变量的研究,情况将更为复杂。它们除了两两之间可能存在联系,而且还可能存在网状、链状、一因多果或一果多因等多种联系。这些都属于更高层次的统计技巧。

以下是假想的有关儿童行为受父母、祖父母、学校、社会结构、规范因素等影响的多变量分析图,详见图1-4。

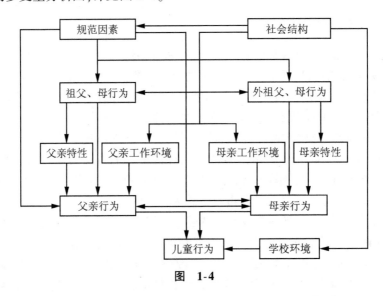

图 1-4

三、变量层次

在本章第一节(表1-2)里,我们列举了变量及其可能的取值。为了解变量可能的取值所代表的不同特征,现从中挑选三个有代表性的变量值(表1-10),它实际反映了不同的变量层次。对于性别,它的取值只有类别属性之分。对于重要性,它的取值除了属性还有程度、顺序之分。对于家庭子女数,各取值除了有顺序可比外,变量值之间还可以加或减。例如可以说三个孩子的家庭比二个孩子的家庭多一个孩子:$3-2=1$。

(一) 定类层次的变量

定类变量是变量层次最低的。它的取值只有类别属性之分,而无大小、程度之分。根据变量值,只能知道研究对象是相同或是不同。例如:表1-10中的第一个变量性别,又如婚姻、民族、出生地等等。从数学运算特性来看,定类变量只具有等于或不等于($=$、$\neq$)的性质。

表 1-10

变量	变量的可能取值
性别	男;女
重要性	非常重要;较重要;一般重要;不太重要;不重要
家庭子女数	1个;2个;3个……

(二) 定序层次的变量

定序变量的层次高于定类变量。它的取值除了有类别属性之外,还有等级、次序的差别。其数学运算特性除具有等于或不等于($=$、$\neq$)之外,还有大于或小于之分($>$、$<$)。常见的定序变量有教育程度(文盲、小学、初中、高中、大学),社会经济地位(上等、中等、下等),积极性(很积极、一般、不积极)以及(表1-10)中的第二个变量"重要性"等。

(三) 定距层次的变量

定距变量的层次又高于定序变量。定距变量的取值,除了类别、次序属性之外,取值之间的距离还可用标准化的距离去量度它。其数学运算特性除了等于、不等于;大于、小于($=$、$\neq$;$>$、$<$)之外,还可以加或减($+$,$-$)。例如(表1-10)中的家庭子女数,如果用一个孩子为单位作为标准化的距离,那么两个孩子的家庭就比一个孩子的家庭多出一个孩子。

（四）定比层次的变量

定比变量是最高层次的变量。它除了具有上述三种属性之外，其取值还可以构成一个有意义的比率。例如，年龄有一个真正有意义的零点（即刚出生），故我们可以说一个年龄30岁的人比一个10岁的人长三倍。

（五）不同层次变量数学运算特性的比较

以下是不同层次变量可作数学运算特性的比较（见表1-11）。

表 1-11

数学运算特性 \ 层次	定类	定序	定距	定比
=, ≠	√	√	√	√
>, <		√	√	√
+, −			√	√
×, ÷				√

本章要点辅导

1. 社会调查在社会学研究中扮演什么角色？

[解] 社会调查对于社会学研究，犹如科学实验对于自然科学的研究一样，它是检验社会学理论的源泉与手段。社会学工作者凭借社会这样一个大工厂，通过社会调查，对社会的资料进行收集、整理和分析，以便对社会学的假设、理论进行谨慎的求证。因此，社会调查在社会研究中，扮演重要的角色。

2. 社会调查和科学实验有什么不同？

[解] 科学实验是科学工作者根据研究的需要，在实验室制造出理想的实验环境，对实验对象进行重复的实验，以期研究科学的规律。以距今450年前人类历史上第一个被发现的定律"气体体积和压强成反比"为例，当时英国科学家波义耳（Boyle）在恒温的环境下，通过改变密闭容器中压力，观察气体体积之改变。这里我们看到科学实验的特点，首先是创造良好的实验环境，以便排除非研究因素对实验结果的影响，例如实验中的温度，就是我们并不研究但要影响实验结果的非研究性因素，因为物体普遍存在热胀冷缩的特性，空气当然也不例外，为此我们必须保证实验环境是恒温的。此外容器必须是密闭的，否则空气有泄漏，体积也会改变，所以空气必须是定量的。满足这些条件后，还必须满足实验过程中，压力可以随意改变，以期观察实验结果的可重复性。

这些进行科学实验的要素，很遗憾，在社会研究中很难实现。首先我们很难找到一个社会现象，能像研究体积那样，只被压力和温度两个仅有的因素所制约。社会现象研究的对象离不开人，而人的行为，除了客观因素，还有主观意识，所以它的因果联系，绝非一两个因素所能解释，甚至还有很多尚不被认知的因素，凡此种种，都使实验环境很难完全地排除非研究因素的影响。同时，我们也不能随意的变动要研究的因素，例如，我们研究年龄和生活满意度的关系，我们既不可能营造出特定密闭的社会环境，更不能人为地改变被调查者的年龄。因此，为了研究，我们只能另辟蹊径，这就是通过社会调查，从社会中就地取材，收集资料。为了模拟年龄变化与满意度的关系，我们采用一次性收集不同年龄段人群的资料，把各年龄段人群满意度的不同，作为年龄与生活满意度的表述。但这和实验室的研究毕竟有所不同，因为社会调查的对象，是群体中的一个个体，一群人中的个体，千差万别，很可能存在我们未知或虽然知晓但无法控制的因素，最终将影响调查的结果。另外，为了排除时间因素的干扰，往往采用将所有可能的因果联系，放在一张问卷中同时调查，但这种照相式的资料收集，分析时就失去了前因后果，时间逻辑上的实证。加之调查的对象，是有主观意识的人，又不像物那样可信。因此社会调查从收集开始，比之科学实验就难得多，成果也不易得到承认，有时还要靠生活中的常识及感受予以印证，当然这对成果有点尴尬。这些问题，已逐步为社会学工作者所意识，例如，美国社会统计学创始人 Hubert M. Blalock 教授对此也并不讳言，他在 1984 年来华讲学中就提到："对于成果，一要谦虚，二要有点幽默。"总之，这向研究者敲起警钟，必须严肃认真、谦虚谨慎的对待社会调查和由此所作出的结论。

3. 概念与构念是否有区别？

[解] 概念与构念都是抽象名词，都是从一类事物中归纳出来的共同属性。但概念包括的范围更广泛些，一般从人们常用的中术语中演变而来。例如性别、文化程度、收入、宗教信仰等等。构念是更学术化的概念，是科学研究根据研究需要设计出来的概念，如智商、城市化、绿色经济等。概念是社会研究的基本单位。

4. 概念与变量是否有区别？

[解] 在科学研究中，概念或构念在质和量上是有所变动的，因此概念可被等效为变量进行研究，可以说，变量就是概念数量化的表示方法。

5. 如果测量的概念相同，设计的问卷是否也应该相同？

[解] 不一定。因为问卷只是抽象概念的操作化定义，这是一种间接测量，而间接测量是不唯一的。就像很多老师用同一种教材，但出的考卷可以不尽相同。

6. 那么，问卷是否有好坏之分？

[解] 有。衡量问卷一般用两个标准：信度和效度。

所谓信度是指测量的结果是否可靠。例如考试作弊，问卷填答不负责任，这样的测量结果都是不可靠的，如果问卷的结果不可靠，后续的工作都失去了意义，可以说，收集资料的信度，是资料处理的前提和保证。

所谓效度是指测量的结果是否正确反映了所要研究的概念。例如，为了解老人的健康状况，问卷中提了这样的问题：

"你上星期去看过病吗？"

显然，用这样的问题测量老人的健康状况是不全面的。此外，问卷的用语应接近生活，不要用专业用语,以免歧义。总之,效度就像秤上的秤砣,秤砣不准,称出的结果也是不可能准的。

7. 问卷的信度和效度在统计分析中能否检查出来?

[解] 不能。本书所介绍的社会调查,统计分析是处于调查的最后阶段,也就是社会调查的收获阶段。统计分析是基于前面各步骤正确的基础上进行的。例如问卷中设计的问题,通过良好的操作化定义,保证了测量的效度;调查对象的确定,是依据了科学的抽样程序;调查阶段的回答是真实可靠的,凡有不实之处,调查员已尽可能给予了纠正。有了这些前导步骤的保证,统计分析才是有意义的。

应该说,社会调查方法课程介绍了社会调查过程中前导的各步骤,而社会统计学课程介绍了资料统计分析,两门课程结合起来,完整地介绍了社会调查全过程。

8. 什么是确定性现象?

[解] 确定性现象是指在某种条件下必然发生的现象。如果把所指的某种条件也看作一种现象(A),那它与随后发生的必然现象(B),两者间就有确定的函数关系:

若 A 则必有 B。

例如一台电视机 1 万元,那 10 台电视机必然是 10 万元。

9. 什么是非确定性现象?

[解] 非确定性现象是指在某种条件下可能发生也可能不发生的现象。如果把所指的某种条件也看作一种现象(A),那它与随后发生的现象(B),两者间就存有某种关系,但却不是唯一可能发生的,因为还会出现现象 C,现象 D 等等,所以 A 和 B 之间只存在可能的关系,而非确定的必然关系,这种非确定性关系,又称相关关系:

若 A 则可能有 B。

例如,男大当婚,女大当嫁。说明人到成年后,就会结婚成家,但这也并非必然现象,有少部分人可能不结婚,独身一辈子。

10. 为什么社会现象普遍具有非确定性?

[解] 因为任何社会现象产生的原因都是十分复杂的。当我们仅研究其中的某一个或某几个因素时,剩下未被研究的因素对个体就可能呈现不同的状态,因而导致所研究的现象不能完全地确定。例如吸烟是患肺癌的原因,但只能是其中的原因之一,因此出现既有吸烟未患肺癌的人,也有未吸烟却得了肺癌的患者。

11. 社会现象的非确定性,给统计分析带来什么特点?

[解] 由于社会现象是非确定的,带有随机性质,因此从总体中随机抽取一部分,所得的抽样结果,不能等同于总体所要推论的结果,抽样误差是抽样调查作统计分析必须考虑的。

12. 社会现象的统计规律性是如何体现的?

[解] 统计规律性表现为社会现象的大量观察。例如一家一户婴儿的性别,无不带有偶然性,而大量统计的结果,婴儿性别比将稳定在各占 50% 附近摆动,这就是统计规律性的所在,这是必然的。偶然性和必然性的辩证关系表现在:对于每个具体的、个别的观察来说,

第一章 社会学研究与统计分析

无不具有局部、偶然因素,这就是社会调查资料具有随机性的一面,但包括偶然因素在内的大量个别原因和个别条件共同作用的结果,使大量观察最终摆脱了偶然性的影响,从而呈现出社会现象的统计规律性。这点在今后大数定理的学习中,还有进一步阐述。

13. 全面调查采用何种统计分析方法?

[解] 全面调查采用统计描述方法(详见第二章)。这时全面调查已占有了总体的全部资料,无须推及更大范围,所以统计推论分析方法就没有必要使用了。

14. 非全面调查是否可以采用统计推论分析方法?

[解] 不能。只有非全面调查中的概率抽样才能使用统计推论的分析方法。

15. 统计描述分析方法在社会调查中有何功用?

[解] 统计描述分析方法(详见第二章),应该说,它是各种社会调查的量化处理的基本方法。对全面调查而言,它的分析就足以全面地反映了总体特征。对于非全面调查中的非概率抽样,也可采用统计描述分析方法,但其结果只是仅供参考,因为人们无法知道它与总体接近的程度,另一种情况,是在大型社会调查的前期准备阶段,往往进行一些小型的非全面调查,以便为建立假设提供依据,这些资料的处理,一般只用统计描述。对于非全面调查中的概率抽样,统计描述的基本内容,如分布、集中趋势、离散趋势、相关、回归等,都是分析的基本内容,但这还不够,为了正确的把结论推到总体,还须增加统计推论。

16. 问卷中如果设计了不止一个问题或不止一个概念(变量),是否就是多变量分析?

[解] 不是。如果仅是孤立的研究每一个变量的分布、特征值,虽然变量很多,仍是单变量分析。只有研究了变量与变量之间的联系,才称得上是多变量分析。例如某企业的年终报表,其中有工资统计表,各级别人数统计表,这些都是单变量分析。如果同时统计出不同级别的工资报表,那就可以看出级别和工资二个变量之间的关系,这就是多变量分析中的最简单的二变量分析。

17. 统计分析为什么要注意变量的层次?

[解] 因为变量层次不同,所能进行的运算能力是不同的,因此使用的统计分析方法也就不同。例如性别只有男、女两类,就无法进行量的比较和运算,其中定序、定距变量,所能进行的运算能力都不及定比变量完整,所以不同层次的变量,采用不同的统计方法。

18. 以下变量是哪类变量?

(a) 职业 (b) 居住地 (c) 体重 (d) 身高 (e) 拥有手机数 (f) 门牌号码
(h) 对某电影的评价

[解] 定类变量:(a) (b) (f)
 定距变量:(c) (d) (e)
 定序变量:(h)
 其中(e)是离散型定距变量。

19. 有哪些变量仅仅是定距变量?

[解] 在社会学研究中,只满足定距而不能同时满足定比要求的变量并不多。真正可算是定距变量的,大概只有心理学上所用的智商(IQ)了,常人的智商在 100 左右,并且可认

为智商在 100 与 110 之间的差别，相当于 120 与 130 之间的差别等等。因此，在社会学中一般是不再区分定距或定比，而是当作一类，称作定距变量。

20. 变量的层次是否是唯一的？

[解]　一个变量，它的层次并不是唯一的。如果变量是高层次的，它也必然可以作为低层次来使用。但降低层次的使用，一般会使资料的信息使用不完全。例如，收入按实际数填写是定距变量。但如果按低薪、一般水平和高薪来填，则是定序变量。而如果只问有无收入，则为定类变量。一般来说，问卷设计中总是按最高层次来询问，这样可使以后的处理变得灵活。例如在询问年龄时，一般问"你年龄多大？"而不会问"你是青年，中年，还是老年？"

另外，变量根据研究内容之不同，其层次也可能不同，例如，性别在医学上如果根据荷尔蒙比例来区分，它是定距变量，而不是定类变量。

21. 变量取值间的差距是否反映真实的差距？

[解]　变量取值间的差距有时与社会生活实际之间存在的差距有时并不一致。例如，从定距变量来看，收入 1000 元与 2000 元之间的差距等于收入 10000 元与 11000 元之间的差距。但在实际生活中，收入在 1000 元与 2000 元之间，生活水平的差距远比收入在 10000 元与 11000 元之间为大。同样两个不同城市的中产阶层距离它们城市富有阶层的生活水平也不尽相同。

22. 变量类型的划分是否是唯一的？

[解]　变量类型的划分不是唯一的。各领域往往根据自己研究的需要来划分。例如，工业上把收集的数据分作计量型和计数型。数学上，习惯把变量（随机变量）分为离散型和连续型。所谓离散型变量，是变量只可能取有限个或者一串值。例如家庭子女数只能取正整数。连续型变量是它可能取某一区间内所有的值。例如身高、体重、年龄等。

23. 根据一次人口资料，老年人的平均身高比青年人矮 2 厘米，能否认为随着年龄增长，身高会变矮？

[解]　不能，因为我们不知道这些老年人年轻时的身高，或许当时的身高就比现在的青年人要矮，或许两种原因都有，这也就是统计结果不能轻率作出结论的缘故。

24. 是否可用文字和图表对怎样选择统计方法作一概括？

[解]　选择统计方法应考虑三方面因素：

（1）调查资料是否来自全面调查，是选择统计方法首要考虑的问题。对于全面调查，因为资料本身就呈现了总体的特性，所以只需用统计描述。对于非全面调查，只有概率抽样，才能用到统计推论，就是将抽样结果，科学地推及总体。对非概率抽样，由于挑选的单位，是主观确定的，所以其结果与总体接近的程度无法确定，只具有参考价值。本书介绍的统计方法，对于非全面调查而言，都是指概率抽样，简称抽样。

（2）单变量和多变量。单变量研究是指孤立的研究每一个变量，而多变量研究是指研究变量之间的联系。如果一份调查，虽然包含多个变量，但并不研究变量间的关联，仍然是单变量研究。

（3）变量具有的层次。定类变量是层次最低的变量。依次是定序、定距和定比层次递增。相应各类变量可做的数学运算也不相同，所以统计给出的公式都不相同。但由于社会学中的变量，往往同时满足定距和定比变量的要求，所以不再分述，简称定距变量。

根据以上的分析，可以有如下的概括：

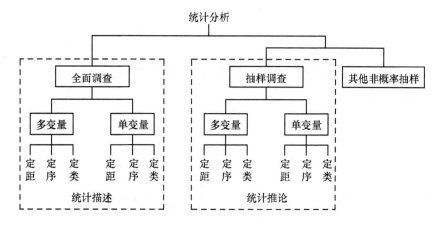

第二章

单变量统计描述分析

第一节 分布 统计表 统计图

社会学工作者为了从经验层次上证实自己在研究中所建立的概念、假设和理论,一是要正确地收集资料或数据,二是要学会正确地处理这些数据。一般说来,原始的资料,往往都是杂乱无章的,它可能分散在各份问卷之中,也可能分散在他人文章或档案、文献之中。因此,资料如果不进行加工,也许会毫无价值。本章讨论的内容,就是从原始资料加工开始,研究单变量的情况,它包括分布、统计表、统计图、集中和离散趋势的分析,也就是单变量特征的统计分析。对于更复杂的情况,例如问题的分析要涉及不止一个变量,或虽然是单变量,但数据的收集来自抽样,这时本章的内容,只是分析的基础,因为它还必须进行参数估计、统计检验或统计推论。有关内容将在第六章以后讨论。

单变量情况列举:

- 某城市的家庭结构如何?有多少直系家庭?有多少联合家庭?又有多少核心家庭?
- 某城市居民中有多少种民族?各占比例多少?
- 某企业有多少女性员工?其年龄结构如何?
- 某学校教师的文化结构如何?

一、分布

"分布"二字使人很自然地联想起森林分布、矿藏分布、民族分布。它们指

第二章 单变量统计描述分析

的是一个地区、一个国家甚至整个世界,其中各个位置或区域里森林或矿藏的数量。社会统计学里指的是一个概念或变量,它的各个情况出现的次数或频次,所以又称频次分布。

举例说,家庭结构是一个概念,由于它的形式不唯一,因此可看做一个变量(X)。于是 X 的可能取值有:

- X_1——由父母和子女组成的核心家庭。
- X_2——由单一已婚子女组成的三代人家庭,即直系家庭。
- X_3——由多对已婚子女所组成的三代人家庭,即联合家庭。
- X_4——其他。

如果我们将调查结果,按被访人的回答,分别归入上述的四类中去,于是有如下四对数据:

$$(X_1, n_1)$$
$$(X_2, n_2)$$
$$(X_3, n_3)$$
$$(X_4, n_4)$$

其中每对数据都用括号括起,表示数据是共存的。括号的第一项表示变量 X 的一种可能取值,第二项表示该种取值所对应的频次。

所谓分布,实质上就是这些对数的集合。因此,分布的一般形式为:

$$(X_1, \quad n_1)$$
$$(X_2, \quad n_2)$$
$$\vdots \quad \vdots$$
$$(X_n, \quad n_n)$$

其中,$X_1, X_2, \cdots, X_n$ 是变量 X 一切可能的取值,$n_1, n_2, \cdots, n_n$ 为其所对应的数值。当 n 代表不同的含意时,就表示不同的分布。例如,当 n 表示频次时,以上变量值频次对的集合称作变量的频次分布。当 n 表示概率时,以上变量值概率对的集合称作概率分布。而如果 n 代表的是百分比时,则以上变量值百分比对的集合称作百分比分布,又称变量的频率或相对频次分布。

下面谈变量取值要注意的问题:

(一)变量取值必须完备。因为只有这样,才能使被访者(或称每一个观察值)——无遗地进行归类。

比较以下两个变量的取值表(表 2-1 和表 2-2)。

表 2-1	
性别	频次
男	
女	

表 2-2	
收入(元)	频次
0—1000	
2000—3000	
3000 以上	

显然,表 2-1 对于变量"性别"所列举的可能值是完备的,而表 2-2 对于变量"收入"所列举的可能值则是不完备的,因为收入在 1001—1999 元之间的观察值无处归类。

(二) 变量取值必须互斥。因为只有结合(一)(二)两点才能使每一个观察值归入一类且仅仅归入一类。否则,由于归类失去唯一性,也就失去归类的意义。

比较表 2-3 和表 2-4 两个变量的取值表,显见表 2-3 中人数是互斥的,因为人数是离散型定距变量。组界上的从 5 人增至 6 人和从 10 人增至 11 人,中间的小数都不会存在观察对象的。但表 2-4 组界上的 1000 元、2000 元都同时属于两类,所以分类是不互斥的。但在实际工作中,有时也采用表 2-4 的形式。这时为了满足互斥性,一般增加"上组界不包括在内"的约定。也就是说,凡收入为 1000 元者,归入 1000—2000 元档,凡收入为 2000 元者,归入 2000 元以上档,从而满足了互斥性的要求。

表 2-3	
工厂规模(人数)	频次
1—5	
6—10	
11—20	

表 2-4	
收入(元)	频次
0—1000	
1000—2000	
2000 以上	

综合表 2-2 至表 2-4,它们有一个共同的特点,即变量值的分类都是以分组式的形式给出,简称组距式分类。依此进行的分类,并以表格的形式给出统计的结果,称组距式统计表。对于组距式统计表,为了满足互斥性,除了必要时增加新约定外,还可采用增加组界值精度的方法。详见本节下面有关统计表中(三)定距变量介绍的内容。

二、统计表

所谓统计表就是用表格形式来表示前面所说变量的分布。它不需用文字叙述,就能反映出资料的特性以及资料之间的关系。因之,在编印、传递方面有很大的优点。比之统计图有更高的精确性,但缺点是不及统计图直观。

下面根据变量的层次,讨论统计表制作上的特点。

(一) 定类变量

下面(表2-5、表2-6)是定类变量的统计表。为了叙述的方便,不妨假定以下是2130户家庭的统计结果。

表2-5　家庭结构的频次分布　　　　　　　　　　(××地,1985.6)

家庭结构	频次
核心家庭	1050
直系家庭	720
联合家庭	110
其他	250
总数	2130

表2-6　家庭结构的百分比分布　　　　　　　　　(××地,1985.6)

家庭结构	百分比
核心家庭	49.3
直系家庭	33.8
联合家庭	5.2
其他	11.7
总和百分数	100.0
(统计总数)	(2130)

结论:

1. 上面两种统计表(表2-5、表2-6),实际上是等价的。因为通过频次就可换算为百分比,反之亦然。因此,在实际报表中,有一种就够了。但要注意在百分比统计表(表2-6)中,最后一定要注明统计总数。这不仅是为了能够还原为频次表,而且,如果是抽样调查的话,还存在检验上的意义。这点在有关统计推论的章节中还会讲到。

2. 统计表必须具备的内容有:

表号:统计表 $X.X$ 或 $X—X$。

表头:包括标题、时间、地点。

标识行:其中第一列为变量名称,例如以上所举的"家庭结构"。第二列为变量对应数的说明,例如以上所举的"频次""百分比"等。

主体行:由于变量取值的不唯一性,这部分至少要有两行以上。第一列位置,按行填写变量的不同取值,取值的顺序可以任意,这一项又称主词。第二列位置,按行填写变量取值相应的频次、百分比等等。有时为了阅读的醒目,也可将频次和百分比都列在一张表上。这时,一般第二列排频次值,第三列排百分比,第二列以后的内容又称宾词(见表2-7)。对于只有百分比的统计表,要写明统计总数。

表尾:如果引用的是间接资料,要写清资料来源。

检验统计表是否正确,可根据统计表中的百分比总和来判断。如果百分比总和少于100%,表示有的个案情况未能包括在统计表里,即变量取值不满足完备性;反之,如果百分比总和大于100%,则必有某些个案情况被同时统计在不止一类,即变量取值不满足互斥性。因此只有百分比总和等于100%时才能表示统计表中变量取值的分类是正确的。但在实际计算中,由于"四舍五入"的缘故,百分比总和有时是100.1%或99.9%等,这些都不算错。

(二) 定序变量

定序变量统计表内容、制作方法与定类变量相同。所不同的是,由于定序变量的取值有大小次序之分,因此在统计表制作时,应保留其变化趋势,不要任意打乱。例如某电影厂为了解群众对武打片是否爱看,将喜爱程度分为五等:非常爱看;爱看;一般;不爱看;很反感。因此在统计表中,变量取值的排列也应保持以上的次序(表2-7)。

表2-7 ××单位对武打片的反映统计

喜爱程度	频次	百分比(%)
非常爱看	7	17.9
爱看	9	23.1
一般	10	25.6
不爱看	10	25.6
很反感	3	7.7
总数	39	99.9

(三) 定距变量

对于定距变量,我们要区分它是连续型定距变量,还是离散型定距变量。例如,家庭子女数就是离散型定距变量。它只能取正整数。离散型定距变量的制表方法一般与定序变量的制表方法相同。统计表中的变量数值,按取值的大小排列,不要任意打乱。但这样的制表方法,有时也会遇到困难,例如当变量取值的变化幅度过大,因此,如果一一列举,势必形成很长的分类,而每一类的频次又变得很少,这时宜采用组距式统计表,如表2-3的形式。为了使用上适用于组距式统计表的统计方法,需将原表中的组界连续化,写成0.5—5.5;5.5—

第二章 单变量统计描述分析

10.5;10.5—20.5。此法称将原表中的标明组界转化为真实组界(参见表2-9)。

对于连续型变量,由于任意两变量之间的取值都是无穷的,而且,原则上来讲,也没有任意两个观察值是绝对相等的,因此,我们无法简单地运用上述的分布,使之每一个取值对应一个确定的频次或百分比。解决的办法是将变量值分为若干个区间或组,然后统计每一个组内的频次或百分数。例如婚龄问题,由于自成年以后,可在任何一个年龄结婚,因此婚龄是一个连续型定距变量。为了研究婚龄的分布就要将婚龄分组。但组分多少合适呢?是按 15—20 岁;21—25 岁;……分呢?还是一岁一分组呢?或是全部按等距分组呢?还是人数集中的地方分得细一些,人数少的地方分得粗一些呢?即非等距的分组法分呢?在实际中要考虑如下几个问题:

1. 组数:组数太少会掩盖变量变动时频次的变化。极端的情况下,如果只分一个组,那就什么变化也看不出了。但组数太多,又会使每组内频次过少,增加偶然因素,使各组高度参差不齐,看不出明显的规律。一般调查总数 N 与分组数有如下经验性关系(表2-8)。

表 2-8

调查总数 N	分组数 K
50—100	6—10
100—250	7—12
250 以上	10—20

2. 等距分组与非等距分组:一般来说都是采用等距分组。如人口学中一般以 5 年作为一档,这样 20 档正好代表人的寿命为 1—100 岁。但在社会学中,也并非全是等距分组更能反映现象本质的。例如,收入为月薪 1 千元或 2 千元的职工,他们的生活水平差距是显著的,但月薪为 1 万元和 1.1 万元之间,其生活水平差距就小得多,而且这样的人数也少些,因此,在分组时,应将低收入分得细一些,高收入分得粗些,这种非等距分组更能反映现象的本质。

3. 如何决定分点的精度:前面我们谈到,年龄的分组可采用 1—5 岁;6—10 岁;等等。这是统计年龄的精度以年为标准的。如果我们统计的精度增高,例如说,统计到月,那么,5 岁半的儿童是分到第一组呢,还是分到第二组呢?可见,随着精度的提高,分组点的精度也要提高。一般分组点比原统计资料的精度要高一位。如统计资料的精度为整数,则分组点就取小数点后面一位计算。举例说,原统计资料的年龄以年计算,统计范围为 1—8 岁,按 2 岁一个分组,即有:

1—2 岁；3—4 岁；5—6 岁；7—8 岁。4 个分组。为此，应在上述分组值 ±0.5 岁，得：

0.5—2.5 岁；2.5—4.5 岁；4.5—6.5 岁；6.5—8.5 岁。前者称标明组界，后者称真实组界，试比较上述资料两种组界定义的不同（表2-9）。

表　2-9

标明组界	真实组界
1—2	0.5—2.5
3—4	2.5—4.5
5—6	4.5—6.5
7—8	6.5—8.5

可见，真实组界值是相邻两组标明组界值的中点，它的精度比标明组界要高一位，组与组的分界是连续的，而标明组界则是离散的。标明组界只是分组资料的简化表示，而在实际运算时，都要用到真实组界。

下面通过一个实例，来看分组统计表是如何制作的。

表 2-10 是一百个同龄儿童的身高统计，试作统计表。

表　2-10

1.43	1.43	1.33	1.39	1.37	1.44	1.38	1.42	1.41	1.40
1.39	1.36	1.42	1.44	1.42	×1.30	1.41	1.33	1.43	1.37
1.40	1.44	×1.27	1.37	1.33	1.36	1.40	1.46	1.39	×1.36
1.38	1.38	1.44	▲1.56	1.42	1.46	1.38	×1.31	▲1.49	▲1.49
1.43	×1.35	1.41	1.39	1.40	1.36	1.43	1.42	×1.32	1.38
1.39	1.41	▲1.48	1.44	1.41	1.34	1.38	▲1.51	1.36	1.40
1.41	1.36	1.33	×1.37	1.45	1.39	▲1.44	1.42	1.34	1.43
×1.38	▲1.45	1.40	1.44	×1.32	1.44	1.40	1.46	1.46	1.37
▲1.48	1.36	1.47	1.42	1.47	1.38	1.43	1.42	1.39	1.41
1.39	1.45	1.41	1.37	▲1.49	▲1.47	×1.37	1.50	1.43	1.40

步骤 1. 收集数据，写成 10×10 数据表（表2-10），数据总数 $N = 100$（数据单位"米"）。

步骤 2. 找出表 2-10 数据中最大值 L，最小值 S 和极差（Range）R。

先在数据表内找出各列的最大值（▲）和最小值（×），然后找出全体数据的最大值 L 和最小值 S。数据极差 R 等于最大值 L 和最小值 S 之差。

$$R = L - S = 1.56 - 1.27 = 0.29$$

第二章 单变量统计描述分析

步骤3. 把数据分组。根据表2-8 取分组数 $K=10$。

步骤4. 计算组距 h

$$h = \frac{R}{K} = \frac{(L-S)}{K} = \frac{0.29}{10} = 0.029 \approx 0.03$$

步骤5. 根据组距 h 和分点精度比原统计数据精度高一位的原则,将数据分为如下10组:

1.265~1.295;1.295~1.325;1.325~1.355;…;1.535~1.565

步骤6. 计算各组的中心值 b_i

中心值是每组中间的数值,可按下式计算:

$$b_i = \frac{第 i 组真实下界值 + 第 i 组真实上界值}{2}$$

于是各组的中心值有:

1.28;1.31;1.34;1.37;1.40;1.43;1.46;1.49;1.52;1.55

步骤7. 作频次分布表,即统计表(表2-11)。

表2-11 频次分布表

组号 i	真实组界限	中心值 b_i	频次统计	频次 n_i	相对频次 = $\frac{频次(n_i)}{\sum n_i}$
1	1.265~1.295	1.28	一	1	0.01
2	1.295~1.325	1.31	正	4	0.04
3	1.325~1.355	1.34	正丅	7	0.07
4	1.355~1.385	1.37	正正正正丅	22	0.22
5	1.385~1.415	1.40	正正正正正	24	0.24
6	1.415~1.445	1.43	正正正正正	24	0.24
7	1.445~1.475	1.46	正正	10	0.10
8	1.475~1.505	1.49	正一	6	0.06
9	1.505~1.535	1.52	一	1	0.01
10	1.535~1.565	1.55	一	1	0.01
总和				$\sum n_i = 100$	1.00

根据表2-10用唱票的办法画"正"字,进行频次统计,每组的数目,称作频次。频次与统计总数之比称作相对频次(频率),如再乘100,就是百分比。

最后一行中频次总和 $\sum n_i$ 应等于调查总数 $N = \sum n_i$,否则表示统计过程中有错。

三、统计图

所谓统计图就是用图形的形式来表示变量的分布,所以又称分布图。它和统计表一样,也不需要文字叙述,就能反映出资料的特性以及资料之间的关系。同时还具有比统计表更为直观与形象的特点。但缺点是不及统计表精确。

根据变量的层次,可选择以下不同的统计图形:

定类变量:圆瓣图;条形图。

定序变量:条形图。

定距变量:直方图;折线图。

(一) 圆瓣图

圆瓣图是将资料展示在一个圆平面上,通常用圆形代表现象的总体,用圆瓣代表现象中一种情况,其大小代表变量取值在总体中所占的百分比。

圆瓣图的制作方法是将统计表中的百分比乘以360°,即可得各圆瓣之圆心角度数。现以表2-6为例,说明如何绘制圆瓣图(表2-12、图2-1)。

表2-12 家庭结构的百分比分布及对应圆心角度数

家庭结构	百分比(%)	对应圆心角度数
核心家庭	49.3	$177.48°(=0.493×360°)$
直系家庭	33.8	$121.68°(=0.338×360°)$
联合家庭	5.2	$18.72°(=0.052×360°)$
其他	11.7	$42.12°(=0.117×360°)$

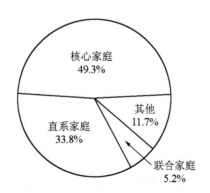

图2-1 家庭结构分布图

由于圆瓣图只表示变量取值在总体中所占的比例,而对变量取值的排列没有要求,因此圆瓣图多用于定类变量。

(二) 条形图

条形图是用长条的高度来表示资料类别的频次或百分比。而长条的宽度没有意义,一般都画成等宽长条。长条既可画成平行于横轴,也可画成平行于纵轴。如果是定类变量,图形画作离散的长条;如果是定序变量,则长条的排列次序应与变量取值的次序相一致,且图形可画作紧挨着的长条或离散的长条。

定类变量:长条排列次序可以任意,条形是离散的(图 2-2)。

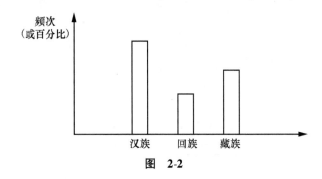

图 2-2

定序变量:长条按序排列,条形可以是紧挨着的(图 2-3),也可以是离散的(图 2-4)。

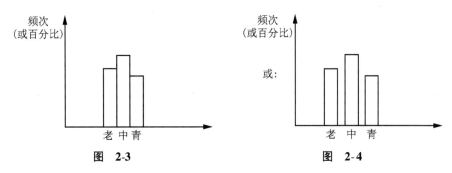

图 2-3 图 2-4

(三) 直方图

直方图从图形来看,也是由紧挨着的长条所组成(图 2-6),但它与条形图不同,直方图的宽度是有意义的。一般说,直方图是以长条的面积(长与宽的乘积)来表示频次或相对频次。而条形的长度,即纵轴高度表示的是频次密度(单位组距所含有的频次)或相对频次密度:

$$\text{频次密度} = \frac{\text{频次}}{\text{组距(条宽)}}$$

$$\begin{array}{c}\text{相对频次密度}\\(\text{频率密度})\end{array} = \frac{\text{相对频次(频率)}}{\text{组距(条宽)}}$$

直方图仅适用于定距变量。用密度作为条形高度的原因,在于连续型定距变量可采用非等距分组的缘故。对于等距分组,用频次或密度作为条形高度,图形的相对比例关系是不变的,因此,仍可用频次(或称频数)作为条形的相对高度。但在非等距分组情况下,如果用频次作为条形高度,将会产生错误。举例说,婚龄统计(表 2-13)中有如下两组数据:

表 2-13

婚龄组(岁)	频次(人)
⋮	⋮
26—27	30
⋮	⋮
40—50	35

如果根据频次来比较,就会得出 40—50 岁结婚的人比 26—27 岁结婚的人还多,显然这是错误的。正确的方法,应该根据频次密度来比较和画直方图(图 2-5)。

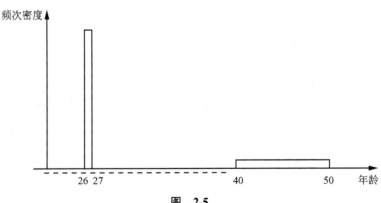

图 2-5

频次密度: $\dfrac{30 \text{ 人}}{27-26} = 30$ (人/岁)

$\dfrac{35 \text{ 人}}{50-40} = 3.5$ (人/岁)

可见,在 26—27 岁结婚的频次密度远比 40—50 岁之间的频次密度为高。

下面是根据表 2-11 所作有关 100 个同龄儿童身高的频数分布直方图(图 2-6)。

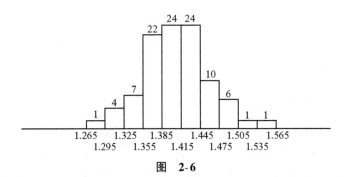

图 2-6

根据直方图(图 2-6),可以清晰看出,所统计的同龄儿童,身高基本集中在 1.355—1.445 m,太高和太矮的儿童都比较少见。

(四) 折线图

如果用直线连接直方图中条形顶端的中点,就得折线图。折线图可使资料频次分布的趋势更一目了然。

对于离散型定距变量,将变量值、频数对 (X_i, n_i) 的集合(频次分布),根据坐标连成的图就是折线图(见图 2-7)。

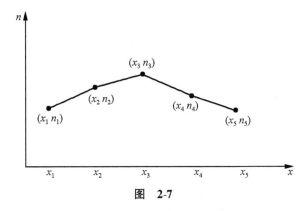

图 2-7

对于连续型定距变量,用组中心值 b_i 代替变量值,并用该组相应的频次作为 b_i 的频次,于是 (b_i, n_i) 坐标的连线就是折线图(见图 2-8)。

当组距逐渐减小时,折线将逐渐平滑为曲线。

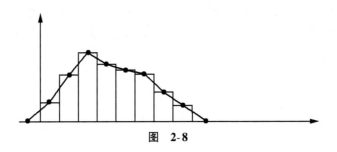

图 2-8

四、累计图和累计表

统计图和统计表告诉我们的是某一个变量值(或某一组)所对应的频次是多少。但有时我们不仅需要了解频次分布,还需要了解小于某一变量值或大于某一变量值总共的频次是多少,这时就要用到图和表的累计表示。所谓累计图或累计表,表示的是大于某个变量值的频次是多少或小于某个变量值的频次是多少。

下面通过例子来比较统计图、表和累计图、表。

表 2-14 和图 2-9 表示的是某少数民族地区 12 户家庭子女数的统计表和统计图。

表 2-14

家庭子女数	频次
0	2
1	3
2	3
3	2
4	1
5	1

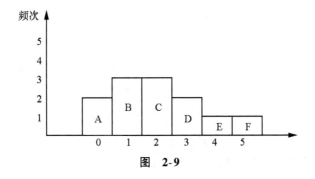

图 2-9

第二章 单变量统计描述分析

现在用 cf↑ 表示小于某一个子女数的累计频次

cf↓ 表示大于某一个子女数的累计频次

以下(表2-15、图2-10、图2-11)是根据表2-14和图2-9所做的 cf↑ 和 cf↓ 累计分布表和分布图。

表 2-15 频次分布与累计频次分布

家庭子女数	频次	cf↑	cf↓
0	2	2	2 + 10 = 12
1	3	2 + 3 = 5	3 + 7 = 10
2	3	3 + 5 = 8	3 + 4 = 7
3	2	2 + 8 = 10	2 + 2 = 4
4	1	1 + 10 = 11	1 + 1 = 2
5	1	1 + 11 = 12	1

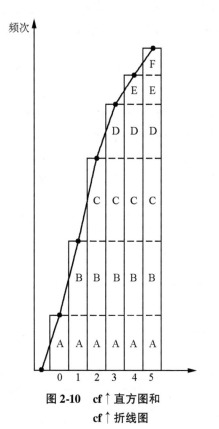

图 2-10 cf↑ 直方图和 cf↑ 折线图

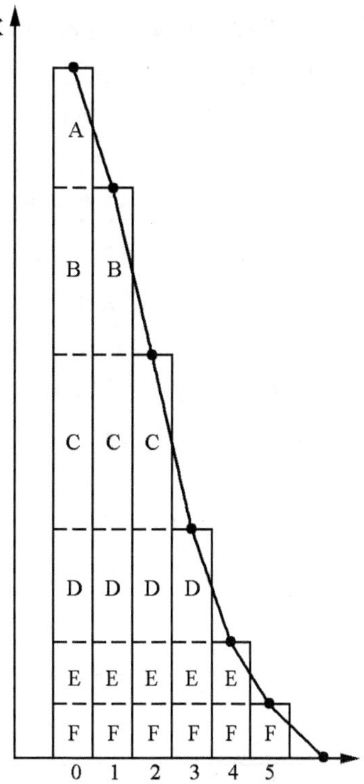

图 2-11 cf↓ 直方图和 cf↓ 折线图

同理,如果把频次换成频率,还可以做成累计频率 $c\%\uparrow$ 或 $c\%\downarrow$ 分布图。

累计图和表的应用,在于通过它可以比较个体在总体中的位置。举例说,甲、乙两同学分别在班里都考得 80 分,那么谁在班里的成绩更好呢? 为此,先将两班的成绩做成累计图,然后计算 80 分在两班所对应的累计频次,设其结果是:

$$甲: cf\uparrow = 95$$
$$乙: cf\uparrow = 60$$

为了计算方便,设两班人数都为 $N=100$ 人,于是通过计算:

$$c\%\uparrow = \frac{cf}{N} \times 100\%$$

可以求得甲、乙各自在班里的累计百分比 $c\%\uparrow$。

$$甲: c\%\uparrow = 95\%$$
$$乙: c\%\uparrow = 60\%$$

可见,甲在班里考试成绩为 80 分,意味着班里有 95% 的人,低于他的成绩,而乙在班里虽然考试成绩也是 80 分,但在班里只有 60% 的人低于他的成绩,可见,甲在班里的相对成绩远比乙好。

累计图和表的应用,还可举洛伦茨曲线为例。它是西方经济学中描述收入分配中平均程度的一种方法。其中以家庭(或人数)累计百分比为 X 轴,收入累计百分比为 y 轴。当所有家庭具有相同收入时,x 的取值与 y 的取值相同(表 2-16),即占总数 10% 的家庭占有总收入的 10%,占有 20% 的家庭占有总收入的 20%,其余可以此类推。这称作完全的平均分配直线。这时 x 和 y 的关系表现为原点(0,0)至点(100,100)的对角线(图 2-12)。反之,当社会财富集中在极少数人手中,极限的情况如表 2-17 所示,称为完全的分配不均。而实际情况将是介于两者间的曲线,又称洛伦茨曲线。收入分配愈不平均,洛伦茨曲线愈下凹。

表 2-16

x	0	20%	40%	50%	60%	80%	100%
y	0	20%	40%	50%	60%	80%	100%

表 2-17

x	0	20%	40%	50%	60%	80%	100%
y	0	0	0	0	0	0	100%

第二章　单变量统计描述分析

根据洛伦茨曲线组成的基尼系数(又称洛伦茨系数,图2-12):

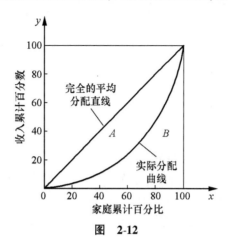

图　2-12

$$基尼系数(G) = \frac{A}{A+B}$$

A为完全平均分配直线和洛伦茨曲线所包含的面积。A+B为完全平均分配直线下的直角三角形面积。G=0表示分配完全平均。G=1表示收入分配完全的不平均。G的取值范围是:

$$0 \leq G \leq 1^{①}$$

五、分布图分析

当直方图的组距逐渐变小时,折线图将逐渐平滑为曲线。对于曲线可作以下几方面的研究。

(一) 峰点研究

人们首先可以看到的是图形有几个峰点。如果只有一个变量值对应的频数最高,或某一个区间对应的频数密度最高,且向两边逐渐递减,则称单峰图形(图2-13)。如果不止一个峰点,则称多峰图形(图2-14)。

---

① 按照世界通常标准,基尼系数在0.3以下为最佳的平均状态,0.3—0.4之间为正常状态,超过0.4则为警戒状态,达到0.6则属社会动乱随时发生的危险状态。详见张小虎、康树华主编:《法制教育研究》第1辑,北京大学出版社2004年版,第85页。

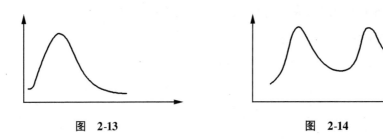

图 2-13　　　　　　　　图 2-14

（二）对称研究

如果图形能找到一个对称轴，使对称轴两边的资料分布完全相同，则称图形是对称的。对于对称图形，如按对称轴对折，图形两边将重合（图 2-15）。相反，如果图形不能找到这样一个对称轴，则称为非对称图形（图 2-16），又称偏态图形。凡偏态图形左边尾巴拖得较长的称左偏态或负向偏态（图 2-17），右边尾巴拖得较长的称右偏态或正向偏态（图 2-18）。

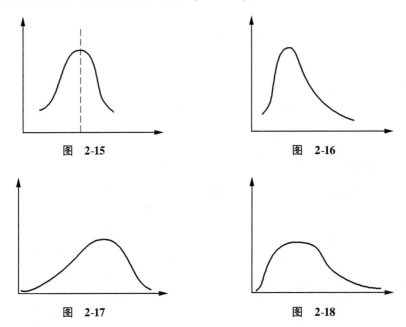

图 2-15　　　　　　　　图 2-16

图 2-17　　　　　　　　图 2-18

以上所列举的各种图形以单峰、对称的钟形图形最为常见，如图 2-15 所示，它称作正态分布图。例如婚龄、身高、体重等分布都满足正态分布。以后我们还将详细讨论它。

（三）U形曲线与J形曲线

除了以上所谈的各种图形外，在社会学中还可能碰到的图形有U形（图2-19）和J形（图2-20）。

例如，人口死亡率和年龄的关系满足U形分布。婚姻次数与人数满足J形分布。

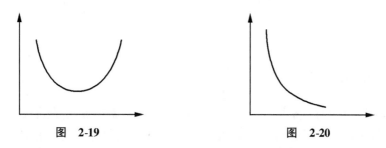

图 2-19　　　　　　　　　图 2-20

通过分布图的形状不仅可以帮助我们更好地了解变量，而且还可以帮助我们更好地比较变量。例如，如果一个国家的收入分布图是对称的，而另一个国家的收入分布图是偏态的，那么，我们可以知道这两个国家的社会经济结构有很大的不同。又如，两个国家的产业分布图分别如图2-21和图2-22所示。那么，这两个国家发达的程度将相差甚远。

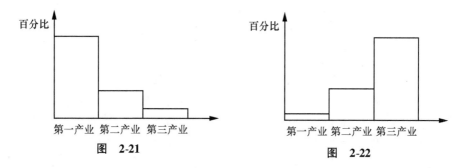

图 2-21　　　　　　　　　图 2-22

最后需要指出的是分布图的形状，会随着分组的不同而改变。以前面的家庭子女数为例（图2-9），它是单峰右偏态形，但如果我们把子女数0；1；2合并为一组，3；4；5合并为一组，于是得到图2-23，这时它已接近J形的图形了。

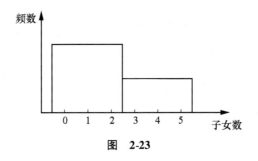

图 2-23

六、本节小结

本节讨论的内容是统计分析的第一步。通过频次分布,把杂乱无章的原始数据进行整理。有了分布,可以看出统计的频次大概集中在变量值的哪一部分以及频次随变量值变化的趋势。同时,通过分布还可对不同总体的统计进行比较。

统计图和统计表都是为着表达变量的分布的。分布是绘制统计图和统计表的基础。没有分布也就无法绘制相应的图和表。

这里介绍的只是单变量的分布和相应的图、表。多变量的情况没有涉及。

第二节 集中趋势测量法

前面谈了用分布来研究变量,这是最全面的研究方法。在很多情况下,我们并不需要对变量有详尽的了解,而只是要了解其大概,或只要了解分布的主要特征以便简化资料。例如,我们只要大概了解当前青年的结婚年龄等等。于是就产生了用某一个典型的变量值或特征值来代表变量全貌的问题。这个典型的变量值或特征值就称作集中值或集中趋势。当然这样做的结果是会牺牲变量的某些信息的。我们的目的就在于选择这样的集中值,以便使用它来估计或预测变量时所产生的误差最小。根据这样的原则,一般有三种方法来选择集中值:一是根据频次,哪个变量值具有的频次最多,就选择哪个变量值。例如,一个城市有多种产业,但如果以旅游业为最多,那就称为旅游城市。当然,并不排斥城市中还会有其他产业。二是根据居中,举例说,如果一个城市的居民生活水平,居中的是小康家庭,那么就用小康家庭来代表一个城市的生活水平。三是根据平均,常见的有用平均成绩来代替一个班级、一个组的水平。下面给出三种集中值和它所适用的变量层次。

一、众值 M_0

众值就是用具有频次最多的变量值来表示变量的集中值。从某种意义上来说,具有频次最高的变量值,代表性也是最好的。如果变量 X 具有如下的分布(图2-24):

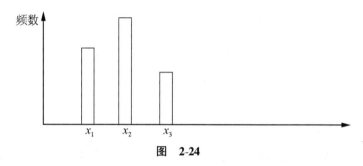

图 2-24

那么,它的众值为 $M_0 = X_2$。

对于连续型定距变量,如果变量在第 i 组具有最高的频次密度,则用第 i 组中心值 b_i 来表示变量的众值。

众值可适用于任何层次的变量,因为只要知道频次分布,就能找到众值。因此,是最易求出的。它特别适用于单峰对称的情况。也是比较两个分布是否相近首先要考虑的参数。对于多峰的图形,由于众值不唯一,一般不用它来讨论。

二、中位值 M_d

中位值是变量的一个取值,它把观察总数一分为二,其中一半具有比它小的变量值,另一半具有比它大的变量值。所以,中位值是数据序列之中央位置之变量值。

(一)未分组数据

1. 根据原始资料求中位值。

当原始数据比较少时,可直接将资料按顺序、大小排队。

当观察总数 N 为奇数:中位值 M_d 位于 $\dfrac{N+1}{2}$ 的地方

$$2$$
$$3$$
$$4$$
$$7 \leftarrow 中位值\ M_d$$
$$9$$
$$11$$
$$11$$

或：
$$丁$$
$$丙$$
$$丙 \leftarrow 中位值\ M_d$$
$$乙$$
$$乙$$

当观察总数 N 为偶数时,由于中位值位于 $\frac{N+1}{2}$ 的地方不存在变量值,所以中位值取居中位置左右两数的平均值为中位值。

$$3$$
$$4$$
$$5$$
$$\leftarrow 中位值\ M_d = \frac{5+8}{2} = 6.5$$
$$8$$
$$9$$
$$9$$

2. 根据频次分布求中位值。

当原始数据很多时,这时可根据分布来求中位值(表2-18)。

表 2-18

成绩	频次	累计频次(cf↑)
丁	10	10
丙	210	220
乙	195	415
甲	85	500

第二章 单变量统计描述分析

$$中位值位置 = \frac{N+1}{2} = 250.5$$

$$中位值\ M_d = 乙$$

中位值对于变量层次在定序以上的都可以使用。因此,对定序变量来说,有两种集中值可供选择。但由于众值不考虑变量次序,所以对定序以上的变量,无疑是一个损失。定序变量一般采用中位值,以求其精确。

(二) 分组数据

对于分组数据,可以通过累计百分比中的50%点求出。

1. 根据统计表中的累计百分比,找出含有50%的区间(表2-19)。

表 2-19

真实组界限	频次	累计频次	累计百分比C%
0.2—0.4			
0.4—0.6			下界累计百分比L%
0.6—0.8	121	363	36.3
0.8—1.0	182	545	54.5
			上界累计百分比U%
1.0—1.2			

下界值L　　上界值U

2. 求出含有50%区间的上界值 U、下界值 L、上界累计百分比 $U\%$、下界累计百分比 $L\%$ 和组距 h:

$$L = 0.8,\quad U = 1.0$$
$$L\% = 36.3\%,\quad U\% = 54.5\%$$
$$h = 1.0 - 0.8 = 0.2$$

3. 利用线性插值法,求出累计百分比为50%的变量值(图2-25)。

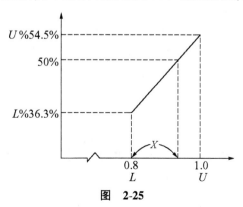

图 2-25

$$\frac{X}{U-L} = \frac{50\% - L\%}{U\% - L\%}$$

$$\frac{X}{0.2} = \frac{13.7}{18.2}$$

$$X = 0.2 \times \frac{13.7}{18.2} = 0.15$$

中位值 $M_d = L + X = 0.8 + 0.15 = 0.95$

求中位值的一般式为

$$中位值\ M_d = L + \frac{(U-L)(50\% - L\%)}{U\% - L\%} \tag{2-1}$$

或

$$中位值\ M_d = \frac{L(U\% - 50\%) + U(50\% - L\%)}{U\% - L\%} \tag{2-2}$$

除了用式(2-1)或式(2-2)计算中位值外,还可直接运用频次来计算中位值,式(2-3)与式(2-1)或式(2-2)都是等效的。

$$中位值\ M_d = L + \frac{\left(\frac{N}{2} - cf\uparrow\right)}{n}(U - L) \tag{2-3}$$

其中 n：中位值组的频次

$cf\uparrow$：含中位值区间的真实下界累积(向上)频次

N：调查总数

中位值是 50% 分位点所对应的变量值。利用上面的方法,还可以求出 10%,25%,75% 等等任何一个分位点的变量值。

三、均值

均值仅适用于定距变量。用均值作为变量的集中值,不仅考虑到变量值的频次、次序,而且还考虑到它的大小。数据资料中任何频次、次序和数值大小的变化,都会引起均值的改变。因此它是灵敏的,也是对资料所提供信息运用得最充分的。

(一) 未分组数据

1. 根据原始资料求均值。

当原始数据比较少时,可直接累加观察值,除以观察总数,以求得均值。

$$\bar{X} = \frac{\sum X_i}{N} \tag{2-4}$$

$\overline{X}$：表示变量 X 的均值；

$\sum X_i$：表示资料所观察到的变量值（观察值）的总和；

N：观察总数。

例如：

五户干部家庭人数为：

$$7;3;11;10;4$$

六户工人家庭人数为：

$$6;5;5;8;10;8$$

根据公式

$$\overline{X}(干) = \frac{7+3+11+10+4}{5} = 7（人）$$

$$\overline{X}(工) = \frac{6+5+5+8+10+8}{6} = 7（人）$$

可见，用集中值比较，说明干部家庭的平均人口与工人家庭的平均人口相同。

2. 根据频次分布求均值。

利用频次分布可以简化均值的计算。

公式：

$$\overline{X} = \frac{\sum n_i X_i}{\sum n_i} = \frac{n_1 X_1 + n_2 X_2 + \cdots + n_k X_k}{n_1 + n_2 + \cdots + n_k}$$

其中 $n_1 X_1$ 表示变量值 X_1 与它对应频次 n_1 的乘积；

$n_2 X_2$ 表示变量值 X_2 与它对应频次 n_2 的乘积；

$n_k X_k$ 表示变量值 X_k 与它对应频次 n_k 的乘积；

$$\sum n_i X_i = n_1 X_1 + n_2 X_2 + \cdots + n_k X_i$$

$$\sum n_i = n_1 + n_2 + \cdots + n_k = N$$

[例] 1. 求以下 550 人之平均分数（表 2-20）。

[解] $\overline{X} = \dfrac{\sum n_i X_i}{\sum n_i} = \dfrac{38450}{550} = 69.9（分）$

表 2-20

变量	n_i	$n_i X_i$
50	15	750
60	28	1680
63	40	2520
70	290	20300
74	160	11840
80	17	1360
总和($\sum$)	550	38450

为了便于计算 $\overline{X}$ 值,一般可列如下表格(表2-21)。

表 2-21

变量	频次(n_i)	频次(n_i)×变量值(X_i)
X_1	n_1	$n_1 X_1$
X_2	n_2	$n_2 X_2$
X_3	n_3	$n_3 X_3$
⋮	⋮	⋮
X_k	n_k	$n_k X_k$
$\sum$	$\sum n_i = N$	$\sum n_i X_i$

$$均值 = \overline{X} = \frac{\sum n_i X_i}{N}$$

如果给出的分布是比例(成数、频率):

$$P_i = \frac{n_i}{N}$$

那么,均值计算还可以进一步简化为:

$$\overline{X} = P_1 X_1 + P_2 X_2 + \cdots + P_k X_k = \sum P_i X_i \qquad (2\text{-}5)$$

为了便于计算 $\overline{X}$ 值,一般可列如下表格(表2-22)。

表 2-22

变量	比例(P_i)	比例(P_i)×变量值(X_i)
X_1	P_1	$P_1 X_1$
X_2	P_2	$P_2 X_2$
X_3	P_3	$P_3 X_3$

(续表)

变量	比例(P_i)	比例(P_i)×变量值(X_i)
⋮	⋮	⋮
X_k	P_k	$P_k X_k$
$\sum$	$\sum P_i = 1.00$	$\overline{X} = \sum P_i X_i$

$$\overline{X} = \sum P_i X_i$$

(二) 分组数据

对于分组数据,可用组中心值来代替变量值。计算方法与未分组数据相同。

例如,以下是对每天上网时间的统计(表2-23):

表 2-23

时间(小时)	中心值(b_i)	频次(n_i)	$n_i \times b_i$
0—2	1	7	7
2—4	3	2	6
4—6	5	1	5
$\sum$		$\sum n_i = 10$	$\sum n_i b_i = 18$

则均值为:

$$\overline{X} = \frac{\sum n_i b_i}{\sum n_i} = 1.8 \text{(小时)}$$

应该指出,用中心值计算的均值与用原始数据计算的均值相比是有误差的。但对社会学来说,大多数情况下,其精确度已是足够的了。

四、众值、中位值和均值的比较

三值设计的目的是共同的,都是希望通过一个数值来描述整体特征,以便简化资料。它们都是反映了变量的集中趋势。一般说,

众值:适用于定类、定序和定距变量

中位值:适用于定序和定距变量

均值:适用于定距变量。

但有时对于定序变量,如果求平均等级也可使用均值。对于定类变量,如果人为地把每类赋予一个数值,例如男=1;女=0。那么,男性在总体中所占的比

例,实际就是这种特殊的均值。由于在统计技术中,发展更多的是均值,而不是中位值或众值。因此,我们应该更多地想法用上均值。

众值仅使用了资料中最大频次这一信息。因此,资料使用是不完全的。实际上在两份资料中只要最大频次所对应的变量值相等,那么,用众值来评价资料,两者就没有区别了。而中位值由于考虑了变量的顺序和居中位置,因此,它和总体的频次分布有关。但由于它只考虑居中位置,因此,其他变量值比中位值大多少或小多少是不影响中位值的。而均值由于既考虑到频次,又考虑变量值的大小,因此它是最灵敏的。

虽然均值对资料的信息利用最充分,但对严重偏态的分布,会失去它应有的代表性。例如,一个国家会因某些少数富人的存在,使平均收入变得很高。因此,对于偏态的分布,应使用中位值作为集中趋势。只有单峰和基本对称的图形,用均值作为集中趋势才是合理的。

偏态和三值的关系如图 2-26、图 2-27 和图 2-28。

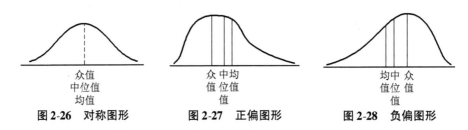

图 2-26 对称图形　　图 2-27 正偏图形　　图 2-28 负偏图形

对于对称的图形,众值、中位值和均值三者位置重叠。当图形正偏或负偏时,均值变化最快,中位值次之,众值不变。除了用众值、中位值和均值反映资料的集中趋势外,还有几何平均值、调和平均值等等,这里不再介绍,有兴趣的读者可查阅有关的书籍。

最后需要强调,以上的讨论,都是对单峰而言的。如果数据的分布呈双峰,往往表示数据的实体不属同一类型,这时讨论众值、中位值或均值都是没有意义的。例如托儿所既有成人老师阿姨,又有不满 1 米的幼童,如果混在一起,讨论托儿所全体人员的集中趋势,是没有意义的。

第三节　离散趋势测量法

众值、中位值和均值都反映了资料的集中特征,但这还不够。试比较以下两个班次的考试成绩(图 2-29 和图 2-30)。

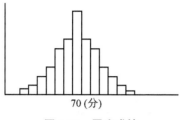
图 2-29　甲班成绩

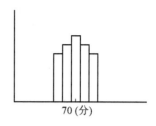
图 2-30　乙班成绩

如果仅用集中值来评价两个班次的成绩,似乎两班是相等的。但两班的分布显然有很大差别。对甲班来说,成绩参差不齐,相差悬殊。对乙班来说,虽然没有优异的,但成绩比较整齐。可见,仅用集中趋势来比较资料是不够的,还需要考虑资料的分散特征。

从后面章节所要谈到的统计推论来看,集中值告诉我们的是怎样去估计和预测总体,而离散趋势或离散特征告诉我们的是估计值误差的大小。两者是相互补充的。以下介绍四种离散趋势的测定法。

一、异众比率 γ

当用众值来表示资料的集中值时,我们不知道非众值的频次和在总数 N 中所占的比例。显然,非众值的比例越小,众值的代表性越好,信息量越大。反之,非众值所占的相对频次越大,众值的代表性越差,所提供的信息量也就越小。异众比率 γ 是非众值在总数 N 中所占的比例。

$$\gamma = \frac{N - f_{m_0}}{N} \quad (2\text{-}6)$$

f_{m_0}:众值的频次。

可见,异众比率是众值的补充。当 $\gamma = 0$,说明变量只有一个取值,那就是众值,这时众值可以完全代表变量,因此它的信息量最大。当 $\gamma \to 1$ 时,表示资料十分分散,众值几乎没有代表性。

二、极差 R

极差是对定序以上变量分散程度的度量。

极差(R) = 观察的最大值 – 观察的最小值

极差小表示资料比较集中,极差大表示资料分散。极差计算方便。但由于它的值是由端点的变量值决定的,因此个别远离群体的极值会极大地改变极差,以至于使它不能真正反映资料全体的分散程度(图2-31)。

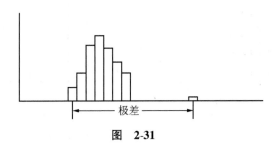

图 2-31

三、四分互差 Q

四分互差是定序以上变量度量分散程度的另一种方法。它的优点是可以克服极值对分散度量的干扰。四分互差不是用观察的最大值和最小值,而是用对应于累计百分比 $c\%\uparrow$ 为 75% 的变量值 Q_{75} 和对应于累计百分比 $c\%\uparrow$ 为 25% 的变量值 Q_{25} 相减而得图2-32。

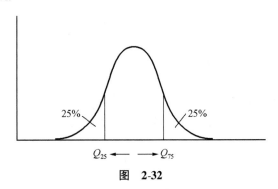

图 2-32

四分互差

$$Q = Q_{75} - Q_{25} \tag{2-7}$$

(一) 未分组数据

1. 根据原始资料求四分互差。

以下是11户家庭人口数, Q_{25}, Q_{75}, Q_{50}(中位值)

$$\begin{array}{ccccccccccc} 2 & 2 & 3 & 4 & 4 & 4 & 5 & 5 & 6 & 6 & 7 \\ & & \uparrow & & & \uparrow & & & \uparrow & & \\ & & Q_{25} & & & Q_{50}(\text{中位值}) & & & Q_{75} & & \end{array}$$

四分互差 $Q - Q_{75} - Q_{25} = 6 - 3 = 3$

2. 根据频次分布求四分互差（表2-24）。

表 2-24

学生成绩	频次	累计频次
丁	25	25
丙	30	55
乙	20	75
甲	5	80

$$Q_{50} \text{ 位置} = \frac{80+1}{2} = 40.5$$

$$Q_{25} \text{ 位置} = \frac{80+1}{4} = 20.25$$

$$Q_{75} \text{ 位置} = \frac{3(80+1)}{4} = 60.75$$

$$\text{中位值} = 丙$$

$$Q_{25} = 丁$$

$$Q_{75} = 乙$$

$$\text{四分互差 } Q = Q_{75} - Q_{25} = 乙 - 丁$$

结论：有50%的学生成绩在乙与丁之间。

（二）分组资料

对于分组资料，求 Q_{25}，Q_{75} 与求 Q_{50}（中位值）方法相同。首先，找到含有累计百分比25%和75%的区间，然后利用线性插值法求出25%和75%所对应的变量值（见表2-25）。

表 2-25

组界限	频次	累计频次	累计百分比
⋮			
0.4—0.6	70	242	24.2
0.6—0.8	121	363	36.3
⋮			⋮
1.0—1.2	85	697	69.7
1.2—1.4	91	788	78.8
⋮			⋮

例如为了求 Q_{25}，可把式(2-1)式(2-2)中的 50 换作 25，或把式(2-3)中的 $\frac{N}{2}$ 换作 $\frac{N}{4}$，得计算 Q_{25} 的 3 个公式——(2-8)、(2-9)、(2-10)，它们都是等效的。

$$Q_{25} = L + \frac{(U-L)(25\% - L\%)}{U\% - L\%} \qquad (2\text{-}8)$$

$$Q_{25} = \frac{L(U\% - 25\%) + U(25\% - L\%)}{U\% - L\%} \qquad (2\text{-}9)$$

$$Q_{25} = L + \frac{\left(\frac{N}{4} - cf\uparrow\right)}{n}(U-L) \qquad (2\text{-}10)$$

式中 L：含累计百分比 25% 区间的真实下界

U：含累计百分比 25% 区间的真实上界

$L\%$：含累计百分比 25% 区间的真实下界累计百分比

$U\%$：含累计百分比 25% 区间的真实上界累计百分比

n：含累计百分比 25% 区间的频次

$cf\uparrow$：含累计百分比 25% 区间的下界累计(向上)频次

同理，为了求 Q_{75}，可把式(2-1)式(2-2)的 50 换作 75，或把式(2-3)中的 $\frac{N}{2}$ 换作 $\frac{3N}{4}$，得计算 Q_{75} 的 3 个公式——(2-11)、(2-12)、(2-13)，它们也都是等效的：

$$Q_{75} = L + \frac{(U-L)(75\% - L\%)}{U\% - L\%} \qquad (2\text{-}11)$$

$$Q_{75} = \frac{L(U\% - 75\%) + U(75\% - L\%)}{U\% - L\%} \qquad (2\text{-}12)$$

$$Q_{75} = L + \frac{\left(\frac{3N}{4} - cf\uparrow\right)}{n}(U-L) \qquad (2\text{-}13)$$

式中 L：含累计百分比 75% 区间的真实下界

U：含累计百分比 75% 区间的真实上界

$L\%$：含累计百分比 75% 区间的真实下界累计百分比

$U\%$：含累计百分比 75% 区间的真实上界累计百分比

n：含累计百分比 75% 区间的频次

$cf\uparrow$：含累计百分比 75% 区间的下界累计(向上)频次

第二章 单变量统计描述分析

下面运用(表2-25)中百分比数据,代入式(2-9)和式(2-12),计算 Q_{25}、Q_{75} 和 Q 值:

$$Q_{25} = \frac{L(U\% - 25\%) + U(25\% - L\%)}{U\% - L\%}$$

$$= \frac{(0.6)(36.3 - 25) + (0.8)(25 - 24.2)}{36.3 - 24.2}$$

$$= 0.61$$

$$Q_{75} = \frac{L(U\% - 75\%) + U(75\% - L\%)}{U\% - L\%}$$

$$= \frac{(1.2)(78.8 - 75) + (1.4)(75 - 69.7)}{78.8 - 69.7}$$

$$= 1.32$$

四分互差 $Q = Q_{75} - Q_{25} = 1.32 - 0.61 = 0.71$ (2-14)

读者可以运用式(2-8)、式(2-10)、式(2-11)、式(2-13)进行验算,看看结果是否与式(2-14)相同。

四、方差 σ^2 与标准差 σ

为了充分利用资料所提供的信息,对于定距变量,可以使用方差或标准差来度量资料的分散程度。所谓方差 σ^2 ,是将观察值 X_i 与其均值 $\overline{X}$ 之差的平方和除以全部观察总数 N。方差的平方根便是标准差。

$$方差 \sigma^2 = \frac{\sum (X_i - \overline{X})^2}{N} \tag{2-15}$$

$$标准差 \sigma = \sqrt{\sigma^2} \tag{2-16}$$

(一) 未分组数据

1. 根据原始资料(表2-26)。

表 2-26

变量(X)	($X_i - \overline{X}$)	($X_i - \overline{X}$)^2
72	−1	1
81	8	64
86	13	169
69	−4	16
57	−16	256
$\overline{X}$ = 73.0	$\sum$ = 0	$\sum$ = 506

$$\sigma = \sqrt{\frac{506}{5}} = \sqrt{101.2} = 10.06$$

计算的步骤是:1. 根据变量的观察值求出平均值 $\overline{X}$;2. 求观察值与均值之差 $(X_i - \overline{X})$;3. 求平方 $(X_i - \overline{X})^2$,求和 $\sum (X_i - \overline{X})^2$;4. 除以 N;5. 再开方得之。

均值 $\overline{X}$ 在计算中只是过渡步骤。为了简化计算,可对分子项作变换:

$$\begin{aligned}
\sum (X_i - \overline{X})^2 &= \sum (X_i^2 - 2\overline{X}X_i + (\overline{X})^2) \\
&= \sum X_i^2 - 2\overline{X}\sum X_i + N(\overline{X})^2 \\
&= \sum X_i^2 - 2N\overline{X}^2 + N(\overline{X})^2 \\
&= \sum X_i^2 - N(\overline{X})^2 \\
&= \sum X_i^2 - \frac{(\sum X_i)^2}{N}
\end{aligned} \qquad (2\text{-}17)$$

将式(2-17)代入式(2-16),

$$\begin{aligned}
\sigma &= \sqrt{\frac{\sum (X_i - \overline{X})^2}{N}} \\
&= \sqrt{\frac{\sum X_i^2}{N} - \frac{(\sum X_i)^2}{N^2}} \\
&= \frac{1}{N}\sqrt{N\sum X_i^2 - (\sum X_i)^2}
\end{aligned} \qquad (2\text{-}18)$$

表 2-26 可简化为表 2-27。

表 2-27

X_i	X_i^2
72	5184
81	6561
86	7396
69	4761
57	3249
$\sum = 365$	$\sum = 27151$

将表 2-27 值代入式(2-18)得：

$$\sigma = \frac{1}{5}\sqrt{5(27151) - (365)^2}$$

$$= \frac{1}{5}\sqrt{135755 - 133225} = 10.06$$

可见,公式(2-16)和公式(2-18)计算的结果是相同的。但 $\overline{X}$ 当取小数点后有限位时,公式(2-16)计算的结果不及公式(2-18)计算的精确。

使用公式(2-18)时,可先列表 2-28,然后再代入公式：

表 2-28

变量	X_i^2
X_1	X_1^2
X_2	X_2^2
$\vdots$	$\vdots$
X_k	X_k^2
$\sum X_i$	$\sum X_i^2$

$$\sigma = \frac{1}{N}\sqrt{N\sum X_i^2 - \left(\sum X_i\right)^2}$$

2. 根据频次分布。

如果资料已经整理为频次分布,计算 σ 值的列表,一般有如下形式(表 2-29)。

表 2-29

变量(X)	X^2	频次	频次乘变量(X)	频次乘 X^2
X_1	X_1^2	n_1	$n_1 X_1$	$n_1 X_1^2$
X_2	X_2^2	n_2	$n_2 X_2$	$n_2 X_2^2$
X_3	X_3^2	n_3	$n_3 X_3$	$n_3 X_3^2$
$\vdots$	$\vdots$	$\vdots$	$\vdots$	$\vdots$
X_k	X_k^2	n_k	$n_k X_k$	$n_k X_k^2$
总和		$N = \sum n_i$	$\sum n_i X_i$	$\sum n_i X_i^2$

$$\sum_{i=1}^{N}(X_i)^2 = \sum n_i X_i^2$$

$$\sum_{i=1}^{N} X_i = \sum n_i X_i$$

$$\sigma = \frac{1}{N}\sqrt{N\sum n_i X_i^2 - \left(\sum n_i X_i\right)^2} \qquad (2\text{-}19)$$

（二）分组资料

对于分组资料，用组中心值 b_i 来代替变量值 X_i，标准差计算公式与上述相同：

$$\sigma = \frac{1}{N}\sqrt{N\sum n_i b_i^2 - \left(\sum n_i b_i\right)^2} \qquad (2\text{-}20)$$

显然，用组中心值 b_i 计算的方差或标准差，不及用原始数据计算精确，但对社会学来说，大多数情况下已足够用了。

（三）小结

异众比例作为资料离散程度的度量仅考虑频次，因此对定类变量最为适用。极差和四分互差由于考虑了变量的次序或大小，因此对定序和定距变量适合。从资料信息运用充分来考虑，使用方差和标准差对定距变量更精确。

异众比例：适用于定类、定序、定距变量

极差
四分互差 }：适用于定序、定距变量

方差或
标准差 }：适用于定距变量

为了简化资料的分析，我们用众值、中位值或均值来代表变量分布的集中特征。但为了说明它们所能代表的程度或可靠的程度，还需要用变量分布的离散特征加以补充。集中值和离散值相互补充的对应关系是：

众值 ←→ 异众比例

中位值 ←→ 极差、四分互差

均值 ←→ 方差或标准差

本章要点辅导

1. 统计学中的分布是研究什么的？

［解］ 统计学中的分布是研究变量各取值的数量特征的。研究变量各取值频次关系的，称变量的频次分布；同样研究变量各取值频率、概率关系的，称变量的频率、概率分布。

第二章　单变量统计描述分析

2. 分布中的数据有什么特点?

[解]　分布中数据的特点是变量值与之对应的数量特征(频次、频率、概率)必定是共存的,不可能只有变量值,而没有数量特征,反之,亦然。另外,变量取值必须满足完备性与互斥性,使之每一个调查对象的调查结果都有类可归,且也只有一类可归。

3. 统计表、统计图和分布的关系如何?

[解]　统计表和统计图都是用来表达分布的。它可以使分布的内容表达得更清晰、更直观。没有分布就无法制作出相应的统计表和统计图。

4. 频次和频率有何不同?

[解]　频次指的是某一类在调查中出现的次数。而频率是某一类频次在总频次中所占的比例,又称相对频次。例如,调查总人数为 100 人,其中男性为 51 人,那么,男性在调查中的频次就是 51,而男性频次在总频次(总调查人数)中所占的比例 51 人/100 人 = 51%,就是男性在调查中的频率,频率是没有单位的。

5. 统计关系是否意味着因果关系?

[解]　不是的。不能根据统计关系轻率做出因果判断。例如统计服用补钙与不补钙人群引起骨折的比例,就会得出补钙人群骨折的比例高于不补钙的人群,但这并不意味着补钙会引起骨折。恰恰相反,由于补钙的人群多是老年人,而年龄才是骨质疏松、骨折的原因。

6. 统计表有哪几类?

[解]　统计表从形式上分:(1) 离散式统计表:当统计的结果,变量值的分类是离散的,是可以一一列举的,其中包括定类型、定序型变量以及一部分可以列举的离散型定距变量(如家庭子女数等),都可做成离散式统计表。(2) 分组式统计表:当统计的结果,变量值的分类无法一一列举,只能以分组形式给出的,其中包括定距型变量中,虽可以列举但分类太多或变量本身是连续的,都可做成分组式统计表。

7. 统计图和统计表的关系是怎样的?

[解]　圆瓣图、条形图对应的是离散式统计表,而直方图对应分组式统计表,且图形的高度为密度,如频次密度、频率密度等:

$$\text{频次密度} = \frac{\text{频次}}{\text{组距}} \quad \text{频率密度} = \frac{\text{频率}}{\text{组距}}$$

8. 什么是"上组界不包括在内"的约定?

[解]　当分组式统计表的组界值,不是设置为比观测值精度高一位时,就出现观测值与相邻两组的组界值相同时,将观测值统计在哪一组的问题? 为此必须增加新的约定,否则有的统计在前一组,有的统计在后一组,将产生错误,"上组界不包括在内"的约定,就是规定当观测值是相邻两组的组界值时,应将观测值统计到属于下组界的一组,例如

职工基本工资统计表

基本工资(元)	职工人数
1000—1500	10
1500—2000	40
2000—2500	20
2500—3000	10

根据"上组界不包括在内"的约定，基本工资为 1500 的职工，应统计在第二组，基本工资为 2000 的职工，应统计在第三组，余则类推。

9. 集中趋势是研究变量分布的什么特征的？集中趋势共有哪些测量方法？

[解]　集中趋势是用一个典型值来代表、描述或概括变量分布的主要特征。它的特点是对变量的描述简明、重点，但比起分布对变量的描述来说，不够全面，会损失一部分变量的信息。

集中趋势有以下几种测量方法：

（1）众值法：它是变量分布中频次最多的变量值。它适用于各种变量的层次，但用得最多的是定类型变量，对高层次的变量，众值法会丢失变量的某些数量信息。

（2）中位值法：将资料按变量值的序排队，居中位置的变量值称中位值。它适用于定序以上层次的变量。

（3）平均值法：$\bar{X} = \dfrac{\sum X}{n}$，$\sum X$ 是资料的观测值(变量值)X 的加总，n 是观测总数。它仅适用于定距以上变量。它对资料的信息利用最充分，但它的不足是，对于严重偏态的分布，平均值会失去它作为典型值应有的代表性，被称作"骗人的平均值"。

10. 离散趋势是研究变量分布的什么特征的？离散趋势共有哪些测量方法？

[解]　离散趋势是研究变量分布的分散特征的，它是对集中趋势的补充。有了集中、离散两个趋势的研究，可以对分布的特征，有了更全面的描述。

离散趋势有以下几种测量方法：

（1）异众比例：非众值的频次在总数中所占的比例，称异众比例。它是对众值的补充，异众比例越大，众值频次的比例越小，众值的代表性越差。

（2）极差：分布中最大观测值与最小观测值之差，称极差，它适用于定序以上层次的变量。

（3）四分互差：为了避免资料中个别极值对分散程度的干扰，类似于评分中的"去掉一个最高分、去掉一个最低分"，去掉资料按序排队首、尾各 1/4 的变量值，保留中间的 1/2 段，中间段的最大变量值与最小变量值之差称四分互差。由于中位值位于排序资料居中位置、1/2 的地方，所以四分互差中的最大值和最小值，位于中位值两边各 1/4 的地方，它是对中位值的补充。

第二章 单变量统计描述分析

（4）方差 σ^2 与标准差 σ 是观测值围绕均值平均分散程度的度量。由于求平均时，观测值围绕均值加总，会出现正负相抵为零的情况，因此改为观测值围绕均值先平方再加总，因此出现了方差 σ^2：

$$\sigma^2 = \frac{\sum (X - \bar{X})^2}{n},$$

而为了单位上与观测值取得一致，将方差开方，得标准差 $\sqrt{\sigma^2}$。方差和标准差都只适用于定距以上层次的变量，它是对集中趋势均值 $\bar{X}$ 的补充。

均值和标准差是统计学中最基本也是最重要的概念，是必须牢牢掌握的。

11. 是否任何分布都可以用集中和离散两特征值来讨论分布的主要特征？

［解］ 不是的，对于多峰的分布，用特征值来讨论就失其意义。

例如，幼儿园的人口年龄分布，就可能是两个峰值，一个是儿童的峰值年龄，另一个是工作人员的峰值年龄，其中用任何一个峰值来代表总体幼儿园的年龄结构都是没有代表性的。解决的办法是把儿童和成人分作两张统计表，使之成为单峰统计表。

又例如地球表面的海拔高度，其中一个峰值是海平面以下 3 哩左右，另一个峰值在海平面左右；如果用一个值作为集中趋势的代表，显然与实际分布情况相差太远。

12. 珠穆朗玛峰应画在下图的什么位置？海底的最深渊应画在图的什么位置？

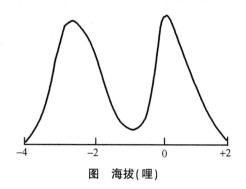

图　海拔（哩）

［解］ 珠穆朗玛峰应画在图的右端点，海底的最深渊应画在图的左端。

13. 为什么低层次的变量不能使用高层次变量的集中值和离散值？

［解］ 简言之，是因为低层次的变量不具有高层次变量的属性所引起的。例如，均值和方差都必须计算变量的数值大小，而定类变量却不具有。同理，中位值和极差都要求变量值能排序，而这也是定类变量所不具有的。

14. 中位值和均值在实际中一定存在吗？

［解］ 不一定。当频次为偶数时，其中位值在实际中有可能并不存在。例如某居民楼有 8 户人家，家庭人口为：2,4,4,5,6,6,6,6，其中位值将位于 $(N+1)/2$ 的地方，对应中位值为：

$$\frac{(5+6)}{2} = 5.5(人)$$

显然,中位值 5.5 人在实际中是不存在的

又如均值

$$\overline{X} = (2 + 4 + 4 + 5 + 6 + 6 + 6 + 6)/8 = 4.4(人)$$

在实际中也是不存的。

15. 均值永远是定距变量最合理的集中值吗?

[解] 不一定。当变量的分布严重偏态时,均值就未必作为总体的代表。例如,当一个城市有少数亿万富翁存在时,会拉高城市居民的平均收入,从而歪曲了广大居民真实的生活水平,因此在某些情况下,作为集中值,不是采用均值,而是用中位值来代表一般居民的生活水平。又如水深平均 50 cm 的河流,照样有水很深、足以淹死人的地方,因此作为离散值的代表,不是采用方差或标准差,而是要用极差,要知道河流最深是多少。

16. 为什么高层次的变量,采用低层次变量的集中值和离散值来测量,就会造成信息使用不完全?

[解] 本题可以用实例来说明,

甲村 9 户家庭人口数有:3,3,4,4,4,5,6,7,8

乙村 9 户家庭人口数有:3,3,4,4,4,4,5,5,5

如果用众值来讨论家庭人口,众值都是 4,似乎两村是相同的,但用肉眼也能看出,两村实际是有差别的,而这种差别,采用均值来讨论集中值,就可以表达出来了,甲村的平均家庭人口数为 4.9,而乙村的平均家庭人口数只有 4.1,甲村高于乙村。可见众值法只关注了频次最多的变量值是否相同,其他信息被忽略,因此将有差别的总体当作了无差别的总体。

本章解题辅导

1. 某高校对新生来源地的结构情况进行统计。新生的来源分为来自城市、乡镇和农村三类,试就该问题,指出什么是变量、变量值和分布。

[解] 变量:某高校新生的来源地(X)

变量值:共有 3 个,来自城市(X_1)、来自乡镇(X_2)和来自农村(X_3)。

分布:来自城市的变量值人数对(X_1, n_1);来自乡镇的变量值人数对(X_2, n_2)和来自农村的变量值人数对(X_3, n_3),三者的集合,构成了变量"新生来源地"的频次分布。

2. 甲地进行了民族构成调查,结果有:汉族 2000 人,其他少数民族 1800 人,试作统计表。

[解] 统计表的制作从书写表头开始,然后有标识行,标识行中包括变量的具体名称和统计的数量特征,本题中的标识行有:民族、人数和百分比(见下表),紧接着是主体行,主体

第二章 单变量统计描述分析

行完整的表达变量分布的统计结果,主体行按主词、宾词排列,每一行都是一个完整的句子。例如:第一行是:汉族(主语)的人数是2000人(宾语),占总人数的53%(宾语)。

第二行是:其他民族(主语)的人数是1800人(宾语),占总人数的47%(宾语)。

甲地民族构成表 时间×××

民族	人数	百分比(%)
汉	2000	53
其他民族	1800	47

3. 如果我们不仅在甲地,还在乙地也做了民族构成调查,其结果是:汉族3500人(88%),其他民族500人(12%),问:能否将两地的调查合并为一张统计表?

[解] 可以增加一个新变量"地区",放在纵轴,它的取值有2个:甲地和乙地,另一个原有变量"民族构成"放在横轴,构成二维的统计表(见下表):

甲、乙两地民族构成表 时间×××

地名	汉族		其他民族	
	人数	百分比(%)	人数	百分比(%)
甲地	2000	53	1800	47
乙地	3500	88	500	12

这时每一行仍然是完整的句子。例如:

第一行 甲地汉族人数是2000人,占53%;其他民族是1800人,占47%。

第二行 乙地汉族人数是3500人,占88%;其他民族是500人,占12%。

4. 某居委会对社区200名有基础疾病的老人进行了三高统计,结果有:

老年基础病调查表 地点、时间

基础病	人数	百分比
高血压	100	50
高血糖	70	35
高血脂	80	40

问:统计表是否正确?

[解] 不正确。因为调查人数为200人,而根据统计表加总的人数100+70+80=250人,超过了调查人数(200人),或者从百分比也可看出50%+35%+40%=125%>100%。这是因为有的老人患有不止一种基础病,所以打了不止一个勾,说明存在一个调查对象,同时统计在两次以上的基础病分类中,这就违背了每一个调查对象,只有一类可归的"分类必须互斥"的原则。

5. 接上题,为什么统计表中的分类必须满足互斥的要求?

[解] 统计表只是原始资料简化保存的一种方式,它必须和原始资料存在唯一的对应

关系,如果一个调查对象,被统计了不止一次,结果就会出现不同的原始资料,却具有相同的统计结果。下面不妨设想两种不同的原始资料,它们统计的结果将与表相同:

原始资料(1):50 人患高血压,50 人患高血糖,50 人患高血脂,20 人同时患高血压和高血糖,30 人同时患高血压和高血脂

原始资料(2):100 人患高血压,20 人患高血糖,30 人患高血脂,50 人同时患高血糖和高血脂

实际上,我们还可以设计出更多的原始资料,对应有如上相同的统计结果,因此这样的统计分类是不科学的。

6. 接上题,那么,应该如何设计统计分类?

[解] 要把有两种以上的基础病的人,作为新的一类列出,这样仅患高血压和患高血压同时患高血糖的人就不是一类了,因此得如下完备的分类表,满足每个调查对象不仅有类可归,且也只有一类可归的"完备与互斥"的要求了:

老年基础病调查表   地点、时间

基础病	人数	百分比
高血压		
高血糖		
高血脂		
高血压、高血糖		
高血压、高血脂		
高血糖、高血脂		
三高		

7. 某地根据调查结果,制作了如下统计表,问该表是否正确?

某地民族构成表   时间、地点

民族	人数	百分比(%)
汉	20000	40
满	5000	10
蒙古	8000	16
回	7000	14

[解] 该表不完备,因为总百分比:40% + 10% + 16% + 14% = 80% < 100% 说明还有相当一部分人未统计进去,应予补上,才能满足统计表必须完备的要求。

11. 根据如下的统计资料：

（汉族,50000）
（满族,22000）
（回族,20000）
（苗族,10000）

问：可以制作成什么样的统计图？

[解] 由于民族是定类变量,因此可以制作圆瓣图或条形图。

12. 接上题,如果将以上资料制成条形图,变量的排列是否有要求？

[解] 因为变量是定类性的,因此排列可以是任意的。

13. 根据以下的统计资料：

（老年,1000）
（中年,2000）
（青年,5000）

问：是否可以制成直方图？

[解] 由于资料是定序变量,所以不能制成直方图。

14. 接上题,如果将以上资料制成条形图,变量的排列是否有要求？

[解] 有。因为是定序变量,可以按老、中、青或青、中、老顺序排列。

15. 直方图的高度有什么意义？

[解] 直方图的高度表示的频次密度：

$$频次密度 = （频次／组距）$$

或

$$频率密度 = （频率／组距）$$

16. 什么情况下,直方图的高度也可用频次或频率来表示？

[解] 当资料按等距分组情况下,也可用频次或频率来表示高度,这时它和用频次密度或频率密度的图形是相似的。也就是说,图形高度的相对关系是相同的。

17. 根据调查资料,制成的直方图呈凹凸不平的形状：

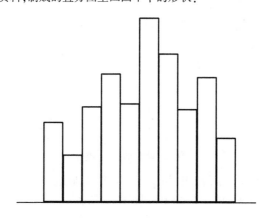

问:这是为什么? 如何解决?

[解] 这是由于数据分组太多的缘故。解决的方法是减少组数或增加调查总数,以增加频率的稳定性。

18. 有人说:"条形图与直方图的区别是,条形图的长条是离散的,而直方图的长条是紧挨着的。"对吗?

[解] 不对,条形图也可画成紧挨着的。同样,直方图对应某个组距也可能不存在。它们最大的区别是,条形图的长度代表的是频次或百分比(相对频次,频率),而直方图是用面积而不是长度来代表频次或百分比。直方图的长度(高度)为频次密度或频率密度:

频次密度 = 频次／组距

频率密度 = 频率／组距

从图形上看,只有在等组距情况下,条形图和直方图相对高度相同,但毕竟意义是不同的。

19. 有甲乙两组,每组人数为100人,两组收入的百分比相同,但乙组工人收入是甲组的2倍,以下是甲、乙两组工人月收入的统计表,试作直方图,并作比较。

甲组月收入统计表		乙组月收入统计表	
收入(千元)	百分比(%)	收入(千元)	百分比(%)
1—2	10	2—4	10
2—3	20	4—6	20
3—4	40	6—8	40
4—5	30	8—10	30

[解] 根据甲、乙收入统计表制作的直方图:

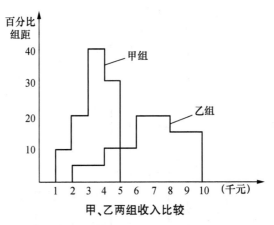

甲、乙两组收入比较

由于乙组收入是甲组的2倍,组距增大,相应乙组纵轴百分比密度是甲组的1/2,因此乙组的直方图峰值是甲组峰值的1/2,乙组图形右移,分散性增大。

第二章 单变量统计描述分析

20. 根据以下统计表，众值是否是120？

某地家庭结构统计表

家庭结构	频次
核心家庭	120
直系家庭	60
联合家庭	20
其他	15

[解] 不是，众值是频次最多的那个变量值，因此众值是核心家庭，而不是120。

21. 根据上题，求异众比例，并解释它的意义。

$$异众比例 = \frac{(120+60+20+15)-120}{120+60+20+15} = \frac{95}{215} = 0.44$$

异众比例表示非众值即非核心家庭在总数中所占的比例。显然，该值越大，众值在总数中所占的比例越小，因而众值的代表性也就越差。

22. 接上题，问：是否有中位值或均值？

[解] 无中位值和均值。

42. 根据以下数据作直方图、折线图并求中位值、均值以及四分互差和标准差（括号内第一个数是分组数据的上组界和下组界，第二个数是频次）。

$$(11—15, 2)$$
$$(16—20, 4)$$
$$(21—25, 7)$$
$$(26—30, 6)$$
$$(31—35, 5)$$
$$(36—40, 3)$$
$$(41—45, 1)$$

[解]（1）为了作直方图，首先要求分组数据写成真实组界，并将计算集中值和离散值所需的量都一并把它们放在一张分布表上：

频次分布表

组界线	中心值(b_i)	频次	累计频次	累计百分比(%)	$n_i b_i$	$n_i b_i^2$
10.5—15.5	13	2	2	7.14	26	338
15.5—20.5	18	4	6	21.43	72	1296
20.5—25.5	23	7	13	46.43	161	3703
25.5—30.5	28	6	19	67.86	168	4704
30.5—35.5	33	5	24	85.71	165	5445
35.5—40.5	38	3	27	96.43	114	4332

(续表)

组界线	中心值(b_i)	频次	累计频次	累计百分比(%)	$n_i b_i$	$n_i b_i^2$
40.5—45.5	43	1	28	100	43	1849
					$\sum = 749$	$\sum = 21667$

(2) 根据频次分布表,可作如下的直方图和折线图:

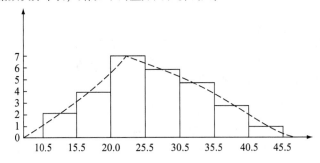

(3) 中位置 Q 位于累计百分比 50% 的地方,由于它不在组界上,而是在变量值区间 [25.5—30.5] 内,对应的累计百分比区间为 [46.43—67.86],假定在此区间内,变量值从 25.5 增长到 30.5,累计百分比是线性的增长,因此累计百分比 50% 对应的变量值 Q,应该有如下的线性比例:

$$\frac{30.5 - 25.5}{67.86 - 46.43} = \frac{Q - 25.5}{50 - 46.43}$$

$$Q = 25.5 + (50 - 46.43)\frac{30.25 - 25.5}{67.86 - 46.43} = 26.33$$

(4) 为了求四分互差,要先求得累计百分比为 25% 和 75% 的变量值 Q_{25} 和 Q_{75},为此找到了含累计百分 25% 的区间为 [20.5 - 25.5],累计的百分比为 [21.43 - 46.43],假定在此区间内,变量值从 20.5 增长到 25.5,累计百分比是线性的增长,因此累计百分比 25% 对应的变量值 Q_{25},应该有如下的线性比例:

$$\frac{25.5 - 20.5}{46.43 - 21.43} = \frac{Q_{25} - 20.5}{25 - 21.43}$$

$$Q_{25} = 20.5 + (25 - 21.43)\frac{25.5 - 20.5}{46.43 - 21.43} = 21.21$$

同理,含累计百分 75% 的区间为 [30.5 - 35.5],累计的百分比为 [67.86 - 85.71]。

$$\frac{35.5 - 30.5}{85.71 - 67.86} = \frac{Q_{75} - 30.5}{75 - 67.86}$$

$$Q_{75} = 30.5 + (75 - 67.86)\frac{55.5 - 30.5}{85.71 - 67.86} = 32.5$$

四分互差 $Q = Q_{75} - Q_{25} = 32.5 - 21.21 = 11.29$

(5) 平均值 $\overline{X}$ 对于分组式统计表,用组中心值 b_i 代表各组的变量值,平均值有:

$$\overline{X} = \frac{\sum n_i b_i}{n} = 749/28 = 26.75$$

(6) 标准差 σ 用公式(2-20)得:

$$\sum = \frac{1}{N}\sqrt{N\sum n_i b_i^2 - \left(\sum n_i b_i\right)^2} = \frac{1}{28}\sqrt{28 \times 21667 - 749^2} = 7.63$$

本章要点思考

一、什么是分布?
二、统计表和统计图与分布的关系?
三、统计表和统计图有哪几种?各适用于哪些变量层次?
四、直方图与条形图有什么不同?
五、集中趋势有哪些测量方法?各适用于哪些变量层次?
六、离散趋势有哪些测量方法?各适用于哪些变量层次?

本 章 习 题

1. 以下是某地家庭月收入的直方图,横轴的单位是千元,纵轴的单位是频率密度(百分比/千元):

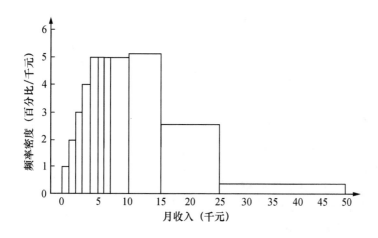

问：

(1) 月收入正好是 1 千、2 千、3 千的家庭,应如何统计？

(2) 月收入在 1 千元以下、1—2 千元、2—3 千元、3—4 千元、4—5 千元各占百分比是多少？

(3) 月收入在 4—7 千元、7—10 千元各占百分比是多少？

(4) 月收入在 6—7 千元之间和 7—8 千元之间的家庭数目是否大致相同？

(5) 试比较 10—11 千元、15—16 千元、25—26 千元,哪组家庭数最多？哪组最少？

2. 以下是某班期末的考试成绩的直方图：

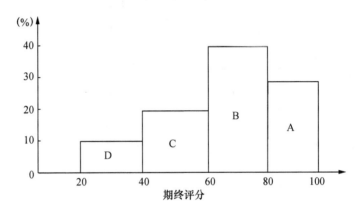

问

a：是否有人成绩在 20 分以下？

b：如果 20—40 分之间的人数占 10%,那么,40—60 分之间的人数占多少？

c：60 分以上及格的人数占多少？

3. 以下是 3 个村庄村民生活水平的直方图,其中以 50 分作为中等生活水平的标准,

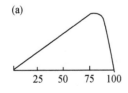 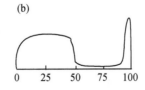 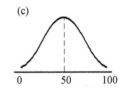

试对这 3 个村庄的生活水平作出评价(50 分为中等)。

4. 指出以下 6 张分布图,对应的是以下哪个统计？

(1) 年轻夫妇(有子女)家庭所有成员身高的统计。

(2) 已婚丁克,夫妇家庭成员身高的统计。

(3) 全体居民身高的统计。

(4) 汽车的高度(约 120 cm)。

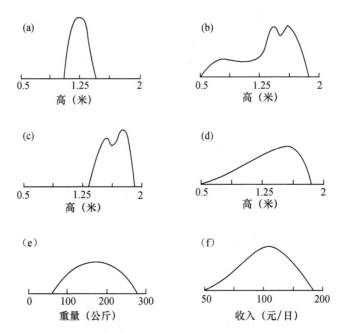

5. 以下是发达地区、欠发达地区、中部地区计时工资所做的直方图比较,如果欠发达地区的计时工资直方图为图中 A,问:

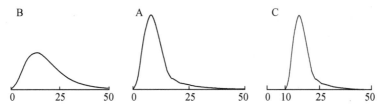

(1) 如果发达地区计时工资普遍是欠发达地区的约 2 倍,那么发达地区应有怎样的直方图?

(2) 如果中部计时工资比欠发达地区普遍多约 10 元,那么,中部地区应有怎样的直方图?

6. 以下是某地工人月收入直方图,但缺少 2—5 千元收入的高度。

问:直方图中 2—5 千元收入的高度?

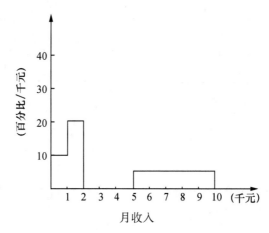

7. 以下是某单位体检中根据体重绘制的3张直方图：

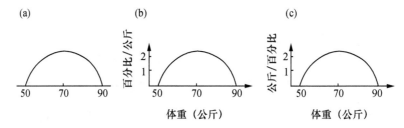

问：哪一张是正确的？

8. 以下图形，是否是直方图？

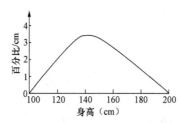

9. 以下是有一个孩子和有多个孩子妇女血压的统计直方图：

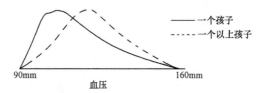

问：根据结果，能否得出"随着妇女生育数量的增加，血压也会升高"的结论？

10. 两企业都给员工增加了工资,其中甲企业按原有工资增加10%,乙企业按每人增加100元,问:如果与增加前员工工资直方图相比,以下的两张直方图哪张图是甲企业的?哪张图是乙企业的?

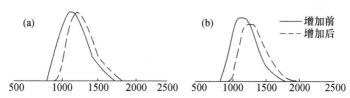

11. 以下是某单位体检结果的血压直方图:

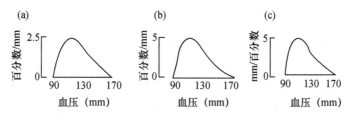

问:哪张直方图是对的?

12. 以下是3组数据,试作它们的直方图,并比较3个直方图的关系。
(a) 1,2,2,3 (b) 2,3,3,4 (c) 2,4,4,6

13. 以下有3组原始数据:
(a) 1,5,7 (b) 1,2,5,7 (c) 8,-3,5,0,1,4,-1
试求各组数据的中位值。

14. 以下3组数据:
(a) 0,20,40,50,60,80,100 (b) 0,48,49,50,51,52,100 (c) 0,1,2,50,98,99,100
如果不经计算,根据数据特点,说出它们的
a. 平均值
b. 哪组数据分散程度最大?哪组数据分散程度最小?

15. 有A、B、C 3个班级,每班有99名同学。各班成绩有:
A班:1名得1分,1名得99分,其余均为50分
B班:49名得1分,49名得99分,余1名得50分
C班:从1分开始,每分有一名同学获得,直至99分
问:
(a) 各班平均分?
(b) 各班的标准差是否相同?哪个班最大?
(c) 各班成绩的变化范围?

16. 以下2组数据,求出它们的平均值,离均差和标准差,并由此能做出什么结论。
(a) 1,3,4,5,7
(b) 6,8,9,10,12

17. 以下2组数据,求出它们的平均值、离均差和标准差,并由此能做出什么结论?
   (a) 1,3,4,5,7   (b) 3,9,12,15,21
18. 以下2组数据,求出它们的平均值、离均差和标准差,并由此能做出什么结论?
   (a) 5,−4,3,−1,7   (b) −5,4,−3,1,−7
19. 如果某企业将全部员工的工资都增加100元,问:企业员工的平均工资和工资的标准差有何改变?
20. 如果企业将全部员工的工资都增加5%,问:企业员工的平均工资和工资的标准差有何改变?
21. 如果企业全部员工的工资相同,那么工资的标准差如何?
22. 设中奖共分1,2,3三个等级,今有10人去抽奖,问,他们都抽到了什么等级,将是以下结果:
   (a) 平均等级为2,等级的标准差为0
   (b) 等级的标准差为1
23. 厂家生产的调味品,按重量分4种包装:20克、15克、10克、5克,生产的比例相应为40%、30%、20%、10%。

调味品分装表

重量(克)	百分比(%)
20	40
15	30
10	20
5	10

问:如果甲按生产的比例购买了10包,乙也按生产的比例购买了20包。那么,甲、乙两人所购产品的平均重量和重量的标准差是多少?是否相同?

24. 某幼儿园A班共10人,平均身高1.2米;B班15人,平均身高也是1.2米,现新来一名儿童,身高1.3米,问分在哪班,平均身高增加多少?
25. 设有A班40人,B班45人,考试结果都是5分占20%;4分占30%;3分占40%;2分占10%,问:计算平均分与班级总人数有关吗?
26. 某外向型企业,由于订单减少,生产萎缩,但工人的平均工资反而上升了,问:这是什么原因?
27. 以下是某企业职工一年观看电影次数统计,括号内第一项为观看次数,第二项为人数:
   (0,417) (1,240) (2,366) (3,222) (4,134) (5,63) (6,39) (7,24) (8,21)
   (1) 试作频率统计表、直方图和折线图。
   (2) 试求均值和标准差。
28. 设以下是72名离婚者婚龄的统计,括号内第一项为离婚者婚龄组,第二项为人数:
   (1—3,5)(4—6,10)(7—9,20)(10—12,14)(13—15,9)
   (16—18,4)(19—21,3)(22—24,2)(25—27,4)(28—30,1)
   (1) 作频率统计表、直方图和折线图。
   (2) 求众值、中位值和均值,并作简单讨论。
   (3) 求四分互差和标准差。

第三章

概率基础

第一节 概 率

前面谈到社会调查中最常用的方法是抽样调查。抽样调查是通过对抽样（局部）的研究，达到对全体的判断或推论，也就是以小看大的研究方法，它属于归纳法的范畴，归纳法与演绎法所不同的，在于归纳法的结论大于前提，因此结论与前提间不是包含关系。归纳法的结论不能有百分之百的可靠性。它除了推理所预言的结果外，还可能存在其他结果。而研究各种可能出现的结果，及其所对应出现可能性的大小，正是概率论所要研究的问题。可见，对于通过抽样调查，研究局部推论到总体，必须通过概率论作为工具或媒介。这也是学习统计推论必须首先学习概率论的缘故。通过概率论，可以知道在一定条件下，总体的各种抽样结果所具有的概率特性。而统计推论则是研究在发生了某种抽样结果的情况下，判断它来自何种总体更为合理。因此可以说，统计推论是概率论研究的逆问题。为了学习概率论，首先要了解概率论的研究对象。简单说来，概率论的研究对象是随机现象。

一、什么是随机现象

客观现象可以分为确定性现象和非确定性现象。在很长一段历史时期内，由于生产水平的限制，人们只限于研究确定性现象。例如，在一个标准大气压的情况下，温度上升到100℃，水必然沸腾。同样，在社会经济领域内，一个国家每年要支付多少薪金也是确定的。但除了确定性现象外，在自然、经济、社会领域内还存在另一类现象。这类现象的特点是在一定条件下,它无法像"水必然沸腾"那样预言其必然发生。例如,我们无法预言某天将有多少人死亡;多少婴儿将诞生;多少人因车祸而身亡;多少人结婚;多少人离婚;多少人从北京到上海;多少人晚间收看哪些电视节目等等。所有这些现象都有一个共同的特点,那就是在一定条件下(例如某天)事物的出现只具有可能性但不具有必然性。所谓可能而又不必然,则意味着在一定条件下出现的结果不止一种,因此对其中任一种结果的出现,都只能说具有一定的可能性、偶然性或称随机性。而且这种非确定性的存在,并不取决于对事物事先了解的程度。例如一个竞技再好的运动员,也无法预言在比赛中是否一定会取胜。

随机现象具有非确定性、随机性,但绝不是说随机现象是杂乱无章、无规律可循或无法研究的。实际上,随机现象是存在着规律性的。人们通过大量的实践与观察,是能认识其统计规律性的。例如人口学中的性别比问题,说明了从局部的、瞬时的、小范围来看,婴儿的性别比可能波动性很大,但长期或大面积的统计,就会发现男、女性别比稳定地保持在$\frac{22}{43}:\frac{21}{43}$,这正是概率论所要研究的随机现象的统计规律性。

从命题来分,确定性现象的研究属于必然命题,它表示为:

若……则……

而非确定性现象的研究属于随机命题。它表示为:

若……可能……

在社会学的研究中,常见的多为随机命题,必然命题是十分少见的。但从另一方面,也应该看到确定与非确定都是相对而言的,其间并无不可逾越的鸿沟。实际上,随着问题研究的深入和精确程度的提高,原先认为是确定性的现象也会成为非确定性的现象。比如以国家的工资总额来说,似乎是确定的。但如果要求数字的精确度进一步提高,那么每月随着职工人员的增加,退休、死亡、工伤、离职以及工资的变动,其工资总额也是不断变化的。因此,可以说非确定性是普遍的,只是程度不同而已。同时,在社会生活中,由于任何一种社会现象、社会行为,其产生的原因都是十分复杂的,人们往往无法准确地掌握其全部原因,这也正是为什么社会学命题多为随机命题的缘故。当人们对事物发生的原因知之甚少时,事物的发生总是具有某种非确定性或偶然性的。但在看到社会现象具有偶然性一面时,还应该注意到,对于大量现象的研究,由于平衡与排除了单个孤立事件所具有的偶然性,从而呈现出了内部所隐蔽着的统计规律性,正如恩格斯所指出:"在表面上是偶然性在起作用的地方,这种偶然性始终

第三章　概率基础

是受内部的隐蔽着的规律支配的,而问题只是在于发现这些规律。"[1]偶然事件的概率(即发生可能性的大小)就是偶然事件隐蔽着的规律。

二、概率的概念

前面谈到了随机现象具有在一定条件下,呈现多种可能结果的特性。而到底出现哪种结果,却又是无法预言的。因此,随机现象的结果以及这些结果的集合就称作随机事件,或简称事件。

例如:
- 某人在运动会上将得金牌。
- 某人将活到 80 岁以上。
- 明年报考医学院的学生将超过一万人。
- 明天将下雨。

以上列举的事件都并非一定会发生的,而只是可能发生也可能不发生的非确定性事件,称随机事件。而概率则是这些随机事件发生可能性大小的数量表示。实际上,人们在日常生活中常用"比较级"粗略地来表示随机事件发生可能性的大小。

例如:
- 某生明年不可能考上大学。
- 某生明年可能会考上大学。
- 某生明年很可能考上大学。
- 某生明年一定会考上大学。

句中"不可能""可能""很可能""一定"都是对可能性大小的粗略的估计。而概率就其表达的实质来说,和这些"比较级"是一样的,只是在数量上对可能性大小表达得更为精确而已。

数学上一般约定用英文字母 P 表示概率,并用括号说明 P 是哪一个事件的概率。例如:

$P(A)$ —— 表示事件 A 所具有的概率

$P(B)$ —— 表示事件 B 所具有的概率

进一步,为了使可能性的大小能进行比较,概率的度量必须标准化。也就是确定概率的最大值是什么和最小值是什么。为此,我们把不可能发生的事件称作不可能事件(记作$\emptyset$),发生的概率 $P(\emptyset)$ 定作 0:

---

[1] 《马克思恩格斯选集》第 4 卷,第 247 页。

$$P(\emptyset) = 0$$

把一定发生的事件(S)称作必然事件,发生的概率$P(S)$定作1：

$$P(S) = 1$$

而一般随机事件E,由于它发生的可能性介于"必然"与"不可能"之间,因此它发生的概率$P(E)$为：

$$0 \leqslant P(E) \leqslant 1$$

可见,如果我们按可能性的大小顺序排列事件的话,则有：

不可能事件($\emptyset$) → 随机事件(E) → 必然事件(S)。

那么,对应事件的概率为：

$$P(\emptyset) = 0 \to 0 \leqslant P(E) \leqslant 1 \to P(S) = 1$$

也就是一般说来,任何随机事件E发生的概率介于0、1之间,是个非负数：

$$0 \leqslant P(E) \leqslant 1$$

概率的最大值是1,当$P(E)=1$时,事件E是必然发生的。概率最小值是0,当$P(E)=0$时,事件E是不可能发生的。而当概率界于0至1之间,事件发生的可能性随P值而变化,例如,当$P(E)=0.1$时,表示事件E虽然有可能发生,但发生的可能性不大;当$P(E)=0.9$时,事件E虽然并非必然发生,但发生的可能性就很大了;但当$P(E)=0.5$时,事件E发生与否,各占0.5,这种情况下,决策者对做进一步的取舍就比较困难了。

下面举例分析哪些是必然事件,哪些是不可能事件或随机事件：

[例]1. 某企业有青工100名,其中20名为已婚者。今任抽25名,那么,其中含有5名为已婚者的事件则为随机事件。因为任抽25名可能恰有5名已婚,也可能已婚人数不是5名。

[例]2. 接例1：若任抽25名,那么,其中至少有5名为未婚者的事件则为必然事件。(想想看为什么?)

[例]3. 接例1：若任抽25名,其中有21名为已婚者的事件则为不可能事件。(想想看为什么?)

三、概率的计算方法

概率是反映随机事件内在的统计规律性的。所谓统计规律性,是指在一定条件下,就其个别一次的结果来说都具有偶然性,但大量重复的试验或观察,则其结果无不呈现必然的规律性,这种规律性,称作统计规律性。统计规律性是事物本身所固有的,是事物的客观属性,而概率P正是这种事物客观属性的数量表现。那么,如何求得这种概率属性呢?最直观、最简单的想法就是和"频率"联系在一起的。人们凭借生活经验的直观感觉可以知道,若事件 E 出现的可能性愈大,则实际观测结果的频率也愈大,反之亦然。而概率是事件发生可能性大小的数量表示,因此,可以把事件 E 的概率 $P(E)$ 定义为试验或观察次数 N 趋于无穷时相应频率 n/N 的稳定值。

$$P(E) = \lim_{N\to\infty} f(E) = \lim_{N\to\infty} \frac{n}{N}$$

其中 N 为在相同条件下试验或观察总次数,n 为随机事件 E 出现的 n 次。

这里强调实验次数 N 要足够大,甚至理论上 N 应趋于无穷的原因是:如果重复试验或观察的次数 N 不太大时,其频率 $f(E)$ 取值,不仅可能不相同,而且可以相互差别较大,这是随机事件偶然性的表现;但当试验或观察次数 N 足够大时,偶然因素被排除,频率 $f(E)$ 将稳定于某一常数 p,从而体现了随机事件统计规律性的一面。

为了说明当 $N\to\infty$ 时频率 $f(E)$ 的稳定值是反映了随机事件自身固有的性质和规律。下面列举统计学家蒲丰和皮尔逊所作经典的大量投掷硬币的试验结果(表 3-1),可以看出,当 N 很大时,$f(E)$ 十分稳定地趋近于 0.5。

表 3-1

试验者	掷币次数 N	出现"正面"频数 n	频率 $f(E) = \dfrac{n}{N}$
蒲丰	4040	2048	0.5069
皮尔逊	12000	6019	0.5016
皮尔逊	24000	12012	0.5005

在实际问题中,当概率不易求出时,往往就取当 N 充分大的频率作为概率的近似值。例如当我们要了解全国人口的出生率、死亡率、初婚年龄、离婚率等等,如果用抽样调查的结果来代替普查,那实际就是用频率代替了概率。但应该看到,由于频率是个试验值,它是随着试验或观察而变化的,因此具有随机性。它只能近似地反映事件出现可能性的大小。而概率是个理论值,它由事件的本质所决定,其值是唯一的,能精确地反映事件出现可能性的大小。所以,从理论上讲,概率比频率要"完美",它是反映事件出现可能性大小的唯一精确数值;但在实际中经常碰到的却是频率而不是概率。但另一方面,虽然我们经常用频率近似地代替概率,但并不能否定概率这个概念的作用。有了概率,它可以把随机事件与一个精确反映事件出现可能性大小的数量紧密地联系起来,这就是概率论所要研究的内容。

第二节 概 率 分 布

一、概率分布

前面介绍了随机事件及其概率,但作为随机现象的全面研究还很不够。随机事件及其概率回答的是随机现象中某一局部的结果或称随机事件及其概率的大小。而概率分布,要回答的则是随机现象一共有多少种结果,以及每种结果所伴随的概率是多少。例如访谈三户,那么,访谈到核心家庭的户数就是随机现象。因为它可能包括以下四种可能的结果:

(0 户核心家庭,3 户非核心家庭)
(1 户核心家庭,2 户非核心家庭)
(2 户核心家庭,1 户非核心家庭)
(3 户核心家庭,0 户非核心家庭)

可见,为了进行研究,我们把随机现象量化起来,便可看做变量 ξ[①],而把随机现象的各种结果看做变量 ξ 的各种取值。于是上例为:

ξ = "访谈 3 户中核心家庭数"
$\xi = X_1$ 表示"访谈结果为 0 户核心家庭、3 户非核心家庭"
$\xi = X_2$ 表示"访谈结果为 1 户核心家庭、2 户非核心家庭"
$\xi = X_3$ 表示"访谈结果为 2 户核心家庭、1 户非核心家庭"
$\xi = X_4$ 表示"访谈结果为 3 户核心家庭、0 户非核心家庭"

可见,为了更好地对随机现象进行全面分析,我们可以把它看做变量及其取值来研究。而前面所谈的随机事件只是变量的某个取值或某几个取值而已。随机现象的量化,并把它当作变量来研究,这点很重要,但读者接受起来并不困难,因为我们在第一章里已经把概念和变量联系起来了。但需要指出的是,这里变量的概念与一般高等数学中所谈的变量是不同的,这里的变量是随机变量,而变量的取值,表示的是观测或试验的结果,这些取值在观测或试验前是无法预言或事先确定的,它只在观察后才能确定,而且其取值又是随着各次观察或试验在变化的,随机变量是和随机现象联系在一起的,实际上,随机变量是以"量"的形式来描述随机现象。

---

① 为了符号上有所区别,我们约定用希腊字母 $\xi,\eta\cdots$代表变量,拉丁字母 x,y 代表 ξ,η 的取值,例如 $\xi = x_1, x_2\cdots;\eta = y_1, y_2\cdots$ 下面将谈到的变量都是随机变量。

第三章　概率基础

概率分布要研究的是随机变量有哪些可能的取值以及每一种取值对应的概率是多少。确定取值的原则仍然如第一章第二节变量中所指出的那样，必须满足完备性与互不相容性。而当变量的取值满足了完备性和互不相容性，那么取值和概率对的集合：

$$(X_1, p_1)$$
$$(X_2, p_2)$$
$$\vdots \quad \vdots$$

就是随机变量的概率分布，简称概率分布。例如前面所谈"访谈 3 户的家庭结构"，只有把四种结果及其概率全部列举出来才是概率分布。如果仅列举其中某一个或某几个结果都不能称作概率分布。

这里所谈分布的概念和第二章中所介绍的频率、频次分布十分相像，只是把频率、频次换成了概率。但正如本章第一节所指出频率与概率之不同一样，频率分布是实验值，是可以变化的，而概率分布是理论值，是唯一的。因此频率分布又称随机变量的统计分布或经验分布，而概率分布则称作随机变量的理论分布。仅当观测次数很大时，随机变量取值的频率接近其概率，这时随机变量的统计分布与理论分布将大致相符。

总结起来可以说，随机变量是随机事件的推广与外延；而随机变量的分布则是事件概率的自然推广与外延。利用随机变量及其分布，可以全面考察试验结果，以揭示客观事物内在的统计规律性。

随机变量根据其取值是否连续，可分为离散型随机变量和连续型随机变量。下面分别讨论它们的概率分布。

（一）离散型随机变量及其概率分布

离散型随机变量是指它的可能取值是有限个或可数个值，这些取值都具有确定的概率。

离散型随机变量所包括的变量层次是很广的，它包括定类、定序、定距和定比。其中定类变量的取值虽然也以数量化的形式出现，例如 0；1，但实际上它只是一种编号或赋值，数值大小并无实际意义，因此又可称作虚拟变量。性别（定类变量）、名次（定序）、家庭子女数（定比）等等都是离散型随机变量。

离散型随机变量的概率分布，可有以下表达：

$$P(\xi = x_i) = p_i, \quad i = 1, 2, \cdots, n \tag{3-1}$$

它表示当随机变量 ξ 取值为 x_i 时，所对应的概率为 p_i。至于 x_i 具体是什么，n 等于多少，要根据随机现象的实际情况而定。但必须知道了全部 x_i 值及其对应的概率 p_i 值，概率分布才是确定的。

为了形象地表示随机变量的概率分布,可以通过概率分布表(见表 3-2)或概率分布图(见图 3-1)的形式来表示。

表 3-2

ξ	x_1	x_2	x_3	x_4	⋯
$P(\xi = x_i)$	p_1	p_2	p_3	p_4	⋯

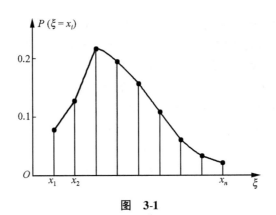

图 3-1

(图 3-1)中横轴上的点表示随机变量的可能取值 $x_1, x_2, \cdots, x_n$,而对应的纵坐标表示随机变量取得这些值的概率 $p_1, p_2, \cdots, p_n$,再用折线把这些点 (x_i, p_i) 联合起来,就得到随机变量的概率分布图(图 3-1)。

有了概率分布表或概率分布图,不仅可以知道随机变量取值 x_i 所对应的概率 p_i,还可以看出概率值 p_i 随取值 x_i 变化的趋势,同时还可以计算出随机变量落在某一区间内的概率或随机变量 ξ 小于某一取值的概率等等。

例如,我们要求随机变量取值从 x_5 至 x_8 的概率,则有:

$$P(x_5 \leqslant \xi \leqslant x_8) = p_5 + p_6 + p_7 + p_8$$

概率值可以简单相加的原因,正如前面指出,概率取值是满足互不相容性的。根据概率的非负性和随机变量取值的完备性,概率分布必然有如下两点性质:

1. 任一取值的概率都是非负的。

$$p_i \geqslant 0$$

2. 随机变量取遍所有取值,其相应概率总和为 1。

$$\sum_{i=1}^{n} p_i = 1$$

[**例**]4. 根据北京大学居民户家庭规模普查结果(表3-3),

表 3-3

家庭规模(人)	1	2	3	4	5	6	7	8
户数	176	492	1018	967	406	169	56	34
百分比(%)	5.30	14.83	30.68	29.14	12.24	5.09	1.69	1.03

试求任抽一户,其家庭规模的概率分布图。

[**解**] 由于调查属普查性质,因此任抽一户家庭规模取值的概率与其在总体中所占的百分比相同。因此有,

设 ξ = "家庭规模(即家庭人口)"

$P(\xi = 1) = 0.053$

$P(\xi = 2) = 0.1483$

$P(\xi = 3) = 0.3068$

$P(\xi = 4) = 0.2914$

$P(\xi = 5) = 0.1224$

$P(\xi = 6) = 0.0509$

$P(\xi = 7) = 0.0169$

$P(\xi = 8) = 0.0103$

概率分布图为图3-2。

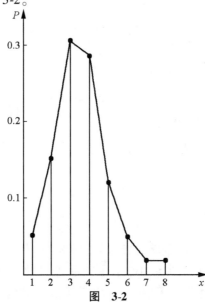

图 3-2

(二) 连续型随机变量及其概率分布

连续型随机变量,是指它的可能取值是连续地充满某个区间,例如年龄每时每刻都有新生的婴儿诞生,所谓"同龄人"实际指的是"同年人"而已。如果比较同年人中的月、日、分、秒……则各人都会有不同程度的差异。因此,对于年龄这个随机变量,细分起来,应属于连续型随机变量。从变量的层次来看,只有定距型以上变量才属于连续型随机变量。

连续型随机变量,由于它的可能取值是连续地充满某个区间。因此讨论某一点取值的概率将是没有意义的。一般情况下有:

$$P(\xi = x) = 0$$

为了讨论它的概率分布,取随机变量 ξ 在范围 $\left[x - \dfrac{\Delta x}{2}, x + \dfrac{\Delta x}{2} \right]$ 内的概率:

$$P\left(x - \frac{\Delta x}{2} \leqslant \xi \leqslant x + \frac{\Delta x}{2} \right)$$

显然,如果区间 Δx 很小,则相应 Δx 区间内的概率也会很小,因此,当 $\Delta x \to 0$ 时,

$$\lim_{\Delta x \to 0} P\left(x - \frac{\Delta x}{2} \leqslant \xi \leqslant x + \frac{\Delta x}{2} \right) \to 0$$

但如果我们研究概率和区间的比值,由于分子、分母同时趋向于零,则其比例一般并不为零:

$$\lim_{\Delta x \to 0} \frac{P\left(x - \dfrac{\Delta x}{2} \leqslant \xi \leqslant x + \dfrac{\Delta x}{2} \right)}{\Delta x}$$

它称作随机变量 ξ 的分布密度或概率密度 $\varphi(x)$:

$$\varphi(x) = \lim_{\Delta x \to 0} \frac{P\left(x - \dfrac{\Delta x}{2} \leqslant \xi \leqslant x + \dfrac{\Delta x}{2} \right)}{\Delta x} \tag{3-2}$$

概率密度 $\varphi(x)$ 是随着随机变量 ξ 取值的不同而变化的,因此说 $\varphi(x)$ 是 ξ 的函数。

回忆第二章第一节在直方图介绍中,曾谈到:

$$\text{频率密度} = \frac{\text{频率}}{\text{组距}}$$

因此,如果把频率看做概率的近似值,那么,频率密度的概念和概率密度的概念是相当的。由直方图各中心值顶点所连接的折线图就是概率密度的近似图形。显然当组距趋近于零时,折线图就会平滑地过渡为概率密度的图

形(图 3-3)。

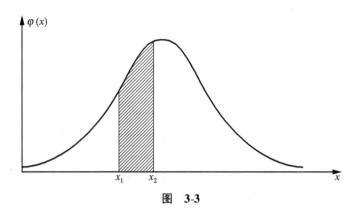

图 3-3

有了概率密度,任意两点(x_1,x_2)之间的概率$P(x_1\leqslant\xi\leqslant x_2)$就是图 3-3 阴影下的面积。

积分符号为
$$\int_{x_1}^{x_2}\varphi(x)\,dx$$

$$P(x_1\leqslant\xi\leqslant x_2)=\int_{x_1}^{x_2}\varphi(x)\,dx \tag{3-3}$$

因为概率不可能是负的,且
$$P(-\infty<\xi<+\infty)=P(S)=1$$
所以概率密度$\varphi(x)$必然有以下性质:

1. $\varphi(x)\geqslant 0$
2. $\int_{-\infty}^{+\infty}\varphi(x)\,dx=1$

以上介绍了随机变量的概率分布、概率密度等重要概念。为了具体地理解这些概念,可以和统计描述中的有关的量作类比性的联系:

1. 频率　　　　　　→概率
2. 频率密度 = $\dfrac{频率}{组距}$　　→概率密度

$$=\lim_{\Delta x\to 0}\dfrac{P\left(x-\dfrac{\Delta x}{2}\leqslant\xi\leqslant x+\dfrac{\Delta x}{2}\right)}{\Delta x}$$

左端各值都是统计描述或经验分布中所用到的量,而箭头右端各值则是理论分布中所用到的量。对于总体调查,两边相应的值是相等的。对于抽样调查则左端各值都是"→"右端各值的经验估计值。这在统计推论中还要详细讨论。

本章要点辅导

1. 什么是随机事件？

[解] 第一章谈到客观现象分为确定性和非确定性现象，非确定性现象又称随机现象，是指在某种条件下可能发生也可能不发生的现象。就像掷下一枚骰子，无论技术怎样精湛，也无法预言它的结果。这是因为出现的结果不止一种的缘故。因此我们把随机现象的结果或某几种结果的集合称作随机事件，简称事件。

2. 什么是概率？

[解] 由于随机事件是可能发生也可能不发生的，所以就有必要量化它发生可能性的大小。而概率就是随机事件发生可能性大小的数量表示。

3. 什么是随机变量？

[解] 随机事件及其概率只是对随机现象有了局部的了解，而为了对随机现象有全面、整体的了解，我们引入了随机变量的概念。所谓随机变量，就是用量的形式来描述随机现象，随机变量对应随机现象，随机变量的各种取值对应随机现象的各种结果。这些取值在观测或试验前是无法预言或事先确定的。它只有在观测后才能确定，而且其取值又是在各次观测或试验中变化的、随机的，这是和高等数学中的变量所不同的，为此，我们称随机现象中的变量为随机变量。从这点出发，我们第一章所谈社会调查资料，由于随机性的存在，通过操作化所得的变量，都应该是随机变量。

4. 什么是概率分布？

[解] 概率分布要研究的是随机变量有哪些可能的取值以及每一种取值对应的概率是多少。确定取值的原则是必须满足完备性与互不相容性。而当变量的取值满足了完备性和互不相容性，取值和概率对的集合：

$$(X_1, p_1)$$
$$(X_2, p_2)$$
$$\vdots \quad \vdots$$

就是随机变量的概率分布，简称概率分布。

5. 为什么要学习概率和概率分布？

[解] 正如第一章第三节指出，如果是全面调查，我们可以通过统计描述研究变量有哪些取值以及它们的频次和频率。但如果是抽样调查，它是通过局部了解全体，这是统计描述的逆问题，由于社会调查资料的随机性，抽样的结果，只是总体可能出现结果的一种，它是不确定的、随机的。为了从抽样了解总体，必须通过概率和概率分布，才能正确推及全体。

第三章 概率基础

6. 试用文字解释以下概率 p 所代表的实际意义：

(a) $p = 0$　(b) $p = 0.1$　(c) $p = 0.5$　(d) $p = 0.9$
(e) $p = 1$　(f) $p = -0.2$　(g) $p = 1.2$

[解]　(a) 表示事件不可能发生

(b) 表示事件能够发生,但可能性不大

(c) 表示事件发生与不发生的可能性一样大

(d) 表示事件发生很可能发生,但并非一定会发生

(e) 表示事件一定会发生

(f) 和 (g) 概率不存在负值或大于1,所以都是错误的,如果是电脑给出的,则是程序有误。

7. 指出以下哪些是随机事件？哪些是随机变量？

(a) 他将是奥运会体操的金牌得主

(b) 明年的经济将比今年好

(c) 展望来年的经济情况

(d) 预测某中学考上重点大学的人数

[解]　(a) 随机事件

(b) 随机事件

(c) 随机变量

(d) 随机变量

8. 设骰子是质地均匀的六面体,每一面出现的可能性相同,都是 $p = 1/6$,试写出掷一枚骰子的概率分布,并作概率分布表及概率分布图。

[解]　设 ξ = "掷一枚骰子的结果"

根据题意 $\xi = 1,2,3,4,5,6$ 每种结果的概率都是 $p = 1/6$

于是有概率分布：

$$P(\xi = 1) = 1/6$$
$$P(\xi = 2) = 1/6$$
$$P(\xi = 3) = 1/6$$
$$P(\xi = 4) = 1/6$$
$$P(\xi = 5) = 1/6$$
$$P(\xi = 6) = 1/6$$

根据概率分布,还可制作成以下概率分布表及概率分布图：

概率分布表

ξ	1	2	3	4	5	6
$p(\xi = x_i)$	1/6	1/6	1/6	1/6	1/6	1/6

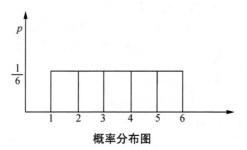

概率分布图

第四章

正态分布和极限定理

第一节 什么是正态分布

第二章谈到,为了全面了解变量,必须研究它的分布。分布的图形是多种多样的,有单峰、双峰、对称、非对称、偏态、U形、J形等等。但在自然、经济、社会等领域内,如人的身高、体重、一片森林的高度、学生成绩、人的智商、测量的误差、甚至公共入口门槛的磨损、海浪的高度等等随机变量,都服从一类确定的分布规律,这类分布规律叫做正态分布。这种分布除了在自然界、社会经济生活中大量存在外,还由于任何变量,不管其原有分布如何,如果把它们 n 个加在一起,当 n 大于一定数之后,例如大于 $30(n>30)$,那么,其和的分布必然接近正态分布。这就是有名的中心极限定理。它在抽样、统计推论中都占有很重要的位置。因此,可以说,在各种分布中,正态分布居于首要的地位。

正态分布(又称常态分布或高斯分布),是最初由德国数学家高斯在研究误差理论时发现的。现在通过实例来阐述导出正态分布的思想和方法,这是很有启发性的。

[例]1. 以下是100人初婚年龄的统计。根据统计分为七个区间,如表4-1所示。

表 4-1

区间(岁)	频次	频率(相对频次)
18.5—20.5	5	0.05
20.5—22.5	10	0.10
22.5—24.5	20	0.20
24.5—26.5	30	0.30
26.5—28.5	20	0.20
28.5—30.5	10	0.10
30.5—32.5	5	0.05

根据表中数据,它的频率直方图,如图 4-1 所示。

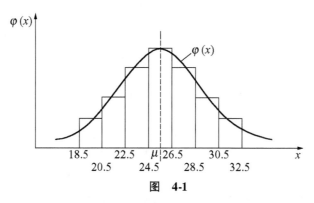

图 4-1

图中横轴为变量 x,纵轴为频率密度 = 频率/组距。由于年龄是连续型的变量,我们可以把区间越分越细,不是用两岁作为一个区间,而是用一岁,半岁……甚至更小到无穷小,作为一个区间,于是直方图宽度越变越细,最终只剩下了中心值形成的线段,现在把这些紧挨着的中心值连接起来,就成了一条平滑的曲线,它称作为正态分布的密度曲线,可见,分布密度曲线 $\varphi(x)$ 实际上就是频率直方图的极限分布或理论分布。

分布密度曲线也可称作概率密度曲线,因为分布密度下任意两点 x_1—x_2 之间的面积,从直方图来说,就是变量 x 在取值区间 x_1—x_2 的频率,区间的频率越高,人们从总体中抽取到该区间的可能性越大,而可能性大小是用概率来度量的,因此,对于平滑了的分布密度曲线,我们把频率引申为概率 P,纵轴的单位把频率密度引申为概率密度。(频率和概率的关系,在本章后面的大数定理中,还会进一步说明)把分布密度曲线称为概率密度曲线。而概率的概念对抽样调查更为重要。

从图(4-1)上可以看到,这条分布密度曲线 $\varphi(x)$ 具有对称起伏的形状,形成"钟形"曲线。它具有如下三个特征。

1. 一个高峰：曲线是单峰，有一个最高点。

当 x 向左或向右远离时，曲线不断地降低。"中间高，两边低"与一个尖塔或古钟相似。

2. 一个对称轴。曲线在高峰处有一个对称轴，在轴的左右两边是对称的。对称轴是直线 $x=\mu$。

3. 一个渐近线。曲线无论向左或向右延伸，都愈来愈接近横轴，但不会和横轴相交，以横轴为渐近线。

由于正态分布曲线是单峰、对称的。因此具有这种分布的变量，它的众值、中位值和均值三者必然是重叠的。

根据实践的经验和理论的分析，正态分布的分布密度（概率密度）表达式(4-1)为：

$$\varphi(x) = \frac{1}{\sqrt{2\pi}\sigma} e^{\frac{-(x-\mu)^2}{2\sigma^2}} \tag{4-1}$$

其中 $\pi=3.14$，$e=2.72$。

从正态分布的数学表达式，可以看出，当 μ 和 σ 确定后，正态曲线的图形也就唯一地被确定了。μ 和 σ 称作正态分布曲线的两个参数。

下面分别讨论这两个参数对曲线形状的影响。

1. $\varphi(x)$ 在 $x=\mu$ 处达到峰值，在 $x=\mu\pm\sigma$ 处有拐点，且以直线 $x=\mu$ 为对称轴（图4-2）。

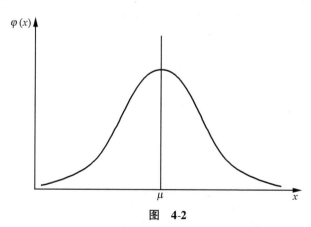

图 4-2

因此，在 σ^2 一定的情况下，若 μ 增大，则图形右移，反之 μ 减小，则图形左移，但整个图形形状不变（图4-3）。

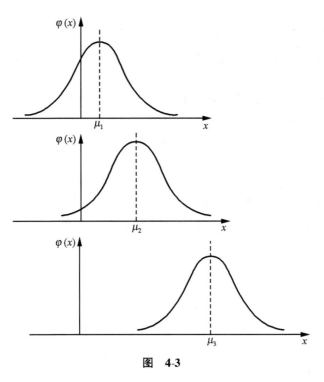

图 4-3

其中 $\mu_3 > \mu_2 > \mu_1$。

2. 改变 σ^2 值：当 μ 不变的情况下，σ 越小，则对应的图形越尖瘦。图 4-4 给出了 $\sigma=2, \sigma=1, \sigma=0.5$ 三种正态分布密度曲线。

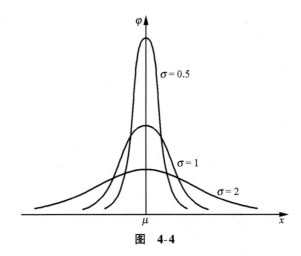

图 4-4

综合图4-3和图4-4,说明正态分布曲线的位置,是由 μ 决定的。而正态分布曲线的形状"高、矮、胖、瘦"的特点,则是由 σ 所决定。

那么,参数 μ 和 σ 代表的意义是什么呢?实际上,通过积分,可以发现,μ 和 σ 不是别的,μ 正是正态分布曲线的均值,σ 正是正态分布曲线的标准差。由于分布对应的是变量的总体描述,所以正态分布的 μ 和 σ,是正态分布的总体均值和总体标准差。

以上 μ 和 σ 对图形影响的讨论,也正好反映了均值和标准差对分布影响的一般特征。

三、正态曲线下的面积

为了形象地理解正态曲线下面积所代表的含义,我们把正态曲线看做是一种极限的直方图。它的组距甚小,以至于中心值顶点的连线已是一条平滑的曲线。而正态曲线下的面积,实际就是由这无数个小直方形拼接而成的(图4-5)。

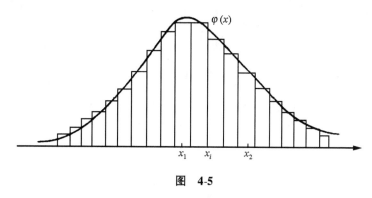

图 4-5

每一小块面积根据直方图的定义,代表的是随机变量 ξ 在该小块取值 Δx_i 所出现的概率,或者说代表了总体中随机变量 ξ 在该小块取值 Δx_i 的概率。

$$每小块面积 = 长 \times 宽 = \varphi(x_i) \Delta x_i$$
$$= P(x_i - \frac{\Delta x_i}{2} \leq \xi \leq x_i + \frac{\Delta x_i}{2})$$

因此任意两点 x_1—x_2 曲线下的概率,就是把从 x_1 到 x_2 点所有这些小块面积加起来:

$$P(x_1 \leq \xi \leq x_2) = \sum_{i=x_1}^{x_2} \varphi(x_i) \Delta x_i$$

当然 Δx_i 要非常之小,小到 $\Delta x_i \to 0$,只有这样才能正确算出正态曲线下任意两点 $x_1 - x_2$ 间的面积,一般它要通过积分才能算出,这里给出正态分布几个典型取值间的面积或概率值:

1. 变量取值在区间 $[\mu - \sigma, \mu + \sigma]$ 之间的概率(图4-6):

$$P(\mu - \sigma \leq \xi \leq \mu + \sigma) = 0.6827$$

图4-6表明,变量取值在范围 $[\mu - \sigma, \mu + \sigma]$ 之间的概率为 0.6827,其中 μ、σ 正如正态曲线的数学式(4-1)所表达的:μ 代表总体的均值;σ 代表总体的标准差。

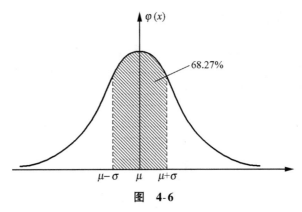

图 4-6

2. 变量取值在区间 $[\mu - 2\sigma, \mu + 2\sigma]$ 之间的概率(图4-7):

$$P(\mu - 2\sigma \leq \xi \leq \mu + 2\sigma) = 0.9545$$

图4-7表明,变量取值在 $[\mu - 2\sigma, \mu + 2\sigma]$ 之间的概率为 0.9545。

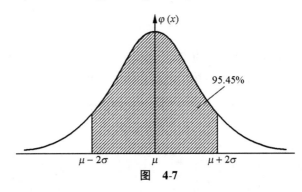

图 4-7

3. 变量取值在区间 $[\mu - 3\sigma, \mu + 3\sigma]$ 之间的概率(图4-8):

$$P(\mu - 3\sigma \leq \xi \leq \mu + 3\sigma) = 0.9973$$

图 4-8 表明,变量取值在 $[\mu-3\sigma, \mu+3\sigma]$ 之间的概率为 0.9973。

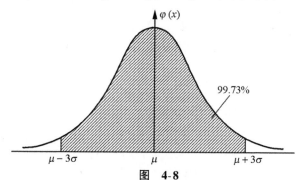

图 4-8

根据正态分布图形的对称性,如果用 σ 作为取值的组距,那么,围绕着 μ,各 σ 所代表的概率将如图 4-9 所示①。

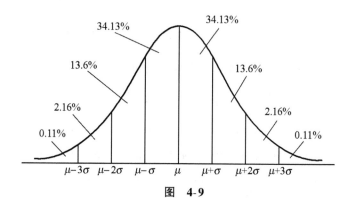

图 4-9

第二节 标准正态分布

一、标准分

上节谈到,如果知道了正态分布中的两个参数,任意两点间的概率可以通过式(4-1)积分得出。但积分计算毕竟太麻烦了,为此需要计算出现成的表供使用者查找。由于正态分布随参数 μ 和 σ 之不同而变化,为此,要先将变量值标准化:

---

① 图 4-6 至图 4-9 所示面积百分数的最后一位为近似值。

$$Z = \frac{x - \mu}{\sigma} \tag{4-2}$$

Z 值称作 x 的标准分。

根据 Z 值所得的分布称为标准正态分布。它的概率密度为：

$$\varphi(Z) = \frac{1}{\sqrt{2\pi}} e^{\frac{-z^2}{2}} \tag{4-3}$$

比较式(4-1)和式(4-3)，可以发现，如果用

$$\mu = 0$$
$$\sigma = 1$$

代入式(4-1)得：

$$\varphi(x) = \frac{1}{\sqrt{2\pi}\sigma} e^{\frac{-(x-\mu)^2}{2\sigma^2}}$$

$\varphi(x)$ 将变成：

$$\varphi(x) = \frac{1}{\sqrt{2\pi}} e^{\frac{-x^2}{2}}$$

可见它与标准正态分布的概率密度(式4-3)相同：

$$\varphi(Z) = \frac{1}{\sqrt{2\pi}} e^{\frac{-z^2}{2}}$$

除了 x 和 z 在变量名称上不同外，实质是一样的了。所以标准正态分布 $\varphi(z)$ 可看做一般正态分布的一个特例，即 $\mu = 0$，$\sigma = 1$ 的正态分布，记作 $N(0,1)$。其中 N 表示正态分布。括号内第一个数是参数 μ 的数值，第二个数表示参数 σ^2 的数值。对于一般正态分布记作 $N(\mu, \sigma^2)$。

为了说明 $N(\mu, \sigma^2)$ 中不同 μ 和 σ^2，经过标准分转变：

$$Z = \frac{(x - \mu)}{\sigma}$$

都将成为唯一的图形 $N(0,1)$。下面用不同的 μ 值和 σ 值图形以及经过标准分转换后的图形加以比较（图4-10）。图4-10左侧为三个原始正态分布图形：$N(\mu_1, \sigma_1^2)$；$N(\mu_2, \sigma_2^2)$；$N(\mu_3, \sigma_3^2)$。其中 $\mu_1 \neq \mu_2 \neq \mu_3$，$\sigma_1 = 1.5$，$\sigma_2 = 3$，$\sigma_3 = 7.5$。当我们对于 $N(\mu_1, \sigma_1^2)$，用标准分：$Z = (x - \mu_1)/\sigma_1$；$N(\mu_2, \sigma_2)$ 用标准分：$Z = (x - \mu_2)/\sigma_2$，$N(\mu_3, \sigma_3)$ 用标准分：$Z = (x - \mu_3)/\sigma_3$ 转换后，它们都得到了相同的图形 $N(0,1)$，即图4-10中的右侧图形。

第四章　正态分布和极限定理

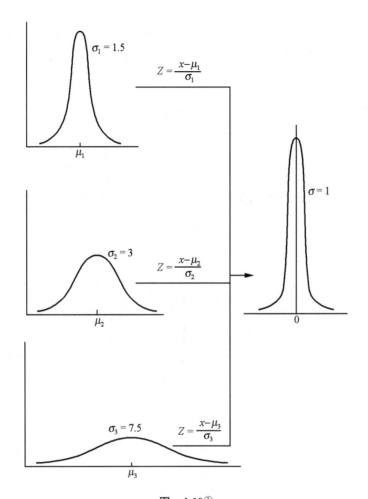

图　4-10①

二、正态分布 $N(\mu,\sigma^2)$ 和标准正态分布 $N(0,1)$ 面积之间的对应关系

根据式(4-2)有：

当 $x=\mu+\sigma$ 时，　　$Z=\dfrac{x-\mu}{\sigma}=\dfrac{\mu+\sigma-\mu}{\sigma}=1$

当 $x=\mu-\sigma$ 时，　　$Z=\dfrac{x-\mu}{\sigma}=\dfrac{\mu-\sigma-\mu}{\sigma}=-1$

---

① 由于图 4-10 中 x 和 y 坐标比例不是 1∶1，所以各图形都较陡。

当 $x = \mu + 2\sigma$ 时， $Z = \dfrac{x-\mu}{\sigma} = \dfrac{\mu + 2\sigma - \mu}{\sigma} = 2$

当 $x = \mu - 2\sigma$ 时， $Z = \dfrac{x-\mu}{\sigma} = \dfrac{\mu - 2\sigma - \mu}{\sigma} = -2$

余则类推。

标准正态图形有如下几个典型取值区间的概率值：

$$P(-1 \leqslant Z \leqslant 1) = 0.6827$$
$$P(-2 \leqslant Z \leqslant 2) = 0.9545$$
$$P(-3 \leqslant Z \leqslant 3) = 0.9973$$

根据正态图形的对称性质，也可分解为如下几部分概率值（图 4-11）：

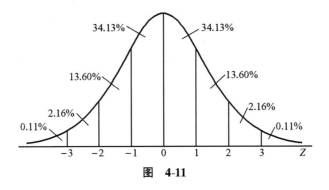

图 4-11

比较图 4-9 与图 4-11，可以看出：

1. 图 4-9 是以 $X = \mu$ 为对称，而图 4-11 是以 $Z = 0$ 为对称。
2. 图 4-9 中组距 $[\mu, \mu + \sigma]$ 的面积与图 4-11 中组距 $[0, 1]$ 的面积相同。图 4-9 中组距 $[\mu + \sigma, \mu + 2\sigma]$ 的面积与图 4-11 中组距 $[1, 2]$ 之间的面积相同。余则类推。

3. 由于标准正态分布 $N(0, 1)$ 的图形是唯一的，因此，使用标准正态分布已无须使用者自己进行计算，而是只要学会查表就可以了（见附表 2）。

三、标准分的实际意义

举例说，有甲乙两个班，甲班的成绩如图（图 4-12A）所示，乙班的成绩如图（图 4-12B）所示。现在有两名学生 A 和 B，分别来自甲、乙两班。他们的成绩都是 80 分。那么，能说这两名学生在班上的成绩是一样的吗？显然是不行的。对甲班来说，80 分正好处在均值的位置，因此，对 A 生来说，在班上的成绩只能算中等。因为有 50% 的同学比他好。而对乙班来说，大多数同学的成绩远远没有达到 80 分，因此 B 生在班上的成绩属于优良。所以，为了使两班同学成绩能够比较，至少应该减去各班的平均分数：$x_i - \bar{x}$

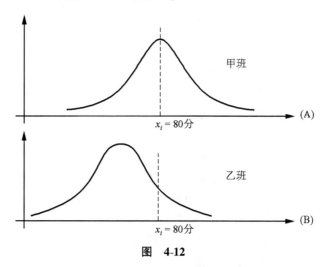

图 4-12

但仅此一点还不够。对于均值相同的总体，不同的标准差，他们在班上的相对成绩仍然是不等的。试比较图 4-13A 与图 4-13B，它们虽然均值相等，但标准差不等 $\sigma_1 < \sigma_2$，图 4-13A 中成绩高于 80 分的人数，远比图 4-13B 中人数为少。

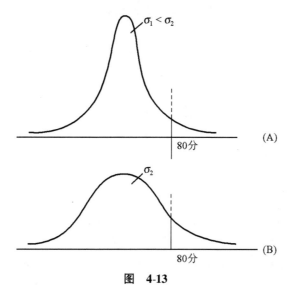

图 4-13

综合以上两点考虑,标准分

$$Z = \frac{x - \mu}{\sigma}$$

的意义在于它是以均值为基点,以标准差 σ 为量度单位,因此各总体之间可以通过标准分进行合理的比较和相加。

[例]2. 根据图 4-12A 和图 4-12B,设甲班均值 $\mu_1 = 80$ 分,乙班均值 $\mu_2 = 60$ 分。标准差 $\sigma_1 = \sigma_2 = 10$ 分。试比较 A、B 两学生在班上的成绩。

$$Z(A) = (80 \text{分} - 80 \text{分})/10 \text{分} = 0$$
$$Z(B) = (80 \text{分} - 60 \text{分})/10 \text{分} = 2$$
$$Z(B) > Z(A)$$

所以,B 生在乙班的成绩比 A 在甲班的成绩好。

[例]3. 根据图 4-13A 和图 4-13B,设 $\mu_1 = \mu_2 = 60$ 分,$\sigma_1 = 10$ 分,$\sigma_2 = 20$ 分,试比较 A、B 两学生在班上的成绩。

$$Z(A) = (80 \text{分} - 60 \text{分})/10 \text{分} = 2$$
$$Z(B) = (80 \text{分} - 60 \text{分})/20 \text{分} = 1$$
$$Z(A) > Z(B)$$

所以,A 生在甲班的成绩比 B 在乙班的成绩为好。

标准分除了用于不同总体间取值进行比较外,还用于不同总体间综合指标的比较。现以甲、乙两考生成绩为例(表 4-2):

表 4-2

	政治	物理
甲	70 分	60 分
乙	60 分	70 分

从总分来看,两生成绩是相等的:

甲:70 分 + 60 分 = 130 分
乙:60 分 + 70 分 = 130 分

但如果把成绩看做是个体在总体中的相对位置,那么,不同科目中同样的得分,所代表的相对成绩就未必相同了。因此,甲生政治成绩 70 分与乙生物理成绩 70 分,在班级的实际名次很可能并不相同。这方面可用高考成绩的统计来说明。以下是某地高考政治与物理两科的分布图(图 4-14、图 4-15)。

第四章　正态分布和极限定理

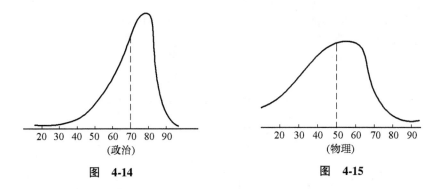

图　4-14　　　　　　　　　图　4-15

比较两科的分布,可以发现,政治的平均分数 $X=70$ 分,而物理平均分数只有 $X=50$ 分。因此,乙考生物理成绩为 70 分,在总考生中的相对水平已遥遥领先,而甲考生,虽然政治成绩为 70 分,但在总考生中只是中等水平。可见,若直接以原始分数相加,则考生成绩在总体中的相对水平反映不出来。比较合理的方法,应是将原始分数先换算为标准分数:

$$Z = \frac{x-\mu}{\sigma}$$

再相加:

$$总成绩 = \sum Z_i = \sum \frac{x_i - \mu_i}{\sigma_i} \quad (4\text{-}4)$$

其中 μ_i 和 σ_i 是第 i 科目的平均值和标准差,x_i 是个体第 i 科目的原始得分。

有关这方面的研究,广东省[1]1983 年曾对全省按两种计分方法:按原始分数加总和按式(4-4)标准分数加总作了比较,结果发现,如果按标准分数加总,则原有录取的总人数中,文科将有 7.8%、理科将有 5.1%的人不被录取。如果考虑到重点院校的录取线,其差别还会更大些[2]。

用 Z 分数加总式(4-4)作为多指标现象的评价,由于它比绝对分加总合理,在社会学中有着广泛的应用。例如在社会生态学中,城市之间的比较就是这样处理的[3]。

---

[1]　广东省《招生报》1983 年第 9 期。
[2]　广东省所采用的高考标准分计分方法,由于不便于和其他地区的横向比较等原因,自 2007 年起又恢复用原始分计分(《北京青年报》2006 年 5 月 1 日)。
[3]　Dudley L. Poston, Jr., The Urban Hierarchy of Dongbei, ISBN 0191-913X, Texas Population Research Center Papers 1986.

首先确定评价城市的有关指标：

(1) 工业企业单位数； (5) 社会零售商品总产值；
(2) 轻工业工业总产值； (6) 零售点总数；
(3) 重工业工业总产值； (7) 服务点总数；
(4) 科技人员总数；   (8) 工资总额。

然后根据统计资料，计算1—8项指标的均值和标准差：

$$\mu_1, \quad \sigma_1;$$
$$\mu_2, \quad \sigma_2;$$
$$\mu_3, \quad \sigma_3;$$
$$\vdots \quad \vdots$$
$$\mu_8, \quad \sigma_8。$$

于是每个城市的总得分为：

$$T = 2\sum_{i=1}^{4} \frac{x_i - \mu_i}{\sigma_i} + \sum_{i=5}^{8} \frac{x_i - \mu_i}{\sigma_i} \text{①}$$

x_i 为城市第 i 项指标的得分。

最后各城市将根据 T 值排序，并进行比较。

第三节　标准正态分布表的使用

附表2为标准正态分布表。其中1,3,5,7列给出的是 Z 的不同取值(0—4)，而2,4,6,8是标准正态分布从负无穷 $-\infty$ 到 Z 的面积（图4-16 阴影下的面积），也是标准正态分布从负无穷点 $-\infty$ 到 Z 点的概率，用 $\Phi(z)$ 表示。这里须强调的是 $\Phi(z)$ 与本章第二节所给出的 $\varphi(z)$（式4-3）含义完全不同，$\Phi(z)$ 的单位是概率，而 $\varphi(z)$ 则是概率密度。

根据附表2，当 $Z = 0$ 时，$\Phi(Z) = 0.5$。它说明 $Z = 0$ 左边阴影的面积正好是全部面积的50%。

当 $Z = 1$ 时，$\Phi(Z) = 0.8413$。它说明 $Z = 1$ 左边阴影的面积是全部面积的84.13%。

当 $Z = 2$ 时，$\Phi(Z) = 0.9772$。它说明 $Z = 2$ 左边的面积是全部面积的97.72%。

---

① $\sum_{i=1}^{4} \frac{x_i - \mu_i}{\sigma_i}$ 的权重取2，是根据评价城市的重要性主观决定的。

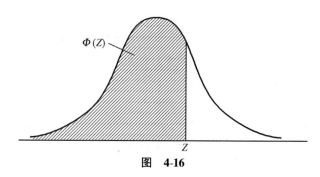

图 4-16

下面举例说明它的使用方法。

1. 任意两点$[Z_1, Z_2]$之间的面积。

可用$\Phi(Z_2)$的面积(图4-17B)减去$\Phi(Z_1)$的面积(图4-17A)：
$$\Phi(Z_2) - \Phi(Z_1)$$
就是$[Z_1, Z_2]$之间的面积(图4-17C)。

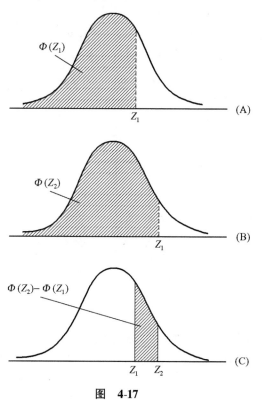

图 4-17

2. 如果 Z 值为无穷大，$\Phi(Z) = ?$

根据频率或概率的概念，以及严格的数学计算，都可以证明：
$$\Phi(\infty) = 1$$
它表示正态曲线下的总面积为 1。因此，附表 2 中 $\Phi(4) = 1$ 只是近似值

3. $Z = 1.3, \Phi(1.3) = ?$

直接查附表 2，根据 $Z = 1.3$ 有：
$$\Phi(1.3) = 0.9032$$

4. $Z = 1.3, P(Z \geqslant 1.3) = ?$

因为 $\Phi(\infty) = 1$，而
$$\Phi(\infty) = P(Z < 1.3) + P(Z \geqslant 1.3) = 1$$
因此有 $P(Z \geqslant 1.3) = 1 - P(Z < 1.3) = 1 - \Phi(1.3) = 0.0968$

5. $Z = -1.3, P(Z \leqslant -1.3) = ?$

附表 2 中没有给出 $Z < 0$ 的 $\Phi(Z)$ 值。但根据标准正态图形是以 $Z = 0$ 为对称的原理（图 4-18），

面积 A = 面积 B

而 面积 $B = 1 - \Phi(Z)$

所以 面积 $A = 1 - \Phi(Z)$

而我们知道，$\Phi(Z)$ 是可以查表的。

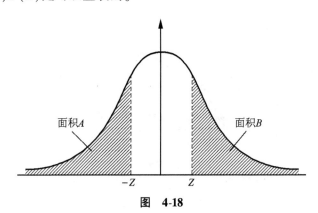

图 4-18

根据本题，面积 A 为 $P(Z \leqslant -1.3)$，所以
$$P(Z \leqslant -1.3) = 1 - \Phi(1.3) = 0.0968$$

第四章 正态分布和极限定理

6. $P(1.3 \leqslant Z \leqslant 2.3) = ?$

$$P(1.3 \leqslant Z \leqslant 2.3) = \Phi(2.3) - \Phi(1.3)$$
$$= 0.9893 - 0.9032 = 0.0861$$

7. $P(-1.3 \leqslant Z \leqslant 2.3) = ?$

$$P(-1.3 \leqslant Z \leqslant 2.3) = \Phi(2.3) - \Phi(-1.3) = 0.8925$$

8. $P(-2.3 \leqslant Z \leqslant -1.3) = ?$

$$P(-2.3 \leqslant Z \leqslant -1.3) = \Phi(-1.3) - \Phi(-2.3)$$
$$= [1 - \Phi(1.3)] - [1 - \Phi(2.3)]$$
$$= \Phi(2.3) - \Phi(1.3)$$
$$= 0.9893 - 0.9032 = 0.0861$$

9. $P(|Z| \geqslant \lambda) = 0.05$ 中之 λ 值

$$P(|Z| \geqslant \lambda) = P(Z \geqslant \lambda) + P(Z \leqslant -\lambda)$$
$$= 2P(Z \geqslant \lambda)$$
$$= 2(1 - \Phi(\lambda)) = 0.05$$
$$1 - \Phi(\lambda) = 0.05/2$$
$$\Phi(\lambda) = 1 - 0.05/2 = 0.975$$

查附表 2,第 6 列第 9 行,$\Phi(Z) = 0.975$,对应第 5 列第 9 行的 $Z = 1.96$,所以,$\lambda = 1.96$。

[例]4. 根据统计,北京市初婚年龄服从正态分布。均值为 25 岁,标准差为 5 岁,问 25 岁到 30 岁之间结婚的人,其百分数是多少?

[解] (1) 为了使用正态分布表,首先必须将年龄换算为标准分:

$$Z_1 = (25 岁 - 25 岁)/5 岁 = 0$$
$$Z_2 = (30 岁 - 25 岁)/5 岁 = 1$$

(2) 查附表 2

$$\Phi(Z_1) = 0.50$$
$$\Phi(Z_2) = 0.8413$$
$$\Phi(Z_2) - \Phi(Z_1) = 0.3413$$

所以,25 岁到 30 岁之间结婚的人,其百分数是 34.13%。

第四节 大数定理与中心极限定理

我们知道,从随机现象中去寻找必然规律,必须做大量的观察或试验。例如,一家一户,在自然生育的情况下,子女的性别纯属偶然。但成千上万户地观察,其性别比约为 $\frac{1}{2}$,将十分稳定。这种统计规律性的出现,是由于在大量随机现象中,各自偶然性在一定程度上可以相互抵消、相互补偿,从而使大量随机现象所构成的总体,呈现的规律具有稳定性,它几乎不再是随机的了。

所谓大量观察,实际就是观察次数 n 趋向无限时的极限行为。凡采用极限的方法所得出的一系列定理,统称极限定理。极限定理可分两类。一类是研究在什么条件下,随机事件可以转化为不可能事件或必然事件,即有关阐明大量随机现象平均结果的稳定性的一系列定理,称大数定理。另一类是研究在什么条件下,随机变量之和的分布可以近似为正态分布,称中心极限定理。

大数定理以及中心极限定理,除了用作数学定理外,还可以从逻辑、哲学意义来探讨。所谓偶然性与必然性的辩证关系以及偶然性乃是必然性的表现形式。从唯物辩证法的因果关系来分析,所谓大数定理就是把局部原因或偶然性因素的影响消除掉,从而使共同原因的影响表现出来。具体地讲,大数定理是在一般条件下,包括偶然性因素在内的大量个别原因和个别条件所共同作用的结果,而这种最后结果摆脱了偶然性的影响。

极限定理是我们作大量社会调查具有科学价值之所在。它从理论上和应用上表明了抽样调查的科学性,同时也为抽样调查的定量分析奠定了数学基础。

下面就几个有名的大数定理,作一些简单的介绍。

一、贝努里大数定理

设 m 是 n 次独立观察中事件 A 出现的次数,而 p 是事件 A 在每次观察中出现的概率。

贝努里大数定理告诉我们,当相同条件下进行多次观察时,随机事件 A 的频率 m/n 有接近于它概率 p 的趋势。或者说,当 n 足够大时,频率在概率上收敛于 p。贝努里大数定理为用抽样成数 m/n 来估计总体成数 p(概率)奠定了理论基础。

第四章 正态分布和极限定理

二、切贝谢夫大数定理

设随机变量 $\xi_1, \xi_2, \cdots$,是相互独立、服从同一分布的,并且有总体均值 μ 及方差 σ^2,并用 $\bar{\xi}_n$ 为 $\xi_1, \xi_2, \cdots, n$ 个随机变量的算术平均值,即

$$\bar{\xi}_n = (\xi_1 + \xi_2 + \cdots + \xi_n)/n$$

切贝谢夫大数定理告诉我们,当试验次数 n 足够大时,n 个随机变量的平均值 $\bar{\xi}_n$ 有接近单个随机变量的所具有的总体均值 μ 的趋势,或者说,当我们进行概率抽样时,每个观测值都可看作独立、同分布的随机变量 ξ_i,当 n 足够大时,由观测值所组成的样本均值,将收敛于总体均值,即 $\bar{\xi}_n$ 趋近于总体均值 μ,总体均值又称作数学期望。切贝谢夫大数定理为实际抽样调查中,用抽样的均值 $\bar{\xi}_n$ 作为总体均值 μ 的近似值奠定了理论基础。

三、中心极限定理

大数定理说明了大量现象的稳定性:频率值稳定于概率值,平均值稳定于总体均值。但大量现象的稳定性不仅表现在这些特征值方面,同时表现在分布上。这就是中心极限定理所要阐述的内容。

设 $\xi_1, \xi_2, \cdots, \xi_n$ 为独立同分布的随机变量,不管其分布如何,只要 ξ_i 的均值 μ 和 $\sigma^2 (i = 1, 2, \cdots)$ 存在,当 n 足够大,则 n 个随机变量 ξ_i 之和

$$\xi = \xi_1 + \xi_2 + \cdots + \xi_n$$

的分布,将趋近于均值为 $n\mu$,方差为 $n\sigma^2$ 的正态分布:

$$\xi \sim N(n\mu, n\sigma^2) \tag{4-5}$$

根据式(4-5),还可有如下几种等效的表达方法:

$$\frac{\xi - n\mu}{\sqrt{n}\,\sigma} \sim N(0,1) \tag{4-6}$$

$$\bar{\xi} = \frac{1}{n}\sum_{i=1}^{n}\xi_i \sim N\left(\mu, \frac{\sigma^2}{n}\right) \tag{4-7}$$

$$\frac{\bar{\xi} - \mu}{\frac{\sigma}{\sqrt{n}}} \sim N(0,1) \tag{4-8}$$

由于中心极限定理对随机变量 ξ 的原有分布不作要求,因此从理论上说明了正态分布的重要性。它为样本容量的确定和在大样本($n \geqslant 50$)情况下的统计推论提供了理论依据。而大样本在社会调查中有着重要的实用价值。

极限定理不仅从数学上有着严格的证明,同时从哲学的观点来看,它反映了偶然性与必然性相互之间的关系。所谓偶然性是必然性的表现形式,而必然性又是寓于偶然性之中。

中心极限定理表明,如果一个现实的量是由大量独立偶然因素的影响叠加而得,且其中每一个偶然因素的影响又是均匀地微小的话,则可以断定这个量将近似地服从正态分布。这就解释了为什么在自然、社会、经济领域里大量存在服从正态分布的随机变量,例如,身高、体重、智商、婚龄等等,因为影响它们的因素都是大量的。

下面举一实例,说明中心极限定理正态分布形成的过程。

[例]5. 某超市为了促销,规定每购买100元商品,可换取抽奖券一张,抽奖券分为4元和8元两种,两种购物券抽到的概率相同,各占50%。

问:如果某人只有一张抽奖券,他抽奖结果的概率分布?如果某人增加为2张抽奖券,他抽奖结果的概率分布如何?如果有更多的抽奖券,其概率分布又将如何变化?

[解] (1) 一张抽奖券可以看作是一个随机变量 ξ_1,抽取结果可以是4元券,也可以是8元券,根据题意,两种可能是等概的,因此随机变量 ξ_1 的概率分布为:

表 4-3

ξ	4(元)	8(元)
P	0.5	0.5

它的图形(图4-19(A))是离散的两点,两点的连线是等高的线段。

(2) 抽奖券增加为2张,设第一张抽奖券为 ξ_1,第二张抽奖券为 ξ_2,结果将是2张抽奖券抽取结果的相加:$\xi_1 + \xi_2$,其概率分布为

表 4-4

$\xi_1 + \xi_2$	8	12	16
$P(\xi_1 + \xi_2)$	0.25	0.25 + 0.25 = 0.5	0.25

表4-4表示,如果2次都抽到4元券,则共得8元购物券;如果都抽到8元券,则共得16元购物券;如果一次抽到4元券,另一次抽到8元券,则共得12元购物券。显然共得12元购物券的机会将是共得8元或16元购物券的2倍,因为共得12元购物券的机会,既可是第一张抽奖券结果是4元、第二张抽奖结

第四章 正态分布和极限定理

是8元,也可以第一张抽奖券结果是8元、第二张抽奖结果是4元。而共得8元或16元都只有一种机会,那就是2次结果相同。

(3) 抽奖券增加为3张,$\xi_1+\xi_2+\xi_3$的概率分布将要复杂得多,其中3张奖券都抽到4元或3张奖券都抽到8元的机会远小于3张中既有4元又有8元的情况。例如3张中有2张4元1张8元,它既可以是第1张、第2张是4元,第3张是8元;也可以是第2张、第3张是4元,第1张是8元;还可以是第1张、第3张是4元,第2张是8元,也就是说抽到总金额16元的机会(概率)要比3张全是4元或全是8元的机会高出3倍。同理抽到3张中2张8元、1张4元的机会也比3张全是4元或全是8元的机会高出3倍,根据概率分布的完备性和互斥性,以下是$\xi_1+\xi_2+\xi_3$的概率分布(表4-5)。

表 4-5

$\xi_1+\xi_2+\xi_3$	12	16	20	24
P	0.125	0.375	0.375	0.125

(4) 抽奖券4张的总金额,将有5种可能:16元(4张4元);20元(3张4元、1张8元);24元(2张4元、2张8元);28元(1张4元、3张8元)和32元(4张8元)。4张总金额的概率分布$\xi_1+\xi_2+\xi_3+\xi_4$有(表4-6):

表 4-6

$\xi_1+\xi_2+\xi_3+\xi_4$	16	20	24	28	32
P	0.0625	0.25	0.375	0.25	0.0625

(5) 根据同样的方法,可进一步计算出$\sum_{i=1}^{5}\xi_i, \sum_{i=1}^{6}\xi_i, \sum_{i=1}^{6}\xi_i, \cdots$的概率分布,下面给出$\sum_{i=1}^{8}\xi_i$的概率分布(表4-7)[1]。

表 4-7

$\sum_{i=1}^{8}\xi_i = \xi_1+\xi_2+\xi_3+\xi_4+\xi_5+\xi_6+\xi_7+\xi_8$	32	36	40	44	48	52	56	60	64
P	0.004	0.031	0.109	0.219	0.274	0.219	0.109	0.031	0.004

---

[1] 详细计算过程可参见卢淑华编著:《社会统计学(第四版)》,北京大学出版社2009年版,第五章第五节。

现在将表 4-3 至表 4-7 作成统计图 4-19(1—5),为了便于比较,图中用均值代替随机变量的加总,比较图 4-19 中的(1)、(2)、(3)、(4)、(5),可以清楚地看出,随着随机变量数目的增多,$\sum \xi_i$ 或 $(\sum \xi_i)/n$ 的分布逐渐趋向正态分布。

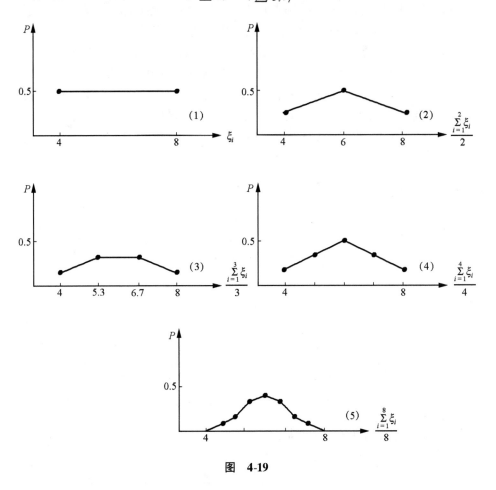

图 4-19

下面再给出四种不同的总体分布,它们的原始分布很不相同,但随着 n 的增大,它们的均值分布都逐渐趋向正态分布。

正态分布(图4-20):

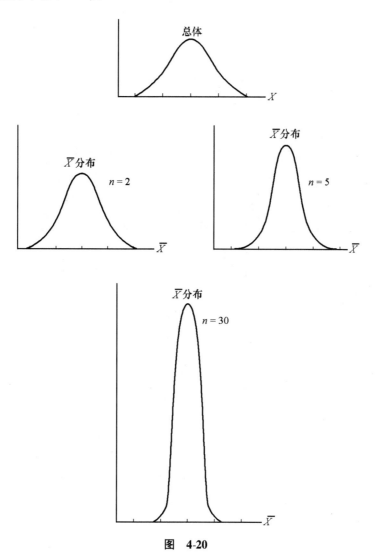

图 4-20

均匀分布(图4-21):

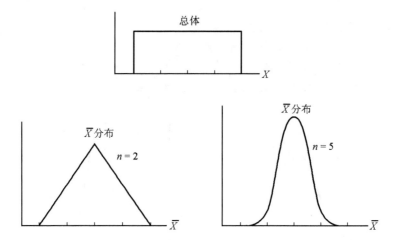

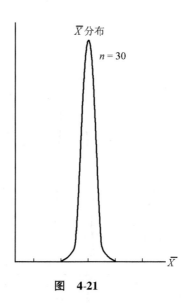

图 4-21

负指数分布(图 4-22):

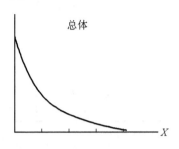

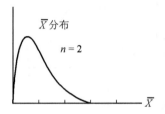

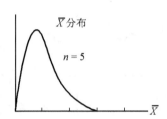

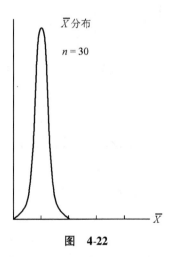

图 4-22

锯齿分布(图4-23):

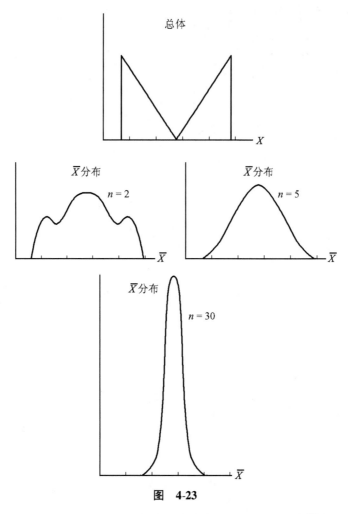

图 4-23

图4-20—图4-23给出了,随着样本容量的增加,样本均值 $\overline{X}$ 逐渐向正态分布的接近情况,这正是中心极限定理所要阐明的统计规律。

中心极限定理在抽样调查中有着重要的意义。因为被研究的现象,它的总体分布往往是未知的。但中心极限定理告诉我们,只要样本容量足够大,样本均值 $\overline{X}$(或 $\sum X_i$)的分布将都是接近正态分布。这样就给未知分布总体的研究奠定了理论基础。

第四章　正态分布和极限定理

本章要点辅导

1. 什么是正态分布？

［解］　正态分布又称常态分布，是各种分布中最常见，也是最主要的一种分布。这种分布有下图：

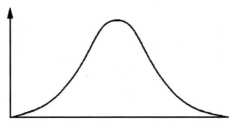

其特点是中间大，两头小，左右对称，很像一个古钟，它很符合人们常说的"中间状态的总是大多数"的原则。

2. 正态分布 y 轴所代表的是频率或频次吗？

［解］　不是的。它的理论表达式正如书中所指出是：

$$\varphi(x) = \frac{1}{\sqrt{2\pi}\sigma}e^{\frac{-(x-\mu)^2}{2\sigma^2}}$$

为了说明它的意义，我们把正态图形切割为无数的小长条。

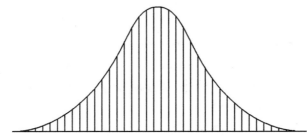

这样它就成了组距很小的频率直方图。因此正态图形 y 轴具有和直方图频率密度相似的含义。

3. 那么，正态图形中如何表达频率呢？

［解］　正像频率直方图中的面积代表的频率一样，正态曲线下的面积也代表了频率。当然这只是一种形象的理解。因为严格说来，正态图形是一种理论图形，正态曲线下面积的确切含意是概率，但对未学过概率的人来说，可以把它理解为可能性的大小或频率。

4. 试标出正态图形的众值、中位值和均值的位置。

[解] 正态图形的众值、中位值和均值是重叠的,都位于 $X=\mu$ 的地方。

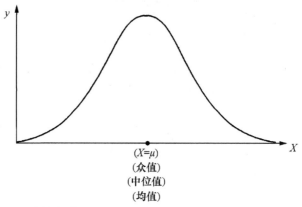

5. 正态图形的对称轴在哪里?

[解] 正态图形的对称轴为 $X=\mu$。它表示如果图形以 $X=\mu$ 直线对折的话,两边的图形将重叠起来。

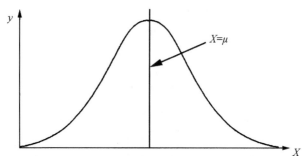

6. 正态曲线下对称轴两边的面积各等于多少?

[解] 根据上题图形所示,可以知道对称轴两边的面积各等于 50%。

7. 正态曲线下总面积等于多少?

[解] 正态曲线下的总面积等于 100%,或者说等于 1。

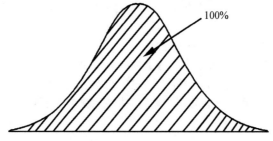

第四章　正态分布和极限定理

它很像统计表的累计频率应该等于100%。

8. 当正态图形中 μ 变化时,图形作何变化?

[解]　当 μ 增大时,图形右移,但形状不变。

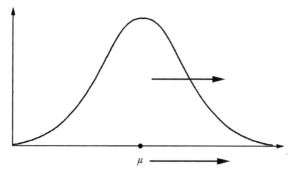

反之,当 μ 减小时,图形左移,但形状也不变化。

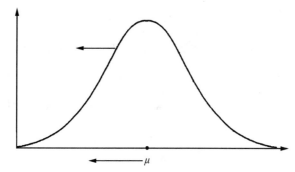

9. 书中谈到 σ 决定正态图形的高、矮、胖、瘦,那是否存在又高又胖或又矮又瘦的图形呢?

[解]　又高又胖或又矮又瘦的图形是不存在的。这是因为正态图形的面积必须总等于 1。因此,如果 σ 增大,则图形变得胖而矮,而 σ 减少,则图形变得高又瘦。

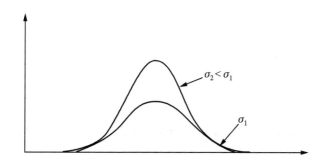

10. 书中谈到两名学生的成绩相同,不能直接相比,是否因为是两班的考题不同引起的?

[解] 不是的。两班成绩相同,但不能直接相比的原因不在于考题是否相同。首先,我们说的相比,不是指掌握同样知识内容而言的,而是指在班里的相对成绩而言的。举例来说,如果高校每年的招生人数不变,那么一个考生能否考上大学,取决于当年考生的总体情况。这就是相对成绩的道理。

11. 为了确定正态图形,需要知道哪些参数?

[解] 为了确定正态图形,只需知道两个参数,那就是 μ 和 σ^2。从数学表达式也可以看出,当 μ 和 σ^2 为已知时,x 就可以唯一的确定 $\varphi(x)$:

$$\varphi(x) = \frac{1}{\sqrt{2\pi\sigma^2}} e^{\frac{-(X-\mu)^2}{2\sigma^2}}$$

12. μ 和 σ^2 的意义是什么?

[解] μ 和 σ^2 的含意与一般的总体均值 μ 和总体方差 σ^2 相同。这里的 μ 和 σ^2 是正态图形的均值和方差。

13. 正态分布的简写方式是什么?

[解] 由于正态分布只要知道参数 μ 和 σ^2,图形就能唯一的被确定,所以正态分布简写作:

$$N(\mu, \sigma^2)$$

N 表示分布是正态形,括号内是它的两个参数。例如 $N(10,16)$ 表示正态图形的均值 $\mu = 10$,$\sigma^2 = 16$。其数学表达式具体为:

$$\varphi(x) = \frac{1}{\sqrt{2\pi \times 16}} e^{\frac{-(x-10)^2}{2 \times 16}}$$

14. 标准正态分布的 μ 和 σ^2 等于什么?

[解] 标准正态分布的 $\mu = 0, \sigma^2 = 1$,也就是简写作 $N(0,1)$,其数学表达式为:

$$\varphi(x) = \frac{1}{\sqrt{2\pi}} e^{\frac{-x^2}{2}}$$

15. 设有如下两个均值和方差都不等的正态分布:

$$N(\mu_1, \sigma_1^2)$$
$$N(\mu_2, \sigma_2^2)$$

问它们的标准化正态分布是否相同?

[解] 任何正态分布,经过标准分的转换:

$$Z = \frac{X - \mu}{\sigma}$$

都得到了唯一的标准化正态分布 $N(0,1)$。因此 $N(\mu_1, \sigma_1^2)$ 和 $N(\mu_2, \sigma_2^2)$ 的标准化正态分布 $N(0,1)$ 是没有区别的。

16. 附表 2 中 $\Phi(Z)$ 的意义是什么?

[解] 它表示标准正态分布从 $-\infty$ 到 Z 点的面积,它相当于第二章所谈的累计频率 cf↑。

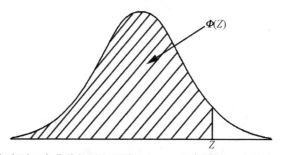

17. 问题 7 中谈到正态曲线的总面积为 1(100%),但附表 2 中给出 $Z=4$ 时,$\Phi(Z)=1$,这是为什么?

[解] 附表 2 中给出 $Z=4$ 时,$\Phi(Z)=1$ 是近似值,说明 $Z>4$ 的面积已经在小数点 4 位以外,可以忽略不计了。

本章解题辅导

1. 如何利用标准正态分布表,计算出任意正态图形 $N(\mu,\sigma^2)$ 取值在 $[\mu-\sigma,\mu+\sigma]$ 之间的面积为 68.26%?

[解] 为了计算以下正态图形:

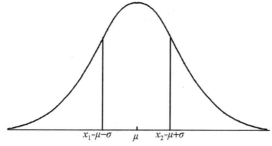

$[\mu-\sigma,\mu+\sigma]$ 之间的面积,首先计算 X_1 和 X_2 两点的标准分:

$$Z_1 = \frac{X_1 - \mu}{\sigma} = \frac{(\mu-\sigma)-\mu}{\sigma} = -1$$

$$Z_2 = \frac{X_2 - \mu}{\sigma} = \frac{(\mu+\sigma)-\mu}{\sigma} = +1$$

然后根据标准分计算 $[Z_1,Z_2]$ 的面积,因附表 2 只给出了 Z 为正值的 $\Phi(Z)$,Z 为负值的面积要有如下的转换:

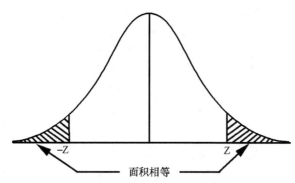

$$\Phi(-Z) = 1 - \Phi(Z) \quad (Z \geq 0)$$

正态图形 $N(\mu, \sigma^2)$ 取值在 $[\mu-\sigma, \mu+\sigma]$ 之间的面积为:

$$\Phi(Z_1) - \Phi(Z_2) = \Phi\left(\frac{X_2 - \mu}{\sigma}\right) - \Phi\left(\frac{X_1 - \mu}{\sigma}\right)$$

$$= \Phi\left(\frac{\mu + \sigma - \mu}{\sigma}\right) - \Phi\left(\frac{\mu - \sigma - \mu}{\sigma}\right)$$

$$= \Phi(1) - \Phi(-1)$$

$$= \Phi(1) - [1 - \Phi(1)]$$

$$= 2\Phi(1) - 1$$

$\Phi(1)$ 的值根据附表 2 查找,首先按 Z 值从上往下找,当找到 $Z=1$ 时,右边同行的 $\Phi(Z)$ 就是所求的 $\Phi(1)$:

附表 2　正态分布数值表

Z	$\Phi(Z)$	Z	$\Phi(Z)$	Z	$\Phi(Z)$	Z	$\Phi(Z)$
0.00	0.5000	0.80	0.7881	1.60	0.9452	2.35	0.9906
0.05	0.5199	0.85	0.8023	1.65	0.9505	2.40	0.9918
⋮	⋮	⋮	⋮	⋮	⋮	⋮	⋮
		1.00	0.8413				
⋮	⋮	⋮	⋮	⋮	⋮	⋮	⋮

把 $\Phi(1) = 0.8413$ 代入上式,所以

$$\Phi(Z_2) - \Phi(Z_1) = 2\Phi(1) - 1 = 0.6826$$

根据同样的方法,不仅可以计算 $[\mu-\sigma, \mu+\sigma]$ 的面积,还可以计算 $[\mu-2\sigma, \mu+2\sigma]$, $[\mu-3\sigma, \mu+3\sigma]$……的面积。这些将留给读者来完成。

第四章 正态分布和极限定理

2. 已知正态分布的 $\mu=60, \sigma=10$，问如果原始得分 $X=75$，那它在总体中的位置如何？

[解] 为了知道在总体中的位置，首先将原始得分转换为标准分：

$$Z = \frac{X-\mu}{\sigma} = \frac{75-60}{10} = 1.5$$

然后按上题的方法，查附表2，找到 $Z=1.5$ 地方所对应的 $\Phi(1.5)=0.9332$，它的图形为：

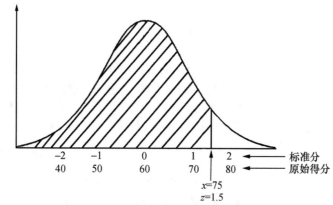

可见，对于原始得分 $X=75$ 来说，比它得分低的占总体中的93.32%，比它得分高的占总体中：

$$1-93.32\% = 6.68\%$$

3. 接上题，如果不仅要知道原始得分 $X=75$ 在总体中相对的位置，还要知道比它高或比它低的人数有多少？那还需什么条件？

[解] 如果要进一步知道比 $X=75$ 高的有多少人，或比它少的有多少人。那么还应该知道总数 N 是多少。

4. 某生成绩为80分。全班共有47人，平均成绩 $\mu=60$，标准差 $\sigma=16$，$N(60,16^2)$。问班里比他成绩好的有多少人？

[解] 先求该生的标准分

$$Z = \frac{80-60}{16} = 1.25$$

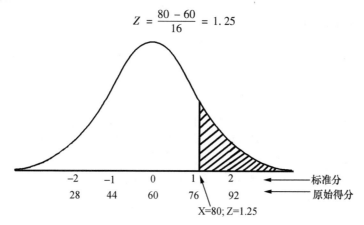

查附表 2 得 $\Phi(1.25) = 0.8944$。

比该生成绩好的所占比例为：

$$1 - 0.8944 = 0.1056$$

而比该生成绩好的人数为：

$$47 \times 0.1056 = 5 \text{人}$$

5. 5000 个同龄人参加人寿保险，设年死亡率为 0.1%。参加保险的人在年初应交纳保险费 1000 元，死亡时家属可领 10 万元。求保险公司一年内从这些保险的人中，获利不少于 400 万元的概率？

[解] 这是运用极限定理很好的例子。首先每一个参保人，在参保时间内，无非是两种状态：一种是不幸死亡，根据题意，其概率为 $p = 0.1\%$；一种是继续生存，它的概率为 $q = 1 - 0.1\%$。这类只存在两种可能性的概率分布，称二点分布。自然界或社会生活中，二点分布也是常见的，例如：是与非、真与伪、正与反，电脑最原始的工作状态，也是二进制的状态。这种二点式状态，是没有数量概念的，但为了便于以后的处理，我们赋予这种随机变量 ξ 特殊的值：

$\xi = 1$ 表示参保人不幸死亡；

$\xi = 0$ 表示参保人继续生存

这样赋值的结果，参保死亡人数的比例（频率）也就是参保死亡的平均人数，或者说，参保人死亡的概率等于参保死亡人数总体均值：

$$P = \mu$$

写成二点式概率分布有：

ξ	1	0
$P(\xi)$	p	q

其中 $\quad\quad\quad\quad\quad\quad\quad\quad p + q = 1$

下面来计算二点式概率分布的方差，根据第二章方差的定义，方差应是每点取值减去均值后平方的加总再除以总数（式 2-15），

$$\sigma^2 = \frac{\sum (X - \bar{X})^2}{N} = \frac{\sum (X - \mu)^2}{N}$$
$$= p \times (1 - \mu)^2 + q \times (0 - \mu)^2$$
$$= p \times (1 - p)^2 + q \times (0 - p)^2 = pq$$

可见，对单个参投人而言，在参保期一年内是否存活，服从均值为 p，方差为 pq 的二点分布，它远非正态分布。但对 5000 名参保人而言，相当 5000 个二点分布加在一起，根据中心极限定理，它们的和：

$$\xi = \xi_1 + \xi_2 + \xi_3 + \cdots + \xi_{5000}$$

第四章 正态分布和极限定理

将服从均值为 np,方差为 npq 的正态分布:

$$N(np, npq)$$

因此当参保人数足够多时,可按正态分布计算其概率。

根据题意,为了确保每年获利不少于 400 万,允许最大的死亡人数为:

$$[(5000 \times 1000) - 4000000]/100000 = 10(人)$$

那么,少于 10 人在正态分布中共有多少概率呢?

为此,根据题意,先计算出:

$$\mu = np = 5000 \times 0.1\% = 5$$
$$\sigma^2 = npq = 5000 \times 0.1\% \times (1 - 0.1\%) = 5$$
$$\sigma = \sqrt{5} = 2.236$$

少于 10 人的概率为:

$$P(0 \leq \xi \leq 10) = \Phi[(10-\mu)/\sigma] - \Phi[(0-\mu)/\sigma]$$
$$= \Phi[(10-5)/2.236] - \Phi[(0-5)/2.236] \approx 0.9872$$

即在当前的投保条件下,如果参保人数有 5000 名,则年获利不少于 400 万的概率为 98.7%。

本章要点思考

一、正态分布有哪些特点?
二、正态分布有哪几个参数?它们是怎样影响图形的?
三、正态图形下的面积表示什么意义?
四、什么是标准分?
五、标准正态分布与正态分布有哪些异同?
六、掌握正确的使用标准正态分布表。
七、大数定理和中心极限定理有什么实际意义?

本章习题

1. 已知随机变量 ξ 满足正态分布 $\xi \sim N(50, 5^2)$,求 $P(\xi > 61) = ?$
2. 接上题,求 $P(44 \leq \xi \leq 55) = ?$
3. 已知 Z 满足标准正态分布 $N(0,1)$,求以下各 α 值情况下,$P(|Z| > \lambda) = \alpha$ 中的 λ 值。
   (1) 当 $\alpha = 0.1$
   (2) 当 $\alpha = 0.05$
   (3) 当 $\alpha = 0.01$

4. 根据调查,儿童智商分布为 $N(100,10^2)$,某幼儿园共有儿童 100 人,问智商在 110—120 之间的儿童共有多少人?

5. 设有两名学生 A 和 B,分别在自己班上的成绩都是 80 分,但两个班的平均分不同,A 的班级平均为 75 分,B 的班级平均为 65 分,标准差都是 10 分,问谁在班上成绩更好些(设班级的成绩都满足正态分布:$N(75,10^2)$;$N(65,10^2)$)?

6. 设有两名学生 A 和 B,分别在自己班上的成绩都是 80 分,两个班的平均分相同,都是 75 分,但 A 班的标准差为 5 分;B 班标准差为 10 分,问谁在班上相对成绩更好些(设班级的成绩都满足正态分布)?

7. 设有两名学生 A 和 B,A 在自己班上的成绩是 80 分,B 在自己班上的成绩是 75 分,但两个班的平均分不同,A 的班级平均为 75 分,B 的班级平均为 70 分,标准差都是 5 分,问谁在班上成绩更好些(设班级的成绩都满足正态分布)?

8. 设有两名学生 A 和 B,A 在自己班上的成绩是 80 分,B 在自己班上的成绩是 75 分,两个班的平均分相同,都是 70 分,但 A 的班级标准差为 10 分,B 的班级标准差为 5 分,问谁在班上成绩更好些(设班级的成绩都满足正态分布)?

9. 设有两名学生 A 和 B,A 在自己班上的成绩是 80 分,但 A 的班级平均为 75 分,标准差为 5 分;B 在自己班上的成绩是 85 分,但班级平均分为 70 分,标准差为 18 分,问谁在班上相对成绩更好些(设班级的成绩都满足正态分布)?

10. 以下是某地家庭月收入的直方图,收入与标准差为 $\mu=37000,\sigma=27000$。

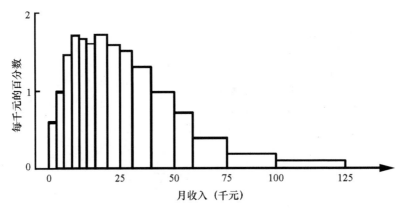

根据直方图,显示图形右偏,不满足正态分布。

问:如果对这样的图形,仍用正态分布计算任意两点间收入的百分比,正确吗?

11. 设月收入低于 2500 元为低收入群体,高于 6000 元为高收入群体,介于两者之间的收入为中收入群体,如果某社区居民收入为正态分布,均值 $\mu=4000$ 元,$\sigma^2=1000^2$,问:如果在该社区开设超市,应如何配置高、中、低档次的货源?

(提示:货源应与收入档次相匹配。)

第五章

抽 样

第一节 引 言

社会调查可分总体调查和部分调查。总体调查是对研究对象作全体的普查,因此,除非所界定的总体范围比较小、易于实施,就全国范围来说,除了重大的调查如人口普查、资源普查等,一般都只进行局部调查。局部调查是从总体中索取一部分进行调查,但其目的,仍然是为了达到对总体的了解。局部调查根据其索取局部调查单位的准则不同,又可分作非概率抽样和概率抽样。

非概率抽样,其抽取调查单位的原则是根据主观判断或其他操作上的方便。例如重点调查、典型调查都属于非概率抽样。在抽样中主观因素的介入,有时未必是坏事,例如典型调查,如果典型选择得当,是可以获得比较全面、正确的结果的。例如,毛泽东对湖南农民运动的调查、费孝通对江苏吴江县的社会调查都属这一类。非概率抽样的优点是成本低、费时短、回答率高。所以,如果各种抽样都能满足调查要求的话,应该首先考虑采用非概率抽样。但是,也应该看到,非概率抽样能否很好地满足要求与主观本身的水平有很大的关系。不过,一切非概率抽样都有一个共同的缺点,那就是,即使主观因素发挥了积极作用,也无法对这种抽样结果的精确程度做出定量的估计。

概率抽样,其抽取调查单位的原则是随机原则[①]。所谓随机原则就是在抽

---

① 概率抽样包括等概抽样和不等概抽样。随机原则一般解释为等概抽样的原则,但为了便于对初学者的叙述,对概率抽样中的等概与不等概不作严格区分。

选调查对象时,规定了一定的程序,以保证每一个单位都有同等入选的机会,从而避免了主观因素的影响。所以概率抽样又称随机抽样。随机抽样的结果,正如前面所介绍的统计推论那样,其抽样结果推及全体的精确程度,是可以做出定量、正确的表述的,这是概率抽样与非概率抽样的根本区别,下面就抽样调查中所涉及的名词作一些介绍。

一、总体

总体,又称母体,是研究对象的全体。从抽象概念上说,母体是一组具有某种共同特征的事物或个体,而这些共同特征正是研究者所要研究的对象。可以说,所谓母体就是所要研究的某种特征事物的全体范围,是研究对象的全体。例如,我们要研究北京市居民的收支情况,则北京市全体居民户就是一个总体。但如果研究北京市癌症五年生存率,其总体就不再是北京市全体居民户,而是具有共同特征的癌症病患者,所以母体是根据研究事物的特征变动的。

总体的范围是根据研究的需要而定的,它可以很大,也可以不是很大,一个工厂、一个学校,乃至青年一代都可作为具体研究的总体。

总体可分为有限总体和无限总体。当总体具有有限、可数的单元,称有限总体,而当总体含有无限个或几乎无法数清的单元,则称无限总体。一个工厂、一个学校,乃至整个国家,其人口数目,家庭数目,虽然十分庞大,但毕竟都是有数可依的,所以是有限总体。但工厂源源不断生产出的产品,其数目将是无限、不可数的,则称无限总体。

对总体的研究,既可是某个时间的横断面研究,也可以是随时间发展的纵向跟踪研究。例如对某个村、某个乡既可对当前家庭状况进行横断面的研究,也可作长期家庭状况的跟踪研究。

总之,母体是提供数据的原始集团,是我们研究对象的全体。

二、样本

在进行抽样调查时,从全部研究对象中按照一定的原则抽取一部分单位,构成一个代表全部研究对象的小集体,用来作为全部研究对象的一个缩影,我们称它为样本,或叫子样。可见,样本就是从总体的全部单元中抽取一部分单位所形成的一个集团,它是用来代表总体的。而总体则是抽取调查单位的范围和源泉,又是抽样调查估计和推算的目标。

为了便于进行抽样和观察,全部研究对象必须划分为基本的调查单位,在社会学中常见的调查单位如个人、家庭等等。每个调查单位叫做一个单元。在一个样本中所包含的单位数目叫做这个样本的容量,或者称之为样本的大小。例如,从总体中共抽查 50 名,则样本容量则为 50。

三、抽样框

调查前,在可能条件下作出总体单位一览表,叫做抽样框。抽样框并不是任何情况下都可以求得的。如果总体比较特殊,比如著作者或编辑者的总体,这时好的抽样框也可能难于求得。

第二节　抽样调查方法

一、简单随机抽样

所谓简单随机抽样,就是按照随机原则,直接从总体 N 个单位中,抽取 n 个单位作为样本,保证总体中每个单位在抽选时都有同等的机会被选中。

对于样本中 n 个单位的确定,又可根据同一单位是否允许重复抽取,分作重复抽样(回置抽样)和不重复抽样(非回置抽样)。

(一) 简单重复抽样

这种抽样方法是把从总体已经抽取出来的单位,观察记录其结果后,仍放回原有的总体中,参加下一次抽取。从而保证了每次抽取单位的概率是相同的,如果样本由 n 个单位

$$x_1, x_2, \cdots, x_n$$

所组成,它将满足独立、同分布的简单重复随机样本的要求。今后本书介绍的统计推论,都是基于这种抽样方式讨论的。但在社会调查中,由于总体都很大,因此在实际中很少单独使用,一般都和其他抽样方式混合使用。简单重复随机抽样的理论研究是进一步研究其他抽样技术的理论基础。

(二) 简单不重复抽样

这种抽样方法是把总体抽取出来的单位不再放回原有的总体,是连续进行 n 次抽取构成一个样本。这样的样本,由于第一次抽选结果影响下一次抽选,因此每个单位中选的概率各次是不同的。它不满足独立、同分布简单重复随机样本的要求。当总体很大 $N \gg 1$ 时,这种连续进行 n 次抽取可近似地看做简单重复抽样。

简单随机抽样实施的方法是:当总体单位 N 不太大时,可采用抽签的方式:先将总体中每个单位给予一个编号,写成签或阄,均匀混合后,随机抽取 n 个,形成一个样本。当 N 很大时,可利用随机数表。随机数表是事先按随机原则抽

取的数字,写成的表(附表1)。其中不仅0—9出现的概率相等,而且由这10个数码组成的两位数、三位数……出现的概率也是相等的。应用随机数表,可以从任一行、任一列、任一数字、任一方向开始,位数也可任意组合,甚至还可缩去其中一行或一列不用。

例如总体共有五十个单位,从中抽取十个单位组成一个样本。为此,先将总体编成1—50号,这样,附表1中的2列或2行就够用了。假定我们随机地选用了第16列和第17列,从第1行往下数(附表1)

$$43;44;74;87;24;76;04……$$

其中74,87,76由于大于50,弃去不要,而43;44;24;04……则被入样,直到抽足十个单位为止。如果采用不重复抽样,则遇有相同的数,也要弃去,直至抽足 n 个不同的单位为止。

二、等距抽样(机械抽样、系统抽样)

先将总体按某一因素排列,然后依固定的间隔,每隔若干单位抽出一个,构成等距抽样的样本。

例如总体单位为 N,样本容量为 n,则样本间隔为

$$k = N/n$$

抽样时,先在第一个间隔中随机抽查一个单位,假定为 a,然后从 a 单位开始,每隔 k 单位都将是入选的单位。

$a;a+k;a+2k;…;a+(n-1)k$。总数正好是样本容量 n。

总体用以排序的因素,可以是与调查内容无关的,如户籍簿。也可是与所调查内容有关的,如收入与家计调查就有密切的关系。

等距抽样的好处是简化了抽取过程,但要注意的是总体名册的排列不能有周期性,否则代表性要降低。举例说,假定军队的花名册都是按班长、副班长、战士排列的,每班都是10个人,那么,当抽样间距正好是10的倍数时,则可能抽到的将全是班长、副班长或全是战士。又如居民楼的排号,也有周期性的向阳、背阴、临街、高层、低层等现象,这些都会影响居民对居住的满意程度。为了防止这种周期性的偏差,可在抽取一定数量后,打乱原有的秩序再继续挑选。

等距抽样仍不失抽样的随机原则,因为总体中每个单位被抽中的概率可看作都是 $1/k$。

三、分层抽样(类型抽样、分类抽样)

先将总体按与研究内容密切相关的主要因素分类或分层,然后在各层中按

随机原则抽选一定单位构成样本。分层的目的,在于充分利用对总体已知的信息,把总体划成若干同质层,减少层内差异,增加抽样调查样本的代表性。试想一个极端的例子:某企业有二十名员工,他们的工资为

4000;8000;7000;4000;5000;5000;8000;7000;5000;4000

7000;4000;7000;5000;4000;8000;4000;8000;5000;5000

粗看起来,工资水平似乎很分散。但细分起来,实际只有四档:

4000;5000;7000;8000

因此,如果事先把每一个员工的工资归入这四类。那么,每一类只要抽出一名,总共只需抽出四名,对于研究总体的工资就足够有代表性了。可见,如果分类得当,分层抽样会使样本的代表性大大提高。

分层抽样根据各层抽取比例是否相等,可分作分层定比抽样和分层异比抽样。

(一)分层定比抽样

样本中各层抽取比例是相同的。例如,总体单位 $N=20000$(人),样本容量 $n=500$,则抽样比例

$$p = \frac{500}{20000} = 2.5\%$$

设总体按老、中、青三代分层。于是根据总体中三代人的总人数,就可确定三代人的抽样人数(表5-1)。

表5-1　三代中抽样人数的分配

代别	总人数	抽样人数
青年	11200	$11200 \times 2.5\% = 280$
中年	6600	$6600 \times 2.5\% = 165$
老年	2200	$2200 \times 2.5\% = 55$
总数	20000	500

(二)分层异比抽样

当总体中某一层人数过少,但又具有较高的研究价值,这时可增大这一层的抽样比例。但这样做的结果,统计分析时要作适当修正。

四、整群抽样(集团抽样)

在整群抽样中,总体被分为很多"群",这些群是抽样的单位。一旦某些群被选入样本后,群中的每一个单位都要调查。例如,当以"户"作为调查单位时,则入样的每一户,其家庭的每一成员都属调查对象。除了"户"之外,还可有更大的群体单位,例如整条街、整个村、整个企业等等。

整群抽样适用于群间差异小,而群内差异大的总体,这点正好和分类抽样相反。试想如果所有企业的工资结构、人员结构、生活条件都差不多,那么调查一两个完整企业的情况就足以代表所有企业生活的面貌了,这样做的结果岂不比分散到每个企业调查一部分职工更省力、省时间吗?当然能这样做的原因,取决于对总体原有情况的了解与判断。反之,如果群体差异大,而群内差异小,采用整群抽样就会失去其应有的代表性,统计推论时也会产生较大的误差。此外,如果群规模是不等的话,那么,抽到大群比抽到小群的工作量就会大得多,且样本容量也不固定,从而给推论带来困难。

五、阶段抽样和 PPS 抽样

当总体很大时,直接从总体中抽取单位,在技术上就会产生困难,因此一般采用多阶段抽样,又称多级抽样。在多级抽样中,每一级都可看做是一次整群抽样,每一个抽中的整群,又可看做是由若干子群所组成,从入样的整群中,再随机抽取若干子群组成子子群,然后依法继续往下抽取,直至抽中的单位满足了抽样者的要求,成为基本的调查单位。

多级抽样方法中还有一种称作 PPS(Sampling with probabilities proportional to size)抽样,即抽样的概率与群规模成比例。它的优点是不要求各阶段的群规模相同,通过多级不等的抽样概率,最终实现了总体中的个体具有相同的抽样概率的要求。[①]

第三节 抽样误差

一、总体参数和样本值

第一章第二节关于统计资料的随机性中曾指出,总体的平均值和根据抽样所得的样本平均值是有区别的。为了今后讨论的方便,我们用希腊字母代表总体的参数:

$$\mu——\text{总体平均值}$$
$$\sigma——\text{总体标准差}$$

总体平均值 μ 和标准差 σ 都是唯一的,称作总体参数。

与此相对应的,我们用罗马字母代表样本的均值和方差(标准差):

[①] 详见卢淑华编著:《社会统计学(第四版)》,北京大学出版社 2009 年版。

$\overline{X}$— 样本平均值

S— 样本标准差

由于抽样是从总体中取出一部分,因此样本值不是唯一的,一个总体可以抽出若干个样本。而 $\overline{X}, S$ 都是根据样本计算出来的。因此,样本值不是唯一的,它是样本的函数。

总体与样本的比较:

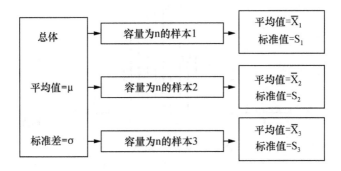

二、抽样误差[①]

根据统计资料随机性的特点,当从总体中抽取一部分时,样本计算的量与总体参数是不等的,且具有多值性,如样本的均值、成数都并不等于总体的均值或成数,这两者之差,就称作抽样误差。抽样误差是抽样时不可避免的,它的大小,由于是根据抽样原则进行,所以是可能算得出来的。

抽样误差大小,主要由三方面因素所决定:

(一) 样本容量的大小

首先抽样误差的大小,主要取决于样本的大小,而不是总体的大小,在其他条件相同的情况下,样本容量越大,抽样误差越小。举例说,以下总体性别分布为:

	人数	百分比
男	3091	46%
女	3581	54%

为了比较,取两种样本容量:每次抽查100人和每次抽查400人。每种样

---

① 抽样调查的误差,一般来源于两类:抽样误差和调查误差。抽样误差是具有随机性的资料在进行抽样调查时所固有的。而调查误差是在调查过程中,由于登记、计算中差错所引起的,这类误差是经过努力可以改善或克服的。我们这里只讨论抽样误差。

本都重复进行 250 次,即每种样本容量都有 250 样本。可以发现,每 250 个样本中,男性百分比(或女性百分比)与总体男性百分比 46% 相同的样本并不多,有的比 46% 大,有的比 46% 小,下面按男性百分比出现的样本数,做成直方图(图 5-1)和图(5-2)。

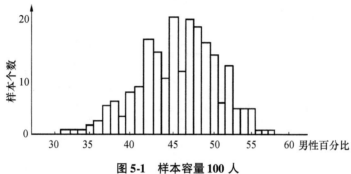

图 5-1　样本容量 100 人

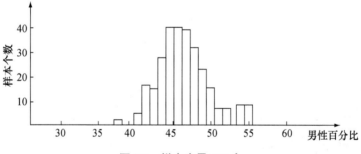

图 5-2　样本容量 400 人

比较图 5-1 和图 5-2 可以看出,每次抽查 100 人的样本中,只有 13 个样本的男性百分比为 46%,占总样本数 13/250 = 5.2%。而在每次抽查 400 人的样本中,却有 40 个样本的男性百分比为 46%,占总样本数 40/250 = 16%。而男性百分数的样本,从主要集中在 32%—58%(图 5-1),进一步集中到 38%—55%(图 5-2)。可以想象,如果样本容量进一步增大,样本还会更进一步向总体男性百分比 46% 集中,极限情况下,如果样本容量扩大到总体所有单位(本例为 6672 人),抽样调查就变成了全面调查,抽样误差也就消失了。

(二) 总体的标准差

总体标准差 σ 反映了总体变量值分散的程度。如果总体变量值分散程度大,即 σ 大,则在同样样本大小的情况下,局部所能代表整体的程度就小,也就是抽样误差大。反之,如果总体变量值分散程度变小,则抽样误差也小。极限情况下,如果总体所有的单位都取同值,$\sigma=0$,则抽样误差也消失了。举例说,如果所有战士每月生活补助费都一样,那么,总体平均补助费和抽查一部分人(甚至一个人)的平均补助费是一样的,就不存在抽样误差了。

（三）抽样方法

抽样误差除了受样本容量与总体标准差的影响外,还受抽样方法的影响。例如分层抽样,总体分成了若干同类层,因此在样本容量相同的情况下,抽样误差就比简单随机抽样要小。对于系统抽样,如果名单是按与研究有关因素排列、又不存在周期性影响的话,抽样误差也比简单随机抽样为小。

三、抽样调查的计算

（一）抽样误差的理解

抽样误差可以理解为总体参数和抽样值的差值。例如均值的抽样误差 δ 为

$$\delta = \mu - \overline{X}_i$$

其中 μ 是总体的均值,它是唯一、不变的,而样本平均 $\overline{X}_i$ 则是随着每一次抽样变化的。因此用一个唯一、不变的值 μ 减去一个可变、不唯一的值 $\overline{X}_i$,其值 δ（抽样误差）必然也是不唯一的：

抽样误差 ＝ 总体参数 － 样本值
　　↑　　　　　↑　　　　　↑
　不唯一　←　唯一　　　不唯一

图 5-1 与图 5-2 都说明了抽样结果是随着每次抽样而变动的,抽样误差具有随机性和波动性,我们无法给出抽样随机误差完全确定的值。对于抽样误差的讨论,正如第一章变量(实际是随机变量)所指出,它可以从分布、集中趋势和离散趋势三方面来讨论。图 5-1 和图 5-2 都是样本均值的分布图①。可以证明,样本均值的平均值等于总体均值。

样本均值的离散趋势可用样本均值的标准差表示。

$$\sqrt{\frac{\sum(\overline{X}_i - \mu)^2}{M}} \tag{5-1}$$

---

① 百分比是均值的一种特殊形式。事实上,如果假定男 = 1;女 = 0,那么,总数中含"1"的平均值就是男性在总数中所占的百分比。

M—可能的样本数目。

它反映的是抽样的平均误差,又称抽样误差或标准误。一般我们指的抽样误差,都是抽样的平均误差。

(二)误差公式

有了以上对抽样误差的理解,下面直接给出简单随机重复抽样的抽样误差公式:

1. 均值抽样误差:

$$\sigma_{\overline{X}} = \frac{\sigma}{\sqrt{n}} \qquad (5\text{-}2)$$

$\sigma_{\overline{X}}$—平均值 $\overline{X}$ 的标准差,σ—总体的标准差,n—样本容量。

2. 百分比抽样误差:

$$\sigma_p = \sqrt{\frac{P(1-P)}{n}} \qquad (5\text{-}3)$$

σ_p—百分比 p 的标准差又称样本成数 p 的标准差,P—总体百分比(总体成数),n—样本容量。

例:计算本节(一)例题之抽样误差。

① 总体百分比 $P = 46\% = 0.46$,样本容量 $n = 100$

所以
$$\sigma_{P_1} = \sqrt{\frac{0.46 \times 0.54}{100}} \approx 0.05 = 5\%$$

如果把图 5-1 近似地画成正态为曲线图(图 5-3)。

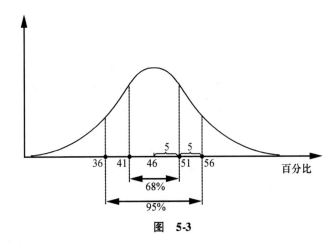

图 5-3

对于正态曲线可以知道,男性样本百分数在 $46\% \pm \sigma_{P_1} = 46\% \pm 5\%$ 的比例为 68% ,在 $46\% \pm 2\sigma_{P_1} = 46\% \pm 10\%$ 的比例为 95% 。

② 样本容量 $n = 400$

$$\sigma_{P_2} = \sqrt{\frac{0.46 \times 0.54}{400}} \approx 0.025 = 2.5\%$$

比较 σ_{P_2} 与 σ_{P_1} ,抽样误差小了一倍,它表示随着样本容量的增加,抽样随机误差的分布更集中了,标准差减小了。如果把图 5-2 近似地画成正态曲线图(5-4);

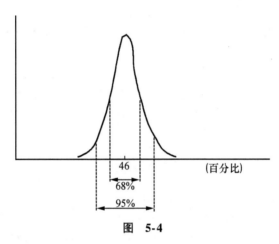

图 5-4

它表示男性样本百分数在 $46\% \pm \sigma_{P_2} = 46\% \pm 2.5\%$ 的比例为 68% ,$46\% \pm 2\sigma_{P_2} = 46\% \pm 2(2.5\%)$ 的比例为 95% 。

可见,抽样误差所指出的范围,仅仅表示在此范围内样本有可能出现,而可能性的大小称置信度。如果抽样结果满足正态分布(这对社会调查资料来说,由于样本容量较大,$n \geq 50$ 一般都能满足),则有表:

表 5-1

抽样误差范围	出现可能性(置信度)
±1 个抽样误差	68.3%
±2 个抽样误差	95.5%
±3 个抽样误差	99.7%

第四节 样本容量的确定

抽样调查中,抽样数目即样本容量是很重要的。抽得太多,会造成人力、物力和财力上的浪费;而抽得太少,又会使调查结果与实际情况相差太大,影响调查的效果。在抽样数目上,不少人有这样一个错误的看法,以为抽样调查的准确性,主要取决于总体的大小 N;若 N 大,则抽样数目 n 也应相应增大。似乎抽样的精确性与抽样比例 $f = \dfrac{n}{N}$ 有直接关系。实际上这是一种误解。其实,调查的精确性主要取决于样本大小 n 而与总体 N 关系很小,许多情况下,N 甚至可以忽略不计。

决定抽样数目与前面所谈的抽样误差是有密切关系的。抽样数目的确定是抽样误差的逆问题。抽样误差是在一定抽样方式情况下,已知样本容量和总体方差,求抽样产生的误差。而样本容量的确定,则是在允许的误差范围内,求所需要的抽样数目。

一、决定样本容量 n 有以下几方面因素

（一）抽样调查误差范围的可靠程度

本章第三节指出,抽样调查的误差范围是以样本出现的可能性大小(在概率论中称作概率的大小)给出的。例如两倍抽样误差就比一倍抽样误差的可能性大。原因是误差范围放宽了,出现的可能性也就增大了。同样,如果抽样误差范围是确定的,那么要求出现可能性大或者说可靠程度高的话,就必须增加样本容量。抽样调查的可靠程度称作置信度,置信度越高,样本容量要求越高。

（二）允许的误差范围

允许的误差范围,是对应一定置信度而言的。对于相同的置信度,估计允许的误差范围越大,样本容量可以越小。反之,样本容量则要求越大。试想,如果有两个有关工资的抽样调查,置信度相同,但甲要求误差不超出 ±10 元,而乙要求误差不超过 ±50 元。显然,对于乙调查,较少的样本容量就能满足要求,而甲调查,则要求较大的样本容量。

置信度和允许的误差范围都是根据科研本身实际的需要提出来的,没有统一的标准。例如,一个为调整工资而进行的人头数抽样调查比之市场某种用品需要量的抽样调查,显然在置信度与允许误差范围两方面要求都要高得多。

第五章 抽样

（三）总体的分散程度

样本容量的确定,还和总体的分散程度有关。对于一个分散程度大的总体,为了得到同样的可靠程度和同样的允许误差范围,比之分散程度小的总体,需要更多的调查数目。

总体分散程度一般以总体标准差 σ 表示。σ 在总体样本容量计算之前必须给出。σ 值可以通过过去的数据或对总体的有关知识来确定。这方面如果没有先验知识的话,可以预先进行一个小的试点调查(比如 50 个单位)来确定。

二、简单随机重复抽样的样本容量估计公式

以上确定样本容量的因素,对于各种抽样方式都是合适的。但具体的计算公式则根据抽样方式有所不同。下面就简单随机重复抽样,以估计总体平均值为目标,说明置信度、允许误差范围、总体标准差和样本容量之间的关系。

根据本章第三节三、(二),样本均值的抽样误差为:

$$\sigma_{\bar{X}} = \frac{\sigma}{\sqrt{n}}$$

代入表 5-1,得表

表 5-2

抽样(允许)误差范围 $\Delta_{\bar{X}}$	置信度①(出现可能性)
±1 个抽样误差 = ±1$\sigma_{\bar{X}}$($t=1$)	68.3%
±2 个抽样误差 = ±2$\sigma_{\bar{X}}$($t=2$)	95.5%
±3 个抽样误差 = ±3$\sigma_{\bar{X}}$($t=3$)	99.7%

$\Delta_{\bar{X}}, t, \sigma, n$ 四个因子中,只要有三个因子已知,另一个就可确定。就重复抽样,样本均值的允许误差范围为:

$$\Delta_{\bar{X}} = \pm t \frac{\sigma}{\sqrt{n}} \tag{5-4}$$

其中:σ——总体的标准差;

n——样本容量;

$\Delta_{\bar{X}}$——误差范围;

t——概率度,由置信度决定;

---

① t 和置信度的一一对应关系是根据正态分布中标准分和概率的对应关系确定的。

$t=1$ 时,置信度为 68%;
$t=2$ 时,置信度为 95%;
$t=3$ 时,置信度为 98%。

根据式(5-4),得必要的样本容量为:

$$n = \frac{t^2 \sigma^2}{(\Delta_{\bar{X}})^2} \tag{5-5}$$

根据本章第三节三、(二)样本百分比(样本成数)的抽样误差为:

$$\sigma_p = \sqrt{\frac{p(1-p)}{n}} \tag{5-6}$$

根据式(5-6),得简单随机重复抽样样本数的允许误差范围公式有:

$$\Delta_p = \pm t \sqrt{\frac{p(1-p)}{n}} \tag{5-7}$$

所以必要的样本容量公式为:

$$n = \frac{t^2 p(1-p)}{(\Delta_p)^2} \tag{5-8}$$

三、非重复抽样样本容量公式的修正

我们知道,实际的抽样调查都是不重复抽样。换言之,不可能让同一单位在调查中当作两次观察。因此,重复抽样只有理论价值。实际工作中,由于总体数 N 很大,而抽样比例又很小,因此,可以近似地认为是重复抽样。

当总体 N 不够大,对于非重复抽样,由于抽中机会各次不再恒定。抽样误差的公式须乘以近似的修正项 $\sqrt{1-\frac{n}{N}}$:

$$\sigma_{\bar{X}} = \frac{\sigma}{\sqrt{n}}\left(1-\frac{n}{N}\right) \tag{5-9}$$

$$\sigma_p = \frac{\sqrt{p(1-p)}}{\sqrt{n}}\sqrt{\left(1-\frac{n}{N}\right)} \tag{5-10}$$

允许误差范围公式:

$$\Delta_{\bar{X}} = \pm t \frac{\sigma}{\sqrt{n}} \sqrt{\left(1-\frac{n}{N}\right)} \tag{5-11}$$

$$\Delta_p = \pm t \sqrt{\frac{p(1-p)}{n}} \cdot \sqrt{\left(1-\frac{n}{N}\right)} \tag{5-12}$$

这里可以看出,总数 N 对误差的修正是缓慢的。实际上,当 $\frac{n}{N} = \frac{1}{10}$ 时,

$$\sqrt{1 - \frac{n}{N}} = \sqrt{0.9} \approx 0.95$$

可见,当 $\frac{n}{N}$ 小于 $\frac{1}{10}$ 时,其修正的比例更是微不足道。这也是为什么抽样的精度主要不取决于抽样比 $f = \frac{n}{N}$ 的原因。不重复抽样的样本容量公式根据允许误差范围公式得:

$$n = \frac{Nt^2\sigma^2}{N\Delta_{\bar{X}}^2 + t^2\sigma^2} \tag{5-13}$$

$$n = \frac{Nt^2p(1-p)}{N\Delta_p^2 + t^2p(1-p)} \tag{5-14}$$

将简单重复及不重复抽样的平均抽样误差及必要的样本容量可归纳为以下表格(表 5-3):

表 5-3

	简单重复		简单不重复	
	样本均值	样本成数	样本均值	样本成数
平均抽样误差	$\frac{\sigma}{\sqrt{n}}$	$\sqrt{\frac{P(1-P)}{n}}$	$\frac{\sigma}{\sqrt{n}} \cdot \sqrt{1 - \frac{n}{N}}$	$\sqrt{\frac{P(1-P)}{n}} \cdot \sqrt{1 - \frac{n}{N}}$
必要的样本容量	$\frac{t^2\sigma^2}{\Delta_{\bar{X}}^2}$	$\frac{t^2P(1-P)}{\Delta_p^2}$	$\frac{\frac{t^2\sigma^2}{\Delta_{\bar{X}}^2}}{1 + \frac{1}{N}\frac{t^2\sigma^2}{(\Delta_{\bar{X}})^2}} = \frac{Nt^2\sigma^2}{N\Delta_{\bar{X}}^2 + t^2\sigma^2}$	$\frac{\frac{t^2P(1-P)}{\Delta_p^2}}{1 + \frac{1}{N}\frac{t^2P(1-P)}{\Delta_p^2}} = \frac{Nt^2P(1-P)}{N\Delta_p^2 + t^2P(1-P)}$

小　　结

最后小结一下本章介绍的抽样全过程。首先对研究的总体必须给予明确的界定,也就是明确所研究对象,从地理位置和单位都包括哪些?是什么时间发生的现象?……比如研究的问题是:北京市当前青年求职的意愿,那么,"北京市""青年"就构成了总体地理位置和单位的界定,而"当前"则构成了总体时

间上的界定。在总体界定之后,须进一步确定抽样方法和抽样框,抽样方法前面已作介绍,而抽样框,指的是完整的总体单位清单。作为提供原始数据的总体,必须具有完整的总体单位一览表。好的抽样框对于抽样十分重要,它是作好抽样的先决条件。试想,如果抽样框是一份残缺不全的清单,那怎能保证总体中的所有单位都有同等的机会被抽到呢?抽样框的要求是与抽样方法密切联系的,如果总体不太大,采用简单随机抽样,则必须具有完整的总体清单。如果总体很大,一般采用多阶段抽样,这时第一步只需要一份完整的群体清单,对于入样的群体才需要提供进一步的抽样框。从这点出发,似乎多阶段抽样,可以减少对抽样框的要求,但须要指出的是,多阶段抽样样本容量的确定,以及对结果误差范围的确定,都不是本章给出的公式,一般要由抽样专家作专门的研究和确定。抽样重要的理论工作是确定样本的容量。它不是一劳永逸的,它和抽样方法、总体单位间的分散程度 σ^2、允许误差的范围 Δ 和置信度 $1-\alpha$ 有关。确定了抽样方法和样本容量,进一步将是对抽样进行实施,以便确定具体的抽样名单。

至此,抽样过程似乎已经全部完成了。但我们知道,理论上样本容量总是和置信度相联系的,只要不是总体调查,样本精度都只能是具有一定的概率保证,而不会是100%的可靠。比如置信度为95%,则表示置信度之外的样本,平均而言,每20个样本就会出现1个,也就是每20个样本中,就会出现一个不满足精度要求的样本,这样的风险,对于实际的社会调查,所花的代价还是太大了。特别是大型的社会调查,上千份问卷所花费的人力、物力和资金都是不小的。因此应当尽量避免不合要求样本的出现。为此,实际工作者想出了样本评估的办法。也就是根据抽样名单,统计样本的某些变量,比如性别、年龄、文化程度、职业等等,然后比较总体[①]和样本这些变量的分布。例如表5-4至表5-6。

表 5-4　性别分布比较

	男	女
总体	51%	49%
样本	53%	47%

表 5-5　年龄分布比较

	老年	中年	青年
总体	10%	30%	60%
样本	7%	38%	55%

[①] 一般情况下,总体的这些基本资料,如性别、年龄、文化……都是有的。

表 5-6　文化程度比较

	文盲	小学	中学	大学
总体	5%	20%	60%	15%
样本	1%	22%	65%	12%

比较的变量越多，说明样本落至置信度以外的可能性越小。样本评估工作，应在问卷调查开展之前进行，以便剔除那些与总体分布偏离较大的样本。这样，对以后资料处理也就更有充分把握了。样本评估目前在规范化的社会调查科研报告中，已成为一项不可缺少的指标，否则成果将很难得到承认。

总结起来，抽样过程为图 5-5。

图　5-5

框图中的虚线，表示如果评估不合要求时，须重新抽样，确定新的抽样名单。

最后还须强调，作为抽样调查的成果，还须给出样本回收率一项指标。

回收率 ＝ 回收有效问卷份数 / 发放的问卷份数

发放的问卷数应不少于样本的容量，但在任何情况下都应以发放的问卷份数作为分母，而不是样本容量。回收率不得少于 70%，否则将严重破坏随机抽样的原则。

本章要点辅导

1. 某工厂为了解职工对工会的意见，发给每人一张调查表。请问这是什么性质的调查？

[解]　这是总体调查。

2. 接上题，如果把调查表只发给某几个车间，这是什么性质的调查？

[解]　这是部分调查。

3. 总体调查的优点是什么？

[解]　由于总体调查提供了全部研究对象的原始资料，因此根据全面调查得出的统计数字是研究对象某些数量特征的准确概括。可以说，通过全面调查所得的统计数字是唯一、肯定的数值。例如，全国范围内的人口普查以及国家统计机关所颁发的统计报表都属总体调查。

4. 既然总体调查有这么多优点,为什么还需要有部分调查呢?

[解] 总体调查虽然是很好的调查方法,但在某些情况下,又几乎是不可能的。例如商品经济中的市场价格;参加交易的双方人数和次数,几乎都是无法数清的,因此,进行总体调查是不可能的。另一类情况,研究对象的个数虽然不是无限的,但人数过多,例如城市的人口可以多达几百万,甚至千万,试想,如果这一千万人都要调查的话,那要花去多少调查人员的时间和精力。另一方面,从被调查的对象来看,如果所有的社会调查都要参加回答的话,那居民又如何应付得了如此众多的调查,这样势必影响居民正常的工作与生活。因此,除了国家的重大数据,如人口、资源采用普查外,一般都采用部分调查。

5. 那么,是否可以认为总体调查是准确性高的调查,而部分调查则准确性低呢?

[解] 从理论上说,总体调查确实是唯一准确的调查,但是它的准确性是以调查过程中不存在登记性误差和技术性误差为前提的,也就是假定它不存在调查误差。但如果总体过大,那么,随着调查对象和调查内容的增多,调查与资料整理过程中产生误差的可能性也就越大。因此,从实际效果来说,随着调查对象的增多,其准确性远远达不到理论要求。而部分调查由于调查对象的人数要少得多,可以做到认真、细致,减少中间环节所产生的调查误差。因此,从总体效果上来说,一个认真进行的局部调查,未必比总体调查要差。特别是抽样调查,根据抽样调查结果推论总体时,我们还可以对这种抽样调查的结果精确到什么程度作出定量的估计。

同时应该看到,对于调查的准确性,应该根据问题的性质来定,不能一味追求高精度、高指标。此外,局部调查还有一个最大的优点就是省时间、省人力和省物力,可以有效地缩短调查周期。而信息的价值是有时间性的,过时的信息甚至只是一堆垃圾。可见,总体调查与局部调查不是对立的,是相辅相成的。

6. 抽样调查和局部调查的关系如何?

[解] 抽样调查的含意在各种书本中是不尽相同的。例如在《社会调查研究法》(美·肯尼思·D. 贝利著)中,抽样调查包括概率抽样(随机抽样)和非概率抽样两类。那么,抽样调查也就是局部调查了。但在统计书里更多地把抽样调查只看作概率抽样。在这种情况下,抽样调查只是局部调查的一种,所以读者在今后阅读这类书籍时,要注意作者所指的抽样调查包括哪些内容。为了讨论的方便,本书所指的抽样调查只包括概率抽样。

7. 什么是概率抽样?什么是非概率抽样?

[解] 概率抽样是指所研究的总体,其中每一个单位都有同等机会被选入样本,而非概率抽样其样本的确定是根据调查者主观的判断,例如蹲点、典型调查等等。因此概率抽样是排除了主观因素的干扰的,而非概率抽样是具有主观因素的介入的。

8. 非概率抽样有哪些特点?

[解] 非概率抽样主要的缺点是推论中无法对其误差作出定量估计。主观因素介入的成败取决于研究人员的素质和研究水平。一般来说,非概率抽样是最经济的调查方法,因此在各种抽样方法都能满足要求的情况下,应该首先考虑使用非概率抽样。例如各种新型食品的品尝,显然各种人差别不会太大,这时组织少数人的品尝小组就可以了。另外,典型的

第五章 抽 样

小规模调查往往是大型抽样调查的探索性研究或先导研究。

9. 如何来说明抽样调查的科学性？

[解] 所谓抽样调查就是从总体中科学地、客观地抽取一部分进行研究,并根据调查结果对总体作出正确的了解和叙述。抽样调查的科学性可以从以下几个方面来说明：

（1）抽样是根据随机原则进行的,从而保证总体中的每一个单位都有同等的机会被抽到。

（2）需要抽取多少单位,是根据调查所要求的精度和可靠性确定的。因此它是公认的从部分推算全体的科学方法。

10. 界定总体在抽样调查中有何意义？

[解] 在抽样调查中首先要对研究的对象、范围、时间、地点作出明确的回答。因为总体是索取资料、进行抽样的源泉,也是最终进行推论的目标。因此在进行抽样调查之前,必须明确研究的总体是什么,也就是必须首先要界定总体。

11. 抽样框在抽样调查中有何意义？

[解] 总体界定之后,抽样框就是总体的具体体现。抽样框就是一份总体所包含单位的清单或花名册,它要求完整和准确。试想花名册如果不完整,那么名册中漏掉的单位将永远不会被抽到,这就破坏了抽样调查最基本的随机原则,即要求总体中的每一个单位都有同等机会被抽到的原则,因此用这种残缺不全的抽样框进行抽样,其结果将会导致错误的推论。

12. 抽样框的获取有哪些困难？

[解] 抽样框除了因名册陈旧、过时,机械变动造成不准确外,在社会学研究中还会遇到总体情况不明或总体的存在只是暂时的情况。例如全市有多少书法爱好者？有多少集邮爱好者？等等。遇到这种情况,可以采用滚雪球的方式来收集总体名单。例如先从已知的书法者那里打听他们所知道的其他书法爱好者,下一次从扩大了的名单中进一步打听其他书法爱好者。这种滚雪球式的不断增加的名单,据国外介绍一般 2—3 次,最多 4 次都可以收集到总体 80% 的名单。可见,人与人之间社会的联系是如此的惊人,国外称这种现象为"小小世界"。

另一种现象是总体的存在是暂时的,例如球场、剧院的观众、农贸集市、集会等等。这时可采用将访问员均匀地分散在群众之中,据国外报道,这样也可以取得良好的样本。

13. 如果抽样调查的人数是 500 人,问是否可以说调查了 500 个样本？

[解] 不是的,作一次抽样调查,并调查了 500 人,这 500 人组成一个样本,而不是 500 个样本。这 500 人表示的是一次抽样调查的样本容量或样本大小为 500 人。

14. 什么是抽样的回收率？回收率在调查中有何意义？

回收率是指实际回收有效的调查数目与理论计算的调查数目或样本容量之比：

$$回收率 = \frac{回收有效的调查数目}{样本容量}$$

也就是常说的回收有效的问卷总数与发放回卷总数之比：

$$回收率 = \frac{回收的有效问卷总数}{发放问卷总数}$$

回收率太低就失去随机抽查的意义,等于变相的谁想回答就回答的偶遇调查。因此,回收率是抽样调查的一个重要指标。在科学研究的论文中,首先必须给出抽样调查的回收率是多少。一般来说,收回率至少要在 2/3 以上才能具有推论的价值。

15. 有人担心问卷回收不上来,为了达到回收所要求的份数,采用增加发放问卷数目的方法,问这样做是否可以?

[解] 这样做的结果,仍然逃避不了回收率低这样一个现实,因为分母数也增加了,因此是不可取的。正确的方法是增加对抽样调查意义的宣传,以期使调查的双方更好的合作,增加发放问卷的回收率。

16. 在发放问卷时,采用由熟人转交熟人的方法来填写,这样对吗?

[解] 这是不科学的。正确的方法应该是根据随机抽样确定的名单去调查。

17. 什么是重复抽样和非重复抽样?它和书中所介绍的五种抽样方法有什么关系?

[解] 重复抽样和非重复抽样是根据被抽到的单位是否放回原有的总体以便参加下一次抽取来划分的。重复抽样是将抽到的单位,记录其结果,放回原有的总体参加下一次抽取。因此对于重复抽样,每一次抽样,其总数都是不变的,也就是每一个单位在各次抽样中被抽的机会是不变的。对于非重复抽样,由于总数逐渐减少,因此后面次数和前面次数各单位抽到的概率是不等的。

书中所介绍的各种抽样方法,除了系统抽样不存在重复抽样外,其他四种抽样方法都同时存在重复和非重复两种抽取方式。但由于重复抽样中存在着一个单位有可能不止一次被抽到,因此代表性不及非重复抽样好,所以在实际工作中都采用非重复抽样。重复抽样,特别是简单随机抽样中的重复抽样方式,由于比较简单,理论上都是以它作为模型展开讨论的,同时,其他抽样方法也都是以它作为基准展开比较的。

18. 重复抽样和非重复抽样相比,哪种抽样方式效果更好?

[解] 非重复抽样比重复抽样效果好。这是因为非重复抽样中入样的单位都是不相同的,因此代表性好。这一点还可以从抽样误差来讨论。对于非重复抽样都必须引入修正项:

$$\sqrt{\left(1-\frac{n}{N}\right)}$$

而 $\frac{n}{N}<1$,因此 $1-\frac{n}{N}$ 开方的结果也必然小于 1,也就是说非重复抽样的抽样误差是将重复抽样误差乘以小于 1 的数,因此它要比重复抽样的抽样误差小一些,也就是效果更好一些。

19. 试简述系统抽样的特点。

[解] 系统抽样是按照一定的抽样间距,每隔若干单位抽取一个单位,组成一个抽样的样本,所以又称等距抽样或机械抽样。由于它无须使用抽签或随机数表,因此受到实际工作者的欢迎,是大规模调查中,是经常使用的抽样方法。

在系统抽样中,如果抽样框使用的花名册,其顺序与要研究的内容没有什么关系,或完全是随机排列的,那么这种抽样实际和简单随机抽样没有什么差别,但必须防止周期性偏差。如果使用的抽样框,其顺序与所要研究的内容有密切的关系,例如花名册是按工资多少排列的,而生活质量与收入有密切关系,在这种情况下,对于生活质量的研究按系统抽样所得样本将具有很好的代表性,其效果要优于简单随机抽样。

20. 试简述分层抽样的特点。

[解] 简单随机抽样是根据随机原则,以保证总体中的每一单位都有同等的机会被抽到。但其缺点是它完全无视对总体的已有了解。而分层抽样则是根据所研究内容有关的因素,先把总体分为若干类或同质层,然后再在各类进行简单随机抽样,这样可以大大提高抽样的效果。

举例说,如果我们知道某工厂的工资实际只有4级,那只要把全厂职工先按这4级进行分类,然后每类中只要抽出一名就能知道全厂的工资情况了。这样做的结果,岂不比按随机排列总体的花名册进行抽样,效果更好吗?当然实际情况会复杂些。但只要我们按顺序排列,进行必要的分类,使数值相近的放在一类,这样就会提高抽样效果。其关键是用以分类的因素必须与所研究内容是有密切关系的。

21. 为什么要采用整群抽样法?如何提高整群抽样的效果?

[解] 整群抽样是把整体划分为若干群,然后对群进行随机抽样。凡是入样的群,所包含的单位则必须全部调查。

整群抽样可以减少调查费用,举例说如果样本的调查单位遍布全国,显然比样本只集中在数个省、市调查起来要困难得多。同时如果样本只集中在几个省市还可免去要在全国范围内编写花名册这样困难的准备工作,因此从节省人力、物力的角度看,整群调查还是有其优点的,特别是对那些要求精度不高的调查,是值得首先考虑采用的。

但从样本的代表性来说,由于抽样只限于总体中的某几个群,因此如果群与群之间差别很大,那么整群调查的效果就不及前面所举的抽样方法好。但如果群与群之间情况比较接近,例如各工厂的人员、工资、文化程度、生产情况都差不多,那调查少数几个厂也就足以说明全体情况了,所谓"麻雀虽小,五脏俱全"就是说明了这个道理。因此为了提高整群抽样的效果,应该使用于群内差异大而群间差异小的情况,这点正好是和分层抽样相反的。

22. 如果某工厂将工人按文化程度分作5个层次:

文盲;小学;初中;高中;大学

从5个层次中抽取到了3个层次:

小学;高中;大学

进一步,从抽中的3个层次中,进行简单随机抽样的工人进行单位随机抽样,请问这是分层抽样吗?

[解] 这不是分层抽样。分层抽样要求每一种层次都要进行简单随机抽样,也就是说,样本中必须包含各层的代表。本例中虽然总体分作5个层次,但只从中随机抽取了3个层次,因此这不是分层抽样。这只是阶级抽样中的2级分段抽样。

23. 如何衡量抽样效果？

[解] 抽样效果指的是对于同一总体,用哪种抽样方法进行抽样,其抽样误差会更小一些。因此,抽样效果是用抽样误差来衡量的,抽样误差小就反映了抽样效果好。

24. 抽样误差和调查误差有什么不同？

[解] 首先调查误差是调查过程中,由于工作的疏忽所引起的,因此只要认真对待,其误差是可以逐步克服的。而抽样误差则是具有随机性的资料在进行抽样时所不可避免的。这一点在第一章第二节的例一、例二中已讲得很多了。因此,如果想抽样中不存在抽样误差,除非资料不具有随机性或多值性,例如说,大家都只有一种看法或一种爱好等等,但这对复杂多彩的大千世界来说是不可思议的。

25. 总体平均值、标准差与样本平均值、标准差有何不同？

[解] 总体平均值和标准差都是根据总体计算出来的,作为研究对象的总体是不变的,因此总体平均值和标准差也是不变的,或者说是唯一的。而样本平均值和标准差都是根据总体中抽取一部分的样本计算得来的,而每次样本所抽取到的总体一部分未必是相同的,因此样本的均值与标准差随着每次不同的样本也就变化了,或者说样本的平均值与标准差是不唯一的。

26. 为什么抽样误差会是指的抽样平均误差？

[解] 如果抽样误差仅仅理解为总体参数与抽样值的差值,那么,由于抽样值(均值,标准差)是随着样本而变的,抽样误差也就成了一个不定的值,从而也就无从讨论其大小了。但可幸的是,如果用全部可能的样本,求其与总体参数的差值,并对这些差值求平均:

$$\sqrt{\frac{\sum(\overline{X}_i - \mu)^2}{M}}$$

$\overline{X}_i$—表示某次(设其为第 i 次)的样本均值,μ—总体均值,M—可能的样本数。

也就是抽样平均误差 $\sigma_{\overline{X}}$,它对于确定的总体、确定的抽样方法以及一定的样本容量(即 n 在各次样本中保持不变),将是一个唯一确定的量。因此我们就用抽样平均误差 $\sigma_{\overline{X}}$,来讨论抽样误差的大小了。

27. 上题中的差值 $(\overline{X} - \mu)$ 为什么不是差值直接相加,而要平方后再相加呢？

[解] 这是因为差值 $(\overline{X}_i - \mu)$ 有正、有负,如果直接相加,就有可能,相互抵消而误认为 $\overline{X}_i$ 与 μ 没有差值。因此必须先平方再相加,求平均后又用开方来还原。

28. 平均抽样误差、标准误和标准差有什么区别？

[解] 平均抽样误差和标准误没有区别,都是用来说明样本值与所推论总体参数之间平均误差的大小。如果标准误小,那么样本值接近总体参数的可能性就大。而标准差如果指的是总体标准差,则是唯一确定的,是用以衡量总体离散趋势的参数。如果指的是样本标准差,则是用以衡量样本离散趋势的。它随着样本容量的增加,越来越稳定的接近总体的标准差,一旦样本标准差趋向稳定,那再增加样本容量,它也几乎不变了。但标准误或平均抽样误差则不同,它反比于样本容量 n 的平方根:

第五章 抽样

$$\sigma_{\bar{x}} = \frac{\sigma}{\sqrt{n}}$$

因此,在总体标准差一定的情况下,标准误随着样本容量的增大而减小。极限情况下,如果样本容量 n 已增大到和总体数目相等,这时也就不存在抽样误差了,因而 $\sigma_{\bar{x}}=0$,这点从公式:

$$\sigma_{\bar{x}} = \frac{\sigma}{\sqrt{n}}\sqrt{\left(1 - \frac{n}{N}\right)}$$

也可以得到证明:

$$\sigma_{\bar{x}} = \frac{\sigma}{\sqrt{n}}\sqrt{\left(1 - \frac{n}{N}\right)} = \frac{\sigma}{\sqrt{n}}\sqrt{(1-1)} = 0$$

因此修正系数 $\sqrt{1 - \frac{n}{N}}$ 又称有限总体的修正系数。

29. 抽样误差公式中都与总体标准差有关,那么总体标准差又是怎样获得的呢?

[解] 总体标准差一般从已有的资料中获得,例如普查资料和全面调查资料中取得。倘如没有现成的资料可以运用,也可用样本的方差来代替,但必须注意使用大样本。

30. 什么是大样本?

[解] 在统计书里一般当样本容量 $n \geqslant 30$ 时,就称作大样本。考虑到社会现象的复杂性,应以 $n \geqslant 50$ 称作大样本。

31. 对于非重复抽样,在什么情况下也可以近似地使用重复抽样的公式?

[解] 如果抽样比例 f 小于 10%:

$$f = \frac{n}{N} \leqslant 10\%$$

那么,修正项 $\sqrt{1 - \frac{n}{N}} \geqslant \sqrt{1 - 0.1} = 0.95$,其值非常接近于1,因此非重复抽样的修正项是微不足道的,在这种情况下,非重复抽样也可使用重复抽样公式。

32. 什么是允许的误差范围? 它是否表示每一次样本的结果都要满足所允许的误差?

[解] 对一次抽样来说,其抽样的误差是不确定的,不能保证其误差一定在允许的范围之内。这里所说的允许误差范围都是紧紧和置信度联系在一起的。也就是说,如果只有允许误差范围而没有置信度的指标是无意义的。反之,只有置信度而没有允许误差范围也是无意义的。举例说,在置信度等于 95% 的情况下,如果要求均值的允许误差为 ±10 元。那就表示,平均而言,每 100 次抽样,有 95 次其抽样均值和总体均值的差距不会大于 ±10 元。那么,还有其他的 5 次,情况又如何呢? 显然,其差距是超过了 ±10 元。但这满足了误差和置信度的要求。

33. 什么是"把握""可能性"或"置信度",它们是否相同?

[解] "把握""可能性"都是"置信度"的形象说法。这些都是针对抽样未经实施之前而言的。当抽样一旦实施,则只有符合要求或不符合要求两种确定的结果了。举例说,某人

有95%的把握考上大学,这只能指未考大学之前而言;对于考试发榜之后,则只存在考上或未考上两种确定的情况,绝不可能存在某生95%考上,5%未考上模棱两可的情况。这里也是一样,所谓"把握""可能性""置信度",其确切的含义是指,当把握、可能性或置信度等于90%时,它表示平均而言,每100次抽样,有90%是符合要求的。因此,"可能性""把握"或"置信度"越高,则一次抽样命中率或符合要求的机会也越大。

34. 概率度和允许抽样误差的关系如何?

[解] 允许误差范围 Δ 等于概率度 t 和平均抽样误差 $\sigma_{\bar{x}}$ 的乘积:

$$\Delta = \pm t\sigma_{\bar{x}}$$

也就是说,$t=1$,就是允许抽样误差为 ± 1 个平均抽样误差;$t=2$,就是允许抽样误差为 ± 2 个平均抽样误差;$t=0.5$,就是允许抽样误差为 ± 0.5 个平均抽样误差。

35. 书中谈到,$t=1$,置信度为68%;$t=2$,置信度为95%;……能否解释一下,这是如何得出的。

[解] 现以 $t=1$,置信度为68%为例:

上面谈到 $t=1$,表示允许的误差范围 Δ 等于 ± 1 个平均抽样误差:

$$\Delta = \pm 1\sigma_{\bar{x}}$$

现在来计算一下,样本出现在 $\pm 1\sigma_{\bar{x}}$ 之内的可能性或置信度是多少。由于 $\pm 1\sigma_{\bar{x}}$ 都是围绕总体均值而言,所以样本的取值区间为:

$$[\mu - \sigma_{\bar{x}}, \mu + \sigma_{\bar{x}}]$$

对于大样本,均值 $\bar{X}$,成数 P 都是满足正态分布的,因此将以上的区间值化作标准分:

$$Z_1 = \frac{\mu - \sigma_{\bar{x}} - \mu}{\sigma_{\bar{x}}} = -1$$

$$Z_2 = \frac{\mu + \sigma_{\bar{x}} - \mu}{\sigma_{\bar{x}}} = 1$$

为了求得区间内的可能性大小,查正态分布数值表(附表1):

$$\phi(Z_2) - \phi(Z_1) = \phi(1) - \phi(-1) = \phi(1) - (1 - \phi(1))$$
$$= 2 \times 0.8413 - 1 = 0.6823 \approx 0.68$$

36. 书中谈到了抽样方法有很多种,样本容量的确定,是否都可用书中给出的公式(5-5)?

[解] 不是的,它只适用于简单随机抽样,但对等距抽样,如果没有周期性偏差,书中给出的样本容量公式可近似地适用。对于整群抽样,如果把每一群作为一个单元,那么,整群抽样就成了以群为单位的简单随机抽样,但要记住这时调查的基本单元是整群了。至于更复杂的分层抽样、多阶段抽样,都要由抽样的专业人员进行设计。

37. 如果问卷表中包括多项问题,那应根据哪项问题确定样本容量?

[解] 当问卷中包括多项问题、多个变量,如果每个变量设计出的样本容量比较接近,当然就按容量大的数进行抽样了。但如果不能兼顾,就以问卷中最重要的变量为准则来计算样本容量。

第五章 抽 样

本章解题辅导

1. 某学校准备采用抽样调查,了解学生平均每周用于文体活动的时间。置信度为0.9,允许误差要求控制在±1(小时)之内。求所需的样本容量(已知$\sigma = 5$小时)?

[解] 根据题意,本题总体应是整个学校的全体学生,人数众多,而要估计的时间是定距变量,所以应采用均值的样本容量公式(5-5)。

$$n = t^2\sigma^2/(\Delta_{\bar{x}})^2$$

因$1-\alpha = 0.9$,所以

$$t = 1.65$$

已知$\sigma = 5$(小时),$\Delta_{\bar{x}} = \pm 1$,所以

$$n = t^2\sigma^2/(\Delta_{\bar{x}})^2 = (1.65)^2 \cdot (5)^2/1 = 68(人)$$

2. 电视台为了解戏曲节目的收视率,拟进行一次抽样调查。根据50户的试调查,收视率为68%。要求抽样调查的结果,误差不超过5%,置信度为0.95,求所需的样本容量?

[解] 根据题意,本题采用成数样本容量公式(5-8),

$$n = t^2p(1-p)/(\Delta p)^2$$

因$1-\alpha = 0.95$,$t = 1.96$,已知$p = 0.68$(根据试调查),$\Delta p = 0.05$,所以

$$n = t^2p(1-p)/(\Delta p)^2 = (1.96)^2 \times 0.68 \times (1-0.68)/(0.05)^2 \approx 334(户)$$

3. 某单位共有职工4810人。为了有95%的可靠性,使不重复抽样的平均收入,误差不超过±5元,求样本容量(已知$\sigma = 18.7$元)?

[解] $N = 4810$,$\Delta_{\bar{x}} = 5$元

$$t = 1.96 \quad (1-\alpha = 0.95)$$

代入式(5-13)有

$$n = Nt^2\sigma^2/(N\Delta_{\bar{x}}^2 + t^2\sigma^2)$$

$$= \frac{4810 \times (1.96)^2(18.7)^2}{4810 \times (5)^2 + (1.96)^2 \times (18.7)^2} \approx 54(人)$$

本章要点思考

一、什么是全面调查?什么是抽样调查?
二、简述抽样调查有哪几种方法?
三、什么叫总体?什么叫样本?什么叫抽样框?
四、为什么会出现抽样误差?总体参数与根据样本计算的量有什么不同?
五、抽样误差和哪些因素有关?

本 章 习 题

1. 某大学进行一次学生中本学期不住学生宿舍百分比的调查,请问调查的总体是什么?参数是什么?

2. 为了解企业员工的收入情况,将抽取 100 名作随机抽样调查,设抽样方法为简单随机抽样,总体标准差 $\sigma = 500$ 元,问:样本均值的抽样误差是多少?

3. 接上题,如果抽取名额增加到 400 名,其他条件不变,问:样本均值的抽样误差是多少?

4. 比较第 2 题和第 3 题,你对样本容量和样本均值抽样误差之间的关系,作何结论?

5. 设某县总体中男性占 46%,女性占 54%,现每次抽取 100 名作为一次样本,采用简单随机抽样方法,问:抽到女性抽样结果在 49% 至 59% 的概率是多少?

6. 接上题,如果按上述方法,共抽了 25 个样本,那么,其中女性抽样结果在 [49%,59%] 的样本约有多少个?

7. 接上题,如果样本容量 $n = 400$,其他条件不变,问:抽到女性抽样结果在 49% 至 59% 的概率是多少?

8. 接上题,如果按上述方法,共抽了 25 个样本,那么,其中女性抽样结果在 [49%,59%] 的样本约有多少个?

9. 比较第 5—8 题,说明了什么?

10. 设社区共有 1000 户居民,根据以往数据,社区收入的标准差 $\sigma = 100$ 元,为了解社区居民收入的最新情况,将进行简单随机抽样调查,允许的误差范围为不超过 20 元,置信度为 95%,问样本应抽多少户?

11. 设某社团共有会员 2000 名,为了解同意集资修缮房屋人数的比例,拟进行简单随机抽样调查,要求误差比例不超过 5%,置信度为 95%,请问应抽多少人?

第六章

参 数 估 计

第一节 引 言

首先我们来复习一下第五章第一节谈及的有关抽样调查的内容。

抽样调查是社会学中常用的一种收集资料的方法。它适用于研究某些群体,例如社区、农村、城市、学校、工厂乃至整个国家,其中每一项调查都有它自己特定的目的和特定的内容。而这些都是经过事先周密的筹划确定下来的。在调查过程中,一般只抽部分对象进行调查和收集资料,然后推论到全体。抽样调查的内容是很广泛的:人口调查,市场调查,民意测验以及学术、艺术问题的调查都可采用抽样调查。

那么,为什么要采用抽样调查呢?

根据统计调查的范围,统计调查可分总体(全体)调查和部分(非全面)调查两大类。例如我们可以对某工厂职工的全体,进行文化、年龄、婚姻状况的普查,从而算出该工厂职工的平均年龄、平均结婚年龄、标准差等,这些都是总体调查。但如果我们要调查的全体或总体,不是一个工厂,而是整个城市甚至全国。那么,这样一个不漏地普遍调查就困难得多了。加之,如果调查的内容还不仅仅限于年龄、文化的了解,其中还包括对社会、经济生活中各阶层人民看法的了解,那么这样的调查还需要及时与经常,因此逐一调查的办法,无论从广度上或时间上都不可能了。解决的办法,只有采用部分的调查,特别是其中的抽样的调查方法。比如说,为了要调查各阶层人民对医疗改革的看法,可以从各单位抽取一定的数目,进行访问和调查。然后通过这一小部分人对医疗改革的看法,推论到全体对医疗改革的看法。当然,抽样调查并不等于随便找些人访问一下都可以。实际上,如果我们专找那些持赞成态度的人或不赞成态度的人,其结论都会是错误的。这里所谓的结论,就意味着把抽到的局部调查对象的看法,估计为全体的看法。可见,抽样要有一定的科学抽样方法,才能起到由局部看全体的目的。

所谓抽样调查,就是在一定条件下,对所要调查、研究的全体,不是采用逐个调查的方法,而是科学地、客观地抽取其中一部分,其目的是通过对局部资料的研究,以期获得对全体的正确了解和叙述。这种方法,叫作抽样法。这样的统计调查,叫作抽样调查。

抽样调查不仅在社会学的研究中经常用到,在社会、经济生活中,为了更好地对亿万人民进行组织和管理,为了及时地掌握与分析各方面的动态,其中包括供求关系、就业情况、人口结构、人们的各种意愿和行为等诸方面的信息流,也必须不间断地进行信息的采集和分析。但如果事事都采用全体调查,那调查的速度肯定跟不上形势的发展。同时,众多的调查问卷,势必影响每个人正常的工作和劳动。因此,对于社会生活信息的收集,世界先进国家无不采用抽样调查的方法。同时为了搞好调查工作,每年都要轮番培训成千上万的抽样调查技术人员,并设法把抽样调查的知识传播到家喻户晓,以期得到调查者和被调查者之间应有的合作。

如果我们把任何非全面性的局部调查都看作抽样调查的话,那么,根据抽取调查单位准则的不同,抽样调查可以概括为两类:概率抽样与非概率抽样。概率抽样指的是抽取的原则是随机原则。所谓随机原则就是在抽选调查对象时,规定了一定的程序以保证每一个单位都有同等的中选机会,这样就避免了主观因素的影响,所以概率抽样又称随机抽样。例如,为了解某村改革开放后生活水平的提高,我们可以把各户的名字先写在纸条上,打乱顺序后,采取抓阄的办法,从中选取一部分农户进行调查。这种"抓到谁就是谁"的抽样办法避免了主观因素的干扰,保证了村里的每一个农户都有同等的机会被抽到,因此,称作概率抽样。与此相反的抽样准则是选定单位不是依据随机的原则,而是根据操作的方便,或者主观的判断,这种抽样称作非概率抽样。例如重点调查、典型调查都是这类抽样调查的例子。那么,是否在抽样中主观因素的介入就一定是坏事呢?不是的。实践证明,在一定的条件下,正确地发挥主观因素的能力作用,可以收到事半功倍的效果。例如,常见的典型调查中,如果样本选择得有代表性,是可以获得比较全面、正确的调查结果,费孝通教授对江苏吴江县的社会调查都属这一类。非概率抽样的优点是成本低、花时短,回答比例高。所以,在

第六章 参数估计

各种抽样都可以满足调查要求的前提下,应该首先考虑采用非概率抽样。但是,也应该看到,一切非概率抽样调查都有它一个共同的缺点,那就是,即使主观因素发挥了积极的作用,我们也无法对这种抽样调查的结果精确到什么程度作出定量的估计。

概率抽样由于实行随机的原则,每个单位入选的机会是相等的,这样就能计算出各种抽样结果出现的概率,也就能够在概率的基础上确定抽样估计的精确程度。概率抽样与非概率抽样的根本区别在于,概率抽样服从随机现象的客观规律,由这种局部调查所产生的相对于总体的误差是可以用数学方法精确地计算出来;而非概率抽样则依靠个人经验和主观判断能力,这种局部调查所产生的相对于总体的误差是无法用数学方法来计算的。例如,根据北京一地调查的人平均收入是无法估计全国的人平均收入的。

概率统计方法的理论基础是现代数学中的概率论。概率论的研究始于17世纪。今天,由于计算机技术的介入,概率统计方法不仅广泛地应用于自然科学,同时也成功地运用于社会科学,其中包括社会学。根据国外大学的介绍,社会学系的大学生和研究生都要在各年级不间断地学习各种层次的社会统计方法,以适应现代化研究的需要。现代化信息社会的发展要求更深刻更广泛地使用数学方法和定量化处理。

关于非概率抽样的研究与学习,不属本课程范围。今后,本课程仅研究概率抽样及其数据处理。同时,为了叙述的简便,抽样调查不再冠以"概率"二字,但它所指的都是概率统计抽样。

第二节 从局部推论到总体

一、统计推论的概念

统计推论适用于抽样调查资料的处理。所谓统计推论就是根据局部资料(样本资料)对总体的特征进行推断。它属于归纳推理的范畴。统计推论具有两方面的特点。一方面由于局部资料来源于总体,因此局部资料的特性在某种程度上能反映总体的特性。例如,总体中女性所占比例高,那么样本中女性比例高的可能性也大些。但另一方面由于社会资料的随机性,即抽样的结果不是唯一的,这又使得一次抽样结果不能恰好就等于总体的结果,这种误差称作带有随机性质的抽样误差,抽样误差的大小,是无法预设的,当总体参数不知道的情况下,即便碰上了我们也未必知道。抽样结果与总体参数不一致是随机现象在推论中所特有的、不可避免的,称作带有随机性质的抽样误差,是进行推论的难点所在。

为了形象地对上述特点有所认识,我们不妨作一次实验。

某工厂共有 100 名工人,其中男性占 50%,女性占 50%。为了模拟这样的总体,我们作成 100 个阄,其中 50 个阄写上"女性",另外 50 个阄写上"男性"。采用回置抽样,从中抽取 10 个阄作为一次抽样。以下是 10 次抽样(十个样本)的结果(表 6-1)。

表 6-1

样 本	男 性 人 数	女 性 人 数
1	6	4
2	6	4
3	5	5
4	4	6
5	4	6
6	4	6
7	5	5
8	6	4
9	6	4
10	4	6

可见,在 10 次抽样中,真正出现 5/5 的只有 2 次,其他 8 次不是男多于女,就是女多于男,实际上,不仅会出现 4/6 或 6/4 的情况,还可能出现 3/7;2/8;1/9;0/10 或 7/3;8/2;9/1;10/0 等等。读者有兴趣的话,可以按上述方法继续实验下去,看看结果如何。现在回到我们的抽样调查来看,由于在实际工作中抽样调查仅进行一次而已,因此很难说正好碰上抽样结果就是总体的情况。对大多数情况来说,总体参数和抽样结果,两者间往往都是存在差异的。更何况正如前面提到的,在总体参数不知道的情况下,即便抽样结果正好等于总体参数,我们也是不知道的。如何正确地处理局部(抽样)和总体之间的数量关系,以便做到正确地从抽样推论到总体,就构成了统计推论所要介绍的内容。

二、统计推论内容简介

统计推论的内容大体可分两部分:一是通过样本对总体的未知参数进行估计,简称参数估计;二是通过样本对总体的某种假设(例如参数或分布情况)进行检验,简称假设检验。

第一部分是通过抽样数据对总体参数进行估计。例如通过北京市 1000 户的家计调查,估计全市人民的平均收入,即平均值的估计。又如对全市拥有计算机户数的百分比的估计,也就是百分比或成数的估计,此外,还可以对某一参数,例如均值、百分比的分散程度进行估计等等。

第二部分属假设检验问题,假设检验对于学习过社会调查方法的人来说是并不陌生的,实际上,社会调查的全过程就是贯穿了假设检验的步骤与方法。它归结为对于社会的某特定现象经过抽象层次的观察与研究,建立起一定的看法,进而概括为概念、命题或理论。为了验证这些看法是否正确,必须通过实际调查,予以证明,为此必须建立起相应的操作化测量方法。这样就从概念变成了一系列量化了的假设。例如,根据市场消费情况来看,人民的购买力是很高的,从而推测人均实际收入也是很高的。不妨假设估计它会在 2 千元以上。从而形成了以下的假设

$$H:\mu \geq 2000$$

其中 μ 为假设的人均收入。

那么,这样的看法或估计是否真正符合实际情况呢?为此必须进行实地调查。当总体很大时,一般不可能进行全面调查,而是采用抽样调查来验证假设。这时抽样的全过程包括正确的抽样和合理的推论。在抽样所得数据的基础上,根据概率对原有假设 H 作出合理的接受或拒绝,并指出做出这种判断可能发生错误的概率是多少。总结起来,统计推论可用以下图 6-1 进行概括:

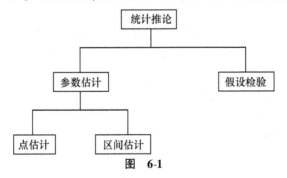

图 6-1

第三节　参数的点估计

参数估计,用通俗的话来说,就是根据抽样结果来合理地、科学地猜一猜总体的参数大概是什么,或者在什么范围。参数估计问题是随时都可见到的。它

从日常生活直到自然科学、社会科学的研究中都会找到。例如,为了决定是否远出春游,需要对天气有一个估计;一种新药是否投产,取决于通过抽样试验对有效性的估计;商店进货的档次取决于当地附近居民购买力的估计;同样社会学家、人口学家须要对家庭平均人口有所估计。

参数估计细分起来又可分作两类:点估计和区间估计。所谓点估计就是用样本计算出来的一个数来估计未知参数。由于它只是一个点值,所以称参数的点估计。而区间估计则是通过样本计算出一个范围来对未知参数进行估计。因此点估计是根据样本,合理地猜一猜总体的参数大概是什么。而区间估计则是根据样本,合理地猜一猜总体的参数在什么范围。那么,为了能对总体的参数实现估计,对样本有什么要求呢?

首先,调查的结果必须是随机抽样得到的。也就是说,为了对一个全体的均值进行正确的估计,抽样必须保证是随机的。否则样本将失去代表性。例如,你想了解一个学校的平均工资,如果你只调查教授、领导干部的收入,那么,用这样的抽样调查算出的平均工资,显然比实际全校的平均工资要高。反之,如果抽取的调查对象,全是低收入的勤杂工,用这样的平均工资来代表全校的平均工资,显然又会偏低。为了排除主观干扰,要先有一份全校教职员工的花名册,然后根据这份花名册,抽到谁就调查谁,以此来保证随机性。这点很重要,如果随机性不能保证,下面一切估计将无任何可靠性可言。同时,由于抽样的随机性,属于讨论问题的前提或假定,所以,如果它不能保证的话,后面一切数学计算也是检验不出来的。就像产品的质量评比,如果厂家只挑几个精雕细刻的产品,拿去质量评比,其结果绝不能反映它整个产品的质量。

其次要看待估参数的性质,如果参数具有量的大小,也就是具有定距以上性质,那么将是总体均值或方差的点估计,如果参数只具有定类的性质,只能讨论总体成数的点估计。本节将讨论这两种性质变量的点估计。

一、总体参数(均值与方差)的点估计公式

(一) 总体均值的点估计公式

在以上两点前提下,那么,通过抽样调查得到如下 n 个观测值

$$X_1, X_2, X_3, \cdots, X_n$$

用 n 个观测值的平均值

$$\overline{X} = \frac{1}{n}\sum_{i=1}^{n} X_i \tag{6-1}$$

作为总体均值的点估计值式(6-1)。

第六章 参数估计

$\sum_{i=1}^{n} X_i$ — 是 $X_1 + X_2 + \cdots X_n$ 的缩写方法。

$\sum$ 读作"西格玛",表示总和。

$i = 1$ — 表示总和的第一个值从 X_1 加起。

n — 表示总和的最后一个值是 X_n。

[例]1. 为了解某区家庭平均子女数,作了 10 户的随机抽查,结果有

$$3;2;2;1;4;2;1;1;1;2$$

求该区家庭平均子女数的估计值。

[解] 将观测值代入式(6-1)有

$$\overline{X} = \frac{1}{n}\sum_{i=1}^{n} X_i$$

$$= \frac{1}{10}(3+2+2+1+4+2+1+1+1+2) = 1.9$$

该区家庭平均子女数的估计值为 1.9。

[例]2. 为了解某工厂女青年的平均结婚年龄,作以下 5 名的随机抽查,结果有

$$24;23;26;32;17$$

求该工厂女青年的平均结婚年龄估计值。

[解] 将观测值代入式(6-1)有:

$$\overline{X} = \frac{1}{n}\sum_{i=1}^{n} X_i$$

$$= \frac{1}{5}(24+23+26+32+17) = 24.4(岁)$$

该工厂女青年平均结婚年龄的估计值为 24.4 岁。

[例]3. 某研究所为了解女科技人员的家务负担问题,对 20 名女科技人员调查了每天用于家务劳动的时间(小时):

$$3;5;4;6;4;2;4;3;5;6;1;4;3;4;5;7;3;2;5;3$$

求该研究所女科技人员每天平均家务劳动的估计值。

[解] 将观测值代入式(6-1)有:

$$\overline{X} = \frac{1}{n}\sum_{i=1}^{n} X_i$$

$$= \frac{1}{20}(3+5+4+6+4+2+4+3+5+6+1$$

$+ 4 + 3 + 4 + 5 + 7 + 3 + 2 + 5 + 3) = 3.95$(小时)

该研究所女科技人员每天平均家务劳动的估计值为 3.95 小时。

通过以上的例子,可以看出,我们具体运算的都是用样本观测值进行运算的。例如 $\bar{X} = 1.9$(个);$\bar{X} = 24.4$(岁);$\bar{X} = 3.95$(小时)。但是,统计推论的含义,却在于告诉我们,这些样本的平均值是总体(例如某区、某工厂、某研究所)平均值的一个很好的估计值。

读者可能会产生这样的问题,如果对于总体均值的估计,确如前面例子所示,那再好不过了。我们对于一个很大的总体,例如一厂区、一个工厂、一个科研单位,只需抽查极少的几个(例如 10 名、5 名或 20 名)就可以对总体均值进行估计了。但是,统计学告诉我们,抽样的个数(又称样本的容量)越大,对总体参数估计的准确性也越大。这就是为什么对于一个大的总体,例如一个学校、一个工厂抽样调查的人数,一般至少要几百名甚至几千名的缘故。

下面总结一下,总体均值的点估计(表 6-2):

表 6-2

总体均值的点估计 $\bar{X}$:
$$\bar{X} = \frac{1}{n}\sum_{i=1}^{n} X_i$$
X_i——样本的观测值。
假定:简单随机抽样
数据具有定量的特征。

(二) 总体方差(及标准差)的点估计

除了对总体反映集中趋势的均值、成数要进行估计外,在很多情况下,还要对总体的分散情况进行估计。在第一章里,我们曾介绍过,描述总体分散情况的数量特征,可用方差(及标准差)来表示。

$$方差: \sigma^2 = \frac{1}{N}\sum_{i=1}^{N}(X_i - \bar{X})^2 \qquad (6\text{-}2)$$

$$标准差: \sigma = \sqrt{\frac{\sum_{i=1}^{N}(X_i - \bar{X})^2}{N}}$$

它表示观测值距离均值的平均离散程度。

如果不知道总体的分散情况,而是通过一个样本的观测值:

$$X_1, X_2, \cdots, X_n$$

来对总体的方差 σ^2 进行估计。那么,总体方差的点估计值(式6-3)为:

$$S^2 = \frac{1}{n-1}\sum_{i=1}^{n}(X_i - \overline{X})^2 \qquad (6\text{-}3)$$

比较 S^2(我们称作为样本方差)和 σ^2(我们称作为总体方差),可以发现,两者唯一的区别是,S^2 中分母是"$n-1$",而 σ^2 中分母是 N。也就是说,如果进行的是全面调查,例如全工厂共 1000 人。根据 1000 人的工资,求其工资的方差 σ^2,这时分母是用 1000 来除的。但如果从 1000 人中抽查一小部分,例如 50 名,然后用这被抽查到的 50 名职工的工资,求其方差(样本方差),并借此作为总体工厂 1000 人工资方差 σ^2 的估计值,那么,分母应用 $50-1$ 来除。当然,当抽样人数比较多时,分母用 n 来除,或是用 $n-1$ 来除,差别就很小了。这时两个公式都可以用。

同样,对于方差 σ^2 估计方式,也存在 n 越大,估计准确的可能性也越大。

根据方差估计公式 S^2,可以看出,当观察值很大时,例如每一个观测值都是几百或几千,那么 n 个这样的数加起来,数值就更大,下面就结合实例,谈谈如何进行简化运算。

[例]4. 根据抽样调查,共有以下 12 个观测值:

232.50　232.48　232.15　232.53　232.45　232.48
232.05　232.45　232.60　232.30　232.30　232.47

求其总体的均值及方差。

[解]　根据点估计公式式(6-1)、式(6-3):

$$\overline{X} = \frac{1}{12}\sum_{i=1}^{12}X_i$$

$$S^2 = \frac{1}{12-1}\sum_{i=1}^{12}(X_i - \overline{X})^2$$

分别是样本的均值和样本方差,它是总体均值与方差的点估计。

因此有

$$\overline{X} = \frac{1}{12}(232.50 + 232.48 + \cdots + 232.47)$$

$$= \frac{1}{12} \times 2788.76 = 232.3967 \qquad (6\text{-}4)$$

根据式(2-17):

$$\sum(x_i - \overline{X})^2 = \sum x_i^2 - \frac{\sum(x_i)^2}{N}$$

$$= \sum x_i^2 - N(\overline{X})^2$$

代入式(6-3)得：

$$S^2 = \frac{1}{12-1}\left(\sum_{i=1}^{12} X_i^2 - 12 \times (\overline{X})^2\right)$$

$$= \frac{1}{11}(232.50^2 + 232.48^2 + \cdots + 232.47^2 - 12 \times 232.3967^2)$$

$$= \frac{1}{11} \times 0.29445 = 0.02677 \tag{6-5}$$

根据以上的计算，可以看出，由于每一个观测值都很大，因此，计算起来还很是麻烦的。但是，我们如果细心观察，就会发现，每一个观测值中都含有232，因此，如果把每一个观测值，在计算均值之前，都先减去232的话，那么，新的观测值就小得多了：

$$X_i' = X_i - 232$$

X_i': 0.50 0.48 0.15 0.53 0.45 0.48 0.05
0.45 0.60 0.30 0.30 0.47

$$\overline{X'} = \frac{1}{12}\sum_{i=1}^{12} X_i' = \frac{1}{12}(0.50 + 0.48 + \cdots + 0.47)$$

$$= \frac{1}{12} \times 4.76 = 0.3967$$

但是，最后别忘了我们要求的均值是 X 而不是 X'。因此，最终的答案将是

$$X = 232 + \overline{X'} = 232 + 0.3967 = 232.3967 \tag{6-6}$$

对方差来说，由于 X' 是 X_i 减去常量232，而常量是不变、没有方差的。因此，用数据 $X_1, X_2, \cdots, X_{12}$ 或用数据 $X_1', X_2', \cdots, X_{12}'$ 计算样本方差 S^2 都是一样的。现在我们用 X_i' 来计算

$$S^2 = \frac{1}{11}\sum_{i=1}^{12}(X_i'^2 - N(\overline{X'})^2) = \frac{1}{11}\left(\sum_{i=1}^{12} X_1'^2 - 12(\overline{X'})^2\right)$$

$$= \frac{1}{11}(0.50^2 + 0.48^2 + \cdots 0.47^2 - 12 \times 0.3967^2)$$

$$= \frac{1}{11}(2.1826 - 1.8881) = 0.02677 \tag{6-7}$$

不难看出，(6-4)和(6-6)的均值结果相同，(6-5)和(6-7)的方差结果也相同，两者计算结果是一样的，但后者计算的数要比前者小。

二、总体成数的点估计

以上谈了总体均值的点估计，强调了数据必须具有定量的特征，如果数据

第六章 参数估计

不具有定量的特征,例如是定类型数据,又将如何研究它呢?对于定类型数据,由于我们只能数它属于某一类的有多少个,因此,我们只是研究某一类的事或物,占总数中的比率、百分比或成数是多少。反之,如果总体中某一类所占的成数,我们不知道,而是希望通过抽样的结果,看看某一类在抽样总数中所占的比例,并以此去估计总体中这一类所占的比例,那么这类问题,很可能就是总体成数的估计了。如果估计值只需要简单的一个成数,那就是总体成数的点估计了。

对于总体成数的估计问题,同样抽样也要满足随机性,这里指的是简单随机抽样。在满足这样的前提下,如果抽样调查共抽 n 个,其中有 m 个属于要估计的这一类,那么:

$$\hat{p} = \frac{m}{n} \tag{6-8}$$

将作为总体中这一类成数的点估计值(式6-8)。

[例]5. 为了解某村计划生育的态度,对 100 名已婚者进行了抽样调查,发现其中有 50 名领取了独生子女证。求该村赞成独生子女比例的估计值。

[解] 根据样本中 100 名调查,其中赞成独生子女的比例为:

$$\hat{p} = \frac{50}{100} = 0.5$$

因此,可用样本的比例 $f = 0.5$,作为全村赞成独生子女比例的估计值。

[例]6. 工会为了解春游期间要租用几辆公共汽车,在全厂 10000 名职工中进行了共 100 人的随机抽样调查。统计结果,其中有 20 名愿意外出春游。设每辆公共汽车可载 50 名乘客,问估计要预租多少辆公共汽车。

[解] 根据抽样调查,愿意外出春游的比率为:

$$\hat{p} = \frac{20}{100} = 0.2$$

我们可以用 $\hat{p}$ 作为全厂将参加外出春游比率的点估计值。因此全厂将有

$$10000 \times 0.2 = 2000(人)$$

参加春游。又因每辆公共汽车可容乘客 50 人,因此有:

$$\frac{2000}{50} = 40(辆)$$

即,估计预租 40(辆),可满足全厂春游的需要。

在成数的点估计中,如同总体均值的估计值一样,调查的人数越多,样本容量 n 越大,成数的点估计值接近真正总体成数的可能性越大。如果 n 过小,那

么样本成数 $\hat{p} = \dfrac{m}{n}$ 与真实的总体成数 p 相差甚远的可能性就会增加,因此一般 n 不能取得过小,在社会科学的研究中,至少要 30 以上,一般都取 50 以上,即大样本的情况。下面总结一下,总体成数的点估计(表 6-3):

表 6-3

总体成数的点估计 $\hat{p}$:

$$\hat{p} = \dfrac{m}{n}$$

n——观测总次数。
m——在 n 次观测中,所研究的 A 事件出现的次数。
 假定:简单随机抽样
    数据仅具有分类的特征。

第四节 总体参数的区间估计

一、区间估计的几个概念

(一) 置信区间

本章第三节介绍了参数的点估计,由于真正的参数我们并不知道,因此我们无法知道由样本所计算的点估计值到底距离真值有多少,也就是说,我们无法知道点估计值的精度如何。为此我们想到改用一个范围或一个区间来对未知参数进行估计,例如我们说某村的月平均收入在 800—1000 元之间,显然这样的估计方法,比之说某村的月平均收入是多少元,猜中的可能性要大得多了,这就是总体参数的区间估计。由于这样的区间,并非任意给出的,而是在给出区间的同时,还必须指出所给区间包含未知参数的概率是多少,因此称作置信区间。置信区间的表述,一般是在样本计算出总体参数 Q 点估计值 $\hat{Q}$ 基础上,增加 $\pm \varepsilon$,写作 $[\hat{Q} - \varepsilon, \hat{Q} + \varepsilon]$。

(二) 置信度

置信度是指所给出的置信区间,具有多大的把握、多大的可靠程度,也就是说,所给出的置信区间,具有的概率是多少,一般写作 $1 - \alpha$。例如置信度为 90%,则 $1 - \alpha = 0.9$,反之,不可靠的程度则为 $1 -$ 置信度 $= \alpha$,α 称显著性水平,它是今后假设检验中重要的概念。

(三)置信区间与置信度之间的关系

置信区间与置信度是两者同时存在的,在给出置信区间的同时,必须给出相应的置信度。另一方面,两者是相互关联的。一般说,置信区间愈宽,把握愈大,愈可靠。这点在日常生活中,是很容易体会到的。例如,有人让你估计班级考试的平均分,如果你估得很宽,是[0 分,100 分],那么永远说对了,因为任何平均分都不会超出你的估计,这样的估计宽度,具有100%的把握,也就是置信度为1。反之,如果你估计得窄些,是[60 分,80 分],显然就有可能估计错了,也就是置信度会下降。可见,置信区间愈宽,置信度愈高,反之,亦然,两者呈正比关系,它们的关系可表达为(6-9):

$$P(\hat{Q} - \varepsilon < Q < \hat{Q} + \varepsilon) = 1 - \alpha \quad (6\text{-}9)$$

式(6-9)表示置信区间 $[\hat{Q} - \varepsilon, \hat{Q} + \varepsilon]$ 的概率 P 为 $1 - \alpha$,置信区间的宽度为

$$(\hat{Q} + \varepsilon) - (\hat{Q} - \varepsilon)$$

为了计算上的方便,一般用半宽度 W

$$W = (1/2)[(\hat{Q} + \varepsilon) - (\hat{Q} - \varepsilon)] = \varepsilon \quad (6\text{-}10)$$

二、大样本总体均值的区间估计

第四章第四节在介绍中心极限定理时指出,当 $\xi_1, \xi_2, \cdots, \xi_n$ 为独立同分布的随机变量,不管其分布如何,只要 ξ_i 的均值 μ 和 $\sigma^2 (i = 1, 2, \cdots)$ 存在,n 足够大,则 n 个随机变量 ξ_i 之和 $\xi = \xi_1 + \xi_2 + \cdots + \xi_n$ 的分布,将趋近于均值为 $n\mu$,方差为 $n\sigma^2$ 的正态分布 $\xi \sim N(n\mu, n\sigma^2)$(公式4-5),而 n 个随机变量 ξ_i 之均值

$$\bar{\xi} = (\xi_1 + \xi_2 + \cdots + \xi_n)/n$$

将趋向于均值为 μ,方差为 σ^2/n 的正态分布,或标准化为 $\dfrac{\bar{\xi} - \mu}{\dfrac{\sigma}{\sqrt{n}}}$ 的标准正态分布:

$$\frac{\bar{\xi} - \mu}{\frac{\sigma}{\sqrt{n}}} \sim N(0, 1)$$

对于简单随机抽样,由于每次抽取个案的概率相同,所以样本的均值 $\bar{X}$ 就可看作 $\bar{\xi}$,样本的标准差 S 就可看作 σ,于是对大样本($n \geq 50$),样本均值有:

$$Z = \frac{\bar{X} - \mu}{\frac{S}{\sqrt{n}}} \sim N(0, 1) \quad (6\text{-}11)$$

对应于置信度为 $1 - \alpha$,标准正态分布的置信区间(双侧)有(图 6-2)

(式6-12,式6-13):

$$P(|Z| < Z_{\alpha/2}) = 1 - \alpha \qquad (6\text{-}12)$$

或:

$$P(-Z_{\alpha/2} < Z < Z_{\alpha/2}) = 1 - \alpha \qquad (6\text{-}13)$$

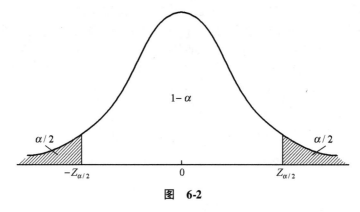

图 6-2

将式(6-11) Z 值代入式(6-13)有:

$$P\left[-Z_{\alpha/2} < \frac{\overline{X} - \mu}{\frac{\sigma}{\sqrt{n}}} < Z_{\alpha/2}\right] = 1 - \alpha \qquad (6\text{-}14)$$

经整理有:

$$P\left(\overline{X} - Z_{\alpha/2}\frac{\sigma}{\sqrt{n}} < \mu < \overline{X} + Z_{\alpha/2}\frac{\sigma}{\sqrt{n}}\right) = 1 - \alpha \qquad (6\text{-}15)$$

对比式(6-9)和式(6-15),式(6-9)中的总体参数 Q 具体化为式(6-15)的总体均值 μ,参数 Q 的点估计值 $\hat{Q}$ 具体化为样本均值 $\overline{X}$,置信区间为(6-16):

$$\left[\overline{X} - Z_{\alpha/2}\frac{\sigma}{\sqrt{n}}, \overline{X} + Z_{\alpha/2}\frac{\sigma}{\sqrt{n}}\right]$$

$$\sigma \approx s \qquad (6\text{-}16)$$

置信区间的半宽度 W 为(6-17):

$$W = (1/2)\left(2Z_{\alpha/2}\frac{S}{\sqrt{n}}\right) = Z_{\alpha/2}\frac{\sigma}{\sqrt{n}} \qquad (6\text{-}17)$$

通过置信区间的半宽度 W,置信区间可写作:

$$[\overline{X} - W, \overline{X} + W] \qquad (6\text{-}18)$$

为了求得置信区间(6-18),必须知道:

(1) $\overline{X}$ 值的大小。$\overline{X}$ 是通过样本值求得的。

$$\overline{X} = \frac{1}{n}\sum_{i=1}^{n} X_1$$

第六章 参数估计

（2）W 值的大小。W 是由三部分组成的：$Z_{\alpha/2}$；S；n。

$$W = Z_{\alpha/2} \frac{S}{\sqrt{n}}$$

下面分别讨论这 3 个值：

（1）S 是样本的标准差，是可以通过样本值计算出来的。

$$S = \sqrt{\frac{1}{n-1} \sum_{i=1}^{n} (X_i - \overline{X})^2}$$

（2）n 是样本容量。如果调查的人数是 100 名，则 $n = 100$；如果调查的人数是 1000 名，则 $n = 1000$。

（3）$Z_{\alpha/2}$ 是反映置信度与区间估计宽度 W 有关的量。它是由正态分布数值表查出来的（见附表 2），现摘抄为表 6-4。正态分布表具有如下的形式：

第一行标题为：

$$Z, \phi(Z), Z, \phi(Z), Z, \phi(Z), Z, \phi(Z)$$

它表示第一列，第三列，第五列和第七列是 Z 从 0.00—4.00 的取值。而第二列，第四列，第六列和第八列是相应 $\phi(Z)$ 的取值。

为了要求出 $Z_{\alpha/2}$，首先要根据需要，提出一个区间估计的置信度，或者说，要求估计可靠的把握有多大。例如，我们希望有 95% 的可靠性来预言待估参数的某一个区间。这时置信度取：

表 6-4　正态分布数值表（摘自附表 2）

Z	$\phi(Z)$	Z	$\phi(Z)$	Z	$\phi(Z)$	Z	$\phi(Z)$
0.00	0.50000	0.80	0.7881	1.60	0.9452	2.35	0.9906
0.05	0.5199	0.85	0.8023	1.65	0.9505	2.40	0.9918
⋮	⋮	⋮	⋮	⋮	⋮	⋮	⋮
⋮	⋮	⋮	⋮	⋮	⋮	⋮	⋮
0.25	0.5987	1.05	0.8531	1.85	0.9678	2.58	0.9951
⋮	⋮	⋮	⋮	⋮	⋮	⋮	⋮
⋮	⋮	⋮	⋮	⋮	⋮	⋮	⋮
0.40	0.6554	1.20	0.8849	1.96	0.9750	2.70	0.9965
⋮	⋮	⋮	⋮	⋮	⋮	⋮	⋮
⋮	⋮	⋮	⋮	⋮	⋮	⋮	⋮
0.70	0.7580	1.50	0.9332	2.25	0.9878	3.00	0.9987
0.75	0.7734	1.55	0.9394	2.30	0.9893	4.00	1.0000

$$P = 0.95$$

显然,如果估计的置信度为 $P=0.95$ 那么,估错的可能性 α 则为

$$\alpha = 1 - P = 0.05$$

有了 α 值后,下一步是根据 α 值求出表中的 $\phi(Z)$ 值,因为 $\phi(Z)$ 是双侧估错可能性的总和,对应正负方向各占 $\alpha/2$(图6-2)。因此根据表6-4,应查找 $1-\alpha/2$ 对应的 Z 值,即 $Z_{\alpha/2}$ 的地方:

$$\phi(Z_{\alpha/2}) = 1 - \alpha/2$$

当置信度 $P=0.95$ 时

$$\phi(Z_{\alpha/2}) = 1 - \frac{0.05}{2} = 0.975$$

表6-4第六列找到了0.975在同一行的第五列,找到了对应的 $Z_{\alpha/2}=1.96$。

下面再总结一下,查 $Z_{\alpha/2}$ 的步骤(表6-5):

表 6-5

---

1. 根据需要,提出区间估计的置信度 P(或称可信度)。
2. 利用公式

$$\alpha = 1 - P$$

求出 α 值
3. 根据 α 值,利用公式

$$\phi(Z) = 1 - \frac{\alpha}{2}$$

求出 $\phi(Z)$ 值
4. 根据正态分布数值表,从 $\phi(Z)$ 找出对应的 Z 值。

$$x = Z_{\alpha/2}$$

[例]7. 如果区间估计的置信度 P 取0.90,求 $Z_{\alpha/2}$ 值。

[解] 根据公式6-13:

$$\alpha = 1 - P = 1 - 0.90 = 0.10$$

根据第四章第三节,附表2中 $\phi(Z)$ 的定义有:

$$\phi(Z_{\alpha/2}) = 1 - \alpha/2 = 0.95$$

查正态分布数值表附表2有:

$$Z_{\alpha/2} = 1.65$$

[例]8. 如果区间估计的置信度 P 取0.99,求 $Z_{\alpha/2}$ 值。

[解] 根据公式:

$$\alpha = 1 - P = 1 - 0.99 = 0.01$$

$$\phi(Z_{\alpha/2}) = 1 - \alpha/2 = 0.995$$

第六章 参数估计

查正态分布数值表附表 2 有：

$$Z_{\alpha/2} = 2.58$$

总结以上三种不同的置信度 P 所对应不同的 $Z_{\alpha/2}$ 值，可以看出随着 P 值的增加，$Z_{\alpha/2}$ 值也逐渐增加（表 6-6）。

表 6-6

$P(=1-\alpha)$	$Z_{\alpha/2}$
0.90	1.65
0.95	1.96
0.99	2.58

[例]9. 为了解某社区平均教育程度，作 50 人的随机抽样调查。调查结果有：

平均受教育年限 $\overline{X}$ 为：$\overline{X} = 11.5$ 年

样本标准差 S 为：$S = 3.6$ 年

求置信度为 90% 的社区平均受教育年限的区间估计。

[解] 已知：$n = 50$　$\overline{X} = 11.5$（年）　$S = 3.6$（年）

置信度 $P = 0.90$，查附表 2 有 $Z_{\alpha/2} = 1.65$，根据区间估计公式（6-16）：

$$\overline{X} \pm Z_{\alpha/2} \frac{S}{\sqrt{n}}$$

$$\left[11.5 - 1.65 \times \frac{3.6}{\sqrt{50}},\ 11.5 + 1.65 \times \frac{3.6}{\sqrt{50}}\right]$$

$$= [11.5 - 0.84,\ 11.5 + 0.84] = [10.66,\ 12.34]$$

[例]10. 接上题，如果 $n, \overline{X}, S$ 不变，但置信度 P 为 95%，试比较区间估计的改变。

[解] 根据置信度 $P = 0.95$，可知 $Z_{\alpha/2} = 1.96$，代入区间估计公式（6-16）有：

$$\left[\overline{X} - Z_{\alpha/2} \frac{S}{\sqrt{n}},\ \overline{X} + Z_{\alpha/2} \frac{S}{\sqrt{n}}\right]$$

有：

$$\left[11.5 - 1.96 \times \frac{3.6}{\sqrt{50}},\ 11.5 + 1.96 \times \frac{3.6}{\sqrt{50}}\right]$$

$$= [11.5 - 1.0,\ 11.5 + 1.0] = [10.5,\ 12.5]$$

比较[例]9和[例]10可知,当 n, X, S 不变情况下,置信度增大,区间估计的宽度增大:

当 $P = 0.90$ 时,区间估计宽度为:$12.34 - 10.66 = 1.68$

当 $P = 0.95$ 时,区间估计宽度为:$12.5 - 10.5 = 2$

[例]11. 接上题,如果 $\overline{X}, S$, 和置信度 $P = 0.95$ 都不变,但样容量 n 取 64 名,试比较区间估计的改变。

[解] 根据题意:

$$\overline{X} = 11.5(年) \quad S = 3.6(年) \quad P = 0.95$$

对应有 $\quad Z_{\alpha/2} = 1.96 \quad n = 64$

代入区间估计公式(6-16):

$$\left[\overline{X} - Z_{\alpha/2}\frac{S}{\sqrt{n}}, \quad \overline{X} + Z_{\alpha/2}\frac{S}{\sqrt{n}}\right]$$

$$= \left[11.5 - 1.96 \times \frac{3.6}{\sqrt{64}}, \quad 11.5 + 1.96 \times \frac{3.6}{\sqrt{64}}\right]$$

$$= [11.5 - 0.88, \quad 11.5 + 0.88] = [10.62, 12.38]$$

比较[例]11和[例]10可知,当 $\overline{X}, S, P$ 不变情况下,样本容量 n 增大,区间估计宽度减小:

当 $n = 50$ 时,区间估计宽度为:$12.5 - 10.5 = 2$

当 $n = 64$ 时,区间估计宽度为:$12.38 - 10.62 = 1.76$

[例]12. 接上题,如果 $\overline{X}, P, n$ 不变,但 S 增大为 $S = 5(年)$,试比较区间估计的改变。

[解] 根据题意:$\overline{X} = 11.5(年) \quad P = 0.95$

对应 $\quad Z_{\alpha/2} = 1.96 \quad n = 64, \quad S = 5(年)$

代入区间估计公式:

$$\left[\overline{X} - Z_{\alpha/2}\frac{S}{\sqrt{n}}, \overline{X} + Z_{\alpha/2}\frac{S}{\sqrt{n}}\right]$$

$$= \left[11.5 - 1.96\frac{5}{\sqrt{64}}, \quad 11.5 + 1.96\frac{5}{\sqrt{64}}\right]$$

$$= [11.5 - 1.225, \quad 11.5 + 1.225] = [10.275, \quad 12.725]$$

比较[例]12和[例]11可知:当 $\overline{X}, P$ 和 n 不变情况下,如果原总体分布的分散性增大,即 S 增大,则估计的区间也增大:

当 $S = 3.6$ 时:区间估计宽度为:$12.38 - 10.62 = 1.76$

当 $S = 5.0$ 时:区间估计宽度为:$12.725 - 10.275 = 2.45$

根据[例]7—[例]12,对于区间估计可作如下的总结(表6-7):

表 6-7

在大样本($n \geq 50$)的情况下,总体均值的区间估计公式为:
$$\left[\overline{X} - Z_{\alpha/2} \frac{S}{\sqrt{n}}, \quad \overline{X} + Z_{\alpha/2} \frac{S}{\sqrt{n}} \right]$$

区间半宽度 W 为:
$$W = Z_{\alpha/2} \frac{S}{\sqrt{n}}$$

1. 区间宽度 W 随着置信度 P 的增大而增大,这是因为置信度 P 增大,$Z_{\alpha/2}$ 值随之增大的缘故。而区间宽度的增大,意味着估计精度的下降,因此,置信度过大,将逐渐失去其区间估计的意义。置信度一般取 0.90;0.95;或 0.99。

2. 如果原总体数据分散,S 大,则在同样 n 与 P 的情况下,估计区间的宽度将比原总体分散度小的区间估计值要大。

3. 当 $Z_{\alpha/2}$ 和 S 不变的情况下,增加样本变量,可以减少区间的宽度,提高估计精度。因此,如果原总体数据分散,但同时还要求较高的置信度和较高的估计精度,即较小的估计区间,解决的办法,则是增加样本容量 n。这就是一般在进行社会调查时,调查人数都在数百名以上的缘故。但是,调查人数也并不是愈多愈好,因为 n 的增加,意味着调查人力、物力和时间的增加,因此应该根据调查的需要,合理选择样本的容量。

三、大样本总体成数的区间估计

除了对总体的均值估计外,有时收集的数据,没有数量大小的特征,只有类别之分,也就是前面所谈的定类型数据。这在社会调查中是十分常见的。比如,问卷中常有的问题:性别、民族、职业或是要了解对某种政策的看法、是否同意等等。通过这类数据,我们所能算出来的是某一类现象或某一类人在总数中所占的比例,所以又称成数。又如,我们需要调查某地区老年人在总人口中所占的比例,从而定出该地区是否属于老年型的人口结构;同样,我们需要比较弱智儿童的比例,以便研究优生问题;广播电台需要调查各类节目收看的比例,以便更好地安排节目等等。可见,在社会现象的研究中,总体成数的研究是十分常见和基本的。对于总体成数的研究,正如总体均值的研究一样,同样存在着如何通过局部的抽样成数来推论总体成数的问题。而抽样成数与总体成数不能简单地认为是相等的,这与总体均值与抽样均值不能简单地认为相等的,理由是一样的。简单说,因为它们的取值或观测结果都不是唯一的。实际上,在本章第一节"统计推论"概念中所举男性、女性工人抽样的例子,就是最好的说明了。

总体成数的问题,在数学上,可以简化为二项问题。即问题的回答分为 A

及非 A 两类。例如性别只有男、女之分，如果把男称作 A，则女就属于非 A。如果分类不止两类，例如民族，有：汉、回、蒙、侗等等，这时也可以简化为二项问题。例如，假设我们要研究回族在全市人口中所占的比例，那么，我们把 A 表示回族，而把所有不是回族的人合并起来，统称非 A。

在数理统计中，有一条重要的定理，即中心极限定理。它告诉我们，只要样本容量 n 足够大，其样本均值的分布总是趋近正态分布。至于样本中每一个观测值原有分布如何，则是无关紧要的。对于总体成数来说，由于原变量属二项分布，所以，我们只有在 n 比较大时，才能使用下面给出的公式。即上面提到的是大样本情况的讨论（n 至少大于 50）。

对于大样本情况，总体成数的区间估计公式为：

$$\hat{p} \pm Z_{\alpha/2} \sqrt{\frac{\hat{p}\hat{q}}{n}} \qquad (6\text{-}19)$$

或写作：

$$\left[\hat{p} - Z_{\alpha/2} \sqrt{\frac{\hat{p}\hat{q}}{n}}, \quad \hat{p} + Z_{\alpha/2} \sqrt{\frac{\hat{p}\hat{q}}{n}}\right] \qquad (6\text{-}20)$$

其中 $\hat{p}$ 为样本成数，$\hat{q} = (1 - \hat{p})$。

一般来说，式（6-19）或式（6-20）可以作为大样本情况下，总体成数的区间估计公式，但若总体成数 p 及 $(1-p)$ 过小，还须满足 $np \geq 5$ 及 $n(1-p) \geq 5$，当 p 未知情况下，用 p 的点估计值 $\hat{p}$ 代替 $p \approx \hat{p}$。

现在将总体成数估计公式（6-20）：

$$\left[\hat{p} - Z_{\alpha/2} \sqrt{\frac{\hat{p}\hat{q}}{n}}, \quad \hat{p} + Z_{\alpha/2} \sqrt{\frac{\hat{p}\hat{q}}{n}}\right]$$

和总体均值估计公式（6-16）：

$$\left[\overline{X} - Z_{\alpha/2} \frac{\sigma}{\sqrt{n}}, \quad \overline{X} + Z_{\alpha/2} \frac{\sigma}{\sqrt{n}}\right]$$

进行比较，发现两者极为相似。实际上，我们把成数看成一种特殊的均值，将有以下的对应（图 6-3）：

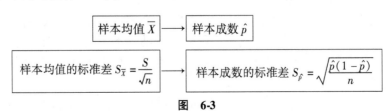

图 6-3

对于大样本总体均值区间估计公式的讨论,对总体成数也完全适用。因此,我们可以简单地列举如下(表6-7):

表 6-7

在大样本($n \geq 50$)($np \geq 5, n(1-p) \geq 5$)的情况下,总体成数的区间估计公式为:
$$\left[\hat{p} - Z_{\alpha/2}\sqrt{\frac{\hat{p}\hat{q}}{n}}, \quad \hat{p} + Z_{\alpha/2}\sqrt{\frac{\hat{p}\hat{q}}{n}}\right]$$

区间半宽度 W 为:
$$Z_{\alpha/2}\sqrt{\frac{\hat{p}\hat{q}}{n}}$$

$\hat{p}$ 为样本成数,
$$\hat{q} = 1 - \hat{p}$$

1. 区间宽度 W 随着置信度 P 的增大而增大,它表现在随着 P 的增大,$Z_{\alpha/2}$ 值亦随之增大。
2. 区间宽度与 $\hat{p}(1-\hat{p})$ 有关。当 $\hat{p}$ 为 0.5 时,$\hat{p}(1-\hat{p})$ 达最大值。
3. 当 $Z_{\alpha/2}$ 和 $\hat{p}(1-\hat{p})$ 一定的情况下,增加 n 可以提高估计的精确程度。

[例]13. 设某城市为了了解家庭电脑的拥有程度,进行了 100 户的随机抽查,其中 60 户有电脑,求该市家庭总数中拥有电脑成数的点估计与区间估计(置信度取 0.95)。

[解] (1)点估计:

根据 100 户的抽样调查,拥有电脑样本成数 $\hat{p}$ 为:
$$\hat{p} = \frac{60}{100} = 0.6$$

我们把样本成数 0.6 作为全市拥有电脑成数的估计值。

(2) 区间估计:

如果我们不满足于点估计,希望对估计值有更精确的估计范围,则可采用区间估计。根据题意:
$$n = 100 \quad m = 60 \quad 1 - \alpha = 0.95(\alpha = 0.05)$$

所以有:

$$\hat{p} = \frac{60}{100} = 0.6 \quad \hat{q} = 1 - \hat{p} = 0.4 \quad \hat{p}\hat{q} = 0.6 \times 0.4 = 0.24 \quad Z_{0.05/2} = 1.96$$

故 p 的置信度为 0.95 的置信度区间为

$$0.6 \pm 1.96\sqrt{\frac{0.6 \times 0.4}{100}} = 0.6 \pm 0.096$$

亦可写作：
$$[0.504,\ 0.696]$$

四、小样本总体均值估计简述（正态总体均值的区间估计）

在小样本情况下，为了通过样本对总体的均值做出区间估计，一般来说，必须知道总体的分布，因为在变量值相同的区间内，不同分布所具有的概率是不同的，下面介绍总体满足正态分布，但其方差 σ^2 未知情况下，总体均值的区间估计。

类比以标准正态分布公式：

$$Z = \frac{\overline{X} - \mu}{\frac{\sigma}{\sqrt{n}}} \sim N(0,1)$$

当总体满足正态分布，但方差 σ^2 未知，用样本方差 S^2 来代替 σ^2 时，下式不再满足 Z 分布，但能满足 T 分布：

$$T = \frac{\overline{X} - \mu}{\frac{S}{\sqrt{n}}} \sim t(n-1)$$

t 分布与 z 分布相比，它也是中间大、两头小、左右对称，但比 z 分布下降得平缓些，而最主要的差别是，t 分布不是一条而是一簇曲线，至于具体问题属于哪条曲线，取决于其中的参数，又称自由度 k 图(6-3)：

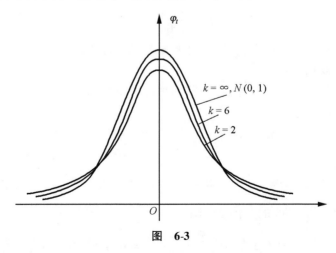

图 6-3

第六章 参数估计

μ 的置信区间将由式(6-16)中的 $Z_{\alpha/2}$ 置换为 $t_{\alpha/2}$：

$$\left[\overline{X} - t_{\alpha/2}\frac{S}{\sqrt{n}}, \overline{X} + t_{\alpha/2}\frac{S}{\sqrt{n}}\right] \tag{6-21}$$

[**例**]14. 设某社区受教育程度服从正态分布 $N(\mu, \sigma^2)$，σ^2 未知。根据25人的随机抽样调查，平均受教育年限 X 和 S 为：$\overline{X} = 11.5$(年)，$S = 3.6$(年)。求 μ 的双侧置信区间 $(1-\alpha = 0.99)$。

[**解**] $1-\alpha = 0.99$，$k = 25 - 1 = 24$ 查 t 分布表(附表3)，根据附表3右上角给出的图形，表中给出的 t 值是单侧的概率值，而我们所求的是双侧的置信区间，由于 t 分布是对称的，所以相当于单侧的 $\alpha = 0.01/2 = 0.005$，在 $\alpha = 0.005$ 情况下，查找 $k = n - 1 = 24$，得：

$$t_{\alpha/2} = 2.7969 \approx 2.80$$

代入置信区间公式(6-21)，有

$$\left[\overline{X} - 2.80\frac{S}{\sqrt{n}}, \quad \overline{X} + 2.80\frac{S}{\sqrt{n}}\right]$$

$$= \left[11.5 - 2.80\frac{3.6}{\sqrt{25}}, \quad 11.5 + 2.80\frac{3.6}{\sqrt{25}}\right]$$

$$= [9.48, \quad 13.52]$$

即置信度为 0.99 时的置信区间为 [9.48, 13.52]。

五、小结

本章开始，介绍了统计资料处理中与前几章完全不同的概念：从局部资料结果推论全体的问题。首先由于我们研究现象的复杂性和随机性，使得现象的结果不唯一，因此，我们所谈的变量都是随机变量。对于随机变量存在着抽样结果与总体参数不能全然相等的问题，由此产生了一系列统计推论的问题。统计推论大致可分两类：参数估计与假设检验。本章主要介绍参数估计。

参数估计分点估计与区间估计。由于真正待估的总体参数我们并不知道，因此，我们无法知道点估计的精度。对点估计来说，样本容量 n 愈大，点估计接近待估总体参数的可能性愈大。对于区间估计，我们将估计的宽度与正确估计可能性的大小联系起来了，即估计的区间与置信度联系起来了。估计公式表明，估计区间愈宽，估计精度愈低，但置信度愈高。因此，在实际工作中，要合理地选择精度与置信度，并非精度愈高愈好。例如，如果需要估计全市的平均家庭人口，如果精确到小数点后面若干位，那实在是没有必要的。同时精度的提高，意味着需要增加样本容量，而样本容量 n 的增加，则意味着调查的人力、物力和时间都将增加。因此,必须合理地提出置信度要求和精度要求。

对于参数估计问题,哪些是属于总体均值的估计问题,哪些是总体成数的估计问题,首先必须看研究资料的性质,如果资料的收集是属于:

"是"或"不是"
"同意"或"不同意"
⋮   ⋮

这时,很可能是属于总体成数的估计问题。如果资料的收集是:多少岁;多少年;多少收入;等等,则很可能是属于总体均值的估计问题。

区间估计的内容和公式很多,这里介绍了大样本的区间估计公式,以及正态总体下的小样本均值估计。对于大样本的情况,由于它与所研究总体的原分布情况是无关的,因此置信度所对应的 $Z_{\alpha/2}$,只要根据正态分布数值表就可查到了。

本章要点辅导

1. 统计推论有哪些内容?

[解] 统计推论,简单说来就是根据样本对总体的性质进行推断。它大致包括以下两部分内容:第一部分是通过抽样对总体的参数进行估计,又称参数估计问题;第二部分是通过抽样对总体的假设进行检验,又称假设检验问题。

2. 什么是总体参数?

[解] 总体参数是根据总体计算出来的特征值。如总体均值、总体成数和总体方差、标准差等等。根据总体计算出来的各种参数是唯一不变的。总体参数一般用希腊字母表示,以便和样本计算的结果相区别。如用:

μ 表示总体均值

σ 表示总体标准差

σ^2 表示总体方差

3. 样本均值与总体均值有什么不同?

[解] 样本均值是根据样本计算得出的。由于样本只是总体的一部分,而一个总体可以进行无数次抽样,因此每一次样本计算的均值都可能不一样的。它是随着样本变化而变化的。样本均值用拉丁字母 X 上加一横线表示 $\overline{X}$。如果样本容量为 n,那么样本均值就是这 n 个 X 观测值的平均值:

$$\overline{X} = \frac{X_1 + X_2 \cdots X_n}{n} = \frac{\sum_{i=1}^{n} X_i}{n}$$

第六章 参数估计

而总体均值 μ 是根据总体全部单位 N 求平均而得的：

$$\mu = \frac{X_1 + X_2 + \cdots X_N}{N} = \frac{\sum_{j=1}^{N} X_i}{N}$$

因此它是唯一不变的。这点是和样本均值 $\overline{X}$ 有所不同的。

4. 样本方差和总体方差有什么不同？

[**解**] 样本方差是根据样本计算得出来的。同样的，同一个总体可以进行无数次抽样，而每一次抽样又只是总体的一部分，因此，样本计算的方差值是可能不一样的，它是随着样本的变化而变化的。

样本方差用 S^2 表示，样本方差 S^2 的计算公式为：

$$S^2 = \frac{(X_1 - \overline{X})^2 + (X_2 - \overline{X})^2 + \cdots (X_n - \overline{X})^2}{n-1} = \frac{\sum_{i=1}^{n}(X_i - \overline{X})^2}{n-1}$$

而总体方差 σ^2，则是根据总体全部单位 N 求得的：

$$\sigma^2 = \frac{(X_i - \mu) + (X_2 - \mu)^2 + \cdots (X_N - \mu)^2}{N} = \frac{\sum_{i=1}^{N}(X_1 - \mu)^2}{N}$$

比较 S^2 和 σ^2，可以发现：

（1）σ^2 是唯一的，而 S^2 是随着样本变化的。

（2）σ^2 公式中的分母是 N，而 S^2 公式中的分母是 $n-1$，当 $n \gg 1$，S^2 的公式也可近似地写作：

$$S^2 \approx \frac{\sum_{j=1}^{n}(X_i - \overline{X})^2}{n}$$

（3）总体方差是 X_i 对 μ 的平均差值，而样本方差是入样的 X_i 对样本均值 $\overline{X}$ 的平均差值。

5. 为什么方差公式中先要把差值 $(X_i - \mu)^2$，再求平均？

[**解**] 为了说明这个问题，先举一个例子：设总体有 5 个数：

$$10;20;30;40;50$$

$$\text{总体平均值} \mu = \frac{10+20+30+40+50}{5} = 30$$

X_i 与 μ 的差值为：

$$10 - 30 = -20$$
$$20 - 30 = -10$$
$$30 - 30 = 0$$
$$40 - 30 = 10$$
$$50 - 30 = 20$$

如果求其平均差值，需把以上5个差值加总起来由于正负值的相抵消结果为0：
$$-20+(-10)+0+10+20=0$$
因此，只有先把差值平方，然后再求平均其值才不为0
$$\frac{(-20)^2+(-10)^2+0^2+(10)^2+(20)^2}{5}=200$$
这就是为什么方差公式中必须先平方再求平均的缘故。

6. 如果样本是从北京市抽取的，那么，结论能否推论到全国？

[解] 不能。因为样本只是从北京市抽取的，因此只能推及北京，而不能推及全国。

7. 参数估计的任务是什么？

[解] 参数估计的任务是根据样本对总体的参数作出估计。具体地说，有以下内容：根据样本的均值，对总体的均值作出估计；根据样本的成数，对总体的成数作出估计等。而估计的方式又可分为点估计法和区间估计法。点估计法是根据样本的观测值，合理地、科学地估计总体参数应该是什么。而区间估计则是根据样本的观测值，合理地、科学地估计总体参数应该在什么范围。

8. 试述总体均值和总体成数的点估计法。

[解] 总体均值的点估计法，就是用样本均值 $\bar{X}$：
$$\bar{X}=\frac{\sum_{j=1}^{n}X_i}{n}$$
作为总体均值 μ 的估计值。

总体成数的点估计法，就是用样本成数 P：
$$\hat{P}=\frac{m}{n}$$
作为总体成数 P 的估计值。其中 n 为样本容量，m 为抽样中具有所研究属性的个数。无论是均值的点估计，还是成数的点估计，都要求抽样是随机的，否则，如果从总体中专挑最大或最小的数来计算，那么点估计的值就会有很大的偏差。

9. 在进行总体均值或成数的点估计法时，为什么说样本容量大要好？

[解] 这个问题可以通过具体例子来理解。比如说，如果样本中的调查数目只有5个，那么，有可能出现这样的样本，它抽到的数全部都是偏大的或偏小的，因而估计会产生较大的误差。但如果样本中的调查数目不是5个，而是50个，那么这50个数字，抽到的全是偏大或全是偏小的数，其可能性就小得多了，很可能是样本中既有偏大的数也有偏小的数，因此样本的代表性就比样本容量小的要好，也就是说样本容量大的样本，其均值或成数，更有可能接近真实的总体均值或成数。

10. 参数估计与变量的层次有何关系？

[解] 参数估计应根据不同的变量层次选择估计的内容和公式。举例说，如果变量是定类型的，那么只能进行属于某一类别的研究，因此参数估计应选择有关成数估计的公式；反之，如果变量是定距型的，那么就可进行数值大小的研究，例如均值、方差等。这时参数估

第六章 参数估计

计应选择有关均值、方差等估计公式。

11. 什么是置信区间？

[解] 由于点估计只是通过样本计算出来的一个数,对总体相应的参数作出估计的,因此它与总体参数间存在着偏差。同时由于总体参数又是未知的,因此使用点估计时,我们并不知道估计的精度如何。为了知道估计的精度,我们用一个范围或称区间来对参数进行估计,这个范围应保证很大的可能包含待估的参数,这个范围就是置信区间。它与一般所说的估计某数在一定范围的之不同之处,在于在指出范围的同时,还要指出这种估计的可能性是多少。

12. 什么是置信度？

[解] 置信区间包含所估计参数的概率或可能性大小,称作置信度。常用的置信度有 0.90,0.95,0.99 等。置信区间和置信度是相互联系的。对同一个样本,如果置信区间取得宽些,也就是估计得宽一些,则置信度会高些,但精度要下降。反之,置信区间取得窄一些,即精度高一些,则置信度要低一些。因此两者不能兼顾。

13. 对于同一个调查,是否存在不同的区间估计？

[解] 存在的。当取不同的置信度时,同一调查结果,其区间估计的宽度就会有所不同。比如本章第三节的[例]9 和[例]10,其中 n、$\bar{X}$ 和 S 都一样,但取不同的置信度就有不同的置信区间：

置信度	置信区间	区间宽度
0.9	[10.66,12.34]	12.34 − 10.66 = 1.68
0.95	[10.5,12.5]	12.5 − 10.5 = 2

可见,当我们了解了调查的置信区间时,还必须同时注意它所给出的置信度。否则,就会在表面上看起来有不同的置信区间或不同的精度,而实际可能只是取不同的置信度而已。

14. 参数估计与上章样本容量的确定,是否存在着联系？

[解] 是存在联系的。两者使用的都是相同的公式,只是已知的条件和要求解的量相互不同而已。实际上,当置信度和方差都是一定的情况下,如果样本容量 n 已知,就可计算出调查的参数区间估计。反之,如果对估计的区间宽度或称允许误差范围提出要求,则可求出调查所需要的样本容量。本章 $Z_{\alpha/2}$ 和上章中的 t 值具有相同的计算方法,因此当置信度取相同的数值时 $Z_{\alpha/2}$ 与 t 值就会相同。

15. 有人作抽样调查时,为了检验抽样是否正确,又重复作了一次抽样,结果虽然两次采用同样的随机抽样方法,样本容量相同,但两次点估计值不相同,是否是抽样有误？

[解] 不是,因为样本只是总体中的一部分,两个样本很难包含完全相同的个体,而点估计值是通过样本获得的,因此两次估计值不相同是完全正常的。

16. 如果对总体作多次相同的抽样,所得点估计值都不相同,那么,点估计值还有意义吗？

[解] 如果一次抽取的个数很少,确实可能样本的均值或成数距离待估的真值很远,但大数定理告诉我们的,当抽取个数增多时,样本的均值会越来越接近真值,这也是抽取个数

不能过少的缘故。但即便是抽取的个数很少,由此得出的样本均值,也总是在真值的两边摆动,不可能全是比真值大,或全都是比真值小,因此,在相同条件下,如果做了若干次抽样,那么,把这若干次抽样的样本均值加总起来,再求此样本均值的均值,这种均值的均值,比用一次样本算出的样本均值去估计更要接近真值,统计上称这是无偏的估计①。

17. 对于区间估计,是否也存在同一总体,多次相同的抽样、取相同的置信度,但各次抽样的区间估计并不相同?

[解] 存在。因为区间估计是在点估计 $\hat{Q}$ 的基础上,增加了区间宽度 W,点估计是样本的函数,而区间宽度除了和置信度 P 有关外,也是样本的函数,所以样本不同,区间估计是不同的。

18. 接上题,如果这样,区间估计为什么比点估计更可靠?

[解] 因为区间估计除了给出范围外,还给出估计范围的置信度,即把握的程度,这是点估计没有的。

19. 如何理解置信度 90%、95%、99%?

[解] 上面谈到,如果做多次抽样,就可以得到多个估计区间,不妨设想,以下是 100 次抽样所得的 100 个区间估计:

第一次抽样　　第一次区间估计 $[Q_{11}, Q_{21}]$

第二次抽样　　第二次区间估计 $[Q_{12}, Q_{22}]$

$\vdots$

第 100 次抽样　第 100 次区间估计 $[Q_{1\,100}, Q_{2\,100}]$

我们都知道,总体待估的真值只有一个,所以根据 100 个样本,算出的 100 个区间估计,有的估对了,真值确实被包含在所给的区间,或者说,区间套住了真值,但有的区间却未套住真值,也就是估错了,所谓置信度为 90%,就是说,平均而言,每 100 个样本,其中有 90 个样本算出的区间估计,包含了待估的真值,或者说,有 10 次是估错了。置信度 $P = 0.95$,就是平均而言,每 100 个样本,有 95 次估对了,5 次估错了,余则类推②。

本章解题辅导

1. 根据某大学 100 名学生的抽样调查,每月平均用于购买书籍的费用为 45 元,标准差为 50 元,求大学生每月用于购买书籍费用的区间估计(置信度为 95%)?

[解] 本题 $n = 100$,属大样本,对原分布不作要求,同时费用是有数量大小的变量,所以应选用大样本总体均值的参数估计公式(6-16),当 $S = 50$,置信度为 95%,对应 $Z_{\alpha/2} = 1.96$,

---

① 参见卢淑华编著:《社会统计学(第四版)》,北京大学出版社 2009 年版,第六章。

② 同上。

第六章 参数估计

代入式(6-16)有：

$$\left[\bar{X} - 1.96 \frac{S}{\sqrt{n}}, \quad \bar{X} + 1.96 \frac{S}{\sqrt{n}}\right] = \left[45 - 1.96 \frac{50}{\sqrt{100}}, \quad 45 + 1.96 \frac{50}{\sqrt{100}}\right] = [35.2, \quad 54.8]$$

2. 某企业根据 200 名青年职工的抽样调查，其中 60% 参加各种形式的业余学习。求青年职工参加业余学习比例的区间估计(置信度为 90%)？

[解] 本题 $n = 200$，属大样本，对原分布不作要求，同时调查的职工有几成参加业余学习，属定类型变量，所以应选用大样本总体成数的区间估计公式(6-20)，当 $\hat{p} = 0.6$，置信度为 90%，对应 $Z_{\alpha/2} = 1.65$，代入式(6-20)有：

$$\left[\hat{p} - 1.65 \sqrt{\frac{p(1-p)}{n}}, \quad \hat{p} + 1.65 \sqrt{\frac{p(1-p)}{n}}\right]$$

$$= \left[0.6 - 1.65 \sqrt{\frac{0.6 \times 0.4}{200}}, \quad 0.6 + 1.65 \sqrt{\frac{0.6 \times 0.4}{200}}\right]$$

$$= [0.54, \quad 0.66]$$

3. 根据居民区 100 户闲暇时间的抽样调查，居民用于看电视时间占总闲暇时间的比例，平均为 75%，比例的标准差为 20%。求看电视时间占居民总闲暇时间比例的区间估计(置信度为 95%)？

[解] 本题虽然调查结果是百分比，但不同于上题，上题是整个样本(或总体)构成一个比例，每个调查对象的回答，都是"是"或"不是"的定类变量，本题是每个调查对象(户)都给出一个有数量大小的比例，所以要用大样本总体均值的区间估计公式(6-16)，这里的均值表示平均成数。根据题意有 $n = 100, \bar{X} = 0.75, S = 0.2$，置信度为 95%，对应 $Z_{\alpha/2} = 1.96$，代入式(6-16)有：

$$\left[\bar{X} - 1.96 \frac{S}{\sqrt{n}}, \quad \bar{X} + 1.96 \frac{S}{\sqrt{n}}\right]$$

$$= \left[0.75 - 1.96 \frac{0.2}{\sqrt{100}}, \quad 0.75 + 1.96 \frac{0.2}{\sqrt{100}}\right]$$

$$= [0.71, \quad 0.79]$$

4. 接上题，如果置信度改为 99%，求区间估计值？并与上题结果比较之。

[解] 当置信度为 99%，对应 $Z_{\alpha/2} = 2.58$，代入式(6-6)：

$$\left[\bar{X} - 2.58 \frac{S}{\sqrt{n}}, \quad \bar{X} + 2.58 \frac{S}{\sqrt{n}}\right] = [0.70, \quad 0.80]$$

题 3 和题 4 比较，说明置信度增大，可以增加区间的宽度：

当置信度为 95% 时，$W = 0.79 - 0.71 = 0.08$

当置信度为 99% 时，$W = 0.80 - 0.70 = 0.10$

可见，同样的调查资料，可以给出不同的区间估计，因此在关心置信区间的同时，不要忘记了置信度是否相同。

本章要点思考

一、什么是统计推论？
二、为什么会出现抽样结果不同于总体的情况？
三、统计推论包括哪些内容？
四、什么是总体参数的点估计？
五、总体参数点估计的公式有哪些？
六、什么是总体参数的区间估计？它和点估计有什么不同？
七、总体参数区间估计有哪些公式？

本章习题

一、问答题

1. 为了解全市高中毕业生近视的情况，从中抽查了100名毕业生，问本题中什么是：
   a) 总体   b) 个体   c) 样本   d) 样本容量

2. 如果参数估计的概率表达式为：
$$P(\overline{X} - \varepsilon \leq \mu \leq \overline{X} + \varepsilon) = 0.95$$

问：

   a) 它的置信区间？   b) 它的置信度？

   c) 如果出于同一份调查，参数估计的概率表达式改为：
$$P(\overline{X} - \varepsilon' \leq \mu \leq \overline{X} + \varepsilon') = 0.99$$

则 ε' 比 ε 大还是小？

二、选择题

1. 推论统计，适用于：
   a) 全面调查   b) 典型调查   c) 个案调查   d) 随机抽样调查

2. 某企业为了预定春游车辆的数目，通过抽样，预测了愿意参加春游的人数，这里要用到统计推论中的：
   a) 假设检验   b) 多元分析   c) 参数估计   d) 标准分

3. 有甲、乙两名研究人员，使用了同一份抽样调查数据，但他们使用了不同的参数区间估计公式：

   甲：$[\overline{X} - 1.96S/\sqrt{n}, \ \overline{X} + 1.96S/\sqrt{n}]$

   乙：$[\overline{X} - 2.56S/\sqrt{n}, \ \overline{X} + 2.56S/\sqrt{n}]$

第六章 参数估计

这两个公式的区别是：

a) 甲式比乙式置信度高　　　　　　b) 乙式比甲式置信度高

c) 当样本容量大时用甲式，否则用乙式　　d) 当样本容量大时用甲式，否则用乙式

4. 如果对甲、乙两村各做了一次100人的抽样调查，其结果平均收入都是2千元，但算出的区间估计不同，甲村为[1900,2100]，乙村为[1800,2200]，这是因为：(置信度都是0.95)

a) 乙村收入的分散性比甲村大　　　　b) 甲村收入的分散性比乙村大

c) 和收入的分散性没有关系　　　　　d) 乙村收入有虚报

5. 如果对甲、乙两村各做了一次抽样调查，其结果平均收入和标准差都相同，但甲村抽查人数为100名，乙村人数为400名，那么区间估计的宽度(置信度都是0.95)有：

a) 乙村比甲村宽　　b) 甲村比乙村宽　　c) 相同　　d) 没有关系

6. 社会调查中采用大样本的优点，在于无须考虑总体的：

a) 均值　　　　　b) 方差　　　　　c) 范围　　　　　d) 分布

7. 在 s, n 都相同的条件下置信度为95%的置信区间：

a) 等于置信度为99%的置信区间

b) 大于置信度为99%的置信区间

c) 小于置信度为99%的置信区间

d) 可能大也可能小于置信度为99%的置信区间

三、计算题

1. 根据某贫困村625户的简单随机调查，有500户拥有电视机，试估计该村电视机拥有率(置信度0.95)。

2. 根据某地对50名儿童费用的抽样调查，平均月费用为800元，标准差为21元，试估计该地儿童的平均消费(置信度0.95)。

3. 根据某区100户的随机抽样调查，有40户空巢家庭，试求该区空巢家庭的置信区间(置信度为0.99)。

4. 根据某区400户的随机抽样调查，平均日摄盐量为7.2克，标准差为0.9克，求该区平均日摄盐量的区间估计(置信度0.95)。

5. 根据某村100人的随机抽样调查，平均受教育年限为9年，标准差为2年，求该村平均受教育年限的区间估计(置信度0.95)。

6. 根据某是县400人的随机抽样调查，女性平均初婚年龄为25岁，标准差为3岁，试求全县女性平均初婚年龄的区间估计(置信度0.95)。

7. 根据婚姻登记处100名抽样调查，婚配双方都是独生子女(双独)的占90名，求双独婚配的区间估计(置信度 $1-\alpha=0.95$)。

8. 根据老年群体的100名抽样结果，有50名血糖偏高，求老年群体血糖偏高的区间估计(置信度 $1-\alpha=0.95$)。

第七章

假 设 检 验

第一节 引 言

一、什么是统计假设

假设在社会科学中可以用于不同的层次，最高的层次要算是理论假设，它是由若干抽象概念所组成的命题。而其中的抽象概念又往往是用其他有关的抽象概念加以定义的。这种理论层次的假设一般是无法直接验证的。为了能从理论上证实这些假设，在第一章中曾讲到必须将概念操作化，以便将概念和命题变为可以测量的指标、变量以及变量与变量间的关系。而为了证实这些指标、变量以及变量之间的关系，又必须通过经验层次的调查和实验。一般说来，在社会研究中就是通过社会调查收集资料来验证的，这就是所谓实证主义的社会研究方法。收集资料的方法是很多的，如果收集资料的范围遍及整个研究的全体，那么，根据资料计算的结果就能证明原有的假设是否合理，但如果收集资料的范围仅是全体(或总体)的一部分，是一个样本(指随机样本)，那么这种和抽样手段联系在一起，并且依靠抽样数据进行验证的假设，就称作统计假设。也就是说，如果不采用抽样技术的话，也就不存在统计假设了。今后书中讨论的假设，都是经验层次的假设，而且都是通过抽样途径予以验证的，因此都是统计假设，或简称假设。除了上章所讨论的参数估计外，假设检验问题是统计推论中的另一大类。

假设检验的例子，在社会现象的研究中是常见的：

例如根据以往资料,某地女青年的平均初婚年龄 $\mu = 25$(岁),但今年根据 100 名女青年的随机抽样调查,$\overline{X} = 26$(岁),问能否认为该地女青年的初婚年龄比以往已有所推迟?

又如根据随机抽样调查,城市手机的普及率超过 90%,问这样的结论是否具有普遍意义?

通过这些简单例子,可以看出,假设的内容,都是数量化了的内容($\mu = 25$(岁)?;$P = 0.9$?),验证的依据,都是凭借抽样调查所得的结果。对于资料获取方法,在统计推论中最重要的一点,是资料必须通过随机抽样,试想,如果抽样调查的对象不是从总体中随机抽取的,而是凭借主观意志或只从某一局部(例如一条街、一个工厂)抽取,那就很难保证样本具有很好的代表性。此外资料本身的可靠性也十分重要,否则根据错误或虚报的资料进行处理,其结果也一定是错误的,而且可以说,虚假的资料甚至比没有资料更坏,这一点在社会调查中是十分重要的。

二、怎样写假设(原假设和备择假设)?

假设一般包括两部分:原假设 H_0 和备择假设 H_1。

原假设 H_0:原假设又称虚无假设或解消假设,一般用 H_0 表示。它常常是根据已有的资料,或根据周密考虑后确定的。例如前面所举女青年的初婚年龄 $\mu = 25$(岁),手机普及率 $P = 0.9$ 等等,都是已有的、具有稳定性的经验看法,没有充分根据,是不会被轻易否定的。

备择假设 H_1:备择假设又称研究假设。上面谈到,原假设在研究中是稳定、保守、受到保护的,但另一方面也并不表示永远不会被否定,否则也就失去其研究的意义了。当经过抽样调查,有充分根据否定原有假设 H_0 时,就产生了需要接受其逻辑对立面的假设,又称备择假设,一般用 H_1 表示。备择假设可以有三种形式。以原假设 H_0 为 $\mu = 25$ 为例,当 $\mu = 25$ 被否定后,可能被采用的备择假设有:

$\mu > 25$

$\mu < 25$

或 $\mu \neq 25$ 三种

一个完整的假设应该包括两部分:原假设 H_0 和备择假设 H_1。仍以 H_0 为 $\mu = 25$ 为例,它可能的三种假设有:

（1）　　$H_0: \mu = 25$
　　　　　$H_1: \mu > 25$
（2）　　$H_0: \mu = 25$
　　　　　$H_1: \mu < 25$
（3）　　$H_0: \mu = 25$
　　　　　$H_1: \mu \neq 25$

其中（1）和（2）称作单边检验，（3）称作双边检验。对于双边检验，由于其统计检验的目的，仅仅是为了判别原假设H_0是否成立，而并不同时研究其他假设，因此，对于双边检验，有时将H_1略去不写，仅写成$H_0: \mu = 25$。

三、假设检验的基本原理

根据前面所谈，假设检验，实际就是先写出假设，然后通过抽样调查进行检验。由于社会现象的随机性或非确定性，检验的进行决不像医生化验一滴血就能判断被试者是否有病那样简单，这一点在参数估计一章中已经谈过，这是一切具有随机性质的社会现象在进行局部（样本）推论总体的难点所在。但大数定理告诉我们，就大量观察而言，事件的发生仍是具有规律性的，这种规律性的数量表示称作概率。在大量观察中，频频出现的事件具有较大的概率，出现次数较少的事件，具有较小的概率。根据概率的大小，人们对它的态度和处理是很不一样的，在日常生活中，人们习惯于把概率很小的事件，当作在一次观察中是不可能出现的事件，这个原理称作小概率原理。举例说，我们几乎每天从电视、报纸甚至街头的广告牌上，都能看到交通事故的统计，但人们绝不会因此而放弃交通工具的使用。同样《套中人》的主人翁，由于出门总要带上雨伞、雨鞋，而被视作怪人，虽然并不排斥有瞬时变天的可能。可见，在日常生活中，人们是在不自觉地运用小概率原理。而统计假设检验作依据的基本原理，实际就是人们赖以常识性地进行判断和决策的小概率原理，只是把小概率的标准，定得更为具体和数量化而已。

小概率原理告诉我们，对于小概率事件，在一次观察中可以认为是不可能发生的。如果现实的情况，恰恰是小概率事件发生了，那又该如何判断呢？是坚持认为事件的概率仍然是很小，只是不巧被碰上了呢，还是反过来怀疑事件的概率未必很小了？显然作后一种判断更为合理，这也是人们常识性判断的方法。举例说，如果相传某市社会治安很好，可某人刚踏进这个城市，就遇到了小偷，那么，显然他会怀疑这个城市社会治安是否良好，而不会坚持去想，这仅仅是发生了小概率事件，因为一个治安不好的社会，碰到小偷的机会要远比治安

第七章 假设检验

良好的社会多。同样,如果有一批货物,根据厂方介绍,次品率不大于1%,可连续抽查10个都是次品,那买主一定会要求退货,这是因为抽样10个全是次品,这件事实来自次品率大于1%总体的可能性,要远比来自次品率小于1%总体的大得多,因此,判断次品率大于1%要比判断次品率小于1%所冒的风险或所犯错误的可能性要少。

总起来说,小概率原理可以归纳为两个方面:一是可以认为小概率事件在一次观察中是不可能出现的;二是如果在一次观察中出现了小概率事件,那么,合理的想法是否定原有事件具有小概率的说法(或称假设)。

知道了小概率原理,假设检验的基本思想就很容易理解了,它实际只是小概率原理的具体运用。

假设检验的思想,在统计学中可以这样来描述:

经过抽样获得一组数据,即一个来自总体的(随机)样本,如果根据样本计算的某个统计量(或几个统计量)表明在原假设 H_0 成立的条件下几乎是不可能发生的,就拒绝或否定这个原假设,并继而接受它的对立面——备择假设。反之,如果在原假设 H_0 成立的条件下,根据样本所计算的某个统计量,发生的可能性不是很小的话,那么就接受原假设。

[例] 1. 根据以往资料,该村有40%农户外出打工。现抽样调查10户,各户都有外出打工,问原有统计结果是否成立?

[解] 根据题意,该村原有外出打工的成数为 $P=0.4$,可写作如下的假设:

$$H_0: P = 0.4$$
$$H_1: P \neq 0.4$$

下面用假设检验的原理推论:首先由于随机性的存在,抽查10户中出现外出打工户,从0户到10户共11种情况都将可能发生,但如果原假设 H_0 成立的条件下,这11种情况出现的概率却并不相同,以下是这11种情况出现的概率值[①](计算从略)和分布图(图7-1):

$\hat{P}_0$(10户中没有外出打工的概率) $= 0.0060$

$\hat{P}_1$(10户中有1户外出打工的概率) $= 0.0403$

$\hat{P}_2$(10户中有2户外出打工的概率) $= 0.1209$

$\hat{P}_3$(10户中有3户外出打工的概率) $= 0.2150$

$\hat{P}_4$(10户中有4户外出打工的概率) $= 0.2508$

---

① 卢淑华编著:《社会统计学(第四版)》,北京大学出版社2009年版,第四章。

$\hat{P}_5$(10户中有5户外出打工的概率) = 0.2007

$\hat{P}_6$(10户中有6户外出打工的概率) = 0.1115

$\hat{P}_7$(10户中有7户外出打工的概率) = 0.0425

$\hat{P}_8$(10户中有8户外出打工的概率) = 0.0106

$\hat{P}_9$(10户中有9户外出打工的概率) = 0.0016

$\hat{P}_{10}$(10户中有10户外出打工的概率) = 0.0001

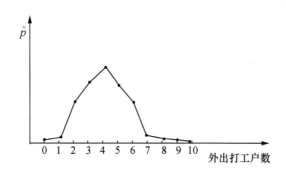

图 7-1

通过图7-1可见,如果总体外出打工户为40%的话,虽然11种情况都会发生,但概率并不一样,大部分情况仍然是围绕在10户中有4户有外出打工,偏离4户越远,出现的概率越小,例如两端的情况,出现0户或10户的概率就很小了,具体到样本调查的结果是,10户都有外出打工的情况,根据上面给出的概率$\hat{P}_{10}$ = 0.0001,也就是每百万次抽样中,才可出现一次,显然,它表示,如果原假设H_0为真的话,那就是出现了罕见的小概率事件了。但假设检验的推理告诉我们,当出现小概率事件时,明智的选择是拒绝原假设,所以本题的结论是,认为该村外出打工户占40%是不合理的,也就是拒绝原假设H_0。

第二节 统计检验中的名词

一、统计检验中的假定

假定是统计检验的前提或要求,例如所抽数据必须来自随机抽样,赖以抽样的总体有完整的抽样框,总体单位的花名册是完整无缺的,被访人的回答是可靠的等等,这些都是在数据处理前必须满足的。反之,如果不能满足,所得结论将是错误甚至有害的。此外,还有些要求,是对某些特定的假设检验的,如样本容量过小,不满足大样本的要求时,还要对原总体的分布有一定要求,如是否满足正态分布,方差是否已知等等。但虽然假定具体的内容不同,但假定与我们统计中的假设是完全不同的,假定是进行统计处理的前提,在统计上是只能承认,无法通过统计检验出的。而假设是通过统计检验可以承认也可以否定的,假设是有待验证的看法。有鉴于此,统计学家指出,任何方法都有它的局限,统计不是万能的,在统计处理之前,千万别忘了所用方法的假定,否则,不是方法有错,而是人有用错。

二、统计检验中的公式(统计量)

当检验内容不同时,检验所选的公式也有所不同,公式应满足以下几点,首先它是样本的函数,同时又应包含原假设,一旦样本确定,将样本的观测值代入公式,公式应有确定的值,不能还有未知数,最后公式的分布还应该是已知的,是有表可查的。

例如,对于大样本均值检验,我们采用的公式(7-1)为:

$$Z = \frac{\overline{X} - \mu}{\frac{S}{\sqrt{n}}} \quad (7-1),$$

这是因为,当我们把原假设 $H_0 : \mu = \mu_0$ 和样本观测值 $X_1, X_2, \cdots, X_n, S$ 代入式(7-1),Z 将成为确定的值。同时由于 Z 具有正态分布,它的值是可以查到的,所以对于大样本均值检验,将采用式(7-1)。

三、显著性水平 α

显著性水平 α,一般是指在原假设成立条件下,统计检验中所规定的小概率的标准。即规定小概率的数量界线。常用的标准有 $\alpha = 0.10; \alpha = 0.05$ 或 $\alpha = 0.01$。

四、临界值、接受域和拒绝域

当选用的检验公式,或称选用的统计量确定后,根据原假设 H_0 成立的条件,可以画出统计量的分布。不妨设被确定的统计量满足 Z(正态)分布(图7-2),来研究如何确定临界值、接受域和拒绝域。

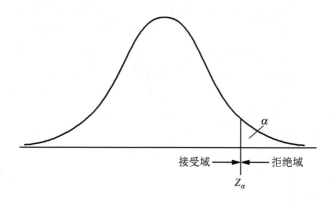

图 7-2

如果根据实际问题的需要,把拒绝原假设的小概率事件定在分布的右尾,则右尾面积总和所代表的概率即为显著性水平 α(图 7-2)。查附表 2

$$\phi(Z_\alpha) = 1 - \alpha$$

Z_α 称作临界值。$Z > Z_\alpha$ 的概率为小概率 α

$$P(Z > Z_\alpha) = \alpha \tag{7-2}$$

根据统计检验的小概率原理,如果抽样所获数据(样本)计算的统计量值 Z_S 大于 Z_α

$$Z_S > Z_\alpha$$

则应拒绝原假设 H_0。反之,如果抽样所获数据(样本)计算的统计量 Z_S 小于 Z_α

$$Z_S < Z_\alpha$$

则应接受原假设 H_0。因此,以 Z_α 为临界值,左边称作接受域,右边称作拒绝域(图 7-2)。

五、双边检验和单边检验

上面谈到了临界值 Z_α、接受域和拒绝域之间的关系。实际根据拒绝域(或接受域)位置的不同,检验可分作以下两类:

(一)双边检验

如果拒绝域选择为统计量分布的两侧,那么,当显著性水平为 α 时,每侧拒绝域的概率应各为 $\alpha/2$。现在假定所用统计量分布以 0 点为对称,则临界值 $Z_{\alpha/2}$ 和显著性水平 α 有如下的关系式(7-3)。

$$P(|Z| > Z_{\alpha/2}) = \alpha \tag{7-3}$$

第七章 假设检验

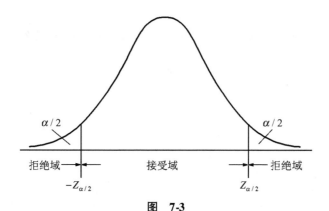

图 7-3

双边检验的假设有如下形式：

$$H_0: \mu = \mu_0$$
$$H_1: \mu \neq \mu_0$$

它表示根据原假设 H_0 所确立的统计量 Z 分布，将依 α 值大小，将分布划成两种区域：接受域和拒绝域。其临界值为 $\pm Z_{\alpha/2}$。倘若根据样本计算的统计量 $|Z| > Z_{\alpha/2}$，则应拒绝 H_0；反之，若统计量 $|Z| < Z_{\alpha/2}$，则我们没有理由拒绝原假设 H_0，也就是接受原假设。接受原假设，实际就是不拒绝的意思。对于双侧检验，由于备择假设仅仅是判别原假设 H_0 是否成立，并没有同时研究其他假设，所以也可略去不写，双边检验的假设仅简写作：

$$H_0: \mu = \mu_0$$

（二）单边检验

在实际问题中，如果研究的假设，不仅要回答有无变化，而且要回答变化是朝向哪个方面，是增大还是减少。例如，根据抽样调查，不仅要研究当年的人均收入比之往年是否有变化，而且要研究是增加了还是减少了。这时拒绝域不再分散在统计量分布的两侧，而是只集中在其中的一侧，所以又称单边检验。根据拒绝域选择在左侧还是右侧，单边检验又可分作右侧单边检验和左侧单边检验。

1. 右侧单边检验

如果拒绝域选择为统计量分布的右侧，正如图 7-2 所示，临界值 Z_α 和显著性水平 α 有如下的关系式(7-4)。

$$P(Z > Z_\alpha) = \alpha \tag{7-4}$$

右侧单边检验有如下写法

$$H_0: \mu = \mu_0$$
$$H_1: \mu > \mu_0$$

2. 左侧单边检验

如果拒绝域选择为统计量分布的左侧(图 7-4),则临界值 Z_α 和显著性水平 α 有如下的关系式(7-5)

$$P(Z < -Z_\alpha) = \alpha \tag{7-5}$$

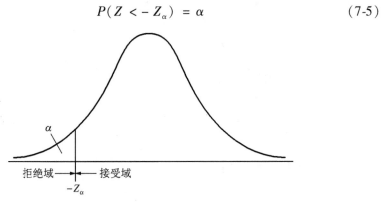

图 7-4

根据和右侧单边检验类似的讨论,左侧单边检验的假设有如下写法:

$$H_0 : \mu = \mu_0$$
$$H_1 : \mu < \mu_0$$

第三节　假设检验的步骤

通过以上假设检验的基本思想和有关名词的解释,可以归纳出以下的假设检验步骤:

第一,根据实际问题作出假设。假设包括原假设 H_0 和备择假设 H_1 两部分。原假设是必须写出的,备择假设在双边检验的情况下可以略去不写。

第二,根据样本构成合适的、能反映 H_0 的统计量,并在 H_0 成立的条件下确立统计量的分布。

第三,根据问题的需要,给出小概率 α(显著性水平)的大小,并根据二三两步求出拒绝域和临界值。

第四,根据以上三步骤建立起来的具体检验标准,用样本统计量的观测值进行判断。若样本统计量的值落入拒绝域,则拒绝 H_0,接受备择假设 H_1,否则,接受 H_0。

[例]2. 试根据大样本,$H_0 : \mu = \mu_0$,写出它可能的统计量、假设检验类别和不同显著性水平 α 的 Z_α 值。

第七章 假设检验

[解]

（1）由于本题为大样本，原假设为总体均值 $\mu = \mu_0$，因此根据中心极限定理，选择统计量：

$$Z = \frac{\overline{X} - \mu}{\frac{S}{\sqrt{n}}} \tag{7-6}$$

是合适的。Z 服从标准正态分布 $N(0,1)$。

（2）根据统计量 Z，可以写出以下几种假设检验类别：

① 双边检验。

$$H_0 : \mu = \mu_0$$

统计量：
$$Z = \frac{\overline{X} - \mu_0}{\frac{S}{\sqrt{n}}} \tag{7-7}$$

拒绝域：根据
$$P(|Z| > Z_{\alpha/2}) = \alpha \tag{7-8}$$

查附表 2 确定临界值 $Z_{\alpha/2}$（图 7-5）。

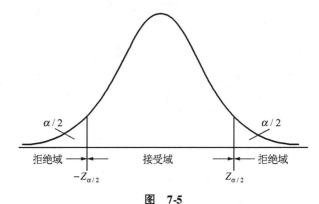

图 7-5

② 单边检验：单边检验分右侧单边检验和左侧单边检验两种。

a. 右侧单边检验

$$H_0 : \mu = \mu_0$$
$$H_1 : \mu > \mu_0$$

统计量：
$$Z = \frac{\overline{X} - \mu_0}{\frac{S}{\sqrt{n}}}$$

拒绝域：根据
$$P(Z > Z_\alpha) = \alpha \tag{7-9}$$

查附表2确定临界值 Z_α(图7-6)。

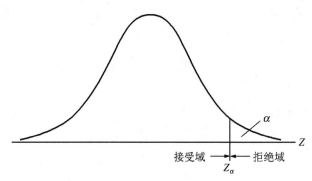

图 7-6

b. 左侧单边检验

$$H_0: \mu = \mu_0$$
$$H_1: \mu < \mu_0$$

统计量：
$$Z = \frac{\overline{X} - \mu_0}{\frac{S}{\sqrt{n}}}$$

拒绝域：根据
$$P(Z < -Z_\alpha) = \alpha \tag{7-10}$$

查附表2确定临界值 Z_α(图7-7)。

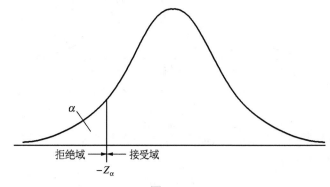

图 7-7

(3) 根据显著性水平 α 和假设检验类别，写出正态总体的临界值 Z_α 值：

① $\alpha = 0.05$

a. 双边检验　根据式(7-8)：
$$P(|Z| > Z_{\alpha/2}) = \alpha = 0.05$$

$\alpha/2 = 0.025$,查附表(2):
$$\phi(Z_{\alpha/2}) = 1 - \alpha/2 = 0.975$$
$$Z_{\alpha/2} = 1.96$$

b. 单边检验

右侧:根据式(7-9):
$$P(Z > Z_\alpha) = \alpha = 0.05$$
$$\phi(Z_\alpha) = 1 - \alpha = 0.95$$
$$Z_\alpha = 1.65$$

左侧:根据式(7-10):
$$P(Z < -Z_\alpha) = \alpha = 0.05$$
$$\phi(-Z_\alpha) = \alpha = 0.05$$
$$-Z_\alpha = -1.65$$

② 同理,可求出 $\alpha = 0.01, \alpha = 0.001$ 对应的临界 Z 值,综合为表(7-1):

表 7-1

α	单边 $|Z_\alpha|$	双边 $|Z_{\alpha/2}|$
0.05	1.65	1.96
0.01	2.33	2.58
0.001	3.09	3.30

第四节 单总体假设检验

上章谈了假设检验的基本步骤,它适用于所有的情况。对于具体问题的检验,只是具体的假定、假设和所选择的统计量有所不同而已。本节讨论大样本的总体检验问题。

一、大样本总体均值检验

根据大样本的假定($n \geq 50$)(这在社会调查中都是满足的)。样本均值 $\overline{X}$ 趋向于正态分布:
$$\overline{X} \sim N\left(\mu, \frac{\sigma^2}{n}\right)$$

其中:μ 总体均值,

σ^2 总体方差;当 σ^2 未知时,可用样本方差 S^2 来代替:$\sigma^2 \approx S^2$。

n:样本容量。

标准化有:

$$Z = \frac{\overline{X} - \mu}{\frac{\sigma}{\sqrt{n}}} \sim N(0,1)$$

该值当原假设 $H_0:\mu = \mu_0$ 成立的条件下,可以唯一地为样本值所确定。因此,大样本总体均值检验所用的统计量为:

$$Z = \frac{\overline{X} - \mu_0}{\frac{\sigma}{\sqrt{n}}} \tag{7-9}$$

有了统计量 Z,再根据显著性水平 α,就可以进行大样本均值检验了。

[例]3. 为了验证统计报表的正确性,共作 50 名老人的抽样调查,人均养老金收入有:

$$\overline{X} = 871 \, 元, S = 21 \, 元$$

问统计报表中养老金人均收入 $\mu = 880$ 元是否正确(显著性水平 $\alpha = 0.05$)。

[解] 作为示范,下面将根据第三节的假设检验步骤,写出检验的过程:

(1) 根据题意,原假设老人养老金人均收入为 880 元,检验的目的是报表是否正确,并不涉及是否多报或少报,属双边检验,因此有以下原假设和备择假设:

$$H_0: \mu = 880 \, 元$$
$$H_1: \mu \neq 880 \, 元$$

(2) 由于是大样本,样本观察值具有数量特征,因此用本节给出的大样本均值检验公式(7-7),并代入原假设 $\mu = 880$ 元,得公式:

$$Z = \frac{\overline{X} - \mu}{\frac{S}{\sqrt{n}}} = \frac{\overline{X} - 880}{\frac{S}{\sqrt{n}}} \tag{7-10}$$

(3) 根据题意,要求显著性水平 $\alpha = 0.05$,对于双边检验,查附表 2 或表 7-1 得拒绝域的临界值 $Z_{\alpha/2} = 1.96$(图 7-8)。

(4) 将样本观察值代入式(7-10):

$$Z = \frac{\overline{X} - 880}{\frac{S}{\sqrt{n}}} = \frac{871 - 880}{\frac{21}{\sqrt{50}}} = -3.03$$

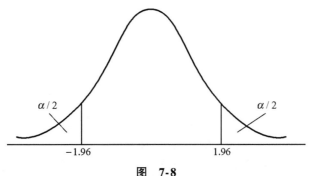

图 7-8

（5）比较统计量 Z 和临界值 $Z_{\alpha/2} = 1.96$：

因为　　　　　$|Z| = 3.03 > 1.96$

所以拒绝原假设，即根据抽样调查不能认为养老金人均收入为 880 元，可以认为统计报表是有误的。

二、大样本总体成数检验

第六章第四节三谈到了大样本总体参数的估计，总体成数是指所研究的某一类在总体中的比例，当我们仅研究总体中的某一类别，而把非研究的，无论原有多少类别，都合并为一类时，定类变量都简化为两类了，也就是二分变量，例如是与非、真与伪等，这样的变量，本身并无数值大小，但当我们把所研究的一类赋值为 1，其他类别都赋值为 0：

$$\xi_i = \begin{cases} 1 & \text{研究的一类} \\ 0 & \text{其他类} \end{cases}$$

成数实际可以看做是一种特殊的均值。总体成数 p，就是二分变量的总体均值：

$$p = \mu$$

样本成数 $\hat{P}$，就是二分变量的样本均值：

$$\hat{P} = \overline{X} = \frac{\sum_{i=1}^{n} \xi_i}{n}$$

根据中心极限定理，在大样本情况下 $[np \geq 5$ 和 $n(1-p) \geq 5]$，样本成数 $\hat{P}$ 趋向正态分布：

$$\hat{P} \sim N(p, \sigma^2)$$

其中:p 总体成数
n 样本容量

$$\sigma^2 = \frac{pq}{n} = \frac{p(1-p)}{n}$$

标准化有:

$$Z = \frac{\hat{P} - p}{\sigma_{\hat{P}}} = \frac{\hat{P} - p}{\sqrt{\frac{p(1-p)}{n}}} \sim N(0,1)$$

该值当原假设 $H_0: p = p_0$ 成立的条件下,可以唯一地为样本值所确定。因此,大样本总体成数检验所用的公式(统计量)为:

$$Z = \frac{\hat{P} - p_0}{\sqrt{\frac{p_0(1-p_0)}{n}}} \quad (7\text{-}11)$$

由于大样本总体成数公式(7-11),最终也是统计量 Z,因此可以类比总体均值,用图(7-5)讨论双边检验,用图(7-6)和图(7-7)讨论右侧和左侧单边检验。

[例]4. 某地区成年人中吸烟占 75%。经过戒烟宣传之后,进行了抽样调查,发现 100 名被调查的成年人中,有 63 人是吸烟者。问戒烟宣传是否收到了成效?($\alpha = 0.05$)

[解] 本题由于问题是戒烟是否收到了成效,而不是简单的是否有所改变,且成效表示的是收烟比例的减少,因此备择假设应写作左侧单边检验(图7-7)。因此,虽然仍取显著性水平 $\alpha = 0.05$,但小概率事件都在正态分布的左侧,即 $-Z_{0.05} = -1.65$,题解有:

$$\hat{P} = 63/100 = 0.63$$

假设检验写作:

$$H_0: p_0 = 0.75$$
$$H_1: p_0 < 0.75$$

代入式(7-11),得统计量:

$$Z = \frac{\hat{P} - p_0}{\sqrt{\frac{p_0(1-p_0)}{n}}} = \frac{0.63 - 0.75}{\sqrt{\frac{0.75(1-0.75)}{n}}} = -2.77$$

查附表 2 或表(7-1),当 $\alpha = 0.05$,$-Z_{0.05} = -1.65$
因为 $Z = -2.77 < -Z_{0.05} = -1.65$
所以,否定原假设 $p_0 = 0.75$。即可以认为戒烟宣传收到了成效。吸烟比例有所下降: $p_0 < 0.75 (\alpha = 0.05)$

三、小样本正态总体的假设检验

当样本中调查的总数较少,不能达到大样本时,统计检验中的公式(统计量)与总体分布有密切关系,因此没有统一的公式。下面介绍的,只是其中的特殊情况:当总体满足正态分布时,对总体的均值进行检验。对于正态总体的均值检验,还要考虑正态总体的方差是否已知,当方差 σ^2 已知时,检验公式同大样本检验公式(7-9)相同。当考虑正态总体的方差 σ^2 未知时,仍然与大样本情况相同,用样本方差 s^2 代替总体方差 σ^2,所不同的是检验公式不是 Z 分布,而是 t 分布:

$$t = \frac{\overline{X} - \mu_0}{\frac{S}{\sqrt{n}}} \sim t(n-1) \tag{7-12}$$

t 分布和 Z 分布的不同之处是,t 分布不是一条曲线,而是一簇曲线,至于属于曲线簇中的哪一条,取决于参数 k,k 又称自由度,这里的 k 和样本容量 n 的关系是 $k = n - 1$。

式(7-12)表明,对于正态总体、方差未知情况下,均值的检验公式为 $k = n - 1$ 的 t 分布,其中 n 为样本调查的总数,又称样本容量。

由于 t 分布一般仅用于统计检验,所以 t 分布表只给出,对应小概率事件 α 的 t 临界值 t_α,附表 3 给出的是右侧单边检验的临界值。由于 t 分布以 $t = 0$ 为对称,所以左侧和双边检验都可从附表 3 中推算出。

[例]5. 设 $k = 8$,$\alpha = 0.05$ 求右侧单边检验 $t_\alpha = ?$

根据附表 3,先找到标识行(第一行) $\alpha = 0.05$,然后查对应 $k = 8$ 的表中数值为 1.8595,所以有:

$t_{0.05}(8) = 1.8595$

[例]6. 已知初婚年龄服从正态分布。根据 9 个人的抽样调查有:

$\overline{X} = 23.5$(岁)

$S = 3$(岁)

问是否可以认为该地区平均初婚年龄已超过 20 岁($\alpha = 0.05$)?

[解] $H_0: \mu = 20$(岁)

$H_1: \mu > 20$ 岁

统计量:由于初婚年龄服从正态分布 $N(\mu, \sigma^2)$,其中 σ^2 为未知,所以选用 t 分布。代入式(7-12)得:

$$t = \frac{\overline{X} - 20}{\frac{S}{\sqrt{9}}} = \frac{23.5 - 20}{\frac{3}{\sqrt{9}}} = 3.5$$

根据自由度 $k = 9 - 1 = 8$；$\alpha = 0.05$，因此有 t 临界值（附表3）：
$$t_{0.05}(9-1) = 1.86$$
因为 $t = 3.5 > t_{0.05}(9-1) = 1.86$

所以拒绝原假设，即可以认为该地区的平均初婚年龄已超过 20 岁（$\alpha = 0.05$）。

本章要点辅导

1. 什么是统计假设？

[解] 统计假设是一些有待证实的看法，其证实的手段是通过抽样调查来完成的。在未被证实之前，这些假设还只是一种假想性的陈述，而且这些陈述必须是以量化了的方式来表达。比如书中所举总体的均值为 $\mu_0 : \mu = \mu_0$，或总体的成数 P 为 $P_0 : P = P_0$ 等。

2. 假设在检验过程中扮演着什么角色？

[解] 检验推理过程都是在假设成立的情况下展开的。比如说，假设总体的平均月收入已达 100 元：$\mu = 100$，那么推理的过程就是这样：如果总体 $\mu = 100$，那么，我们想象从这样的总体中进行无数次样本容量为 n 的抽样调查；并算出每一次抽样的平均值 $\overline{X}$：

第一次平均值：$\overline{X}_1$

第二次平均值：$\overline{X}_2$

第三次平均值：$\overline{X}_3$

⋮　　⋮　　⋮

⋮　　⋮　　⋮

第 n 次平均值：$\overline{X}_n$

然后将 $\overline{X}_1, \overline{X}_2 \cdots \overline{X}_n$ 的分布，是成直方图：

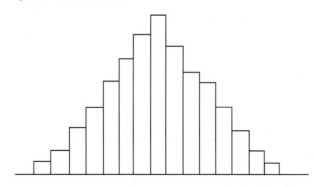

当样本数目 n 无限地增大时，上述直方图就平滑为曲线图。只要样本容量 $n > 50$，这样的曲线图就成为正态图形了：

第七章 假设检验

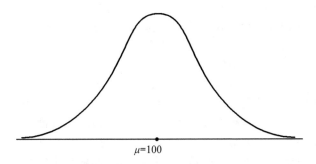

有了正态图形,就有了判断抽样调查结果是否属于小概率事件的依据。

3. 显著性水平 α 在假设检验中扮演什么角色?

[解] 显著性水平 α 在假设检验中提供了判断拒绝或接受的准则。例如,假设总体 $\mu=100$,那么当从这样的总体中抽取无数个样本(样本容量 $n\geqslant 50$)时,其样本均值 $\overline{X}$ 就有如下的正态分布:

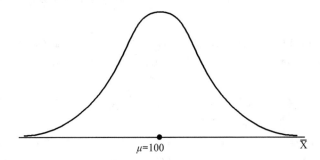

这里每一个 $\overline{X}$ 值,对于 $\mu=100$ 的总体来说,都是确实存在的,只是偏离 $\mu=100$ 很远的 $\overline{X}$,出现的概率很小而已。然而当我们进行假设检验时,根据小概率原理,却把位于小概率 α 的部分的 $\overline{X}$,当作拒绝总体 $\mu=100$ 来判断:

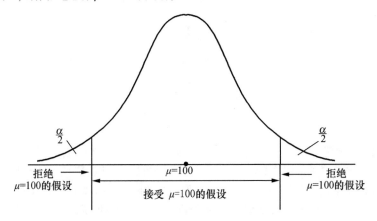

这个小概率的大小 α，统计上称显著性水平。根据显著性水平 α 值，以及据此确定的 $\overline{X}$ 临界值，把样本结果 $\overline{X}$ 分作两类不同的区域：接受域和拒绝域，当一次样本结果落入接受域，则接受原假设；当一次样本结果落入拒绝域，则拒绝原假设。

4. 根据题 3 所做假设检验的判断，是否完全正确？

[解] 根据假设检验做出的判断，不能保证 100% 的正确。事实上，由于社会现象的随机性，我们不能做出绝对真伪的判断，只能运用小概率原理的概率反证法。它表示无论作何种结论，都会伴随一定判错的可能，只是选择较小的错误为代价而已。例如当拒绝原假设时，可能犯以真当假"弃真"的假误，而接受原假设时，又可能犯以假当真"纳伪"的错误。

5. 那么，当拒绝原假设时，可能犯什么错误？这类错误是什么性质的错误？其大小如何？

[解] 根据题 3 所示，真值在拒绝域也是存在的，只是概率很小。而当我们一次样本结果落入拒绝域，做出了拒绝原假设的结论，这时可能犯有以真当假"弃真"的错误，称第一类错误，其大小就是显著性水平 α。

6. 那么，当接受原假设时，又可能犯什么错误？这类错误是什么性质的错误？其大小如何？

[解] 当假设检验做出接受原假设时，也不能做到 100% 的判断正确，这是由于真值我们并不知道，而接受域并非只存在原假设的取值，对于非原假设总体 $\mu \neq \mu_0$ 的样本取值，也可能落入接受域。例如原假设 $H_0: \mu = \mu_0$，样本均值 $\overline{X}$ 如下图 A 所示，接受域为 $[\overline{X}_2, \overline{X}_1]$，这对均值为 $\mu = \mu'$ 的总体，其样本均值也有一部分在区间 $[\overline{X}_2, \overline{X}_1]$（下图 B），当我们进行假设检验时，如果一次样本的 $\overline{X}$ 值，落入区间 $[\overline{X}_2, \overline{X}_1]$，我们接受了 $\mu = \mu_0$ 的原假设，但也有可能，它是来自 $\mu = \mu'$ 的总体，落入区间 $[\overline{X}_2, \overline{X}_1]$ 的结果。可见，在接受原假设 $\mu = \mu_0$ 的同时，有可能把 $\mu \neq \mu_0$ 的总体，当作 $\mu = \mu_0$ 接受了，这种以假当真的错误，简称"纳伪"的错误，称第二类错误，犯第二类错误的概率以 β 表示。

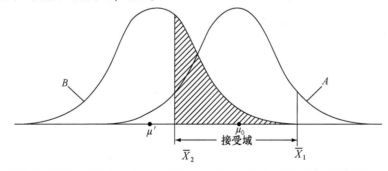

很遗憾，"纳伪"错误的大小，不能像"弃真"的错误，给出确定的值，这是由于 $\mu \neq \mu_0$ 不止一个，所以概率 β 的数值是不确定的。但有一点是肯定的，那就是"纳伪"的大小，取决于 μ' 和 μ_0 接近的程度。如果 μ' 偏离 μ_0 很远，上题图中的阴影面积很小，β 的数值就很小。反之，如果 μ' 偏离 μ_0 很小，则上题图中的阴影面积就很大，β 的数值就很大。

第七章 假设检验

7. 如此说来,无论做哪种判断,都不能完全正确,那应该如何选择原假设和备择假设呢?

[解] 由于社会现象的随机性,我们无论作何种结论,都会伴随一定判错的可能性,只是要选择较小的错误为代价。在书写假设时,首先,把要研究、关注的问题写在备择假设,而不是原假设。这是因为原假设是过去资料已被确认、无容争辩的结论,因而也是受到保护的,没有充分把握是不能被推翻的。而备择假设却相反,它是要突破原有的结论,因此必须有充分把握,否则人们将不予接受。当我们把要突破的新看法写在备择假设时,一旦统计检验的结果,是推翻了原假设,接受了备择假设,它所犯的错误只可能是一种,那就是错判了原假设,把原来真的原假设当成假的了,也就是犯了弃真的错误,显著性水平 α 就是弃真的数量表示,当 α 选择的数量只有 0.05 或 0.01 时,那么,接受备择假设的错误,就被控制在很小的 0.05 或 0.01 的范围,从而使有别于常规的新看法,接受起来具备了充分把握,所以,备择假设又称研究假设。但是 α 值也不是取得越小越好,随着 α 值减小,接受域增大,就意味着接受"非真"机会的增加,也就是增大了"纳伪"的概率,β 的数值增大了,这时统计的结果,一旦是接受原假设,所犯纳伪的第二类错误则有可能很大,因此接受原假设并不意味着证明原假设。

8. 假设检验中如何选择单边或双边检验?

假设检验中的原假设,是原有结论的量化陈述,它一定要包含总体参数的具体数值,否则推理中的抽样分布将无法确定。而备择假设取单边还是双边,要视具体问题而定。例如为了检验普查资料的质量,可以作一定数量的抽查,这时因为抽查的结果,无论是偏离普查结果过大或过小,都为不合格,所以原假设是普查的结果,而备择假设则写成双边检验,$H_1: \mu \neq \mu_0$(或 $p \neq p_0$)。又如为了研究补钙保健品的成效,调查的结果,应是人群中骨质疏松的比例减少,才算有成效,所以备择假设要写作左侧单边检验 $H_1: p < P_0$,相反地,在选举中如果超过半数作为候选人能否选上的标准,那么,摸底的抽样预调查,应写作右侧单边检验 $H_1: p > 0.5$,具体实例在本章解题辅导中给出。

9. 什么是大样本检验,它有什么特点?

[解] 大样本是指抽样调查的数目比较大,一般在50(至少在30)以上,根据中心极限定理,这时样本均值或成数的分布将与总体分布无关,也就是说,可以不关心总体的原有分布是怎样的,因为它们都趋向于正态分布,这给统计检验带来了方便,可以使用统一的检验公式,见式(7-10)或式(7-11)。

10. 什么是小样本检验,它有什么特点?

[解] 小样本是指抽样调查的数目比较少,一般在 30 以下,这时样本均值的分布,与总体原有分布有密切关系。这点在第四章图4-20至图4-23所给出的 $n=2$ 或 $n=5$ 的图形就可以充分说明了,因此小样本检验,没有统一的检验公式。只有特例的情况是,当知道总体是正态分布,方差也已知,这时统计检验公式可用式(7-9),但这种情况,实在太少了。较一般的情况是,知道总体是正态分布,但它的方差不知,我们用样本方差代替总体方差,但由于是小样本,其统计检验公式不再满足 z 分布,而是 t 分布,见式(7-12)。小样本情况,在某些领域,用途较多,例如医учение统计等,对社会调查来说,一般很少见,今后本书更多的关注大样

本情况。

11. t 分布与正态分布有哪些异同？

[解] t 分布与正态分布都是中间大、两头小、左右对称，这是它们相同之处。但 t 分布比正态分布下降得缓慢些。而最主要的区别是，正态分布是一条曲线，而 t 分布是一簇曲线，具体属哪条曲线，由其中的参数，又称自由度 k 来确定(图6-3)，当 k 趋向于无穷大时，t 分布趋向于正态分布。对于小样本正态总体的均值检验，自由度 $k = n - 1$。

本章解题辅导

1. 某地去年职工退休金平均增长90元，为了解退休金的变动情况，作了50人的随机抽样调查，以下是50名今年增长的金额，问：今年平均增长的幅度是否有变化？($\alpha = 0.05$)

被调查人	收入增长金额(元)
1	100
2	80
3	110
4	120
5	90
6	130
7	120
8	80
9	130
10	70
⋮	⋮
⋮	⋮
⋮	⋮
50	100

[解]

(1) 由于本题是原始数据，所以先要计算出样本的平均增长金额和样本的标准差：

$\overline{X} = (100 + 80 + 110 + 120 + 90 + 130 + 120 + 80 + 130 + 70 + \cdots\cdots + 100)/50$
$= 96.67(元)$

$$S^2 = \frac{1}{n-1} \sum_{i=1}^{n} (x_i - \overline{X})^2$$

$$= \frac{1}{50-1} \{(100-96.67)^2 + (80-96.67)^2 + \cdots + (100-96.67)^2\}$$

$$= 682.25$$

$$S = 26.12$$

(2) 根据题意,有如下原假设和备择假设:

$$H_0 : \mu = 90$$

$$H_1 : \mu \neq 90 (可省略)$$

(3) 由于 $n = 50$ 属大样本均值检验,用均值检验公式(7-7),计算得:

$$Z = \frac{\overline{X} - \mu_0}{\frac{S}{\sqrt{n}}} = \frac{96.67 - 90}{\frac{26.12}{\sqrt{50}}} = 1.81$$

(4) 根据题意,显著性水平 $\alpha = 0.05$,且只要求检验 μ 值是否有变化,属双边检验,查表(7-1), Z 的临界值为

$$Z_{\alpha/2} = 1.96$$

(5) 比较 $|Z|$ 和 $Z_{\alpha/2}$:

$$Z < Z_{\alpha/2}$$

(6) 结论:接受原假设,即平均增长幅度仍维持在90元,不能认为退休金平均增长幅度有所变动。

2. 接上题,如果抽样的人数增加到100人,计算的结果,样本均值和方差都不变,问:能否认为今年同比增长的幅度有变化？ ($\alpha = 0.05$)

[解] 本题将 $n = 100$ 代入式(7-7),其他条件不变,得:

$$Z = \frac{\overline{X} - \mu_0}{\frac{S}{\sqrt{n}}} = \frac{96.67 - 90}{\frac{26.12}{\sqrt{100}}} = 2.55$$

由于 $Z > Z_{\alpha/2} = 1.96$

结论:拒绝原假设,即退休金的平均增长幅度与去年相比有变动。

3. 接上题,如果抽样人数 $n = 100$,样本均值不变,但样本标准差 $S = 48.24$,问:能否认为今年同比增长的幅度有变化？ ($\alpha = 0.05$)

[解] 将 $S = 48.24$ 代入式(7-7),其他条件不变,得:

$$Z = \frac{\overline{X} - \mu_0}{\frac{S}{\sqrt{n}}} = \frac{96.67 - 90}{\frac{48.24}{\sqrt{100}}} = 1.38$$

由于 $Z < Z_{\alpha/2}$

结论:接受原假设,即平均增长幅度仍维持在90元,不能认为平均退休金增长幅度有所变动。

4. 接上题,如果抽样人数不变 $n=100$,样本标准差不变 $S=48.24$,但样本均值偏离原假设 $\mu=90$ 更大,$\overline{X}=99.67$,问:能否认为今年平均增长的幅度有变化? ($\alpha=0.05$)

[解] 将 $\overline{X}=99.67$ 代入式(7-7),其他条件不变,得:

$$Z = \frac{\overline{X}-\mu_0}{\frac{S}{\sqrt{n}}} = \frac{99.67-90}{\frac{48.24}{\sqrt{100}}} = 2.01$$

由于 $Z>Z_{\alpha/2}=1.96$

结论:拒绝原假设,即退休金的平均增长幅度与去年相比有变动。

5. 通过前4题,对假设检验可作哪些讨论?

比较1—3题,可以知道,虽然它们的样本均值都等于96.67(元)。但在 α 为定值($\alpha=0.05$)的情况下,由于调查总数 n 不同或样本标准差 S 之不同,其结论可以不同。具体说来,抽样的数目越多,可以确定总体是否等于 μ_0 的把握越大。也就是说,虽然抽样结果表现为 $\overline{X}>90$(元),但抽样数目值是50个的情况下,可能无法确认总体均值是否大于90元,但如果抽样数目增多(比如第2题中增为100个),虽然均值仍然保持不变,$\overline{X}=96.67$,但可以确认总体均值大于90元了,这也是为什么抽样数目不能太少的缘故(当然 n 也不是越大越好,因为 n 增大,意味着花费的增多)。同样的情况,如果数据表现出分散性强,即 S 值大,通过第3题可以发现,这时虽然 n 增至100个,仍不能确认总体均值 μ 也大于90元。当然,如果一次抽查,$\overline{X}$ 比90元大很多,如第4题 $\overline{X}=99.67$,那么在 n 与 S 一定的情况下,也可增加总体均值 $\mu>\mu_0$ 确认的程度。

6. 某地根据已往资料,新生儿的平均体重为3000克,今根据100名抽样结果,平均体重为3100克,标准差为480克,问新生儿的平均体重是否有所增加?($\alpha=0.05$)

[解] 根据题意:$\mu=3000$ 克,$n=100$,$S=480$ 克,$\overline{X}=3100$,$\alpha=0.05$

但要求检验的内容是新生儿的平均体重是否有所增加,因此,假设检验要写成单边右侧检验。

$$H_0: \mu = 3000$$
$$H_1: \mu > 3000$$

代入均值检验公式(7-7)有:

$$Z = \frac{\overline{X}-\mu_0}{\frac{S}{\sqrt{n}}} = \frac{3100-3000}{\frac{480}{\sqrt{100}}} = 2.08$$

对于右侧单边检验,查表(7-1)

$$Z_\alpha = Z_{0.05} = 1.65$$

因为 $Z>Z_{0.05}=1.65$

所以拒绝原假设,接受备择假设,认为新生儿的平均体重是有所增加的,作出这样的判断,所犯的风险为5% ($\alpha=0.05$)。

第七章 假设检验

7. 根据已往数据,小学毕业班的近视率高达60%,为了保护青少年的视力,开展了课间眼部保健操,现通过毕业班50人的抽样调查,有25人为近视,问:开展眼部保健操是否有成效?($\alpha = 0.05$)

[解] 根据题意有:$P = 0.6, \hat{P} = 25/50 = 0.5, n = 50, \alpha = 0.05$,由于有成效是指近视率有所下降,所以属左侧单边、大样本成数检验:

$$H_0 : P = 0.6$$
$$H_1 : P < 0.6$$

代入公式(7-11):

$$Z = \frac{\hat{P} - P}{\sqrt{\frac{P(1-P)}{n}}} = \frac{0.5 - 0.6}{\sqrt{\frac{0.6(1-0.6)}{50}}} = -1.44$$

对于左侧单边检验,查表(7-1):

$$Z_\alpha = -Z_{0.05} = -1.65$$

因为 $Z > -Z_{0.05} = -1.65$

所以接受原假设,仍认为小学毕业班的近视率为60%。

8. 接上题,如果抽样人数增加为100名,其结果是样本的近视率仍为0.5,问检验的结论是否有改变?($\alpha = 0.05$)

[解] 由于检验内容与显著性水平相同,所以只需代入公式(7-11)重新计算 Z 值:

$$Z = \frac{\hat{P} - P}{\sqrt{\frac{P(1-P)}{n}}} = \frac{0.5 - 0.6}{\sqrt{\frac{0.6(1-0.6)}{100}}} = -2.04$$

对于左侧单边检验,查表7-1:

$$Z_\alpha = -Z_{0.05} = -1.65$$

因为 $Z < -Z_{0.05} = -1.65$

所以拒绝原假设,认为开展眼部保健操收到了成效,小学毕业班的近视率降低了,近视率已低于60%。($\alpha = 0.05$)

9. 比较第7、8题,所得样本结果,近视率都是0.5,且显著性 α 也都相同,那为什么第8题可以承认近视率有所下降,而第7题却不能?

[解] 两者的区别是例8的调查人数增加了,从而确认的程度增加了,这很符合人们日常对事物的判断,当事物少量出现时,可以认为是偶然性的,但若大量重复出现,则是必然的结果,而统计中的假设检验,则是数量化地给出了判断的标准。例如第7题虽然近视率下降为0.5,但调查人数($n=50$)还不足以确认总体也有所下降($\alpha = 0.05$),直到调查人数增至100名,其结果仍维持近视率下降为0.5,才予以确认($\alpha = 0.05$)。可见 Z 值的大小,反映的是确认程度。对总体而言,均值和方差都是确定的,唯一可以增加确认程度的,只有增加样本容量,这点和第4题对双边检验所作的结论是一致的。

本章要点思考

一、什么是统计假设?

二、为什么用样本数据推论到总体时,必须进行假设检验?

三、统计假设包括哪几部分内容?什么是原假设?什么是备择假设?

四、什么是小概率事件?它与假设检验有什么关系?

五、什么是显著性水平 α?它和拒绝域、接受域有什么关系?为什么备择假设称研究假设?

六、什么情况下选择双边检验?什么情况下选择单边检验?

七、试用均值检验(或成数检验)简述假设检验的步骤。

本 章 习 题

一、选择题

1. 显著性水平为 α 的双边检验,其拒绝域在:

   a) 分布的左侧,面积为 α b) 分布的右侧,面积为 α

   c) 分布的双侧,面积为 $\alpha/2$ d) 分布的双侧,面积各为 α

2. 当样本均值落入拒绝域,应:

   a) 接受原假设拒绝备择假设   b) 拒绝原假设 接受备择假设

   c) 拒绝原假设和备择假设   d) 说不好

3. 当样本均值落入接受域,应:

   a) 接受原假设拒绝备择假设   b) 拒绝原假设 接受备择假设

   c) 接受原假设和备择假设   d) 说不好

4. 为了解普查资料中居民月平均收入是否为2500元,特进行了随机抽样调查,假设检验应写作:

   a) $H_0: \mu = 2500 \quad H_1: \mu \neq 2500$ b) $H_0: \mu = 2500 \quad H_1: \mu > 2500$

   c) $H_0: \mu = 2500 \quad H_1: \mu < 2500$ d) 说不好

5. 为了解今年居民月平均收入是否高于往年的2500元,特进行了随机抽样调查,假设检验应写作:

   a) $H_0: \mu = 2500 \quad H_1: \mu \neq 2500$ b) $H_0: \mu = 2500 \quad H_1: \mu > 2500$

   c) $H_0: \mu = 2500 \quad H_1: \mu < 2500$ d) 说不好

第七章 假设检验

6. 为了解今年因特大自然灾害，居民月平均收入是否低于往年的 2500 元，特进行了随机抽样调查，假设检验应写作：
   a) $H_0: \mu = 2500 \quad H_1: \mu \neq 2500$
   b) $H_0: \mu = 2500 \quad H_1: \mu > 2500$
   c) $H_0: \mu = 2500 \quad H_1: \mu < 2500$
   d) 说不好

7. 当所作结论是拒绝原假设，接受备择假设时：
   a) 可能犯弃真的第一类错误 α
   b) 可能犯纳伪的第二类错误 β
   c) 两种错误都不会犯
   d) 两种错误都会犯

8. 当所作结论是拒绝原假设，犯第二类纳伪错误的概率是：
   a) 0
   b) 0.5
   c) 取决于第一类错误
   d) 不能定

9. 当你接受了原假设，表示：
   a) 原假设绝对正确
   b) 没有充分的把握拒绝原假设
   c) 备择假设存在很大的概率
   d) 备择假设是正确的

10. 当样本的平均值落入接受域：
    a) 可能犯弃真的第一类错误 α
    b) 可能犯纳伪的第二类错误 β
    c) 两种错误都不会犯
    d) 两种错误都会犯

11. 显著性水平表示：
    a) 小概率事件
    b) 小概率事件出现的概率，大小等于犯弃真的第一类错误 α
    c) 非小概率事件
    d) 非小概率事件出现的概率

12. 两类错误的关系：
    a) α 大，β 也大，两类错误呈正向关系
    b) α 大，β 小，两类错误呈反向关系
    c) $\alpha + \beta = 1$
    d) 没有关系

13. 如果接受了原假设：
    a) $\beta = 0$
    b) $\alpha \neq 0$
    c) $\alpha = 0$
    d) 说不好

14. 如果接受了备择假设：
    a) $\beta \neq 0$
    b) $\alpha \neq 0$
    c) $\alpha = 0$
    d) 说不好

15. 如果根据抽样结果，计算出 $Z = 1.5$，对应的概率值 $P(Z < 1.5) = 0.93$，那么，对应于显著性水平 $\alpha = 0.05$ 的原假设，应是：
    a) 拒绝原假设
    b) 接受原假设
    c) 视 Z 值分布
    d) 说不好

16. 某研究者通过抽样调查，要做出的结论是生育率是否已降到 1% 以下，那么应将 $P < 1\%$ 写在假设检验中的：
    a) 原假设
    b) 没法写
    c) 备择假设
    d) 说不好

二、计算题

1. 根据某地上报资料,居民每户用于食品费用占总消费的比例,平均为 0.75,为了验证以上资料,作 100 户的抽样调查,结果是居民每户用于食品的费用占总消费的比例,平均为 0.8,标准差为 0.2,问:有关食品费用占总消费的比例,平均为 0.75 的说法是否成立?(显著性水平 $\alpha = 0.05$)

2. 根据某村 625 户的抽样调查,512 户家庭安装有电视机,问:该村电视机普及率为 0.8 的假设是否成立?(显著性水平 $\alpha = 0.05$)

3. 根据已有资料,小学生每月用于文具的花费平均为 100,今做 100 名小学生的抽样调查,结果是每月用于文具的花费平均为 102 元,标准差为 20 元,问:小学生每月用于文具的花费是否增加了?

4. 某地为证实农民工平均工资已超过 1500 元,做了 100 名农民工的随机抽样调查,结果是平均工资为 1550 元,标准差为 250 元,问:以上看法是否得以证实?(显著性水平 $\alpha = 0.05$)

5. 某县 200 户的简单随机抽样调查,有 20 户已安装了电脑,问:能否认为该地电脑普及率已超过原有 5% 的统计结果?(显著性水平 $\alpha = 0.05$)

6. 根据已有资料,某村缺碘儿童占儿童总数的 50%,经过补碘,随机抽查 400 名,缺碘儿童为 168 名,问:补碘是否收到成效?(显著性水平 $\alpha = 0.05$)

7. 根据已有资料,某村成人手机普及率为 80%,但随机抽样调查 100 名成年人,其中只有 75 人拥有手机,问:原有手机普及率为 80% 的结论是否成立?(显著性水平 $\alpha = 0.05$)

8. 根据已有资料,某村成人手机普及率为 80%,但随机抽样调查 1000 名成年人,其中只有 750 人拥有手机,问:原有手机普及率为 80% 的结论是否成立?(显著性水平 $\alpha = 0.05$)

9. 比较以上两题,样本结果都是 75%,为什么做出了不同的判断?

第八章

列联表(定类变量—定类变量)

第一节 引　　言

到目前为止,我们研究的统计方法都属于单变量的统计方法,总体看作是一维的随机变量。在统计描述的分析中,我们研究了总体的分布、百分比、集中和离散趋势的各种参数,在统计推论中,我们研究了通过样本对总体进行参数估计或假设检验。

但是总体的构成总是多维的,例如一个简单的家庭,就包括年龄、文化、职业、代际流动、疾病遗传等等社会现象,当我们研究现象与现象之间的联系时,单一维度、单变量研究就不够了,需要了解两个或更多维度、更多变量之间的联系,最简单的就是二变量的研究,也就是变量 x 和变量 y 之间关系的研究。例如父辈职业与子辈职业的关系;性格与人际交往的关系;文化程度与生育意愿的关系;年龄与闲暇爱好的关系;破损家庭与子女越轨行为的关系;人格与个人事业成就的关系,遗传与疾病之间的关系等等,不胜枚举,这些都属于二变量问题。除了二变量的关系外,我们还可以探讨更复杂的关系链,即模型的研究,这些属多变量的高级统计技术,作为基础知识,本书只介绍几种典型的二变量研究。

二变量研究,根据变量层次的不同,所用的统计工具是不同的。当我们把定距、定比合称为定距以上变量时,变量可简化为三类,两两搭配的结果,将构成 6 种二变量分析:定类—定类、定类—定序、定类—定距(以上)、定序—定序、定序—定距(以上)、定距(以上)—定距(以上)。本书将介绍两变量具有相同层次的情况,定类与定类以及定距与定距变量的研究。对于其他类型搭配的二变量研究,可参考其他书籍①。

第二节 什么是列联表

一、本章讨论两个定类变量的一般情况:

$$定类(x)—定类(y)$$

设定类变量 x 可以分作 c 类,定类变量 y 可以分为 r 类:

定类变量 $x:x_1,x_2,\cdots,x_c$

定类变量 $y:y_1,y_2,\cdots,y_r$

为了研究 y 之分类是否与 x 之分类有关,我们可以将数据先按 x 分类,然后分别统计当 $x=x_1,x=x_2,\cdots,x=x_c$ 情况下 y 的分类。这样就得到了数据按两个定类变量进行交叉分类的频次分配表,即二维的列联表②,简称列联表。

以下是 $r\times c$ 列联表的一般形式(表 8-1)。

表 8-1

y \ x	x_1	x_2	x_3	⋯	x_c
y_1	N_{11}	N_{21}	N_{31}	⋯	N_{c1}
y_2	N_{12}	N_{22}	N_{32}	⋯	N_{c2}
⋮	⋮	⋮	⋮		⋮
y_r	N_{1r}	N_{2r}	N_{3r}	⋯	N_{cr}

其中 N_{ij} 是 $x=x_i,y=y_j$ 时所具有的频次。

例如,某单位对闲暇时间进行了全面调查,根据不同年龄档和喜爱收看电视节目的类型进行了如下的统计分类(表 8-2):

表 8-2

	老年	中年	青年
戏曲	20	10	2
歌舞	5	20	35
球赛	2	10	20

可见,每一个被调查者,都是根据他们的两种特征,或称两种属性:年龄和喜爱

---

① 如卢淑华编著:《社会统计学(第四版)》,北京大学出版社 2009 年版。

② 如果数据的分类不止两个变量,那还可以得到更多变量的交叉分类表,又称多维的列联表。

第八章 列联表(定类变量—定类变量)

收看节目的类型,分别统计到列联表的一个间格内,而且每个人也只能从属于其中的一个间格。

列联表通过各间格的频次或相对频次,研究变量之间是否存在关系,也就是说变量 x 的分类是否与变量 y 的分类有关。例如从上面闲暇时间的列联表中可以看出,老年人爱看戏曲的比例为 $\dfrac{20}{(20+5+2)}=74\%$,明显高于青年人 $\dfrac{2}{(2+35+20)}=3.5\%$,从而可以作出收看电视节目的类型与年龄有关的论断。

但是,以上仅仅根据戏曲的比例来讨论是很不全面的,因为还有球赛、歌舞没有考虑。同时年龄档中的中年人又如何?因此就产生了如何正确度量两变量关系强度的问题。此外,如果调查资料来自抽样,还必须通过检验,以排除随机误差的干扰。

本章第一节将介绍列联表中有关分布和独立性的讨论,第二节介绍列联表的检验,第三节介绍列联强度的测量。

二、列联表中变量的分布

(一) 联合分布

第二章第一节在谈到分布时,曾说过所谓频次分布,就是变量值、频数对的集合:

$$(x_1, N_1)$$
$$(x_2, N_2)$$
$$\vdots \quad \vdots$$
$$(x_n, N_n)$$

这是对单变量而言的。对于二变量来说,为了知道分布,集合中的变量值,必须同时具有 x 和 y 两个变量的取值:

$$(x_1, y_1, N_{11})$$
$$(x_1, y_2, N_{12})$$
$$\vdots \quad \vdots \quad \vdots$$
$$(x_1, y_r, N_{1r})$$
$$\vdots \quad \vdots \quad \vdots$$
$$(x_i, y_j, N_{ij})$$
$$\vdots \quad \vdots \quad \vdots$$
$$(x_c, y_r, Ncr)$$

所以称作联合分布。

[例]1. 以表8-2为例,写成联合分布的集合对,并解释之:

(x_1, y_1, N_{11}) 表示"是老人且喜爱戏曲"的共有 20 人,
(x_1, y_2, N_{12}) 表示"是老人且喜爱歌舞"的共有 5 人,
(x_1, y_3, N_{13}) 表示"是老人且喜爱球赛"的共 2 人,
(x_2, y_1, N_{21}) 表示"是中年且喜爱戏曲"的共 10 人,
(x_2, y_2, N_{22}) 表示"是中年且喜爱歌舞"的共 20 人,
(x_2, y_3, N_{23}) 表示"是中年且喜爱球赛"的共 10 人,
(x_3, y_1, N_{31}) 表示"是青年且喜爱戏曲"的共 2 人,
(x_3, y_2, N_{32}) 表示"是青年且喜爱歌舞"的共 35 人,
(x_3, y_3, N_{33}) 表示"是青年且喜爱球赛"的共 20 人。

这 9 个变量值频次对,共同组成了代际与喜爱收看电视节目的联合分布。

以上是当集合对中的 N_{ij} 是频次时,列联表称联合频次分布表。当集合对中最后一项是概率 P_{ij},则列联表为联合概率分布表,或当调查是抽样调查时,集合对中最后一项为频率,称联合频率分布表,但无论是是抽样调查,或是总体调查,都是用各格值除以总数,得联合频率(抽样调查)分布表或联合概率(总体调查)分布表。

联合概率分布表可以通过联合频次分布表求得:

$$p_{ij} = \frac{N_{ij}}{N}, \quad N = \sum_{i=1}^{c} \sum_{j=1}^{r} N_{ij}$$

联合概率分布有如下一般形式①(表8-3)。

列联表中每一间格的值,表示变量 x 和变量 y 各取某一定值时,事件的概率:

$$P(x = x_i, y = y_j) = p_{ij} \tag{8-1}$$

根据概率分布的性质,显然有表8-3:

表 8-3

y \ x	x_1	x_2	x_3	…	x_c	$\sum_i$
y_1	p_{11}	p_{21}	p_{31}	…	p_{c1}	p_{*1}
y_2	p_{12}	p_{22}	p_{32}	…	p_{c2}	p_{*2}
⋮	⋮	⋮	⋮	⋮	⋮	⋮
y_r	p_{1r}	p_{2r}	p_{3r}	…	p_{cr}	p_{*r}
$\sum_j$	p_{1*}	p_{2*}	p_{3*}	…	p_{c*}	1

---

① 此处 x, y 排列方向,根据一般约定,横轴为自变量 x,纵轴为因变量 y。

第八章 列联表(定类变量—定类变量)

$$\sum_{j=1}^{c} \sum_{i=1}^{r} P_{ij} = 1 \qquad (8-2)$$

(二)边缘分布

如果对联合分布进行简化研究,只研究其中某一变量的分布,而不管另一变量的取值,这样就得到边缘分布。边缘分布共有两个:

1. 边缘频次分布:

(1) 关于 y 的边缘分布:把联合频次分布表(8-1)中的频次,按行加总起来,得到按行的边缘和,行边缘和的集合,就是关于 y 的边缘频次分布:

$$N(y = y_1) = N_{11} + N_{21} + \cdots + N_{c1} = N_{*1}$$
$$N(y = y_2) = N_{12} + N_{22} + \cdots + N_{c2} = N_{*2}$$
$$\vdots \qquad \vdots \qquad \vdots \qquad \vdots \qquad \vdots$$
$$N(y = y_r) = N_{1r} + N_{2r} + \cdots + N_{cr} = N_{*r}$$

[例]2. 以表 8-2 为例,写出关于 y(喜爱收看电视节目)的边缘分布。

[解] $(Y = y_1, N_{*1} = 20 + 10 + 2 = 32)$ 表示喜爱戏曲的,不计代际,总共有 32 人
$(Y = y_2, N_{*2} = 5 + 20 + 35 = 60)$ 表示喜爱歌舞的,不计代际,总共有 60 人
$(Y = y_3, N_{*3} = 2 + 10 + 20 = 32)$ 表示喜爱球赛的,不计代际,总共有 32 人

(2) 关于 x 的边缘分布:把联合频次分布表(8-1)中的频次,按列加总起来,得到按列的边缘和,列边缘和的集合,就是关于 x 的边缘频次分布:

$$N(x = x_1) = N_{11} + N_{12} + \cdots + N_{1r} = N_{1*}$$
$$N(x = x_2) = N_{21} + N_{22} + \cdots + N_{2r} = N_{2*}$$
$$\vdots \qquad \vdots \qquad \vdots \qquad \vdots \qquad \vdots$$
$$N(x = x_c) = N_{c1} + N_{c2} + \cdots + N_{cr} = N_{c*}$$

[例]3. 以表 8-2 为例,写出关于 X(年龄档)的边缘分布。

[解] $(X = X_1, N_{1*} = 20 + 5 + 2 = 27)$ 表示老年组,不计爱好,总共有 27 人
$(X = x_2, N_{2*} = 10 + 20 + 10 = 40)$ 表示中年组,不计爱好,总共有 40 人
$(X = X_3, N_{3*} = 2 + 35 + 20 = 57)$ 表示青年组,不计爱好,总共有 57 人

2. 同理,还可以写出边缘的概率分布:

(1) 把联合分布(表 8-3)中的概率按行加总起来,就得到关于 y 的边缘概率分布:

$$P(y = y_1) = p_{11} + p_{21} + \cdots + p_{c1} = p_{*1}$$
$$P(y = y_2) = p_{12} + p_{22} + \cdots + p_{c2} = p_{*2}$$
$$\vdots \qquad \vdots \qquad \vdots \qquad \vdots \qquad \vdots$$
$$P(y = y_r) = p_{1r} + p_{2r} + \cdots + p_{cr} = p_{*r}$$

(2) 把联合概率分布(表8-3)中概率,按列加总起来,就得到关于 x 的边缘概率分布:

$$P(x = x_1) = p_{11} + p_{12} + \cdots + p_{1r} = p_{1*}$$
$$P(x = x_2) = p_{21} + p_{22} + \cdots + p_{2r} = p_{2*}$$
$$\vdots \qquad \vdots \qquad \vdots \qquad \vdots$$
$$P(x = x_c) = p_{c1} + p_{c2} + \cdots + p_{cr} = p_{c*}$$

对于总体调查,二变量的频次、概率、联合分布和边缘分布有如下关系(表8-4):

表 8-4

y \ x	x_1	x_2	$\cdots$	x_c	$\dfrac{\sum_{i=1}^{c} N_{ij}}{N} = p_{*j}$
y_1	$\dfrac{N_{11}}{N} = p_{11}$	$\dfrac{N_{21}}{N} = p_{21}$	$\cdots$	$\dfrac{N_{c1}}{N} = p_{c1}$	$\dfrac{\sum_{i=1}^{c} N_{i1}}{N} = \dfrac{N_{*1}}{N} = p_{*1}$
y_2	$\dfrac{N_{12}}{N} = p_{12}$	$\dfrac{N_{22}}{N} = p_{22}$	$\cdots$	$\dfrac{N_{c2}}{N} = p_{c2}$	$\dfrac{\sum_{i=1}^{c} N_{i2}}{N} = \dfrac{N_{*2}}{N} = p_{*2}$
$\vdots$	$\vdots$	$\vdots$		$\vdots$	$\vdots$
y_r	$\dfrac{N_{1r}}{N} = p_{1r}$	$\dfrac{N_{2r}}{N} = p_{2r}$	$\cdots$	$\dfrac{N_{cr}}{N} = p_{cr}$	$\dfrac{\sum_{i=1}^{c} N_{ir}}{N} = \dfrac{N_{*r}}{N} = p_{*r}$
$\dfrac{\sum_{j=1}^{r} N_{ij}}{N} = p_{i*}$	$\dfrac{\sum_{j=1}^{r} N_{1j}}{N} = \dfrac{N_{1*}}{N} = p_{1*}$	$\dfrac{\sum_{j=1}^{r} N_{2j}}{N} = \dfrac{N_{2*}}{N} = p_{2*}$	$\cdots$	$\dfrac{\sum_{j=1}^{r} N_{cj}}{N} = \dfrac{N_{c*}}{N} = p_{c*}$	$\dfrac{\sum_{i=1}^{e}\sum_{j=1}^{r} N_{ij}}{N} = 1$

(三) 条件分布

除了边缘分布,我们还可以将其中一个变量控制起来取固定值,再看另一变量的分布,这样就得到一个条件分布。如果变量 x 共有 c 个取值,变量 y 共有 r 个取值,那么从理论上说,就可以有 $C+r$ 个条件分布:

1. 控制 X 值,可得 C 个研究 Y 的条件分布(表8-5),它的每一项都是以边缘分布的边缘和 $N_{1*}; N_{2*} \cdots\cdots N_{c*}$ 为分母。

表 8-5

$x = x_1:$				
y	y_1	y_2	$\cdots$	y_r
$p(y)$	$\dfrac{N_{11}}{N_{1*}}$	$\dfrac{N_{12}}{N_{1*}}$	$\cdots$	$\dfrac{N_{1r}}{N_{1*}}$
$x = x_2:$				
y	y_1	y_2	$\cdots$	y_r
$p(y)$	$\dfrac{N_{21}}{N_{2*}}$	$\dfrac{N_{22}}{N_{2*}}$	$\cdots$	$\dfrac{N_{2r}}{N_{2*}}$
$\vdots$	$\vdots$	$\vdots$		$\vdots$
$x = x_c:$				
y	y_1	y_2	$\cdots$	y_r
$p(y)$	$\dfrac{N_{c1}}{N_{c*}}$	$\dfrac{N_{c2}}{N_{c*}}$	$\cdots$	$\dfrac{N_{cr}}{N_{c*}}$

2. 类似地,如果控制 y 值,也可研究 x 的条件分布(表8-6),它的每一项都是以边缘分布的边缘和 $N_{*1};N_{*2}\cdots\cdots N_{*r}$ 为分母。

表 8-6

$y = y_1:$				
x	x_1	x_2	$\cdots$	x_c
$p(x)$	$\dfrac{N_{11}}{N_{*1}}$	$\dfrac{N_{21}}{N_{*1}}$	$\cdots$	$\dfrac{N_{c1}}{N_{*1}}$
$y = y_2:$				
x	x_1	x_2	$\cdots$	x_c
$p(x)$	$\dfrac{N_{12}}{N_{*2}}$	$\dfrac{N_{22}}{N_{*2}}$	$\cdots$	$\dfrac{N_{c2}}{N_{*2}}$
$\vdots$	$\vdots$	$\vdots$		$\vdots$
$y = y_r:$				
x	x_1	x_2	$\cdots$	x_c
$p(x)$	$\dfrac{N_{1r}}{N_{*r}}$	$\dfrac{N_{2r}}{N_{*r}}$	$\cdots$	$\dfrac{N_{cr}}{N_{*r}}$

比较表8-4和表8-5、表8-6,可以发现,联合分布、边缘分布中各项,都是以 N 为分母(表8-4)。条件分布中的每一项,则是以边缘分布的边缘和 N_{1*}; N_{2*}……或 N_{c*} 或 N_{*1};N_{*2}……或 $N*r$ 为分母(表8-5、表8-6)。

[例]4. 试就下列频次的联合分布(表8-7),求概率的联合分布、边缘分布和条件分布。

表 8-7

	老年	中年	青年
戏曲	20	10	2
歌舞	5	20	35
球赛	2	10	20

[解] 为了求得分布,必须求出总数 N

$$N = \sum_{j=1}^{c} \sum_{i=1}^{r} N_{ij}$$

以及边缘和

$$N_{i*} = \sum_{j=1}^{r} N_{ij} \qquad i = 1,2,\cdots,c$$

$$N_{*j} = \sum_{i=1}^{c} N_{ij} \qquad j = 1,2,\cdots,r$$

于是有表8-8:

表 8-8

	老年	中年	青年	边缘和(N_{*j})
戏曲	20	10	2	32
歌舞	5	20	35	60
球赛	2	10	20	32
边缘和(N_{i*})	27	40	57	$N = 124$

联合分布为表8-9:

表 8-9

	老年	中年	青年
戏曲	20/124	10/124	2/124
歌舞	5/124	20/124	35/124
球赛	2/124	10/124	20/124

关于 y(节目分类)的边缘分布为(表 8-10):

表 8-10

y	戏曲	歌舞	球赛
p(y)	32/124	60/124	32/124

关于 x(年龄档)的边缘分布为(表 8-11):

表 8-11

x	老年	中年	青年
p(x)	27/124	40/124	57/124

关于 y 的条件分布,共有三个:

表 8-12　$x = x_1$(老年)

y	戏曲	歌舞	球赛
p(y)	20/27	5/27	2/27

表 8-13　$x = x_2$(中年)

y	戏曲	歌舞	球赛
p(y)	10/40	20/40	10/40

表 8-14　$x = x_3$(青年)

y	戏曲	歌舞	球赛
p(y)	2/57	35/57	20/57

读者或许发现,这里为什么未计算关于 X 的条件分布。理论上来说,我们还应该列出三个关于 x 的条件分布。但从实际来看,一般把自变量写在 X 轴,作为"果"的因变量写在 Y 轴,所以控制 Y 轴,就是控制因变量,而控制因变量是没有实际意义的。例如本题中,只能说,年龄影响收看节目的兴趣,反之,收看节目影响年龄,则不通。所以一般只研究控制自变量 x 后,因变量 y 的条件分布。

三、列联表中变量的相互独立性

前面谈过,列联表是研究定类变量之间的关系。为此,首先要确定的是否存在关系,只有在存在关系的条件下,然后才有必要进一步讨论关系的强弱。列联表间变量是否存在有关系,是通过否定了"列联表变量间是相互独立"来完成的。所谓变量的相互独立性,就是指列联表中的变量各自分布相互是无关的,也就是具有相同的条件分布。现在,仍以上面例子来说明,首先我们把关于 y 的条件分布(表8-12、表8-13、表8-14)和边缘分布(表8-10),合写在一张表上(表8-15)。

表 8-15

	老年	中年	青年	边缘和
戏曲	20/27 = 0.74	10/40 = 0.25	2/57 = 0.04	32/124 = 0.26
歌舞	5/27 = 0.18	20/40 = 0.50	35/57 = 0.61	60/124 = 0.48
球赛	2/27 = 0.08	10/40 = 0.25	20/57 = 0.35	32/124 = 0.26

根据表8-15中的每一行,可以比较出三代人的喜爱是否有所不同,三代人的百分比依次是:

　　戏曲　0.74→0.25→0.04
　　歌舞　0.18→0.50→0.61
　　球赛　0.08→0.25→0.35

可见,随着代际的年轻化,戏曲喜爱的比例逐渐下降,而歌舞和球赛却越来越受到欢迎,从而得出节目的喜爱与代际是有关的结论。也就是变量 y(节目的喜爱)与变量 x(代际)是有关的。

现在设想,如果统计的结果三代人的百分比是不变的,

　　戏曲　0.74→0.74→0.74
　　歌舞　0.18→0.18→0.18
　　球赛　0.08→0.08→0.08

那又该作出什么结论呢?

显然,如果喜爱节目的比例,对于三代人都是一样的话,那就表示变量"选择喜爱的节目"与变量"代际"之间是没有关系的。这种情况,称作变量之间是相互独立的。如果变量间是相互独立的话,通过上例可以看出,必然存在变量的条件分布和它的边缘分布相同。

$$\frac{N_{11}}{N_{1*}} = \frac{N_{21}}{N_{2*}} = \cdots = \frac{N_{c1}}{N_{c*}} = \frac{N_{*1}}{N}$$

$$\frac{N_{12}}{N_{1*}} = \frac{N_{22}}{N_{2*}} = \cdots = \frac{N_{c2}}{N_{c*}} = \frac{N_{*2}}{N}$$

第八章 列联表(定类变量—定类变量)

$$\frac{N_{1r}}{N_{1*}} = \frac{N_{2r}}{N_{2*}} = \cdots = \frac{N_{cr}}{N_{c*}} = \frac{N_{*r}}{N}$$

把以上所有的式子用一个通式来表示,那就是

$$\frac{N_{ij}}{N_{i*}} = \frac{N_{*j}}{N} \quad \begin{pmatrix} i = 1,2,\cdots,c \\ j = 1,2,\cdots,r \end{pmatrix} \tag{8-3}$$

式(8-3)的分子和分母都乘以 N 得:

$$\frac{N_{ij}}{N} \frac{N}{N_{i*}} = \frac{N_{*j}}{N} \tag{8-3-1}$$

移项后得:

$$N_{ij} = \frac{N_{*j} \times N_{i*}}{N} \tag{8-4}$$

式(8-4)表示如果列联表中的变量是相互独立的话,必须满足联合分布表中的每一个频次,都等于所在行、所在列边缘和的乘积除以总数。

式(8-4)中的比例,代表了以下的概率:

$$\frac{N_{ij}}{N} = p_{ij} \tag{8-5}$$

$$\frac{N}{N_{i*}} = \frac{1}{p_{i*}} \tag{8-6}$$

$$\frac{N_{*j}}{N} = p_{*j} \tag{8-7}$$

将式(8-5)至式(8-7)代入式(8-3-1)得:

$$p_{ij} = p_{i*} p_{*j} \tag{8-8}$$

式(8-8)是列联表变量相互独立的数学表达式,它表示,如果列联表变量是相互独立的,必须满足表中的每一个概率,都等于所在行、所在列边缘概率的乘积。

实际上,式(8-4)和式(8-8)是等效的。当联合分布给出的是频次列联表时,运用式(8-4)比较方便,如果联合分布给出的是概率列联表,则运用式(8-8)比较方便。

为了使读者对列联表中的变量是否相互独立及检验公式有具体的了解,不妨设想一个具有变量相互独立的统计表 8-15-1,看它是否满足式(8-4)或式(8-8)。

表 8-15-1

y \ x	x_1	x_2	x_3	边缘和(N_{*j})
y_1	1	2	4	7
y_2	2	4	8	14
y_3	3	6	12	21
边缘和(N_{i*})	6	12	24	42

表 8-15-1 和表 8-15 是不同的，表 8-15-1 无论行与行或列与列，其格值比例都相同，每行的比例都是 1∶2∶4，每列的比例都是 1∶2∶3，条件分布和边缘分布相同，因此表(8-15-1)中的变量是相互独立的。

表 8-15-2 中的计算，验证了表 8-15-1 的每一个格值都满足公式(8-4)或公式(8-8)。

表 8-15-2

y \ x	x_1	x_2	x_3	边缘和(N_{*j})
y_1	$\frac{6\times7}{42}=1$	$\frac{12\times7}{42}=2$	$\frac{24\times7}{42}=4$	7
y_2	$\frac{6\times14}{42}=2$	$\frac{12\times14}{42}=4$	$\frac{24\times14}{42}=8$	14
y_3	$\frac{6\times21}{42}=3$	$\frac{12\times21}{42}=6$	$\frac{24\times21}{42}=12$	21
边缘和(N_{i*})	6	12	24	42

表 8-16 给出了当二变量相互独立时，列联表中边缘分布与联合分布概率的关系：

表 8-16

y \ x	x_1	x_2	$\cdots$	x_c	p_{*j}
y_1	$p_{11}=p_{1*}p_{*1}$	$p_{21}=p_{2*}p_{*1}$	$\cdots$	$p_{c1}=p_{c*}p_{*1}$	p_{*1}
y_2	$p_{12}=p_{1*}p_{*2}$	$p_{22}=p_{2*}p_{*2}$	$\cdots$	$p_{c2}=p_{c*}p_{*2}$	p_{*2}
$\vdots$	$\vdots$	$\vdots$	$\vdots$	$\vdots$	$\vdots$
y_r	$p_{1r}=p_{1*}p_{*r}$	$p_{2r}=p_{2*}p_{*r}$	$\cdots$	$p_{cr}=p_{c*}p_{*r}$	p_{*r}
p_{i*}	p_{1*}	p_{2*}		p_{c*}	$\sum_{j=1}^{r}\sum_{i=1}^{c}p_{ij}=1$

第三节 列联表的检验

一、列联表为什么要检验

列联表中包含两个变量,因此,两个变量之间的关系将成为研究的重点。而为了研究变量之间的关系,首先必须确认关系的存在,然后才能研究关系的度量,本节将讨论如何确认关系的存在。

上节给出了检验列联表中变量相互独立性的公式,也就是说,只要满足式(8-4)或式(8-8),就表示变量间不存在关系,但这是对总体调查而言的,如果是抽样调查,即便总体两变量相互独立、不存在关系,由于抽样误差的存在,也可能呈现不满足式(8-4)或式(8-8)的情况,为此,必须通过统计检验,排除了抽样误差,方可确认列联表中变量的关系,所以,列联表中检验是针对抽样调查而言的。

列联表中变量存在关系的统计检验的思路,和单变量的假设检验是一致的。首先我们假设列联表中的变量是相互独立的,也就是列联表中的原假设是变量间没有关系,满足式(8-4)或式(8-8)。但如果一次抽样的结果,远离了变量相互独立的原假设,出现了相对于原假设的小概率事件,则我们可以拒绝原假设,认为总体中两变量是存在关系的。

把变量间相互独立、无关系作为原假设,把变量间存在关系作为备择假设的原因,正如在第七章指出,这样的结果,一旦确认了变量间存在关系,所犯错误(以真当假的错误)概率 α 是确定、可控的,而且都是很小的。

二、列联表检验的原假设

列联表是将总体中变量间无关系,或相互独立作为检验的原假设:

$$H_0: p_{ij} = p_{i*}p_{*j} \quad \begin{matrix} i = 1,2,\cdots,c \\ j = 1,2,\cdots,r \end{matrix}$$

由于 P_{i*} 和 P_{*j} 是总体的边缘分布,对于抽样数据来说,都是未知的。因此用样本中的边缘频率分布作为它的点估计值:

$$p_{i*} \approx \hat{P}_{i*} = \frac{n_{i*}}{n} \quad i = 1,2,\cdots,c \quad (8-9)$$

$$p_{*j} \approx \hat{P}_{*j} = \frac{n_{*j}}{n} \quad j = 1,2,\cdots,r \quad (8-10)$$

这里用小写字母 n_{i*}、n_{*j}、n 表示样本的频次，$\hat{P}_{i*}$、$\hat{P}_{*j}$ 表示样本的频率分布。

三、期望频次列联表

由于抽样调查的结果，给出了边缘频次分布，根据式(8-4)至式(8-10)，我们得出当原假设成立的条件下，列联表应有的格值：

$$E_{ij} = np_{ij} = np_{i*}p_{*j} \approx \frac{n_{i*}n_{*j}}{n} \tag{8-11}$$

这样的频次 E_{ij} 称作期望频次，由期望频次构成的列联表，称期望频次列联表，它具有如下形式(表8-17)：

表 8-17

y \ x	x_1	x_2	…	x_c
y_1	E_{11}	E_{21}	…	E_{c1}
y_2	E_{12}	E_{22}	…	E_{c2}
⋮	⋮	⋮	⋮	⋮
y_r	E_{1r}	E_{2r}	…	E_{cr}

需要强调的是，期望列联表并非真实存在的，它是根据列联表的原假设，变量间不存在关系，从边缘频次推算出的格值。

[例]5. 表8-8是根据抽样所得的列联表，求其期望列联表，并与表8-8比较之。

[解] 根据式(8-11)，得表8-8的期望列联表8-18：

表 8-18

	老年	中年	老年	边缘和(N_{*j})
戏曲	$\frac{27 \times 32}{124} = 6.97$	$\frac{40 \times 32}{124} = 10.32$	$\frac{57 \times 32}{124} = 14.71$	32
歌舞	$\frac{27 \times 60}{124} = 13.06$	$\frac{40 \times 60}{124} = 19.35$	$\frac{57 \times 60}{124} = 27.58$	60
球赛	$\frac{27 \times 32}{124} = 6.97$	$\frac{40 \times 32}{124} = 10.32$	$\frac{57 \times 32}{124} = 14.71$	32
边缘和(N_{i*})	27	40	57	$N = 124$

比较表8-8与表8-18可知，两表的边缘分布和调查总数 N 相同，但联合分

第八章　列联表(定类变量—定类变量)

布的格值不同,表8-8是实测到的数据,而表8-18是假设列联表中的两变量无关的话,根据边缘分布,用式(8-4)推算出来的,可以验证,表8-18各行都保持相同的比例:1:1.48:2.11,各列也保持相同的比例:1:1.87:1,而表8-8各行、各列比例都不相同。

四、列联表检验

列联表检验的检验程序与单变量检验是相同的,首先要确定原假设和备择假设,由于列联表的变量,都是定类变量,只有类别之分,因此备择假设只是简单的否定原假设,无须检验大小和方向,所以备择假设可以略去不写。

根据原假设,通过边缘分布,计算出列联表应具有的各格值,这样的列联表,称期望列联表。然后以期望列联表为基准,与实测列联表进行比较,例如将实测列联表(表8-8)与期望列联表(表8-18)对应的格值进行比较:

$$20 - 6.97$$
$$10 - 10.32$$
$$2 - 14.71$$
$$5 - 13.06$$
$$20 - 19.35$$
$$35 - 27.58$$
$$2 - 6.97$$
$$10 - 10.32$$
$$20 - 14.71$$

一个很自然的判断是,如果两表相差不多,由于这是抽样的结果,存在有抽样误差,我们没有理由推翻原假设,但如果相差太大,我们就有必要怀疑原假设的合理性了,这里所指的相差太大,不是指某个或几个格值相差太大,而是指列联表所有格值加总的结果,具体计算方法,是将两表对应的频次,相减后平方,再除以相应的期望频次,最后再加总起来:

$$\sum = (20 - 6.97)^2/6.97 + (10 - 10.32)^2/10.32 + (2 - 14.71)^2/14.71 + (5 - 13.06)^2/13.06 + (20 - 19.35)^2/19.35 + (35 - 27.58)^2/27.58 + (2 - 6.97)^2/6.97 + (10 - 10.32)^2/10.32 + (20 - 14.71)^2/14.71$$

根据以上的检验思想,用期望列联表(表8-17)和实测列联表(表8-18)的一般式,得以下的检验公式(8-12)

表 8-18

y \ x	x_1	x_2	...	x_c
y_1	n_{11}	n_{21}	...	n_{c1}
y_2	n_{12}	n_{22}	...	n_{c2}
⋮	⋮	⋮	⋮	⋮
y_r	nE_{1r}	n_{2r}	...	n_{cr}

得以下的检验公式(8-12)

$$\chi^2 = \sum_{i=1}^{c}\sum_{j=1}^{r}\frac{(n_{ij}-E_{ij})^2}{E_{ij}} \tag{8-12}$$

分子取平方是为了取其绝对差值,避免正、负差值相抵的情况,而分母 E_{ij} 是为了平衡 E_{ij} 数值本身的大小,否则,如果 E_{ij} 本身数值很小,即便 $(n_{ij}-E_{ij})^2$ 与 E_{ij} 相比已经很大,但在总平方和中仍然是微不足道,反之,如果 E_{ij} 本身数值很大,即便 $(n_{ij}-E_{ij})^2$ 相差不大,但绝对数值在总平方和中仍然起主导作用。

五、列联表检验的统计量——χ^2

列联表检验的程序和单变量检验是相同的:确定原假设;选择适当的统计量;定出显著性水平;然后根据样本值进行判断。

列联表中的原假设 H_0 前面已经谈过,列联表中统计量,就是式(8-12),由于列联表是二维变量,因此统计量 χ^2 的确定比单变量的情况要复杂些[①],具体说,χ^2 不像正态分布只有一条分布曲线,它是由一系列曲线组成,具体取哪条曲线,由被称为"自由度"的参数所决定,所以 χ^2 要写作 $\chi^2(k)$,只有确定了 k,才能确定是哪条曲线,对于列联表的检验公式(10-12),经过数学计算可知,当 n 很大,每格 E_{ij} 都不太小(≥ 5),式(8-12)服从自由度 $K=(r-1)(c-1)$ 的 χ^2 分布

$$\chi^2 = \sum_{i=1}^{c}\sum_{j=1}^{r}\frac{(n_{ij}-E_{ij})^2}{E_{ij}} \sim \chi^2[(r-1)(c-1)] \tag{8-12-1}$$

$\chi^2(k)$ 的图形见图 8-1。[②]

由于 $\chi^2(k)$ 分布中 Y 轴给出的是概率密度,曲线下的面积代表的是概率,$\chi^2(k)$ 对应的概率值见附表 4,为了解释方便,摘抄附表 4 中初始的 10 行,得表

[①] 详见卢淑华:《社会统计学》(第四版),北京大学出版社 2009 年版,第 160—164 页。
[②] 同上书,第 161 页,图 5-19。

第八章 列联表(定类变量—定类变量)

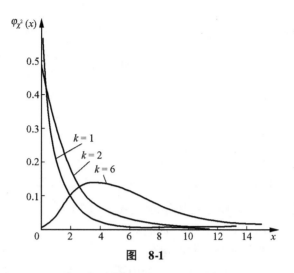

图 8-1

8-19。表中标识行的第一列为 K 值,第二列开始为概率值。第二行开始为主体行,主体行的第一列是 K 的具体数值,第二列开始,是对应 K 值下不同概率的 χ^2 值。例如从表 8-19(摘自附表 4)中,取 $K=6$,当 $\chi^2=0.676$ 时,$\chi^2>0.676$ 的概率为 0.995;当 $\chi^2=0.872$ 时,$\chi^2>0.872$ 的概率为 0.99;当 $\chi^2=1.237$ 时,$\chi^2>1.237$ 的概率为 0.975;当 $\chi^2=1.635$ 时,$\chi^2>1.635$ 的概率为 0.95;当 $\chi^2=2.204$ 时,$\chi^2>2.204$ 的概率为 0.90;当 $\chi^2=3.455$ 时,$\chi^2>3.455$ 的概率为 0.75。余类推。

表 8-19

K	$\alpha=0.995$	0.99	0.975	0.95	0.90	0.75
1	—	—	0.001	0.004	0.016	0.102
2	0.010	0.020	0.051	0.103	0.211	0.575
3	0.072	0.115	0.216	0.352	0.584	1.213
4	0.207	0.297	0.484	0.711	1.064	1.923
5	0.412	0.554	0.831	1.145	1.610	2.675
6	0.676	0.872	1.237	1.635	2.204	3.455
7	0.989	1.239	1.690	2.167	2.833	4.255
8	1.344	1.646	2.180	2.733	3.490	5.071
9	1.735	2.088	2.700	3.325	4.168	5.899
10	2.156	2.558	3.247	3.940	4.865	6.737

[例]6. 某乡镇研究职业代际流动。调查了共140人。其结果如下(表8-20):

表 8-20

父辈职业/子辈职业	脑力	体力	农业	边缘和
脑 力	20	5	5	30
体 力	10	30	10	50
农 业	5	5	50	60
边缘和	35	40	65	$n=140$

问:父辈职业与子辈职业是否有关?($\alpha=0.05$)

[解] H_0:子辈职业与父辈职业无关,
H_1:子辈职业与父辈职业有关。

根据 H_0 以及样本的边缘和,计算期望频次的列联表(表8-21)。

表 8-21

子辈＼父辈	脑 力	体 力	农 业
脑 力	$\frac{35 \times 30}{140}=7.50$	$\frac{40 \times 30}{140}=8.57$	$\frac{65 \times 30}{140}=13.93$
体 力	$\frac{35 \times 50}{140}=12.50$	$\frac{40 \times 50}{140}=14.29$	$\frac{65 \times 50}{140}=23.21$
农 业	$\frac{35 \times 60}{140}=15.00$	$\frac{40 \times 60}{140}=17.14$	$\frac{65 \times 60}{140}=27.86$

计算 χ^2 值

$$\chi^2 = \frac{(20-7.5)^2}{7.5} + \frac{(5-8.57)^2}{8.57} + \frac{(5-13.93)^2}{13.93}$$
$$+ \frac{(10-12.5)^2}{12.5} + \frac{(30-14.29)^2}{14.29} + \frac{(10-23.21)^2}{23.21}$$
$$+ \frac{(5-15.00)^2}{15.00} + \frac{(5-17.14)^2}{17.14} + \frac{(50-27.86)^2}{27.86}$$
$$= 86.22$$

自由度 $K=(r-1)(c-1)=(3-1)(3-1)=4$

第八章　列联表(定类变量—定类变量)

临界值 $\chi^2_{0.05}(K=4)=9.488^{①}\approx 9.49$，具体图形如下(图 8-2)：

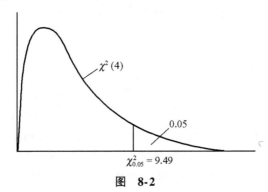

图 8-2

因为 $\chi^2=86.22>\chi^2_{0.05}=9.49$

它位于(图 8-2)$\chi^2=9.49$ 的右侧，因此对应的 α 值应小于 0.05

从而否定了原假设，接受子辈职业与父辈职业是有关系的备择假设($\alpha=0.05$)。

六、列联表特例情况下的检验公式

(一) 2×2 列联表

当列联表中的行变量及列变量都只有 2 个分类，称 2×2 列联表，由于格数过少，为减少作为离散观测值与作为连续型变量 x 值之间的偏差，可作连续性修正，式(8-12)修正为

$$\chi^2 = \sum_{i=1}^{2}\sum_{j=1}^{2}\frac{(|n_{ij}-E_{ij}|-0.5)^2}{E_{ij}} \tag{8-13}$$

其中需要注意的是 $n_{ij}-E_{ij}$ 取绝对值后，再减去 0.5，然后平方。

(二) 二项总体

当列联表中的一个变量只有一类，另一个定类型变量只有两个分类，称二项总体。这实际已退化为单变量的总体成数的假设检验，对于大样本来说，除了用第七章的大样本总体成数的假设检验外，也可使用自由度 $K=1$ 的 χ^2 公式(8-14)进行检验，它和第七章的大样本总体成数的假设检验公式是等效的[②]，使

[①] $^1\chi^2$ 的查找方法是：(1) 找到 χ^2 值的附表 4，(2) 由于计算的 χ^2 值很大，所以查找附表 4 的续表，见附表 4(续二)，(3) 附表 4(续二)没有 $\chi^2=86.22$ 对应的概率 α 值，但由于我们检验的要求为 $\alpha=0.05$，所以我们可以查找 $\alpha=0.05$ 时，对应的 χ^2 值，经附表 4(续二)查找，K=4 时，第 4 行对应 $\alpha=0.05$ 列的 χ^2 值是 9.488。

[②] 详见卢淑华：《社会统计学》(第四版)，北京大学出版社 2009 年版，第 288 页。

用时须满足 $E_i \geq 5$：

$$\chi^2 = \frac{(|n_1 - E_1| - 0.5)^2}{E_1} + \frac{(|n_2 - E_2| - 0.5)^2}{E_2} \quad (8\text{-}14)$$

[**例**]7. 设抽样调查了160人，其中60人主张保留独生子女政策，100人主张废除独生子女政策，问：能否认为两种看法有显著差异？($\alpha = 0.01$)

[**解**] 已知：调查总数 $n = 160$ 人，其中60人主张保留独生子女政策，100人主张废除独生子女政策，实际观测值：$n_1 = 60$ 人；$n_2 = 100$ 人

根据题意，原假设应有 H_0：两种看法无差异，也就是概率相等，都等于 0.5

得期望频次：$E_1 = 160 \times 0.5 = 80$ 人；$E_2 = 160 \times 0.5 = 80$ 人

对于二项分布，应用增加 0.5 修正项的公式(8-14)得：

$$\chi^2 = \frac{(|60 - 80| - 0.5)^2}{80} + \frac{(|100 - 80| - 0.5)^2}{80}$$

$$= \frac{380.25}{80} + \frac{380.25}{80}$$

$$= 4.753 + 4.753$$

$$= 9.506$$

$k = 1$，查附表4有 $\chi^2_{0.01}(1) = 6.635$

因为 $\chi^2 > \chi^2_{0.01}(1) = 6.635$

所以拒绝原假设，接受备择假设，认为主张保留和主张废除独生子女的人数是有显著性差异($\alpha = 0.01$)。

(三) 多项总体

当列联表中的一个变量只有一类，另一个定类型变量有多个两个分类，称多项总体。

多项分布是单变量二项分布的自然推广。如果变量 A 共有 r 类

$$A_1, A_2, \cdots, A_r$$

设总体中各类的概率为：

$$p_1, p_2, \cdots, p_r$$

于是总体的原假设 H_0 为：

$$H_0: p_i = p_{i0} \quad i = 1, 2, \cdots, r$$

对于样本容量为 n 的抽样，其理论上期望频次分布为：

$$E_i = np_{i0}$$

与此同时，相对应的各类实际观测值为：

$$n_1, n_2, \cdots, n_r$$

第八章 列联表（定类变量—定类变量）

多项总体检验公式(8-15)：

$$\chi^2 = \sum_{i=1}^{r} \frac{(n_i - E_i)^2}{E_i} \sim \chi^2(r-1) \tag{8-15}$$

可以证明($E_i \geq 5$)，χ^2近似地满足自由度$K = r - 1$的χ^2分布。

[例]8. 食堂为了解学生对主食的习惯，进行了128人的随机抽样调查，其中35人食用馒头，28人食用面条，30人食用面包，35人食用米饭，请问各种主食是否有显著性差异？（$\alpha = 0.05$）

[解] 已知：调查总数$n = 128$人，其中食用馒头35人，食用面条28人，食用面包30人，食用米饭35人，

实际观测值：$n_1 = 35$人；$n_2 = 28$人；$n_3 = 30$人；$n_4 = 35$人

根据题意，原假设应有H_0：各种主食无显著性差异，也就是概率相等，都等于0.25

得期望频次：$E_1 = 128 \times 0.25 = 32$人；$E_2 = 128 \times 0.25 = 32$人；$E_3 = 128 \times 0.25 = 32$人；$E_4 = 128 \times 0.25 = 32$人

对于多项分布，服从自由度$K = r - 1 = 4 - 1 = 3$的χ^2分布，因此应用公式(8-15)得：

$$\chi^2 = \frac{(35-32)^2}{32} + \frac{(28-32)^2}{32} + \frac{(30-32)^2}{32} + \frac{(35-32)^2}{32} = 1.18$$

因为 $\chi^2 < \chi^2_{0.05}(3) = 7.82$

所以接受原假设，认为学生食用各种主食无显著性差异（$\alpha = 0.05$）。

七、使用统计量 χ^2 对列联表进行检验小结

（一）使用统计量χ^2对列联表进行检验，每一格值要$E_{ij} \geq 5$，如果其中有的格值E_{ij}过小，那么在计算χ^2值时，$(n_{ij} - E_{ij})^2 / E_{ij}$值的波动就会扩大。至于允许多少个$E_{ij}$不满足条件，根据问题要求的精确程度不同，不同作者给出的限制不同。但一般认为E_{ij}小于5的格数至多不应超过总格数的20%。

（二）列联表就其检验的内容来看是双边检验。这一点从上面所举例中的H_0和H_1就可以看出，它所判断的内容仅是变量间是否存在关系。至于关系的方向，由于列联表属定类变量，因此是不存在的。但从列联表χ^2统计量的公式来看，只有期望频次和实测频次间差距的绝对值愈大，才能愈否定变量间无关系的原假设，即

$$\chi^2 > \chi^2_\alpha$$

因此,列联表检验从形式来看,却又很像右侧单边检验(图 8-2),这一点是和前面检验形式所不同的。

(三) 列联表的检验是通过频次而不是通过相对频次的比较进行的。例如有以下 3 个频次不同的列联表(表 8-22—表 8-24):

表 8-22

15	10	25
10	15	25
25	25	50

表 8-23

30	20	50
20	30	50
50	50	100

表 8-24

60	40	100
40	60	100
100	100	200

如果写成相对频次的列联表,它们都是一样的(表 8-25):

表 8-25

0.6	0.4
0.4	0.6
1.00	1.00

但它们的 χ^2 值却并不相同。

表 8-22 的 χ^2 值为:

$$\chi^2 = \frac{\left(15 - \frac{25 \times 25}{50}\right)^2}{\frac{25 \times 25}{50}} + \frac{\left(10 - \frac{25 \times 25}{50}\right)^2}{\frac{25 \times 25}{50}} + \frac{\left(10 - \frac{25 \times 25}{50}\right)^2}{\frac{25 \times 25}{50}}$$

$$+ \frac{\left(15 - \frac{25 \times 25}{50}\right)^2}{\frac{25 \times 25}{50}} = 2$$

表 8-23 的 χ^2 值为:

$$\chi^2 = \frac{\left(30 - \frac{50 \times 50}{100}\right)^2}{\frac{50 \times 50}{100}} + \frac{\left(20 - \frac{50 \times 50}{100}\right)^2}{\frac{50 \times 50}{100}} + \frac{\left(20 - \frac{50 \times 50}{100}\right)^2}{\frac{50 \times 50}{100}}$$

$$+ \frac{\left(30 - \frac{50 \times 50}{100}\right)^2}{\frac{50 \times 50}{100}} = 4$$

第八章 列联表(定类变量—定类变量)

表8-24 的 χ^2 值为：

$$\chi^2 = \frac{\left(60 - \frac{100 \times 100}{200}\right)^2}{\frac{100 \times 100}{200}} + \frac{\left(40 - \frac{100 \times 100}{200}\right)^2}{\frac{100 \times 100}{200}} + \frac{\left(40 - \frac{100 \times 100}{200}\right)^2}{\frac{100 \times 100}{200}} + \frac{\left(60 - \frac{100 \times 100}{200}\right)^2}{\frac{100 \times 100}{200}} = 8$$

如果选择 $\alpha = 0.05$，查附表6有：

$$\chi^2_{0.05}(1) = 3.841 \approx 3.84$$

则列联表 8-22 判断为无显著性差异，而列联表 8-23 和表 8-24 则判断为有显著性差异。

可见，相对频次相同的列联表，在统计检验中其显著性并不相同。特别是当总体中两变量相关并不很大时，如果样本容量较小，很可能呈现无显著性差异，但当样本容量增大时，χ^2 将增大，这时虽然列联表的相对频次没有改变，但很可能呈现有显著性差异，这是因为 χ^2 的临界值并不变化的。通过上例可以看出，当样本容量增加 K 倍时，如果相对频次不变的话，χ^2 值将增加 K 倍：

$$(\chi^2)' = \frac{\sum\sum(Kn_{ij} - KE_{ij})^2}{KE_{ij}} = K\frac{\sum\sum(n_{ij} - E_{ij})^2}{E_{ij}} = K\chi^2$$

实际上，这也是容易理解的。因为当样本容量增加之后，如果仍然保持原有比例的关系，则说明它出于随机误差的可能性减少，也就是确认其比例关系的把握增大。这也是为什么相对频次的统计表必须注明调查总数的缘故。

（四）根据（三）可得出，抽样的列联表能否达到检验的要求，除了取决于实测列联表与期望列联表的差异外，还和样本容量有关，样本容量越大，越容易达到检验的要求。

第四节 列联强度

一、变量间的相关

本章上节谈到通过统计量 χ^2 值检验列联表变量间是否存在关系。在确定了存在关系之后，进一步要问的问题将是关系的程度如何。相关程度的度量方法根据变量层次的不同而有所不同。具体来说，由于列联表研究对象仅是定类变量，因此列联表中的频次分布情况，不仅是检验是否存在关系的依据，同时也是度量变量间关系强弱的依据。相关程度越高，说明社会现象与社会现象间的关系愈密切。

为了研究列联表中变量间关系的强度，一个很自然的想法是将频次转化为条件分布，然后比较自变量取不同值时，因变量条件分布之不同。

例如，已知列联表有（表 8-26），

表 8-26

	男	女
赞 成	20	70
不赞成	30	30
边缘和	50	100

首先进行 χ^2 检验，当根据式(8-12)计算之 χ^2 值，满足

$$\chi^2 > \chi^2_{0.05}(1) = 3.84 \text{ 时},$$

可进一步讨论变量间关系的程度，为此将频次分布转化作条件分布（表 8-27）：

表 8-27

	男	女
赞 成	20/50 = 40%	70/100 = 70%
不赞成	30/50 = 60%	30/100 = 30%

这样就可以看出，女性比男性赞成的比例高 30%，而男性比女性不赞成的比例高 30%。显然，百分比的差值愈大，表示变量间的关系愈强。这种百分比的比较法比较直观，但却有一定的局限性，例如，当自变量的取值超过两类时，就存在以哪个取值作基准的问题，而不同的基准所得的百分比差值又是不同的，因此，列联表之间的比较就会产生困难了。所以，百分比差值比较法仅适合于简单的讨论。下面介绍列联强度的各种讨论方法。

二、2×2 表——ϕ 系数和 Q 系数[①]

当列联表中的两个变量都只有两种取值时就称作 2×2 表（表 8-28）。

---

① Q 系数为英国统计学家 G. Udney Yule 所创，又称 Yule's Q，它是后面所介绍 r 系数的一个特例。2×2 表中系数也是 $r \times c$ 表系数的特例。

第八章 列联表(定类变量—定类变量)

表 8-28

y \ x	x_1	x_2	$\sum$
y_1	a	b	$a+b$
y_2	c	d	$c+d$
$\sum$	$a+c$	$b+d$	$n=a+b+c+d$

首先我们来分析当变量间无相关,即相互独立时频次间的关系。根据变量独立的要求有

$$\frac{a}{a+c} = \frac{b}{b+d}$$

即

$$ad = bc$$

可见,差值 $ad-bc$ 的大小,反映了变量关系的强弱。因此,对于 2×2 表,无论 ϕ 系数或 Q 系数都是以差值 $ad-bc$ 为基础进行讨论的。同时也都是把关系强度的取值范围定义在

$$[-1, +1]$$

之间。但对什么情况算作关系最强,ϕ 系数和 Q 系数的定法有所不同。

(一) ϕ 系数

$$\phi = \frac{ad-bc}{\sqrt{(a+b)(c+d)(a+c)(b+d)}} \qquad (8-14)$$

2×2 表有如下形式(表 8-29)时,ϕ 达最大值。

表 8-29

y \ x	x_1	x_2
y_1	a	0
y_2	0	d

$$\phi = \frac{ad-0}{\sqrt{(a+0)(0+d)(a+0)(0+d)}} = +1$$

2×2 表有如下形式(表 8-30)时,ϕ 达最小值。

表 8-30

y \ x	x_1	x_2
y_1	0	b
y_2	c	0

$$\phi = \frac{0 - bc}{\sqrt{(0+b)(c+0)(0+c)(b+0)}} = -1$$

列联表中变量的排列是任意的,因此 ϕ 的符号并无实际意义,当 $|\phi|=1$ 时,称作完全相关(有时取 ϕ^2 进行讨论)。为了要达到完全相关,必须做到有一组对角线上的值都为 0。例如它表示其中一类全部赞成而余下另一类则全部反对。总结起来有

$\phi = 0$　　　　当两变量相互独立

$|\phi| = 1$　　　b,c 同时为零或 a,d 同时为 0。

$|\phi| < 1$　　　一般情况

(二) Q 系数

$$Q = \frac{ad - bc}{ad + bc} \tag{8-15}$$

对于 Q 系数,只要 a,b,c,d 中有一个是 0,则 $|Q|=1$。它所对应的实际情况,例如进行配对样本的研究。其中样本 1 为实验组,样本 2 为控制组。现在要研究某种新药能否预防感冒,这时我们关心的是,凡吃了新药的人,能否全部不患感冒,而对不吃新药,只吃安慰药的人是否全部感冒并不关心。不妨设想它有如下的结果(表 8-31):

表 8-31

	新药	安慰药
未感冒	50	28
患感冒	0	22

现在来对表 8-31 计算 ϕ 系数和 Q 系数

$$\phi = \frac{50 \times 22}{\sqrt{(50+28)(0+22)(50+0)(28+0)}} = 0.53$$

$$Q = \frac{22 \times 50 - 0}{22 \times 50 + 0} = 1$$

第八章 列联表(定类变量—定类变量)

显然,这时用 Q 系数反映新药与感冒的关系更为合理。

那么,在一般情况下,如何选择 ϕ 系数和 Q 系数呢?这取决于研究的对象。当自变量的不同取值都会影响因变量时,则应用 ϕ 系数。例如研究性别与报考大学类别之间的关系。这时我们既关心男生有多少报考理科,多少报考文科,同时也关心女生有多少报考理科或文科。因此,如果要说明这两者有完全的相关,除非男生全报考一类(例如理科),而女生全报考另一类。相反在上述新药的研究中,控制组服用安慰药的结果,我们并不关心,类似这种实验性研究,应选择 Q 系数。

三、$r \times c$ 列联表

上述 ϕ 系数和 Q 系数,仅适用于 2×2 表。对于 $r \times c$ 列联表,讨论相关程度测量方法很多,但很难说是完美的。这里介绍一种 PRE 的方法,由于它定义相关程度的思路清晰,并能把各层次的变量相关统一起来,便于比较,所以运用较广。

（一）什么是 PRE

PRE 是英文 Proportional Reduction in Error 的缩写,它表示可以用预测时误差比例的减少量来测量变量间的相关性大小。

我们知道社会现象的研究,旨在探索现象与现象之间的联系或称关系。因为知道了现象之间有联系,就可以减少我们预测现象时的盲目性,而且关系愈密切,在预测中通过某一现象预测另一现象时,其盲目性愈少。因此,变量间的相关程度,可以定义为不知 y 与 x 有关系时,预测 y 时的全部误差与知道 y 与 x 有关系时,用 x 去预测 y 的误差的相对差值度量之,简称减少误差比例法(PRE)。

$$\text{PRE} = \frac{E_1 - E_2}{E_1} \tag{8-16}$$

式中 E_1:不知 y 与 x 有关系时,预测 y 的全部误差。

E_2:知道 y 与 x 有关系后,用 x 去预测 y 的全部误差。

可见 $E_1 - E_2$ 表示知道 y 与 x 有关系后,预测 y 所减少的误差。而 $\frac{E_1 - E_2}{E_1}$ 则表示所减少的相对误差。$\frac{E_1 - E_2}{E_1}$ 越大,则表示 y 和 x 的关系越密切,或者说相关程度越高.由于减少误差比例的概念,不涉及变量的层次,因此,用它来定义相关程度适用于各种层次的变量。

下面来讨论 PRE 的取值范围。

首先当两变量无关时,由于知道 x 与否,无助于 y 的预测,因此误差不变

$$E_1 = E_2$$

即
$$\text{PRE} = \frac{E_1 - E_2}{E_1} = 0 \text{(两变量无相关)}$$

同理,如果知道 y 与 x 有关系后,可以全部消灭预测之误差,这时有

$$E_2 = 0$$

即
$$\text{PRE} = \frac{E_1 - E_2}{E_1} \text{(两变量全相关)}$$

可见,PRE 的取值范围有:

PRE = 0　　　　　　（两变量无相关）
PRE = 1　　　　　　（两变量全相关）
0 < PRE < 1　　　　其他

(二) 常用公式

用减少误差比例 PRE 来定义变量的相关程变,其优点是对各种层次的变量都是通用的。但公式中 E_1、E_2 的具体定义,不仅在不同层次的变量有所不同,而且对于同一层次的变量,也可以有所不同。下面我们介绍列联表中根据两种 E_1 和 E_2 的定义方法所形成的两种系数——λ 系数和 τ 系数。

1. λ 系数

设有 $r \times c$ 列联表(表 8-32)。

下面讨论 λ 系数中 E_1 和 E_2 的定义方法。

表 8-32

x \ y	x_1	x_2	$\cdots$	x_c	n_{*j}
y_1	n_{11}	n_{21}		n_{c1}	n_{*1}
y_2	n_{12}	n_{22}		n_{c2}	n_{*2}
$\vdots$	$\vdots$	$\vdots$		$\vdots$	$\vdots$
y_r	n_{1r}	n_{2r}		n_{cr}	n_{*r}
n_{i*}	n_{1*}	n_{2*}		n_{c*}	n

E_1 的定义：

未知 y 与 x 有关系之前，如果要我们去预测 y 值，唯一可以参考的则是 y 本身的分布，即关于 y 的边缘分布（表 8-33）。

表 8-33

y	y_1	y_2	$\cdots$	y_r
n_{*j}	n_{*1}	n_{*2}	$\cdots$	n_{*r}

当预测每一个观察者的 y 值时，我们用边缘分布中的众值去猜测它，显然这样做的结果，猜中的频次会比用其他变量值去猜为多。众值所对应的频次为 $\max(n_{*j})$。那么这时预测的误差 E_1 为：

$$E_1 = n - \max(n_{*j}) \tag{8-17}$$

E_2 的定义：

当知道 y 与 x 有关系之后，如果再去预测每一个观察者的 y 值，显然，先要看它属于 x 的哪一类，然后根据这一类中 y 的众值去猜测它；也就是用条件分布中的众值去预测 y，这样猜中的频次最多，误差最小。

设 $x = x_1$ 时，条件分布中众值的频次为 $\max(n_{1j})$

$x = x_2$ 时，条件分布中众值的频次为 $\max(n_{2j})$

$\vdots$

$x = x_i$ 时，条件分布中众值的频次为 $\max(n_{ij})$

$\vdots$

$x = x_c$ 时，条件分布中众值的频次为 $\max(n_{cj})$

这时预测的误差 E_2 为

$$E_2 = n - \sum_{i=1}^{c} \max(n_{ij}) \tag{8-18}$$

将式(8-17)和式(8-18)代入式(8-16)就得到了 λ 系数

$$\lambda = \frac{E_1 - E_2}{E_1} = \frac{\sum_{i=1}^{c} \max(n_{ij}) - \max(n_{*j})}{n - \max(n_{*j})} \tag{8-19}$$

$$= \frac{\text{每列最高频次之和} - y \text{ 边缘和中最高频次}}{\text{观察总数} - y \text{ 边缘和中最高频次}}$$

下面就 λ 系数进行几点讨论：

(1) λ 的取值范围

① x 与 y 无相关：$\lambda = 0$

因为当 x 与 y 无相关时,边缘分布等于条件分布。所有众值同行,因此有

$$\sum_{i=1}^{c} \max(n_{ij}) = \max(n_{*j})$$

代入式(8-19)有

$$\lambda = \frac{\sum_{i=1}^{c} \max(n_{ij}) - \max(n_{*j})}{n - \max(n_{*j})} = \frac{\max(n_{*j}) - \max(n_{*j})}{n - \max(n_{*j})}$$

$$= 0$$

② x 与 y 全相关:$\lambda = 1$

当 x 与 y 全相关时,各列及各行都只有一个不为零的频次值,例如有以下的形式(表8-34):

表 8-34

y \ x	x_1	x_2	⋯	x_i	⋯	x_c	n_{*j}
y_1	n_{11}						n_{11}
y_2				n_{i2}			n_{i2}
⋮							⋮
y_j						n_{cj}	n_{cj}
⋮							⋮
y_r		n_{2r}					n_{2r}
n_{i*}	n_{11}	n_{2r}	⋯	n_{i2}	⋯	n_{cj}	n

这时总数 n 与各列(或各行)众值和有如下关系:

$$n = \sum_{i=1}^{C} \max(n_{ij})$$

代入式(8-32)

$$\lambda = \frac{\sum_{i=1}^{C} \max(n_{ij}) - \max(n_{*j})}{n - \max(n_{*j})}$$

$$= \frac{\sum_{i=1}^{C} \max(n_{ij}) - \max(n_{*j})}{\sum_{i=1}^{C} \max(n_{ij}) - \max(n_{*j})} = 1$$

第八章 列联表(定类变量—定类变量)

[例]9. 为了研究饮食习惯与地区之关系,作了共100人的抽样调查(表8-35)。

表 8-35

饮食习惯＼地区	南方	北方	边缘和
面食	10	30	40
米食	40	20	60
边缘和	50	50	$n=100$

问:饮食习惯是否与地区有关($\alpha=0.05$)? 关系程度如何?

[解] 为了检验饮食习惯是否确与地区有关,先作χ^2检验(式8-13)。

$$\chi^2 = \frac{\left(\left|10-\frac{40\times50}{100}\right|-0.5\right)^2}{\frac{40\times50}{100}} + \frac{\left(\left|30-\frac{40\times50}{100}\right|-0.5\right)^2}{\frac{40\times50}{100}}$$

$$+ \frac{\left(\left|40-\frac{60\times50}{100}\right|-0.5\right)^2}{\frac{60\times50}{100}} + \frac{\left(\left|20-\frac{60\times50}{100}\right|-0.5\right)^2}{\frac{60\times50}{100}}$$

$$= 15.27$$

$$\chi^2_{0.05}(1) = 3.841$$

$$\chi^2 > \chi^2_{0.05} = 3.841$$

所以可以认为饮食习惯与地区是有关系的。以下用λ系数表示两者之间关系的程度(式8-32):

$$\lambda = \frac{\sum_{i=1}^{2}\max(n_{ij}) - \max(n_{*j})}{n - \max(n_{*j})} = \frac{(40+30)-60}{100-60} = \frac{10}{40} = 0.25$$

$\lambda=0.25$,表示用地区去解释饮食习惯之不同,可以减少预测误差的25%。

[例]10. 试求以下列联表之λ值(表8-36)。

表 8-36

y＼x	x_1	x_2	x_3
y_1	50	0	0
y_2	0	0	20
y_3	0	30	0

[解] 由于该列联表每行及每列都只有一个频次,x 与 y 为全相关。所以必然有

$$\lambda = 1$$

2. τ 系数①

τ 系数在运用 PRE 准则时,对 E_1 和 E_2 的定义比 λ 系数有所修正。

首先,当不知 x 与 y 有关系预测 y 时,充分考虑到 y 值边缘分布所提供的信息。因此不再用众值来对 y 进行预测,而是用边缘分布所提供的比例来进行预测。现仍以[例]9 为例(表 8-37)。

表 8-37

y \ x	南 方	北 方	边缘和
面食为主	10	30	40
米食为主	40	20	60
边缘和	50	50	100

首先在不知 x 与 y 有关系时,我们不再把 100 个人都猜成以米食为主,而是按边缘和的比例,猜测其中有 40 名以面食为主,60 名以米食为主。由于具体人不知道,所以虽然比例是确定的,但其中可能有人猜对,有人猜错了。那么,平均而言,按这样的比例进行猜测,其中能有多少人猜对,多少人猜错呢? 首先任抽一名以面食为主的概率,用边缘分布进行估计,将是 $\frac{40}{100}$,即:$P(y =$ "面食为主"$) = \frac{40}{100}$。同样,任抽一名以米食为主的概率,用边缘分布进行估计,将是 $\frac{60}{100}$ 即:$P(y =$ "米食为主"$) = \frac{60}{100}$。那么在随机指派以面食为主的 40 人中,平均而言,真正以面食为主的人数,将是

$$40 \times \frac{40}{100} = 16(人)$$

猜错的人数将是

$$40\left(1 - \frac{40}{100}\right) = 24(人)$$

同理,在随机指派以米食为主的 60 人,平均而言,真正以米食为主的人数,将是

---

① τ 系数由 Goodman 和 Kruksal 所创。

第八章 列联表(定类变量—定类变量)

$$60 \times \frac{60}{100} = 36(\text{人})$$

猜错的人数将是

$$60\left(1 - \frac{60}{100}\right) = 24(\text{人})$$

因此,当不知 x 与 y 有关系时,预测 y 的总误差 E_1 为

$$E_1 = 40\left(1 - \frac{40}{100}\right) + 60\left(1 - \frac{60}{100}\right) = 48(\text{人}) \tag{8-20}$$

当知道 x 与 y 有关系后,对于南方人,就按"$x =$ 南方"情况下,y 条件分布的比例来猜测 y 值,即猜测其中有十人以面食为主,四十人以米食为主。由于这样的指派是随机地,因此,平均而言,对于南方人,预测 y 的误差为

$$10\left(1 - \frac{10}{50}\right) + 40\left(1 - \frac{40}{50}\right)$$

同理,平均而言,"$x =$ 北方"情况下,预测 y 的误差为

$$30\left(1 - \frac{30}{50}\right) + 20\left(1 - \frac{20}{50}\right)$$

两者之和,就构成了知道 x 与 y 有关系后,预测 y 的总误差 E_2

$$E_2 = 10\left(1 - \frac{10}{50}\right) + 40\left(1 - \frac{40}{50}\right) + 30\left(1 - \frac{30}{50}\right)$$
$$+ 20\left(1 - \frac{20}{50}\right) = 40 \tag{8-21}$$

最后,将式(8-20)和式(8-21)代入 PRE(8-16),就得到表示 x 和 y 相关程度的 τ 系数。

$$\tau = \frac{E_1 - E_2}{E_1} = \frac{48 - 40}{48} = \frac{8}{48} = 0.17$$

下面我们来讨论 τ 系数的一般式(表8-38):

表 8-38

y \ x	x_1	x_2	$\cdots$	x_c	n_{*j}
y_1	n_{11}	n_{21}	$\cdots$	n_{c1}	n_{*1}
y_2	n_{12}	n_{22}	$\cdots$	n_{c2}	n_{*2}
$\vdots$	$\vdots$	$\vdots$		$\vdots$	$\vdots$
y_r	n_{1r}	n_{2r}		n_{cr}	n_{*r}
n_{i*}	n_{1*}	n_{2*}		n_{c*}	n

$$E_1 = n_{*1}\left(1 - \frac{n_{*1}}{n}\right) + n_{*2}\left(1 - \frac{n_{*2}}{n}\right) + \cdots + n_{*r}\left(1 - \frac{n_{*r}}{n}\right)$$

$$= n - \frac{n_{*1}^2 + n_{*2}^2 + \cdots + n_{*r}^2}{n} = n - \frac{1}{n}\sum_{j=1}^{r} n_{*j}^2 \quad (8\text{-}22)$$

$$E_2 = \left(n_{1*} - \frac{1}{n_{1*}}\sum_{j=1}^{r} n_{1j}^2\right) + \left(n_{2*} - \frac{1}{n_{2*}}\sum_{j=1}^{r} n_{2j}^2\right) + \cdots$$

$$+ \left(n_{c*} - \frac{1}{n_{c*}}\sum_{j=1}^{r} n_{cj}^2\right) = n - \sum_{i=1}^{c}\sum_{j=1}^{r} \frac{n_{ij}^2}{n_{i*}} \quad (8\text{-}23)$$

将式(8-22)和式(8-29)代入式(8-23)有

$$\tau = \frac{E_1 - E_2}{E_1} = \frac{\sum_{i=1}^{c}\sum_{j=1}^{r}\frac{n_{ij}^2}{n_{i*}} - \frac{1}{n}\sum_{j=1}^{r}n_{*j}^2}{n - \frac{1}{n}\sum_{j=1}^{r}n_{*j}^2} \quad (8\text{-}24)$$

[例]11. 求列联表8-39 的 τ 值与 λ 值($\alpha = 0.05$)。

表 8-39

y \ x	x_1	x_2	边缘和
y_1	30	120	150
y_2	30	20	50
边缘和	60	140	200

[解] (1) 先作 χ^2 检验

$$\chi^2 = \frac{\left(\left|30 - \frac{60\times150}{200}\right| - 0.5\right)^2}{\frac{60\times150}{200}} + \frac{\left(\left|30 - \frac{60\times50}{200}\right| - 0.5\right)^2}{\frac{60\times50}{200}}$$

$$+ \frac{\left(\left|120 - \frac{140\times150}{200}\right| - 0.5\right)^2}{\frac{140\times150}{200}} + \frac{\left(\left|20 - \frac{140\times50}{200}\right| - 0.5\right)^2}{\frac{140\times50}{200}}$$

$$\approx 28$$

$$\chi^2_{0.05}(1) = 3.841$$

$$\chi^2 > \chi^2_{0.05} = 3.841$$

可见,列联表中 x 和 y 的相关是显著的。

(2) 下面计算 τ 值和 λ 值。

1. 求 τ 值

$$\sum_{i=1}^{c}\sum_{j=1}^{r}\frac{n_{ij}^2}{n_{i*}} = \frac{30^2}{60} + \frac{30^2}{60} + \frac{120^2}{140} + \frac{20^2}{140} = 135.7$$

$$\frac{1}{n}\sum_{j=1}^{r} n_{*j}^2 = \frac{1}{200}(150^2 + 50^2) = 125$$

代入式(8-40)有

$$\tau = \frac{135.7 - 125}{200 - 125} = \frac{10.7}{75} = 0.14$$

2. 求 λ 值

$$\sum_{i=1}^{c} \max(n_{ij}) = 30 + 120 = 150$$

$$\max(n_{*j}) = 150$$

代入式(8-19)有

$$\lambda = \frac{150 - 150}{200 - 150} = 0$$

可见,τ 值和 λ 值是有区别的。而 λ 值由于只使用了众值的频次,资料信息使用不充分,因此出现了有显著性差别的列联表,而 λ 值却等于 0。

3. 下面就 τ 系数进行几点讨论。

(1) τ 值的取值范围

① x 与 y 无相关: $\tau = 0$

因为当 x 与 y 无相关时,边缘分布与条件分布相同。

$$\frac{n_{11}}{n_{1*}} = \frac{n_{21}}{n_{2*}} = \cdots = \frac{n_{*1}}{n}$$

$$\frac{n_{12}}{n_{1*}} = \frac{n_{22}}{n_{2*}} = \cdots = \frac{n_{*2}}{n}$$

$$\vdots \quad \vdots \quad \vdots$$

$$\frac{n_{1r}}{n_{1*}} = \frac{n_{2r}}{n_{2*}} = \cdots = \frac{n_{*r}}{n}$$

因此下列各式,可用边缘分布来表示。

$$\sum_{i=1}^{c}\frac{n_{i1}^2}{n_{i*}} = \frac{n_{11}^2}{n_{1*}} + \frac{n_{21}^2}{n_{2*}} + \cdots + \frac{n_{c1}^2}{n_{c*}} = (n_{11} + n_{21} + \cdots + n_{c1}) \times \left(\frac{n_{*1}}{n}\right)$$

$$= \frac{n_{*1}^2}{n}$$

$$\sum_{i=1}^{c} \frac{n_{i2}^2}{n_{i*}} = \frac{n_{12}^2}{n_{1*}} + \frac{n_{22}^2}{n_{2*}} + \cdots + \frac{n_{c2}^2}{n_{c*}} = (n_{12} + n_{22} + \cdots + n_{c2}) \times \left(\frac{n_{*2}}{n}\right)$$

$$= \frac{n_{*2}^2}{n}$$

$$\vdots \qquad\qquad\qquad\qquad \vdots$$

$$\sum_{i=1}^{c} \frac{n_{ir}^2}{n_{i*}} = \frac{n_{1r}^2}{n_{1*}} + \frac{n_{2r}^2}{n_{2*}} + \cdots + \frac{n_{cr}^2}{n_{c*}} = (n_{1r} + n_{2r} + \cdots + n_{cr}) \times \left(\frac{n_{*r}}{n}\right)$$

$$= \frac{n_{*r}^2}{n}$$

把以上 r 个式子加总起来,则有

$$\sum_{j=1}^{r} \sum_{i=1}^{c} \frac{n_{ij}^2}{n_{i*}} = \frac{1}{n} \sum_{j=1}^{r} n_{*j}^2 \tag{8-25}$$

将式(8-25)代入式(8-24),由于分子为0,所以有

$$\tau = 0$$

② x 与 y 全相关：$\tau = 1$

当 x 与 y 全相关时,各列及各行都只有一个不为 0 的频次值,例如有以下的形式(表 8-40)：

表 8-40

y \ x	x_1	x_2	...	x_i	...	x_c	n_{*j}
y_1	n_{11}						
y_2				n_{i2}			
⋮							
y_j						n_{cj}	
⋮							
y_r		n_{2r}					
n_{i*}	n_{11}	n_{2r}	...	n_{i2}	...	n_{cj}	n

因此边缘分布的值与各列的 n_{ij} 值相等,这样

$$\sum_{i=1}^{c} \sum_{j=1}^{r} \frac{n_{ij}^2}{n_{i*}} = n \tag{8-26}$$

将式(8-42)代入式(8-40),分子与分母值相等,因此

$$\tau = 1$$

可见,τ 值的取值范围在 0—1 之间。

第八章 列联表(定类变量—定类变量)

(2) τ 值的非对称性

以上讨论和 λ 值一样,都是以 x 为自变量,用对 y 的预测来定义 PRE,所得 τ 值称作 τ_y。

$$\tau_y = \frac{\sum_{i=1}^{c}\sum_{j=1}^{r}\frac{n_{ij}^2}{n_{i*}} - \frac{1}{n}\sum_{j=1}^{r}n_{*j}^2}{n - \frac{1}{n}\sum_{j=1}^{r}n_{*j}^2}$$

同样,如果 y 为自变量,用对 x 的预测来定义 PRE,所得 τ 值称作 τ_x。

$$\tau_x = \frac{\sum_{j=1}^{r}\sum_{i=1}^{c}\frac{n_{ij}^2}{n_{*j}} - \frac{1}{n}\sum_{i=1}^{c}n_{i*}^2}{n - \frac{1}{n}\sum_{i=1}^{c}n_{i*}^2}$$

一般说来,τ_y 和 τ_x 是不相等的,因此是非对称的。

(三)小结

本章介绍了定类—定类的研究方法。由于变量只有类别之分,因此只能通过交叉分类表进行研究。对于交叉分类表(又称列联表)首先要进行统计检验,只有通过了显著性检验,才有必要进一步研究变量间的相关度。对于 2×2 列联表,相关度可用 Q 系数和 ϕ 系数进行讨论。对于 $r \times c$ 列联表,采用以减少误差比例(PRE)为基础的 λ 系数和 τ 系数,较为普遍。

本章要点辅导

1. 列联表适合什么层次变量的研究?

[解] 列联表适合定类与定类两变量关系的研究。由于定类变量只有属性特征,所以只能做成按两个变量联合分类的频次统计表或频率统计表。

2. 如何理解定类变量之间存在关系?

[解] 定类变量之间存在着关系,表现为 A 变量分类频次(或频率)的分布与 B 变量的取值有关,反之亦然。

3. 列联表中变量的排列是否是任意的?

[解] 严格来说,列联表中变量的排列是可以任意的,但根据一般习惯或约定成俗,把行变量作自变量,列变量作因变量。例如研究收看节目与代际关系,则把老中青三代看作自变量放在横向,收看节目之不同放在纵向。一般只研究控制自变量 x 之后,因变量 y 的条件分布。

4. 如果列联表中的变量不存在关系,那么列联表中的频次有什么特点?

[解] 如果列联表中的变量不存在关系,那么,各自变量不同的取值应具有相同的因变量频率分布,即条件分布与它的边缘分布相同。

5. 期望列联表是如何得来的?

[解] 它是根据实测列联表的边缘分布,在变量间没有关系的条件下,倒推算出列联表应具有的每个格值。

6. 为什么 χ^2 可以作为列联表的检验?

[解] 因为 χ^2 反映了实测列联表与变量间无相关情况下的期望列联表之间差异的程度。差异越大,实测列联表来自变量间无相关的可能性越小,而小概率原理正是假设检验中判断的准则。

7. 本章介绍的 χ^2 检验公式,各适用于哪些情况?

[解] 对于二维的定类变量,适用于公式(8-12),它是按行、列两个方向加总的。对多项总体,虽然是一维的,由于是定类变量,所以也用到 χ^2 检验公式,但因为是一维的,所以只有一个方向的加总,见公式(8-19)。

8. 列联表的检验公式,什么情况下需要加修正项0.5?

[解] 当自由度 $K=1$ 时,须要加修正项,这里举出两种情况,一种情况是二变量中的 2×2 的列联表(8-13),另一种是二项总体(8-14),在计算总差值时,两者的差别是前者按行、列两个方向累加,后者因为是一维的,所以只有一个方向加总。

9. 对于二项总体和多项总体的检验,期望频次是如何形成的?

[解] 是根据假设中的总体成数 P 确定的,P 可以是任意的:$0<P<1$,对于多项分布,如果各项无差异,则假设各项概率相等。对于二项总体,如果两项无差异,则两项概率都为0.5。

10. 列联表中的 χ^2 检验,和哪些因素有关?

[解] (1)首先是实测的列联表,距离原假设越大,χ^2 值越大。下面举二项总体为例,A 和 B 同是抽取了40人的样本,其中 A 样本:主张保留独生子女政策的为15人;主张废除独生子女政策的为25人,B 样本:主张保留独生子女政策的只有10人;主张废除独生子女政策的为30人,显然,B 样本比 A 样本距离无差异的原假设距离要大,下面计算它们的 χ^2 值,并作出检验($\alpha=0.05$):

A 样本:$n=40$ 人,$n_1=15$ 人;$n_2=25$ 人

H_0:两种看法无差异,也就是概率相等,都等于0.5

期望频次:$E_1=40 \times 0.5=20$ 人;$E_2=40 \times 0.5=20$ 人

对于二项总体,服从自由度 $K=1$ 的 χ^2 分布,用增加0.5修正项的公式(8-14)得:

$$\chi^2 = \frac{(|15-20|-0.5)^2}{20} + \frac{(|25-20|-0.5)^2}{20}$$

$$= \frac{20.25}{20} + \frac{20.25}{20} = 1.013 + 1.013$$

$$= 2.025$$

第八章 列联表(定类变量—定类变量)

因为 $\chi^2 < \chi^2_{0.05}(1) = 3.841$

所以接受原假设,认为主张保留和主张废除独生子女的人数无显著性差异。

B 样本:$n = 40$ 人,$n_1 = 10$ 人;$n_2 = 30$ 人

期望频次:$E_1 = 40 \times 0.5 = 20$ 人;$E_2 = 40 \times 0.5 = 20$ 人

$$\chi^2 = \frac{(|10-20|-0.5)^2}{20} + \frac{(|30-20|-0.5)^2}{20}$$

$$= \frac{90.25}{20} + \frac{90.25}{20} = 4.513 + 4.513$$

$$= 9.025$$

因为 $\chi^2 > \chi^2_{0.05}(1) = 3.841$

所以拒绝原假设,接受备择假设,认为主张保留和主张废除独生子女的人数是有显著性差异的($\alpha = 0.05$)。

可见,在原假设"类别之间无差异"的情况下,抽出结果出现类别之间差异越大,原假设成立的概率越小,B 样本的抽样结果为 10:30,可以达到 $\alpha = 0.05$ 的小概率事件,而 A 样本的抽样结果为 15:25,类别之间的差异比 B 样本小,达不到 $\alpha = 0.05$ 的小概率事件。

(2) 和样本容量有关。设再增 C 样本,抽样调查人数增加了 4 倍,为 160 人,其结果是赞成与否的比例同 A 样本,60 人主张保留独生子女政策,100 人主张废除独生子女政策,问:能否认为两种看法有显著差异?($\alpha = 0.05$)

C 样本:$n = 160$ 人,$n_1 = 60$ 人;$n_2 = 100$ 人

期望频次:$E_1 = 160 \times 0.5 = 80$ 人;$E_2 = 160 \times 0.5 = 80$ 人

$$\chi^2 = \frac{(|60-80|-0.5)^2}{80} + \frac{(|100-80|-0.5)^2}{80}$$

$$= \frac{380.25}{80} + \frac{380.25}{80} = 4.753 + 4.753$$

$$= 9.506$$

根据附表 4(续表二)$\chi^2_{0.05}(1) = 3.841$,$\chi^2_{0.01}(1) = 6.635$,今 $\chi^2 = 9.025$,对应的 α 值,不仅小于 0.05,比 0.01 也小,$P(\chi^2 \geq 9.025) \approx 0.001$,虽然题意要求显著性水平为 $\alpha = 0.05$,但实际样本的 $P(\chi^2 \geq 9.025) < 0.01$,所以本题结论写作:拒绝原假设,接受备择假设($\alpha = 0.01$)。通过 A 样本和 C 样本的比较,说明它们抽样结果的类别差异虽然依旧,同为 15:25,但样本容量增加了 4 倍,结果达到了显著性差异($\alpha = 0.05$),可见显著性水平能否达到,不仅与抽样结果有关,还和样本容量有关。

同时,还说明统计学上显著性差异和事物本身的差异不是一个概念,统计学上的显著性差异,反映的是确认差异的把握程度,χ^2 值越大,做出拒绝总体类别间无差异的把握越大,也就是犯以真当假第一类错误越小,这和总体类别间的差异是否很大、很显著不是一个概念。例如本题中,当样本容量增加 4 倍时,两类差异程度并没有改变,仍然是 15:25,但反映显著性水平的 χ^2 值却增加了约 4 倍,也就是显著性增加了。事实上,如果抽样人数更多,χ^2 值还可以更大。在抽样人数很少、达不到显著性的情况,只要样本容量不断增大,总体类别间很

小的差异,也可以呈现出统计上的显著性差异。这和人们日常的逻辑推理和判断是完全一致的,当抽样人数很少时,人们会怀疑出现差异的偶然性,但大量抽查的结果,如果仍然重复这一差异,人们就会确认差异这一事实的存在,而这和差异本身大小是无关。附带需要指出的是,实际的数据处理都是由统计包(如 SPSS)完成的,它给出的不是 χ^2 临界值,而是根据式(8-12)计算得出的 χ^2 值对应的概率值:$P(\chi^2 \geq 9.025) = ?$ 例如本题 $P(\chi^2 \geq 9.025) \approx 0.00046$ 它远比题意要求的 $\alpha = 0.05$ 小,因此结论是拒绝原假设,接受备择假设。

11. 如果通过样本计算的 χ^2,取不同显著性水平,所作结论不一样,应如何处理?

[解] 接上题,增设 D 样本,但抽样调查人数比 A 样本只增加了 1 倍,为 80 人,赞成与否的比例同 A 样本,其中 30 人主张保留独生子女政策,50 人主张废除独生子女政策,现在再计算 χ^2 值:$n = 80$ 人,$n_1 = 30$ 人;$n_2 = 50$ 人

$$E_1 = 80 \times 0.5 = 40 \text{ 人}; E_2 = 80 \times 0.5 = 40 \text{ 人}$$

$$\chi^2 = \frac{(|30-40|-0.5)^2}{40} + \frac{(|50-40|-0.5)^2}{40}$$

$$= \frac{9.5^2}{40} + \frac{9.5^2}{40}$$

$$= 2.256 + 2.256$$

$$= 4.512$$

由于本题 $\chi^2 = 4.512$,它介于 $\chi^2_{0.05}(1) = 3.841$ 和 $\chi^2_{0.01}(1) = 6.635$ 之间:

$$6.635 = \chi^2_{0.01}(1) > \chi^2 > \chi^2_{0.05}(1) = 3.841,$$

当取 $\alpha = 0.05$,结论是拒绝原假设,而取 $\alpha = 0.01$,结论是接受原假设,似乎做出了两个完全不同的结论,实际上,这一点不奇怪,从统计的角度看,它表示不同结论所承受的风险不同而已。如果可能,不妨加大样本,上题中 C 样本就是 n 增大至 160 的结果,从而在 $\alpha = 0.01$ 的水平上,确认了两种看法有显著性差异了。

12. 对于抽样数据得来的列联表,什么情况下才需要计算列联强度?

[解] 必须先对抽样数据得来的列联表进行检验,只有具有显著性差异的列联表,才有必要讨论列联强度。

13. 如果没有达到显著性差异,将如何处理列联表?

[解] 对于没有达到显著性差异的列联表,如果实际操作有可能,可以增加样本容量,再进行一次抽样调查,样本容量增加,确认的程度也会增加。如果不可能增加样本容量,我们只能接受原假设,对于单变量的二项总体或多项总体,即接受原假设中各项 p 值的分布。对于二维的列联表,则按行或按列合并为边缘分布。

14. ϕ 系数和 Q 系数有哪些异同?各适用于那些情况?

[解] 它们都是用来测量列联强度的,且都是仅限于 2×2 的列联表,所不同的是两者定义的完全相关不同,ϕ 系数是把两类取完全相反的结果,定义为全相关。也就是 2×2 列联表上有一组对角线,全是零。例如,对某件事物男、女的表态都需要关注,只有男、女取截然相反的态度,男性全都赞成,女性全不赞成,方可定义为全相关。Q 系数是把其中的一类

有零,定义为完全相关。例如一种新药、一种疫苗,关心的是服用后是否全不得病,至于对照组,是否全都得病,或部分人得病,并不关心。

由于全相关定义不同,公式也不同,因此要根据实际情况,选择不同的公式。

15. λ 系数有哪些不足?

为了说明 λ 系数有哪些不足,设以下是抽样调查1000名,对非婚同居是否可以接受的看法,为了解看法和年龄是否有关,按代际和看法做了交叉分类的列联表,并进行了 χ^2 检验,表中括号内数字是期望频次:

	青	中	老	边缘和
可接受	9(5.0)	24(14.4)	13(26.6)	46
不可接受	100(104.0)	289(298.6)	565(551.4)	954
边缘和	109	313	578	1000

$$\chi^2 = \frac{(9-5.0)^2}{5.0} + \frac{(24-14.4)^2}{14.4} + \cdots\cdots + \frac{(565-551.4)^2}{551.4}$$
$$= 17.35$$
$$K = (3-2)(2-1) = 2$$
$$\chi^2_{0.05}(2) = 5.991$$
$$\chi^2 > \chi_{0.05}(2)$$

结果表明,它的 χ^2 值远大于 $\chi^2_{0.05}(2)$,从而拒绝了看法与代际无关的原假设,接受了看法与代际有关的备择假设。在此基础上,我们将一步运用 λ 系数,计算两者的相关强度,代入公式(8-19):

$$E_1 = 46$$
$$E_2 = 9 + 24 + 13 = 46$$
$$\lambda = 0$$

这里相关系数 $\lambda=0$ 与检验结果出现了矛盾,因为验检结果是拒绝原假设。这点如果我们把列联表写成条件分布,可以直观地看出,可以接受非婚同居的年轻人远比老年人多,是老年人的3.7倍(表):

	青(%)	中(%)	老(%)
可接受	8.26	7.67	2.25
不可接受	91.74	92.33	97.75
边缘和	109(%)	313(%)	578(%)

但两者的关联系数,用 λ 系数来计算却为零,可见,λ 系数是有它不足之处的,因为它只用了众值,众值以外的分布情况,都没有考虑。实际上,只要列联表中所有条件分布的众值都在同一行,所计算相应的 λ 都是0。

16. τ 系数有哪些改进和不足?

[解] τ 系数比 λ 系数有所改进,计算中,它运用了列联表的全部信息,任何两个列联表,只要有格值不同,τ 系数一般都不会相同。但 τ 系数是否是十全十美呢?答案也是否定的。当列联表不同类别的调查人数相差太多,也会出现反直观的结果[①]。

本章解题辅导

1. 以下是老中青三代人对城市交通的评价的抽样调查:

	老	中	青	∑
满意	45	39	21	105
不满意	47	26	22	95
∑	92	65	43	200

问:(1) 样本中三代人对城市交通满意的百分比是否相同?

(2) 能否根据样本的结果,立即认为总体中,三代人对城市交通满意的百分比也是不相同的?

(3) 应该怎样做,才能推论到总体?如果不能推论到总体,将如何处理其结果?

[解] (1) 根据样本数据,对城市交通满意的比例:老年人占 $\frac{45}{92}=48.9\%$,中年人占 $\frac{39}{65}=60\%$,青年人占 48.8%,三代人对交通满意度不尽相同。

(2) 不能据此立即推论到总体,认为三代人对交通满意度不尽相同,因为这是抽样的结果,如果要推论到总体,必须经过统计检验,以排除抽样误差的干扰。

(3) 以下是推论到总体,统计检验的过程($\alpha=0.05$):

① 根据题意,有以下假设:

H_0:对城市交通的评价与代际无关

H_1:对城市交通的评价与代际有关

② 根据抽样结果,列出期望列联表:

$\frac{92 \times 105}{200}=48.3$	$\frac{65 \times 105}{200}=34.125$	$\frac{43 \times 105}{200}=22.575$
$\frac{92 \times 95}{200}=43.7$	$\frac{65 \times 95}{200}=30.875$	$\frac{43 \times 95}{200}=20.425$

---

① 卢淑华编著:《社会统计学(第四版)》,北京大学出版社 2009 年版,第十章。

第八章 列联表(定类变量—定类变量)

③ 根据抽样调查表和期望列联表,计算 χ^2 值:

$$\chi^2 = \frac{(45-48.3)^2}{48.3} + \frac{(39-34.125)^2}{34.125} + \cdots\cdots + \frac{(22-20.425)^2}{20.425} = 2.17$$

④ 根据自由度 $K = (r-1)(c-1) = 2$, $\alpha = 0.05$
临界值 $\chi^2_{0.05}(2) = 5.99$

⑤ 检验:因为 $\chi^2 < \chi^2_{0.05}(2) = 5.99$ 所以接受原假设。

⑥ 结论:

- 不同代际对城市交通的评价没有显著性差异($\alpha=0.05$)。
- 由于没有显著性差异,原表中出现"不同代际,对交通评价百分比有所不同",不能排除是由于抽样误差引起的,因此没有充分的把握,拒绝"对城市交通的评价与代际无关"的原假设。
- 由于没有显著性差异,除了不需要计算列联强度了外,原有统计表也就没有必要按老中青分类了,因此应合并三代人,给出根据抽样,得出简单的结果,其中对城市交通满意的百分比是 $\frac{105}{200} = 52.5\%$,不满意的百分比是 $\frac{95}{200} = 47.5\%$。

2. 以下是某高校对新生和毕业生求职意愿的抽样调查:

	新生	毕业生	∑
企业	10	10	20
教师	20	10	30
公务员	10	20	30
∑	40	40	80

问:(1) 样本中各年级的求职意愿是否相同? 如果不同,能否推论到总体?
(2) 求职意愿与年级有显著性差异?($\alpha=0.05$)
(3) 如果有,计算列联系数,并解释之。

[解] (1) 样本中各年级的求职意愿是不同的,新生有 $\frac{20}{40} = 50\%$ 的愿意做教师,而毕业生有 $\frac{20}{40} = 50\%$ 愿意做公务员。但这样的结果,能否推论到总体,还有待统计检验。

(2) 检验:

① 写出假设
H_0:求职意愿与年级无关
H_1:求职意愿与年级有关

② 根据抽样列联表,求出期望列联表

$\frac{40 \times 20}{80} = 10$	$\frac{40 \times 20}{80} = 10$
$\frac{40 \times 30}{80} = 15$	$\frac{40 \times 30}{80} = 15$
$\frac{40 \times 30}{80} = 15$	$\frac{40 \times 30}{80} = 15$

③ 根据抽样调查表和期望列联表,计算 χ^2 值:

$$\chi^2 = \frac{(10-10)^2}{10} + \frac{(10-10)^2}{10} + \cdots\cdots + \frac{(20-15)^2}{15} = 6.66$$

④ 根据自由度 $K = (r-1)(c-1) = 2, \alpha = 0.05$
临界值 $\chi^2_{0.05}(2) = 5.99$

⑤ 检验:因为 $\chi^2 > \chi^2_{0.05}(2) = 5.99$ 所以拒绝原假设,接受求职意愿与年级有关的备择假设。在此基础上,进一步讨论两者的列联强度。

(3) 列联强度有不同的计算方法,不妨计算 τ 系数。

$$E_1 = 20\left(1 - \frac{20}{80}\right) + 30\left(1 - \frac{30}{80}\right) + 30\left(1 - \frac{30}{80}\right) = 52.5$$

$$E_2 = 10\left(1 - \frac{10}{40}\right) + 20\left(1 - \frac{20}{40}\right) + 10\left(1 - \frac{10}{40}\right) + 10\left(1 - \frac{10}{40}\right)$$

$$\quad + 10\left(1 - \frac{10}{40}\right) + 20\left(1 - \frac{20}{40}\right) = 50$$

$$\tau = \frac{E_1 - E_2}{E_1} = \frac{2.5}{52.5} = 0.05$$

它表示用年级不同,解释求职意愿之不同,可减少预测5%的误差。

3. 某校为了解文科和理科学生对科研活动的满意情况,共进行了50人的抽样调查,结果有:

	文科	理科	$\sum$
满意	19	7	26
不满意	7	17	24
$\sum$	26	24	50

问:(1) 文科和理科学生对科研活动的满意情况,是否有显著性差异?($\alpha = 0.05$)
(2) 如果有,求列联系数 ϕ,并作条件分布表。

[解] (1) H_0:文科和理科学生对科研活动的满意情况无差别
H_1:文科和理科学生对科研活动的满意情况有差别

期望列联表

	文科	理科
满意	$\frac{26 \times 26}{50} = 13.52$	$\frac{24 \times 26}{50} = 12.48$
不满意	$\frac{26 \times 24}{50} = 12.48$	$\frac{24 \times 24}{50} = 11.52$

$$\chi^2 = \frac{(|19 - 13.52| - 0.5)^2}{13.52} + \cdots\cdots + \frac{(|17 - 11.52| - 0.5)^2}{11.52} = 7.96$$

根据自由度 $K = (r-1)(c-1) = 1, \alpha = 0.05$

临界值 $\chi^2_{0.05}(1) = 3.84$

因为 $\chi^2 > \chi^2_{0.05}(1) = 3.84$

所以拒绝原假设,接受文、理科对科研活动的满意情况有差别的备择假设。在此基础上,进一步讨论两者的列联强度。

(2) 因为是 2×2 列联表,因此可用 ϕ 系数

$$\phi = \frac{19 \times 17 - 7 \times 7}{\sqrt{26 \times 24 \times 26 \times 24}} = 0.44$$

(3) 条件分布表

条件分布表

	文科	理科	
满意	$\frac{19}{26} = 0.73$	$\frac{7}{24} = 0.29$	
不满意	$\frac{7}{26} = 0.27$	$\frac{17}{24} = 0.71$	
∑	26	24	$n = 50$

本章要点思考

一、列联表是研究什么类型变量的?

二、列联表什么情况下须要检验? 什么是期望列联表?

三、χ^2 检验公式和增加了修正项的 χ^2 检验公式各适用哪些情况? 它的取值和自由度 K 有什么关系?

四、测量列联强度有哪些系教? 各适用什么情况?

本章习题

一、选择题

1. 期望频次列联表中的变量满足
   a) 互补　　　b) 相互独立　　　c) 相互对立　　　d) 互不相容

2. 列联表中 χ^2 值愈大，表示变量间
   a) 确信存在关系的把握愈大　　　b) 关系愈强
   c) 确信存在关系的把握愈弱　　　d) 关系愈弱

3. χ^2 适用于二变量中哪类变量层次的检验？
   a) 定距—定距　　b) 定序—定序　　c) 定类—定类　　d) 定比—定比

4. 列联表检验中的原假设 H_0 是，联合分布中的 P_{ij} 和边缘分布中的 P_{i*} 和 P_{*j} 有如下关系式：
   a) $P_{i*} = P_{ij} P_{*j}$　　b) $P_{ij} = P_{i*} P_{*j}$　　c) $P_{*j} = P_{ij} P_{i*}$　　d) 都不对

二、计算题

1. 设抽样调查了 80 人，其中 20 人主张废除死刑，60 人主张保留死刑，问：能否认为两种看法有显著差异？（$\alpha = 0.01$）

2. 某地已往资料，老年人群三高（高血压、高血脂、高血糖）中有一项的占 $\frac{9}{16}$，有二项的占 $\frac{3}{16}$，三项都有的占 $\frac{3}{16}$，没有三高的占 $\frac{1}{16}$ 血脂高。今根据 160 人的老人抽样调查，三高中有一项的为 95 人，有两项的为 30 人，三项全有的 28 人，没有三高的 7 人，问：原有的比例关系是否仍然存在？（$\alpha = 0.01$）

3. 根据以往旅行社资料，凡节假日来咨询旅游的人，有 60% 都一定会报名参加旅游，5% 是犹豫不定的，其余 35% 是不参加的。今年从 500 名来咨询的人中，有 329 已报了名，43 名在犹豫，其余的不打算报名，请问以往的比例是否有变动（$\alpha = 0.05$）？

4. 某厂家为了有计划地投入月饼生产，随机调查了 90 名顾客，让他们选出自己最喜爱的月饼，其中 10 名选中枣仁，13 名选中豆沙，27 名选中五仁，40 名选中芝麻。问：各种月饼喜爱的比例是否有差异？

5. 以下是有关年龄与偏爱吃何种口味（咸、甜、酸、辣）食物共 285 人的抽样调查，其中老人组口味依次是：55 人；40 人；43 人；30 人，中年组依次是：15 人；25 人；18 人；22 人，青年组依次是：7 人；8 人；12 人；10 人。问：能否认为偏爱的口味与年龄有关？（$\alpha = 0.05$）

第八章 列联表(定类变量—定类变量)

6. 为了解婚姻与生活满意度是否有关,随机抽样调查了 150 名,结果见下表:

婚姻状况

生活满意度	已婚	未婚	$\sum$
很满意	22	10	32
较满意	19	22	41
一般	11	36	47
不满意	8	22	30
$\sum$	60	90	150

问:能否认为婚姻状况对生活满意度有显著性差异($\alpha = 0.05$)?如果有,计算 λ 系数?

7. 某单位共有员工 100 名,其中男性 30 名,吸烟占 25 名;女性 70 名,吸烟仅 5 名:

	吸烟	不吸烟	$\sum$
男	25	5	30
女	5	65	70
$\sum$	30	70	100

问:(1) 为了讨论吸烟和性别的相关,是否都要先进行检验?
(2) 计算 λ 值

8. 以下是男、女青年对古典音乐的抽样调查:

	男	女
喜爱	46	20
一般	10	18
不喜爱	30	50

求 λ?

9. 以下是南方和北方老年群体患冠心病的抽样调查:

	南方	北方
有冠心病	20	60
无冠心病	90	40

求 τ?

10. 为了解生活干预对糖尿病的预防作用,某市从糖尿病的高危人群中抽取 200 名,其中 100 名进行生活方式干预,定期指导正确的生活方式,另 100 名作为对照组,没有生活方式指导,5 年后,观测糖尿病的患病率,结果有:

	生活方式干预	对照组
患糖尿病	10	60
未患糖尿病	90	40

求 τ ?

第九章

回归与相关（定距变量—定距变量）

第一节 回归研究的对象

一、回归是研究定距变量与定距变量之间的非确定关系的

提到变量之间的关系，很容易想到变量间的函数关系，那就是由一个变量可以完全地确定另一个变量。但回归所研究变量之间的关系，却不是确定的函数关系。例如受教育年限越长，初婚年龄也愈晚；中学成绩好的学生，大学后学习成绩也好，这些规律都是指宏观或大数据而言，或平均而言，并不存在受教育多少年，就必须在多少岁结婚的问题，也不存在中学的成绩就完全地确定大学成绩的问题。这种变量既存在着关系，但又不能完全确定的关系称作相关关系，而回归则是研究这类相关中的因果关系的。

实际上，非确定性的关系在自然、社会中是广泛地存在着。这是由于任何一个现象的产生，究其原因都是多方面的，而当我们只研究其中的某一个原因或几个原因，而对其他因素未予控制时，变量间的因果关系就表现为未确定的相关关系，而不是函数关系。例如我们研究消费(y)与收入(x_1)之间的关系。从宏观来看，存在着收入多、消费也高的客观规律。但消费现象除了受到收入这一因素制约外，它还和消费者所处的生命过程(x_2)、消费心理(x_3)、生活习惯(x_4)、地理因素(x_5)、消费环境(x_6)、消费时尚(x_7)、商品性能(x_8)等等有关。因此它是多元的关系

$$y \sim f(x_1, x_2, x_3, x_4, x_5, x_6, x_7, x_8)$$

在所有因素中,当我们仅研究其中一种因素,例如 x_1 和 y 之间的关系时,其他因素 $x_2, x_3 \cdots x_8$ 就成了未被控制的随机误差,从而 y 和 x_1 之间的关系就会呈现出相关关系,而不是函数关系。

相关关系可以归结为两点:一是变量间存在着关系,二是这种关系又是非确定的。或者说只存在统计规律性。统计规律性的研究是和分布相联系的,因此相关关系可以这样来描述:

设有两个变量 x 和 y。当 x 变化时会引起 y 相应的变化,但它们之间的变化关系是不确定的。如果当 x 取得任一可能值 x_i 时,y 相应地服从一定的概率分布,则称随机变量 y 和变量 x 之间存在着相关。回归[①]分析是研究相关关系的一种有效方法。

二、散布图

散布图是相关关系的图形表示。例如,当我们进行了 n 次独立观测,得到了如下的 x 和 y 的数据对(表9-1)。

表 9-1

x	x_1	x_2	x_3	$\cdots$	x_n
y	y_1	y_2	y_3	$\cdots$	y_n

其中 x_i 表示变量 x 在第 i 次观测中的测量值,与之相对的,y_i 是变量 y 在第 i 次观测中的测量值。x_i 和 y_i 是共生的。通常把数据对 (x_i, y_i) $(i=1,2,\cdots,n)$ 用平面上直角坐标的点(图9-1)表示。这样在 x 和 y 的平面上就呈现了 n 个散布点,又称散布图。例如,我们统计了 n 名妇女受教育年限 x_i 和初婚年龄 y_i,于是就可画出如图9-1所示的散布图。散布图的特点是,对于一个确定的 x_i 值,y_i 的值不是唯一的,y_i 是随机变量,因为受教育年限相同的人,其婚龄却未必都是相同的。

---

① "回归"一词,最早来源于生物学。英国生物统计学家高尔顿,根据1078对父子身高的散布图发现,虽然身材高的父母比身材矮的父母倾向于有高的孩子。但平均而言,身材高大的其子要矮些,而身材矮小的其子要高些。或者说,无论高个子或矮个子的后代,都有向均值方向拉回的倾向。这种遗传上身高趋于一般、"退化到平庸"的现象,高尔顿称作回归。后来,这个词被广泛用于非确定性相互依赖关系——统计相关关系。

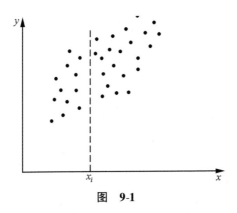

图 9-1

三、回归方程与线性回归方程

根据散布图(图9-1)可以看出,当自变量取某一值 x_i 时,因变量 y 对应为一概率分布,它又称条件分布。如果对于所有的 $x_i(i=1,2,\cdots,n)$ 其条件分布都相同,说明婚龄(y)与受教育程度(x)是没有关系的。反之,如果不同的 x 值,其婚龄的分布是不同的,则说明婚龄(y)与受教育程度(x)是有关系的。但分布的比较是比较复杂的。为此,我们简化为在 x 不同取值下,分布数字特征的比较。其中最简单的就是均值的比较。如图 9-1 可以简化为在不同的教育程度下,研究其平均结婚年龄是否有所不同。由于确定的 $x=x_i$,y 的均值也是确定的,因此 x 和均值 y 之间就形成了确定的函数关系。

我们把 $x=x_i$ 条件下,y_i 的均值记作

$$E(y_i)①$$

如果它是 x 的函数

$$E(y_i) = f(x_i) \tag{9-1}$$

则表示变量 y 和变量 x 之间存在着相关关系。式(9-1)称作 y 对 x 的回归方程。可见,回归方程是研究自变量 x 不同取值时,因变量 y 平均值的变化(图9-2)。

当因变量 y 的平均值与自变量 x 呈现线性规律时(图9-3),称作线性回归方程,这里因为只有一个自变量,又称一元线性回归方程。它的表达式为

$$E(y) = \alpha + \beta x \tag{9-2}$$

其中 α 称作回归常数,β 称作回归系数。

---

① $E(y_i)$ 不是 $E \times y_i$ 的意思,而是随机变量 y_i 的均值。

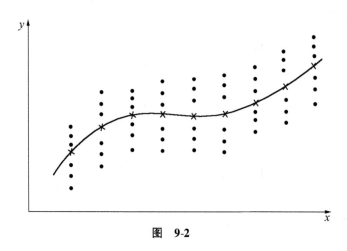

图 9-2

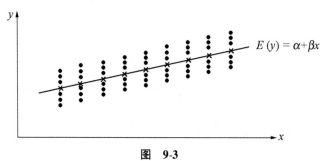

图 9-3

图9-3中,每一散布点都是真实(x_i, y_i)的观测值。对应$x = x_i$,y均值用"×"点表示,"×"点的连线为一直线,它是x的函数,称作回归直线。每一个真实y_i与回归线的关系是

$$y_i = \alpha + \beta x_i + e_i \tag{9-3}$$

式(9-3)中y_i是随机变量,e_i是随机误差,由于e_i的值是非固定的,从而使x和y呈现非确定性的关系。

第二节 回归直线方程的建立与最小二乘法

上面所谈变量x和变量y之间存在线性回归,是指总体而言。但如果对总体并不知道,因而也就无法知道回归直线中的α和β。因此我们的任务是从总体中抽取一个样本,通过样本值

$$(x_1, y_1)$$
$$(x_2, y_2)$$
$$\vdots \quad \vdots$$
$$(x_n, y_n)$$

作样本的散布图(图9-4),再由样本散布图估计出总体回归直线的系数 α 和 β 值,即建立直线回归方程。但正如一切随机现象所共有的特性,由于抽样误差的存在,样本的均值并不总等于总体的均值,总体 y 均值点的连线为直线,并不表示样本 y 均值点的连线就能成为直线。那么如何根据样本散布图上散乱的点,作出一条最佳的估计直线呢?下面介绍最小二乘法的方法,可以证明它是通过样本对总体线性回归最好的估计方法。

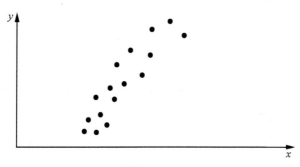

图 9-4

设从总体中抽取一个样本,其观测值为
$$(x_1, y_1)$$
$$(x_2, y_2)$$
$$\vdots \quad \vdots$$
$$(x_n, y_n)$$
现在围绕这 n 个观测点,画一条直线(图9-5)。
$$y = a + bx \tag{9-4}$$

可以想象,当 a,b 取不同值时,可以得到无数条直线。那么,在这无数条直线中,哪一条是这 n 个样本点的最佳拟合直线呢?一个很自然的想法,应该是到各点都比较接近的那条直线为最佳。数学上把这样的想法表示为:各点到待估直线铅直距离之和为最小。这就是求回归直线的最小二乘法原理。

设点 i 的观测值为 (x_i, y_i),把 x_i 代入待定的直线式(9-4)有
$$y_i' = a + bx_i \tag{9-5}$$

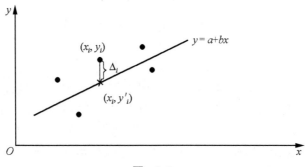

图 9-5

y_i 到待定直线的铅直距离为 y_i 减去 y_i'

$$\Delta_i = y_i - y_i' = y_i - (a + bx_i)$$

n 点铅直距离平方和为

$$Q(a,b) = \sum \Delta_i^2 = \sum_{i=1}^{n} [y_i - (a + bx_i)]^2 \tag{9-6}$$

显然,Q 值是 a,b 的函数。根据最小二乘法的原理,就是从不同的 a,b 中求得 $\hat{a},\hat{b}$,使其 $Q(a,b)$ 达最小值。

通过计算,当 a、b 取如下关系式(9-7,9-8)时,$Q(a,b)$ 达最小值:

$$a = \bar{y} - b\bar{x} \tag{9-7}$$

$$b = \frac{L_{xy}}{L_{xx}} \tag{9-8}$$

其中

$$\bar{x} = \frac{1}{n} \sum_{i=1}^{n} x_i \tag{9-9}$$

$$\bar{y} = \frac{1}{n} \sum_{i=1}^{n} y_i \tag{9-10}$$

$$L_{xx} = \sum_{i=1}^{n} (x_i - \bar{x})^2 = \sum_{i=1}^{n} x_i^2 - \frac{1}{n} \left(\sum_{i=1}^{n} x_i \right)^2 \tag{9-11}$$

$$L_{xy} = \sum_{i=1}^{n} (x_i - \bar{x})(y_i - \bar{y})$$

$$= \sum_{i=1}^{n} x_i y_i - \frac{1}{n} \sum_{i=1}^{n} x_i \sum_{i=1}^{n} y_i \tag{9-12}$$

为了今后进一步分析的需要,再引入

$$L_{yy} = \sum_{i=1}^{n} (y_i - \bar{y})^2 = \sum_{i=1}^{n} y_i^2 - \frac{1}{n} \left(\sum_{i=1}^{n} y_i \right)^2 \tag{9-13}$$

第九章 回归与相关(定距变量—定距变量)

这样通过最小二乘法所确定的 a, b,代入待估的直线方程式(9-4)得

$$\hat{y} = a + bx \tag{9-14}$$

它将是总体线性回归方程

$$y = \alpha + \beta x$$

的最佳估计方程。

[**例**]1. 为了研究受教育年限和职业声望之间的关系。设以下是八名抽样调查结果(表 9-2)。

表 9-2 职业声望与受教育年限统计表

调查对象	x(年)	y(声望)
1	12	70
2	16	80
3	9	50
4	19	86
5	21	90
6	10	65
7	5	44
8	12	75

试求职业声望与受教育年限的回归方程。

[**解**] 首先根据调查结果作散布图(图 9-6)。

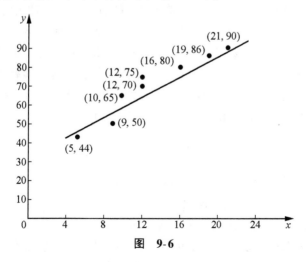

图 9-6

根据样本值，代入式(9-9)至式(9-12)

$$\bar{x} = \frac{104}{8} = 13$$

$$\bar{y} = \frac{560}{8} = 70$$

$$L_{xx} = \sum_{i=1}^{n} x_i^2 - \frac{1}{n}\left(\sum_{i=1}^{n} x_i\right)^2 = 200$$

$$L_{xy} = \sum_{i=1}^{n} x_i y_i - \frac{1}{n}\left(\sum_{i=1}^{n} x_i\right)\left(\sum_{i=1}^{n} y_i\right) = 584$$

再将 $\bar{x}, \bar{y}, L_{xx}, L_{xy}$ 计算结果，代入式(9-8)和式(9-7)

$$b = \frac{L_{xy}}{L_{xx}} = \frac{584}{200} = 2.92$$

$$a = \bar{y} - b\bar{x} = 70 - 2.92 \times 13 = 32.04$$

最后将 a, b 计算结果，代入式(9-14)得回归方程

$$\hat{y} = 32.04 + 2.92x$$

第三节　回归方程的假定与检验

本章第二节介绍了根据样本数据，使用最小二乘法求得回归直线方程。但细心的读者可能会发现，在求解过程中并未涉及总体是否确有线性关系。它只是根据样本点挑选一条比其他直线拟合得好的直线。这只是相对而言，或者说只是"矮子里面拔将军"而已。事实上即使从样本散布图上看不出 x 和 y 存在线性关系，也可用最小二乘法计算出一条回归直线。同时还可能总体变量中并不存在线性关系，但由于抽样的随机误差，形成样本点呈现具有线性关系的图形。凡此种种，我们都必须经过检验来确认。为了介绍回归直线中的检验问题，首先还要界定线性回归模型中的基本假定是什么。

一、线性回归模型的基本假定

在第一节中谈到总体的线性回归指的是，当 $x = x_i$ 时，y 的均值 $E(y_i)$ 是 x 的线性函数(式9-2)：$E(y_i) = \alpha + \beta x_i$
下面就变量及其相互关系给出一些基本假定。

（一）自变量 x 可以是随机变量，也可以是非随机变量。x 值的测量可以认为是没有误差的，或者说误差是可以忽略不计的。

(二)由于 x 和 y 之间存在的是非确定性的相关关系。因此,对于 x 的每一个值 $x = x_i$,y_i 是随机变量,或称作是 y 的子总体。要求 y 的所有子总体 y_1,y_2,…,y_i,…,y_n,其方差都相等。

$$D(y_1) = D(y_2) = \cdots D(y_i) = \cdots D(y_n)$$

(三)如果 y 的所有子总体,其均值 $E(y_1)$,$E(y_2)$,…,$E(y_i)$,…,$E(y_n)$ 都在一条直线上,则称作线性假定,其数学表达式为

$$E(y_i) = \alpha + \beta x_i$$

由于 α 和 β 对所有子总体都一样,所以 α 和 β 是总体参数。

(四)要求随机变量 y_i 是统计独立的。即 y_1 的数值不影响 y_2 的数值,各 y 值之间都没有关系。

以上称作对总体有关线性、同方差和独立的假定。

(五)出于检验的需要,除了上述假定或要求外,还要求 y 值的每一个子总体都满足正态分布(图9-7)。于是综合回归分析中估计和检验两方面的需要,对总体的数据结构有如下的假定

$$y_1 = \alpha + \beta x_1 + \varepsilon_1$$
$$y_2 = \alpha + \beta x_2 + \varepsilon_2$$
$$\vdots \quad \vdots \quad \vdots \quad \vdots$$
$$y_n = \alpha + \beta x_n + \varepsilon_n$$

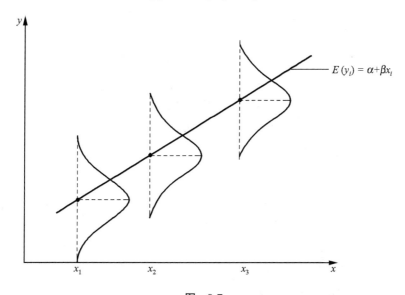

图 9-7

其中 $\varepsilon_1, \varepsilon_2, \cdots, \varepsilon_n$ 是随机变量,它们相互独立,且都服从相同的正态分布 $N(0, \sigma^2)$ (σ^2 未知)。

[例]2. 设总体变量间呈以下图形(图9-8),问:是否满足线性回归模型的假定?

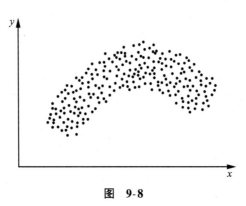

图 9-8

[解] 上述图形由于 x 和 y 之间存在的关系是非线性的,因此不满足线性回归模型的假定。

[例]3. 设总体变量间呈以下图形(图9-9),问:是否满足线性回归模型的假定?

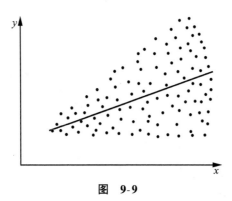

图 9-9

[解] 上述图形,由于不同的 x 值,y 的方差不等,因此不满足线性回归模型等方差的假定。

二、回归方程的检验

前面介绍了用最小二乘法求直线回归的方法,它是基于线性回归模型的基本假定进行的。因此在配置回归直线之前,必须对总体变量间是否存在线性相关关系进行检验。否则,对于不存在线性关系的总体,配置回归直线毫无意义。为此,下面要讨论回归方程的检验。

(一) 检验的原假设

根据本节一的讨论,所谓总体变量 x 和变量 y 存在线性关系,指的是存在关系式

$$E(y_i) = \alpha + \beta x_i \tag{9-15}$$

因此,对于总体线性检验的假设可写成如下的形式

$$H_0: \beta = 0$$
$$H_1: \beta \neq 0$$

有了假设,下面将根据平方和分解求出检验所需的统计量。

(二) 线性回归的平方和分解

1. 总偏差平方和 TSS

$$\text{TSS} = \sum_{i=1}^{n}(y_i - \bar{y})^2 \tag{9-16}$$

TSS 反映了观测值 y_i 围绕均值

$$\bar{y} = \frac{1}{n}\sum_{i=1}^{n} y_i$$

总的分散程度。

TSS 同时还是 PRE(式 8-16)中的 E_1,因为当不知 y 和 x 有关系时,对 y 的最佳估计值只能是 $\bar{y}$,而每一个真实的 y_i 值和估计值 $\bar{y}$ 之差,就构成了每次估计的误差。

$$(y_1 - \bar{y})$$
$$(y_2 - \bar{y})$$
$$\vdots \quad \vdots$$
$$(y_i - \bar{y})$$
$$\vdots \quad \vdots$$
$$(y_n - \bar{y})$$

各次误差平方之总和,正是不知 x 与 y 有关系时,估计 y 之总误差 E_1,从数量上与式(9-16)相等。

$$E_1 = \text{TSS} = \sum_{i=1}^{n}(y_i - \bar{y})^2$$

2. 剩余平方和 RSS

$$\text{RSS} = \sum_{i=1}^{n}(y_i - \hat{y}_i)^2 \tag{9-17}$$

其中 $\hat{y}_i$ 由回归直线式(9-14)：

$$\hat{y} = a + bx$$

所确定。

RSS 反映了观测值 y_i 偏离回归直线 $\hat{y}_i$ 的程度(图9-10)。它是根据最小二乘法求回归直线时，$Q(a,b)$ 的最小值。也就是 PRE 定义中的 E_2。RSS 反映了知道 y 与 x 有关系后，估计 y 值时所产生的总误差。例如，当我们知道 y 与 x 间存在如下回归方程

$$\hat{y} = a + bx = 0.27 + 0.21x$$

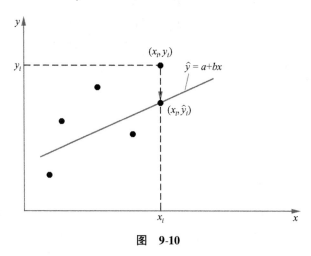

图 9-10

那么，当 $x = x_i$ 时，我们一定用

$$\hat{y}_i = 0.27 + 0.21x_i$$

来估计 y_i 值，而不会仍采用 y 的均值 $\bar{y}$ 来估计。所以真实值 y_i 和估计值 $\hat{y}_i$ 之差

$$y_i - \hat{y}_i$$

就构成了通过回归直线估计的误差

$$y_1 - \hat{y}_1$$
$$y_2 - \hat{y}_2$$
$$\vdots \quad \vdots$$
$$y_i - \hat{y}_i$$
$$\vdots \quad \vdots$$
$$y_n - \hat{y}_n$$

第九章 回归与相关(定距变量—定距变量)

各次误差平方之总和为

$$RSS = \sum (y_i - \hat{y})^2$$

RSS 为通过回归直线进行估计之后,仍然未能消除或未被解释的误差,又称残差平方和。它的存在,说明了除 x 对 y 的线性影响外,还存在其他未被考虑的因素,这些因素往往是十分复杂的,例如社会调查中问卷的信度、效度、模型的误差以及许多无法控制的心理、感情、思维、行动等方面的因素。

3. 回归平方和 RSSR

为了说明 RSSR 的意义,我们把偏差平方和 TSS 分解为图 9-11。

$$TSS = \sum_{i=1}^{n} (y_i - \bar{y})^2 = \sum_{i=1}^{n} (y_i - \hat{y}_i + \hat{y}_i - \bar{y})^2$$

$$= \sum_{i=1}^{n} (y_i - \hat{y}_i)^2 + 2 \sum_{i=1}^{n} (y_i - \hat{y}_i)(\hat{y}_i - \bar{y})$$

$$+ \sum_{i=1}^{n} (\hat{y}_i - \bar{y})^2$$

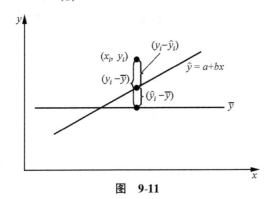

图 9-11

数学上可以证明

$$\sum_{i=1}^{n} (y_i - \hat{y}_i)(\hat{y}_i - \bar{y}) = 0$$

因此得

$$\sum_{i=1}^{n} (y_i - \bar{y})^2 = \sum_{i=1}^{n} (y_i - \hat{y}_i)^2 + \sum_{i=1}^{n} (\hat{y}_i - \bar{y})^2 \qquad (9-18)$$

可见,等式左端就是 TSS,而右端第一项为 RSS,第二项就是 RSSR:

$$RSSR = \sum_{i=1}^{n} (\hat{y}_i - \bar{y})^2 \qquad (9-19)$$

即有

$$TSS = RSS + RSSR \qquad (9-20)$$

$$RSSR = TSS - RSS$$

TSS 表示是原有的估计误差,RSS 是通过回归直线进行估计的误差或者说是回归直线还不能解释的误差,两者之差 TSS-RSS 表示了通过回归直线被解释掉的误差 RSSR。

如果用 L_{xx}, L_{xy} 和 L_{yy} 来表示平方和,则有

$$\text{TSS} = \sum_{i=1}^{n}(y_i - \bar{y})^2 = L_{yy} \tag{9-21}$$

$$\begin{aligned}\text{RSSR} &= \sum_{i=1}^{n}(\hat{y}_i - \bar{y})^2 = \sum_{i=1}^{n}(a + bx_i - a - b\bar{x})^2 \\ &= b^2 \sum_{i=1}^{n}(x_i - \bar{x})^2 = \left(\frac{L_{xy}}{L_{xx}}\right)^2 L_{xx} = \frac{L_{xy}^2}{L_{xx}}\end{aligned} \tag{9-22}$$

$$\begin{aligned}\text{RSS} &= \text{TSS} - \text{RSSR} \\ &= L_{yy} - \frac{L_{xy}^2}{L_{xx}}\end{aligned} \tag{9-23}$$

(三) 统计量

设总体满足原假设 $H_0: \beta = 0$。那么从 $\beta = 0$ 的总体中,如果作无数次样本容量为 n 的抽样,可以证明,作为线性回归方程的检验公式,统计是: $\dfrac{\text{RSSR}}{\frac{\text{RSS}}{n-2}}$

将服从自由度为 $(1, n-2)$ 的 F 分布。

$$F = \frac{\text{RSSR}}{\frac{\text{RSS}}{n-2}} \sim F(1, n-2) \tag{9-24}$$

因此,根据样本 $(x_1, y_1), (x_2, y_2), \cdots (x_n, y_n)$ 计算的 F 值。如果

$$F > F_\alpha$$

则可在显著性水平 α 的情况下,拒绝原假设,即认为总体中是存在线性相关的。反之,如果根据样本计算 F 值,有

$$F < F_\alpha$$

则接受原假设 H_0,即不能拒绝总体中 $\beta = 0$ 的原假设(图 9-12)。因此在这种情况下,就没有必要配置回归直线了。

(四) 如何查找 F_α

式(9-24)给出了一个前面未出现过的 F 分布。F 分布和前面用过的 t 分布、Z 分布、χ^2 分布都不同,它是一簇分布曲线,但每一个分布曲线由两个参数,又称两个自由度 K_1 和 K_2 所决定,记作 $F(K_1, K_2)$,其中 K_1 称第一自由度,K_2 称第

第九章　回归与相关(定距变量—定距变量)

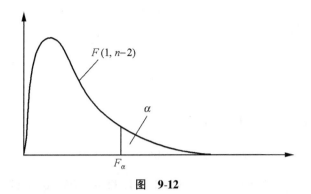

图 9-12

二自由度,由于它主要用于统计检验,所以统计书籍都给出一系列业已计算好的、常用于检验的临界值 F_α(图 9-12)。式(9-24)表示用于回归系数 β 检验的 F 分布为第一自由度 $K_1=1$,第二自由度 $K_2=n-2$ 的 F 分布。

例如:设 $n=8$,显著性水平 $\alpha=0.05$,求临界值 $F_{0.05}(1,8-2)$?为此,先找到 F 分布表,见附表 5,在附表 5(续二)给出了 $\alpha=0.05$ 时,不同 K_1 和 K_2 所对应的 $F_{0.05}$ 值,其中每一列代表不同的 K_1 值,每一行代表不同的 K_2 值,于是在附表 5(续二)的第一列第六行找到了 $F_{0.05}(1,8-2)=5.99$

下面我们对统计量 F(式9-24)

$$F = \frac{\text{RSSR}}{\frac{\text{RSS}}{n-2}}$$

作定性的解释。根据式(9-20)

$$\text{TSS} = \text{RSS} + \text{RSSR}$$

可知,当样本 n 个观测点(x_i, y_i)确定后,TSS 则为定值。因此若剩余平方和 RSS 大,则回归平方和 RSSR 必小。反之,若剩余平方和 RSS 小,则回归平方和 RSSR 必大。而 RSSR 大,则说明引入回归直线后,所能解释掉的误差大。因此引入回归直线后,所被解释掉的误差与剩余误差的比值

$$F = \frac{\text{RSSR}}{\frac{\text{RSS}}{n-2}}$$

反映了配置回归直线的意义。同样,对于 $\beta=0$ 的总体,出于抽样随机误差造成 F 值很大的可能性是很小的。具体说就是

$$F > F_\alpha$$

的可能性仅为 α(α 为显著性水平)。

[**例**]4. 对本章[例]1 进行回归直线的检验($\alpha = 0.05$)。

[**解**] 根据例中计算有

$$L_{xx} = 200$$

$$L_{xy} = 584$$

$$L_{yy} = 1882$$

将 L_{xx}, L_{xy}, L_{yy} 值代入式(9-22)和式(9-23)有

$$\text{RSSR} = \frac{L_{xy}^2}{L_{xx}} = 1705.28$$

$$\text{RSS} = L_{yy} - \text{RSSR} = 1882 - 1705.28 = 176.72$$

将 RSSR、RSS 值代入式(9-24)

$$F = \frac{\text{RSSR}}{\frac{\text{RSS}}{n-2}} = \frac{1705.28 \times (8-2)}{176.72} = 57.8$$

查附表 5 $\quad F_{0.05}(1, 8-2) = 5.99$ [①]

因为

$$F = 57.8 >> F_{0.05} = 5.99$$

所以拒绝总体为 $\beta = 0$ 的原假设,接受备择假设 $\beta \neq 0$,即可以认为配置回归直线是有意义的。

第四节 相 关

一、相关系数

本章第一节谈到相关关系是研究变量间的非确定性关系的。由于变量的层次为定距以上,因此,我们不仅可以研究是否存在关系,而且应该还可以研究相关关系的形式(线性或是非线性关系)。对于非线性的相关关系,由于比较复杂,因此从略。这里仅介绍线性的相关关系。线性相关关系的强度是通过线性相关系数来度量的,简称相关系数 r。可见,相关系数指的是线性相关系数,而不是泛指的一切相关关系的系数。

(一) 公式

图 9-13 表示了变量 x 和变量 y 之间存在相关关系的散布图,它共有 n 对

---

① 查找方法见上节二(四)。

第九章 回归与相关(定距变量—定距变量)

数据:

$$(x_1, y_1)$$
$$(x_2, y_2)$$
$$\vdots \quad \vdots$$
$$(x_n, y_n)$$

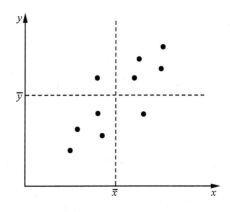

图 9-13

x 和 y 的均值为

$$\bar{x} = \frac{1}{n}(x_1 + x_2 + \cdots + x_n) = \frac{1}{n}\sum x_i$$

$$\bar{y} = \frac{1}{n}(y_1 + y_2 + \cdots + y_n) = \frac{1}{n}\sum y_i$$

把坐标轴移到 $\bar{x}$ 和 $\bar{y}$,于是对于新的坐标,其观测值为

$$(x_1 - \bar{x}), (x_2 - \bar{x}), \cdots, (x_n - \bar{x})$$
$$(y_1 - \bar{y}), (y_2 - \bar{y}), \cdots, (y_n - \bar{y})$$

现在来研究 x 和 y 每对数据的乘积。

$$(x_1 - \bar{x})(y_1 - \bar{y})$$
$$(x_2 - \bar{x})(y_2 - \bar{y})$$
$$\vdots \quad \vdots$$
$$(x_n - \bar{x})(y_n - \bar{y})$$

显然,如果观测值落在新坐标的第一或第三象限,则乘积

$$(x_i - \bar{x})(y_i - \bar{y}) > 0$$

反之,如果观测值落在新坐标的第二或第四象限,则乘积

$$(x_i - \bar{x})(y_i - \bar{y}) < 0$$

可以想象，如果变量间存在线性相关关系的话，则其观测点不会平均地分散在四个象限。只会集中在一三象限或二四象限，而线性相关程度愈强，其集中的程度愈明显。从数量上来考虑，就是上述乘积的总和

$$\sum_{i=1}^{n}(x_i - \bar{x})(y_i - \bar{y})$$

可以作为线性相关程度的标志。当

$$\sum_{i=1}^{n}(x_i - \bar{x})(y_i - \bar{y}) = 0$$

则表示观测点均匀地分散在四个象限，即变量 x 和变量 y 之间不存在线性相关关系。反之，当

$$\sum_{i=1}^{n}(x_i - \bar{x})(y_i - \bar{y}) \neq 0 \tag{9-25}$$

则表示变量间存在线性相关关系。其数值（绝对值）越大，则表示线性相关关系越大。

但是由于式(9-25)的数值与单位有关，因此不同单位的变量还无法进行比较。为此，我们将变量标准化，然后再求其乘积的平均。

$$\left(\frac{x_1 - \bar{x}}{S_x}\right)\left(\frac{y_1 - \bar{y}}{S_y}\right)$$

$$\left(\frac{x_2 - \bar{x}}{S_x}\right)\left(\frac{y_2 - \bar{y}}{S_y}\right)$$

$$\vdots \qquad \vdots$$

$$\left(\frac{x_n - \bar{x}}{S_x}\right)\left(\frac{y_n - \bar{y}}{S_y}\right)$$

取平均为样本相关系数 r：

$$\frac{1}{n-1}\sum_{i}\left(\frac{x_i - \bar{x}}{S_x}\right)\left(\frac{y_i - \bar{y}}{S_y}\right)$$

对于总体数据，r 为

$$r = \frac{1}{n}\sum_{i}\left(\frac{x_i - \bar{x}}{\sigma_x}\right)\left(\frac{y_i - \bar{y}}{\sigma_y}\right)$$

但无论是样本数据或总体数据，相关系数 r 都可写作

$$r = \frac{\sum(x_i - \bar{x})(y_i - \bar{y})}{\sqrt{\sum(x_i - \bar{x})^2 \sum(y_i - \bar{y})^2}} \tag{9-26}$$

第九章　回归与相关(定距变量—定距变量)

相关系数的取值范围是

$$[-1, +1]$$

下面给出了不同相关系数所对应的图形(图9-14)。

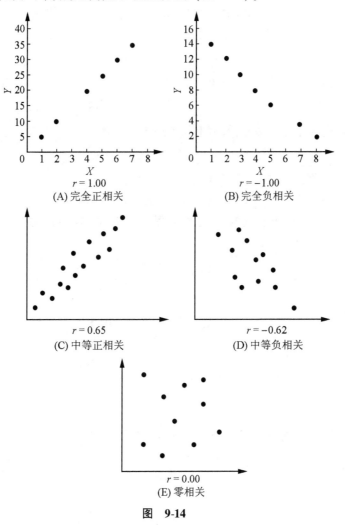

图 9-14

(二) 相关系数具有 PRE 性质

相关系数还可以通过减少误差比例 *PRE* 公式(式8-16)推导出来:

$$\text{PRE} = \frac{E_1 - E_2}{E_1} \tag{9-27}$$

E_1 为不知 x 与 y 有关系时,预测 y 的总误差。由于这时最佳的估计是均值 $\bar{y}$,因此 E_1 有

$$E_1 = \sum (y_i - \bar{y})^2$$

E_2 为知道 x 与 y 有线性相关时,预测 y 的总误差。显然,当知道 x 和 y 存在线性相关后,我们可以用线性回归直线来预测 y 的值。这时的误差 E_2 为

$$E_2 = \sum (y_i - \hat{y})^2 \tag{9-28}$$

正如式(9-16)所解释,E_1 值与 TSS 值相同

$$E_1 = \sum (y_i - \bar{y})^2 = \text{TSS} \tag{9-29}$$

E_2 值正如式(9-17)所解释,数值上与 RSS 相同

$$E_2 = \sum (y_i - \hat{y})^2 = \text{RSS} \tag{9-30}$$

而 $E_1 - E_2$ 根据式(9-20),数值上与 RSSR 相同

$$E_1 - E_2 = \text{TSS} - \text{RSS} = \text{RSSR} \tag{9-31}$$

它表示了回归直线方程对预测的改善程度。将式(9-29)和式(9-30)代入式(9-27)有

$$\text{PRE} = \frac{\text{TSS} - \text{RSS}}{\text{TSS}}$$

PRE 又称判定系数 r^2。

$$r^2 = \text{PRE} = \frac{\text{TSS} - \text{RSS}}{\text{TSS}} = \frac{\text{RSSR}}{\text{TSS}} \tag{9-32}$$

将式(9-22)和式(9-21)

$$\text{RSSR} = \frac{L_{xy}^2}{L_{xx}}$$

$$\text{TSS} = L_{yy}$$

代入式(9-32),经过式(9-11)至式(9-13)的化简有

$$r^2 = \frac{(\sum (x_i - \bar{x})(y_i - \bar{y}))^2}{\sum (x_i - \bar{x})^2 \sum (y_i - \bar{y})^2}$$

开方后有

$$r = \pm \sqrt{r^2} = \pm \frac{\sum (x_i - \bar{x})(y_i - \bar{y})}{\sqrt{\sum (x_i - \bar{x})^2 \sum (y_i - \bar{y})^2}} \tag{9-33}$$

可见,判定系数 r^2 的开方,数值上与式(9-26)相同,其符号应取与式(9-26)相关系数相同。

判定系数 r^2 有着直观的解释意义。例如,当 $r^2 = 0.75$,表示当知道 x 和 y

有线性相关关系后,可以改善预测程度75%或可以用x解释掉y的75%误差。

相关系数的计算公式,除了式(9-26)

$$r = \frac{\sum (x_i - \bar{x})(y_i - \bar{y})}{\sqrt{\sum (x_i - \bar{x})^2 \sum (y_i - \bar{y})^2}}$$

外,根据式(9-11)至式(9-13),r还可写作

$$r = \frac{\sum x_i y_i - \frac{(\sum x_i)(\sum y_i)}{n}}{\sqrt{\left[\sum x_i^2 - \frac{(\sum x_i)^2}{n}\right]\left[\sum y_i^2 - \frac{(\sum y_i)^2}{n}\right]}} \tag{9-34}$$

根据式(9-8)式(9-12)和方差定义式(6-2),代入式(9-26)r还可写作

$$r = b \frac{S_x}{S_y} \tag{9-35}$$

式(9-26)、式(9-34)和式(9-35)都是等效的。

相关系数受变量取值范围的影响很大,图9-15表示了在左端小范围内,x和y的相关系数几乎为零,但如果增加了右端若干极值点,可使x和y的相关系数增加很多。又如图9-16,从大范围来看,受教育年限(x)和职业声望(y)之间有很强的相关系数,但如果仅考查变量取值的某一段,例如说大专(12年)以上,则相关系数将大大减少。

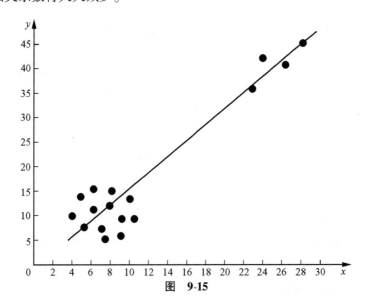

图 9-15

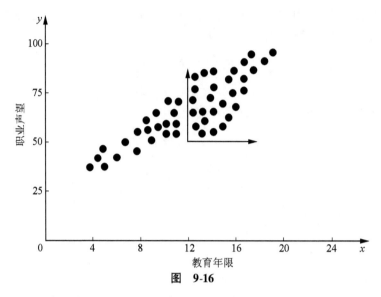

图 9-16

下面再比较两个图形,图 9-17 中(A)和(B)的回归方程是一样的:

$$\hat{y} = 1.00 + 1.00x$$

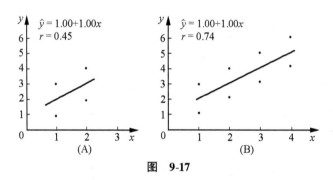

图 9-17

两图中所有观测点到回归线的铅直距离都等于 ±1 个单位。(A)和(B)所不同的只是变量 x 的取值范围不同。下面计算它们的相关系数。

图 9-17 中(A)图有如下四对数据(表 9-3)。

表 9-3

x	1	1	2	2
y	1	3	2	4

现在计算它的相关系数(表 9-4)。

第九章　回归与相关(定距变量—定距变量)

表 9-4

x	y	x^2	xy	y^2
1	1	1	1	1
1	3	1	3	9
2	2	4	4	4
2	4	4	8	16
$\sum x = 6$	$\sum y = 10$	$\sum x^2 = 10$	$\sum xy = 16$	$\sum y^2 = 30$

将表9-4计算结果,代入式(9-34)

$$r = \frac{16 - (6 \times 10)/4}{\sqrt{(10 - (6 \times 6)/4)(30 - (10 \times 10)/4)}} = 0.45 \quad (9\text{-}36)$$

图9-7中(B)图有如下八对数据(表9-5)。

表 9-5

x	1	1	2	2	3	3	4	4
y	1	3	2	4	3	5	4	6

现在计算它的相关系数(表9-6)。

表 9-6

x	y	x^2	xy	y^2
1	1	1	1	1
1	3	1	3	9
2	2	4	4	4
2	4	4	8	16
3	3	9	9	9
3	5	9	15	25
4	4	16	16	16
4	6	16	24	36
$\sum x = 20$	$\sum y = 28$	$\sum x^2 = 60$	$\sum xy = 80$	$\sum y^2 = 116$

将表 9-6 计算结果,代入式(9-34)

$$r = \frac{80 - (20 \times 28)/8}{\sqrt{(60 - (20 \times 20)/8)(116 - (28 \times 28)/8)}} = 0.74 \qquad (9\text{-}37)$$

式(9-36)和式(9-37)计算的相关系数值是不同的。可见,为了使读者正确理解所计算相关系数的大小,在给出相关系数的同时,还应给出变量的取值范围。

相关系数还有另外一个性质,即相关系数不因坐标原点的改变或单位的变化而变化。因此数据值如果过大,可以减去一个常数。同样数据值如果过小,也可扩大一个倍数,其相关系数是不变的。

(三) 相关系数的检验

正如一切抽样结果,为了具有推论性质,必须进行检验。相关系数检验的假设为

$$H_0: \rho = 0 (总体相关系数为零)$$

$$H_1: \rho \neq 0$$

为着使用者的方便,上述检验已简化为使用相关系数 r 进行直接检验(附表 6)。具体步骤为

1. 根据 r 公式计算样本的 r 值。
2. 给出显著性水平 α 和 $k = n - 2$,按附表 6 查出相应的临界相关系数 r_α。
3. 比较 $|r|$ 与 r_α 的大小。

如果 $|r| \geq r_\alpha$,则 x 与 y 之间存在线性相关关系,r 在显著性水平 α 下显著。

如果 $|r| < r_\alpha$,则 x 与 y 之间不存在线性相关关系,r 在显著性水平 α 下不显著。

[例]5. 对本章[例]1 求相关系数 r 值,并检验之($\alpha = 0.05$)。

[解] $\bar{x} = 13, \bar{y} = 70$

代入式(9-30)

$$r = \frac{\sum (x_i - \bar{x})(y_i - \bar{y})}{\sqrt{\sum (x_i - \bar{x})^2 \sum (y_i - \bar{y})^2}} = 0.95$$

检验 根据 $\alpha = 0.05, k = 8 - 2 = 6$ 查附表 8 得:

$$r_\alpha = 0.707$$

因为 $r > r_\alpha$

因此,可以认为总体中,x 和 y 之间存在线性相关($\alpha = 0.05$)。

(四) 相关系数 r 的检验与回归系数 β 的检验的关系

本章第三节二曾谈到回归方程的检验,实际它只是对线性回归方程的检

验。而确认总体线性相关的存在,也就是确认配置线性回归方程是有意义的。因此假设

$$H_0: \rho = 0$$

和假设

$$H_0: \beta = 0$$

是等价的。也就是说,如果 r 通过了检验,也必然会导致 β(F 检验)检验的通过。实际上 F 公式是可以通过 r 表达的(9-40)。

根据式(9-24)有

$$F = \frac{\text{RSSR}}{\frac{\text{RSS}}{n-2}} = \frac{\text{TSS} - \text{RSS}}{\frac{\text{RSS}}{n-2}} \sim F(1, n-2) \tag{9-38}$$

根据式(9-32)有

$$r^2 = \frac{\text{TSS} - \text{RSS}}{\text{TSS}} = \frac{\text{RSSR}}{\text{TSS}}$$

$$\text{RSSR} = r^2 \text{TSS} \tag{9-39}$$

所以

$$\text{RSS} = \text{TSS} - \text{RSSR} = \text{TSS} - r^2 \text{TSS} = (1 - r^2)\text{TSS}$$

将式(9-39)代入式(9-38)

$$F = \frac{\text{TSS} - \text{RSS}}{\frac{\text{RSS}}{n-2}} = \frac{r^2 \text{TSS}}{\frac{(1 - r^2)\text{TSS}}{n-2}}$$

$$= \frac{r^2}{1 - r^2}(n-2) \sim F(1, n-2) \tag{9-40}$$

式(9-40)表明确定的 r 值,对应有确定的 F 值。所以只要有 r 检验表,就可不必计算 F 值进行 F 检验了。

二、相关与回归的比较

相关和回归都是研究变量间的非确定性关系的,而且都是研究其中的线性关系的,但是两者研究的角度是有所不同的。首先,回归是研究变量间的因果关系的。从人类对社会的探索来看,就是要找出影响人类行为的因果关系。而回归则是这种因果关系要建立的模型。如回归方程式(9-14)

$$\hat{y} = a + bx$$

中的变量 x 就是"因",变量 y 则是"果"。因此利用回归方程,可以通过自变量 x 的已知值去预测因变量 y 的未知值。比如子代和父代身高之间的关系,就有着明显的因果关系。作为因果关系的标志是"因"必先于"果","果"相对于

"因"有着时间上的滞后。但相关关系则并不一定具有因果关系,例如同班同学 A 与 B 行为有着很高的相关关系,但两人间未必存在因果关系。它们往往是伴随、共存的关系,当然也不排斥一方为主的情况,但作为相关关系,一般不再追究孰因孰果。下列几种情况都可以作为相关研究的对象:

$x \rightarrow y$(x 引起 y 的变化)

$y \rightarrow x$(y 引起 x 的变化)

$x \rightleftarrows y$(x,y 互为因果)

$\begin{matrix} & w & \\ & \swarrow \searrow & \\ x & & y \end{matrix}$ (x,y 间的关系,是由于共同的因素 w 所造成的)①

那么是否可以说,如果明确了变量间的因果关系,就只需要回归分析了呢? 或是说,这时只需要回归系数 b 就能反映两个变量之间的关系了呢? 答案是否定的。实际上,回归直线式(9-14)

$$\hat{y} = a + bx$$

中回归系数 b,仅反映了增量 Δx 和 y 均值增量 $\Delta \hat{y}$ 之间的关系

$$\Delta \hat{y} = b \Delta x$$

即 x 增加一个单位 $\Delta x = 1$ 时,$\hat{y}$ 将增加 b 个单位 $\Delta \hat{y} = b$。b 说明了回归直线的陡度,b 值的大小与变量所取的单位是有关系的。回归直线中 $\hat{y}$ 的变化,反映的是真实 y 值平均值的变化(图 9-3),而真实数据与回归直线分散的情况在式(9-14)是不反映的。相关系数 r 则正是表现了真实数据与回归直线靠拢的程度。试比较图 9-18 和图 9-19。

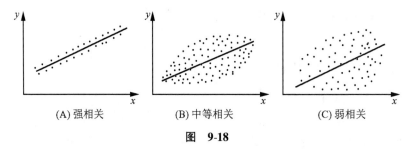

图 9-18

图 9-18 中(A)(B)(C)是回归系数 b 相同而相关系数 r 不同的图形。而图 9-19 中(A)(B)(C)则是相关系数 r 相同而回归系数 b 不同的图形。可见,通过回归直线,x 可以预测 y 的平均值,但无法区分图 9-18 的哪一种情况。而相关

---

① 这时 x 和 y 称伪相关。

第九章 回归与相关(定距变量—定距变量)

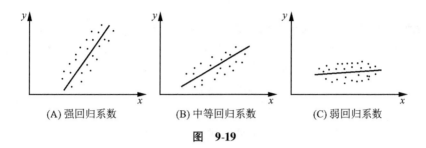

(A) 强回归系数   (B) 中等回归系数   (C) 弱回归系数

图 9-19

系数 r 反映了预测效果的好坏,或者说,相关系数反映了回归线拟合的好坏,但又无法区分图 9-19 的哪一种情况。因此在探索变量间回归直线的同时,还应该研究相关系数。

此外,从相关公式(9-26),可以看出,相关系数是双向对称的。也就是说 x 对 y 的相关和 y 对 x 的相关系数是一样的。但回归系数则不一样,当把 x 作为自变量,y 作为因变量时,其回归方程为

$$\hat{y} = a + bx \tag{9-41}$$

反之,如果把 y 当作自变量,x 当作因变量,其回归方程为

$$\hat{x} = a' + b'y \tag{9-42}$$

式(9-41)和式(9-42)中的系数 a、b、a'、b' 一般并不相等。因此回归直线是非对称的。但是,如果对于原始数据,先进行标准化

$$\left(\frac{x_1 - \bar{x}}{S_x}, \frac{y_1 - \bar{y}}{S_y} \right)$$

$$\left(\frac{x_2 - \bar{x}}{S_x}, \frac{y_2 - \bar{y}}{S_y} \right)$$

$$\vdots \qquad \vdots$$

$$\left(\frac{x_n - \bar{x}}{S_x}, \frac{y_n - \bar{y}}{S_y} \right)$$

这时坐标原点移至 $(\bar{x}, \bar{y})$;$a = 0$,回归直线为

$$\hat{Z}_y = rZ_x \tag{9-43}$$

式(9-43)称标准化回归直线方程。因此相关系数 r 又称标准化回归系数。标准化回归方程特别适用于 x 和 y 都是随机变量的情况。它表示平均而言,自变量 x 增加一个标准差 S_x,因变量 y 将增加 r 个标准差 S_y。

可见,如果知道了自变量 x 的均值 $\bar{x}$ 和标准差 S_x,y 值的均值 $\bar{y}$ 和标准差 S_y,以及它们的相关系数,则可以直接用标准回归直线

$$\hat{Z}_y = rZ_x$$

进行预测,而不必使用最小二乘法求直线回归方程了。

[例]6. 某大学对高考入学成绩和入学后的第一年成绩作了分析,结果表明,它们都服从正态分布,有如下数据

$$\bar{x}(入学平均成绩) = 487.5(分)$$
$$S_x = 60 \text{ 分}$$
$$\bar{y}(第一年平均成绩) = 65(分)$$
$$S_y = 8 \text{ 分}$$
$$r = 0.4$$

求:若某生入学成绩为 562.5 分,预测他入学后的第一年成绩是多少?

[解] 首先计算入学成绩的标准分

$$Z_x = \frac{562.5 - 487.5}{60} = 1.25$$

代入标准回归方程式(9-43)

$$\hat{Z}_y = rZ_x = 0.4 \times 1.25 = 0.5$$

由 y 的标准分再转化作原始分

$$\hat{Z}_y = \frac{\hat{y} - \bar{y}}{S_y}$$

$$\hat{y} = \bar{y} + \hat{Z}S_y = 65 + 0.5 \times 8 = 69(分)$$

即该生入大学后成绩的点估计值为 69(分)。

第五节 用回归方程进行预测

本章第二节曾给出利用回归方程(9-14)

$$\hat{y} = a + bx$$

对 y 进行估计或预测,但回归方程给出的 $\hat{y}$,只是所预测的 y 均值,是 y 的点估计值。为了求出 y 的区间估计,还必须知道 y 的分布。

例如,当 X 取确定的值 $X_0: X = X_0$,代入方程(9-14),得回归值:

$$\hat{y}_0 = a + bX_0$$

一般来说,在置信度相同情况下,不同的 x 值,估计的置信区间并不相同,以 x 的均值点 $\bar{x}$ 为最小,距离 $\bar{x}$ 越大,置信区间越宽,但在样本容量 n 足够大的情况下,Y_0 近似具有正态分布:

$$Y_0 \sim N(\hat{y}, s^2),$$

第九章 回归与相关（定距变量—定距变量）

其中

$$S = \sqrt{\frac{\text{RSS}}{n-2}} = \sqrt{\frac{\sum (y - \hat{y})^2}{n-2}} \quad (9\text{-}44)$$

这时区间估计将为

$$[\hat{y}_0 - Z_{\alpha/2}S, \hat{y}_0 + Z_{\alpha/2}S]$$

在这种情况下，置信区间上限 L_2（图9-20）

$$\hat{y}_0 + Z_{\alpha/2}S$$

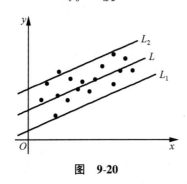

图 9-20

和置信区间下限 L_1（图9-20）

$$\hat{y}_0 - Z_{\alpha/2}S$$

将平行于回归直线

$$\hat{y}_0 = a + bx$$

的两侧。

通过以上分析，可以看出，置信区间的长度主要是由 S 决定的，S 愈小，回归方程预测 y 的值就愈精确，因此在预测中 S 是一个基本而重要的量。

本章要点辅导

1. 什么是函数关系？什么是相关关系？

[解] 函数关系是变量与变量之间确定性的关系，例如自由落体中，物体下落的距离 s 和所需时间 t 之间，就有如下的函数关系：

$$S = \frac{1}{2}gt^2 \quad (0 \leq t \leq T)$$

当给定变量 t 确定的数值，s 值也就完全的确定了。在日常生活中，也有这样确定的函数关系，例如知道了一本书的价格，那么，买几本书，其总价都是确定的。但在自然和社会现象中，还大量存在着另一类变量（现象）和变量（现象）的关系，它们之间存在有关系，但不能完全确定,这类关系则称作相关关系。例如身高与遗传就是这样的相关关系,一般父母身材高大的,子女身材也较高大,但并不存在父母身材高大,子女就一定身材高大的确定关系,因为同样存在着,身材高大的父母,子女身材并不高大。同样,现代医学表明,吸烟与肺癌有着密切的相关,但也无法预言,吸烟者就一定会患肺癌。

2. 什么情况下,变量间会存在非确定性的相关关系?

[解] 当变量存在的制约因素不止一个,而人们只研究其中的某个制约因素(变量)时,剩下未被研究的制约因素,对每一次测量来说,都是未被控制的、可以是不同的取值,从而使变量间的关系,呈现为非确定的相关关系。

此外还可能存在某种隐蔽、未被发现的因素,由于它同时作用在两个变量上,致使原本两个无关的变量呈现共变或相关,当我们找到了隐蔽的因素,并使之控制,变量间的相关也随之消失,这种貌似相关、实际并不存在的相关,称作伪相关。通过研究,找出了相关背后隐藏的共因,仍是研究的一大成果。

3. 相关与回归有什么异同?

[解] 相关与回归都是研究变量间非确定性关系的,且都是研究非确定性关系中的线性相关。但相关只是研究变量间是否存在关系,以及关系的强度如何。而回归则是要研究变量中孰因孰果,并据此建立回归方程的因果模型。应该说,回归概念在理论上更为重要,因为人们的研究不可能只限于表面的存在关系,而是要进一步探索其因果关系,达到科研预测的终极目标。

4. 回归系数 b 与相关系数 r 有什么不同?

[解] 回归系数 b 是自变量 x 增加 $\triangle x = 1$ 时,回归直线中预测值 $\hat{y}$ 的变化量 $\triangle \hat{y} = b$:

$$\triangle \hat{y} = b \triangle x$$

b 值的大小,与变量所取的单位有关,$\hat{y}$ 并不是真实 y 的变化量,它只是真实 y 平均值的变化量,真实的 y 值是分散在 $\hat{y}$ 周围的分布,但其分散的程度如何,回归系数 b 是反映不出来的。所以,对于回归系数 b 相同的回归线,其真实 y 值的分散程度可各不相同(见本章图9-18,9-19)。

相关系数 r 反映的是真实 y 值距离回归直线预测值 $\hat{y}$ 分散的程度,不同回归系数 b 的回归直线,也可能具有相同的相关系数。

5. 如果通过了显著性检验,确认了可以配置回归线,那么,配置的回归线是否一定有价值?用什么量,可以衡量配置回归线的功效?

[解] 不一定,因为当我们的样本容量很大时,很小的相关系数可以通过显著性检验而被确认,但具有这种微弱的相关所配置的回归线,并没有太多的实际意义,因为通过回归线所预测到的 $\hat{y}$ 值,由于 r 很小,真实的 y 值可能距离 $\hat{y}$ 还很远,从而失去预测的价值。因此相关系数,反映了配置回归直线的功效。在实际工作中,相关系数可以作为配置回归直线的预处理,在配置回归直线之前,先计算两者的相关系数,如果相关系数很小,是弱相关,那就没有必要进一步配置回归直线了。同样的方法,也适用于多因素的情况,首先进行预处理,计算每个因素与 y 的相关系数,然后淘汰掉相关系数小的因素,最后把具有中等相关的因素保留下来,并建立回归模型。

6. 什么是判定系数？它有什么功效？

[解] 第八章列联表的分析中，介绍了 PRE 法，它是从数量上定义相关系数的有效方法。对于定距型二变量的线性相关，相关系数 r 的平方，又称判定系数，它具有 PRE 的性质，是配置回归直线后，预测误差改善的相对值。通过预测、回归线来解释 $r(r^2)$，从而对相关系数 r 的理解更为完整，这也是为什么先介绍了回归，然后再引入相关概念的缘故。

7. 建立回归直线有哪些假定？

[解] 首先总体变量间必须满足线性的相关关系，同时每一个自变量 x，对应 y 的子总体应为独立、等方差，出于检验的需要，还要求 y 的子总体服从正态分布。

这些假定就构成了使用回归的局限，否则得出了错误的结论，只能归咎于用错了方法的人，而不是方法本身。

8. 以下是总体数据的散布图，问：能否运用本章公式(9-7)至公式(9-9)，配置回归直线？

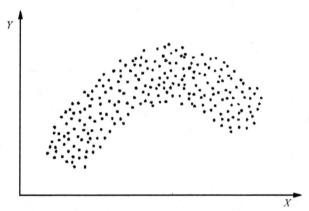

[解] 不能，因为通过样本的散布图，可以发现变量间的关系是非线性的，而本章公式(9-7)至公式(9-9)所配置的回归直线，属线性回归直线，它要求总体中 X 和 Y 呈线性关系。

9. 以下是根据总体数据所得的散布图，问能否运用本章公式(9-7)至公式(9-9)，配置回归直线？

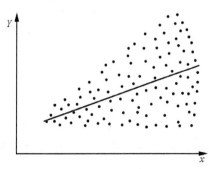

[解] 不能，因为通过样本的散布图，可以发现变量间的关系虽然是线性的，但每个 x

值对应 y 分布的方差不等,所以也不能运用本章公式(9-7)至公式(9-9)配置回归直线。

10. 试问以下散布图有何特点?

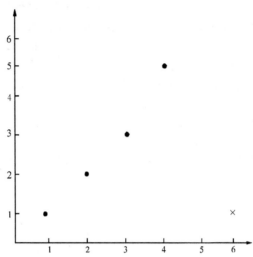

[解] 本散布图的特点是有离群点×,如果不计及离群点,有很强的线性相关,配置回归直线是完美的,但由于存在了离群点(6,1),致使线性相关消失殆尽,因此也就没必要配置回归直线了。对于散布图中出现这些离群点,必须认真思考,不能一味舍去不顾,只有充分理由的情况下,才能忽略不计。

11. 回归有哪些功能?

[解] 回归直线大致有三方面功能:

(1)描述功能:回归直线通过截距、斜率描述了大量成对数据所表现的变量间线性相关的因果关系,而相关系数则反映了配置回归直线的优良程度。

(2)预测功能:当配置的回归直线通过检验后,对原数据范围内的任一自变量值,都可以预测到对应的因变量值,而预测值的精度则取决于相关系数,相关系数越大,预测值与真实值的误差越小。一般来说,预测范围只适用于原收集、调查数据的范围,只能内插,不能外延。

(3)模型研究的基础:模型研究是由复杂的因果链所组成,而每一个基本的因果链,往往都是通过回归方法进行处理的,所以回归分析是复杂模型研究的基础。

12. 相关系数有哪些特性?

[解] (1)相关系数是没有单位的,取值在[-1,+1]之间,强相关既包括+1,也包括 -1,$r=0$ 表示无相关。

(2)相关系数不分孰因孰果,所以 X 对 Y 的相关系数 r_{xy} 和 Y 对 X 的相关系数 r_{yx} 相同:

$$r_{xy} = r_{yx}$$

这点和回归系数是不同的,在求回归方程时,当把 x 看作自变量,对 y 求回归线时,回归方程为:

第九章 回归与相关(定距变量—定距变量)

$$\hat{y} = a + b_{xy}x$$

而当把 y 看作自变量,对 x 求回归线时,回归方程为:

$$\hat{x} = a' + b_{yx}y$$

一般来说 $b_{xy} \neq b_{yx}$

本章解题辅导

1. 现有以下 5 对样本数据,试作数据表、散布图,并初步确定变量间是否存有线性相关?

[解] 以下是 5 对样本数据所做的数据表和散布图:

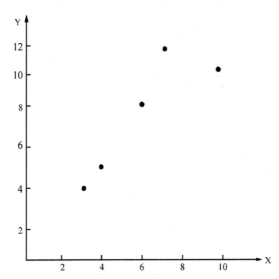

数据表

X	4	7	3	6	10
Y	5	12	4	8	11

通过散布图可以初步确定,变量间存在 x 增大,y 亦增大的线性相关性。

2. 接上题,在初步确定基础上,试计算相关系数 r,并作出可否推论到总体的统计检验。

[解] (1) 根据上题的数据表,为了计算相关系数 r,还要计算 x^2、xy 和 y^2,下面将用表一并列出,并代入公式(9-34),算出 r 值:

X	Y	X^2	XY	Y^2
4	5	16	20	25
7	12	49	84	144
3	4	9	12	16
6	8	36	48	64
10	11	100	110	121
$\sum=30$	$\sum=40$	$\sum=210$	$\sum=274$	$\sum=370$

$$r = \frac{\sum xy - \frac{\sum x \sum y}{n}}{\sqrt{\left[\sum x^2 - \frac{(\sum x)^2}{n}\right]\left[\sum y^2 - \frac{(\sum y)^2}{n}\right]}}$$

$$= \frac{274 - \frac{30 \times 40}{5}}{\sqrt{\left(210 - \frac{(30)^2}{5}\right)\left(370 - \frac{(40)^2}{5}\right)}} = \frac{34}{\sqrt{30 \times 50}}$$

$$= \frac{34}{38.73} = 0.88$$

（2）相关系数 r 检验（$\alpha = 0.05$）

相关系数 $r = 0.88$，虽然可以认为是强相关系数，但由于样本容量很小，所以**能否推论到总体**，还要对相关系数进行检验。

$$H_0: \rho = 0$$
$$H_1: \rho \neq 0$$

根据相关系数检查表（附表6），$K = n - 2 = 5 - 2 = 3$，对于 $\alpha = 0.05$，

$$r_{0.05}(n-2) = r_{0.05}(3) = 0.878$$

因为：
$$r \geq r_{0.05}(3) = 0.878$$

所以通过了检验。

3. 接上题，如果 r 具有显著性水平，试作回归直线

在以上线性相关通过了检验的基础上，将抽样数据代入公式(9-7)至式(9-12)得：

$$b = \frac{L_{xy}}{L_{xx}} = \frac{\sum xy - \frac{\sum x \sum y}{n}}{\sum x^2 - \frac{(\sum x)^2}{n}}$$

$$= \frac{274 - \frac{30 \times 40}{5}}{210 - \frac{(30)^2}{5}} = \frac{34}{30}$$

$$= 1.133$$

第九章 回归与相关(定距变量—定距变量)

$$a = \bar{y} - b\bar{x} = \frac{40}{5} - 1.133\frac{30}{5}$$
$$= 8 - 6.798 = 1.202$$

因此得回归方程:
$$\hat{y} = 1.202 + 1.133X$$

回归系数的检验,由于与相关系数 r 检验是等效的,而题 2 中相关系数 r 检验已经通过($\alpha = 0.05$),所以这里回归系数的检验可以从略。

4. 接上题,试计算总偏差平方和 TSS、剩余平方和 RSS、回归平方和 RSSR 和判定系数 r^2,并用图解释各平方和的意义,以及各平方和之间的关系和判定系数 r^2 的意义。

(1) 总偏差平方和 TSS

TSS 是观测值 y_i 围绕均值 $\bar{y}$ 总误差,也是不知 y 与 x 有关时,预测 y 的总误差,以下是各点 y_i 距离均值的差值与图示:

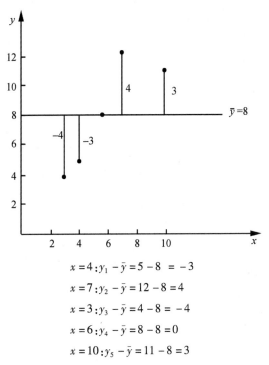

$x = 4 : y_1 - \bar{y} = 5 - 8 = -3$

$x = 7 : y_2 - \bar{y} = 12 - 8 = 4$

$x = 3 : y_3 - \bar{y} = 4 - 8 = -4$

$x = 6 : y_4 - \bar{y} = 8 - 8 = 0$

$x = 10 : y_5 - \bar{y} = 11 - 8 = 3$

总偏差 TSS 有:
$$\text{TSS} = (y_1 - \bar{y})^2 + (y_2 - \bar{y})^2 + (y_3 - \bar{y})^2 + (y_4 - \bar{y})^2 + (y_5 - \bar{y})^2$$
$$= (5-8)^2 + (12-8)^2 + (4-8)^2 + (8-8)^2 + (11-8)^2 = 50$$

(2) 剩余平方和 RSS

RSS 是观测值 Y_i 偏离回归直线 $\hat{y}_2$ 的总误差,也是知道 y 与 x 有关时,预测 y 的总误差,或者说,当知道 y 与 x 有关,用回归直线值 $\hat{y}_i$ 进行预测时,所剩余的误差。每一个观测值 x_i 对应回归值 $\hat{y}_i$ 有:

$$\hat{y}_1 = 1.202 + 1.133(4) = 5.734$$
$$\hat{y}_2 = 1.202 + 1.133(7) = 9.133$$
$$\hat{y}_3 = 1.202 + 1.133(3) = 4.601$$
$$\hat{y}_4 = 1.202 + 1.133(6) = 8.000$$
$$\hat{y}_5 = 1.202 + 1.133(10) = 12.532$$

各点 y_i 距离对应回归值 $\hat{y}_i$ 的差值如以下图示:

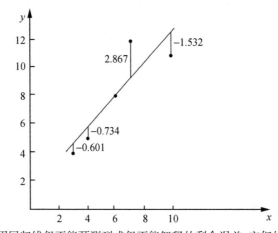

这些差值是用回归线仍不能预测到或仍不能解释的剩余误差,它们的平方:

$$(y_1 - \hat{y}_1)^2 = (5 - 5.734)^2 = (-0.734)^2 = 0.5388$$
$$(y_2 - \hat{y}_2)^2 = (12 - 9.133)^2 = (2.867)^2 = 8.2200$$
$$(y_3 - \hat{y}_3)^2 = (4 - 4.601)^2 = (-0.601)^2 = 0.3612$$
$$(y_4 - \hat{y}_4)^2 = (8 - 8.000)^2 = (0.000)^2 = 0.0000$$
$$(y_5 - \hat{y}_5)^2 = (11 - 12.532)^2 = (-1.532)^2 = 2.3470$$

称剩余平方和 RSS:

$$RSS = \sum (y - \hat{y})^2 = 0.5388 + 8.2200 + 0.3612 + 2.3470 = 11.4670$$

(3) 回归平方和 RSSR

用总误差 TSS 减去通过回归线仍不能预测到或仍不能解释的剩余误差 RSS,正是回归线所能解释掉的误差,这部分误差称回归平方和 RSSR:

$$RSSR = TSS - RSS = 50 - 11.4670 = 38.533$$

(4) 判定系数 r^2

回归线所能解释掉的误差 RSSR 在总误差 TSS 所占的相对比重称判定系数 r^2,其定义与第八章所介绍的 PRE 定义相同,所以有:

第九章 回归与相关（定距变量—定距变量）

$$\text{PRE} = r^2 = \frac{\text{RSSR}}{\text{TSS}} = \frac{\text{TSS} - \text{RSS}}{\text{TSS}} = \frac{50 - 11.4670}{50} = \frac{38.533}{50} = 0.7707$$

可以发现，这里用 PRE 计算出的 r^2，开方后的 r 值，与用公式(9-34)计算结果完全相同：

$$r = 0.878 \approx 0.88$$

5. 接上题，求标准回归方程和标准回归系数。

标准回归方程是先将观测值标准化，再求得回归方程，由于标准回归系数与相关系数相同，因此标准回归方程有：

$$\hat{Z}_y = rZ_x = 0.88 Z_x$$

6. 设 $x = 7$，试用标准回归方程，求回归值 $\hat{y}$？

由于标准回归方程是标准分之间的回归关系，为了求得观测值 x 对应的回归值 $\hat{y}$，必须通过标准分进行转换：

$$z_x = \frac{x - \bar{x}}{s_x}$$

$$z_y = \frac{y - \bar{y}}{s_y}$$

式中 $\bar{x}$、$\bar{y}$、s_x、s_y 用题 1 中测量值代入得：

$$\bar{x} = \frac{\sum x}{n} = 6$$

$$\bar{y} = \frac{\sum y}{n} = 8$$

$$s_x = \sqrt{\frac{\sum (x - \bar{x})^2}{n - 1}} = \sqrt{\frac{\sum x^2 - \frac{(\sum x)^2}{n}}{n - 1}} = 2.74$$

$$s_y = \sqrt{\frac{\sum (y - \bar{y})^2}{n - 1}} = \sqrt{\frac{\sum y^2 - \frac{(\sum y)^2}{n}}{n - 1}} = 3.54$$

作为检验，回归方程(9-4)和标准回归方程(9-43)是等效的，不妨将观测值 $x = 7$ 代入标准回归方程，求其回归值 $\hat{y}$，为此要将 X 值，转化为标准分 Z_x：

$$Z_x = \frac{x - \bar{x}}{S_x} = \frac{7 - 6}{2.74} = \frac{1}{2.74} = 0.365$$

将 Z_x 代入标准回归方程(9-43)有：

$$\hat{Z}_y = 0.88 \times Z_x = 0.88 \times 0.365 = 0.32$$

为了求得回归值 $\hat{y}$，将 $\hat{Z}_y$ 代入标准分：

$$\hat{Z}_y = \frac{\hat{y} - \bar{y}}{s_y}$$

$$\hat{y} = \hat{Z}_y s_y + \bar{y} = 0.32 \times 3.54 + 8 = 9.133$$

此值与用回归方程(9-4)所得结果是完全相同的(本章解题辅导 4 题 2)，同样用其他观测值代入方程(9-4)或方程(9-43),其结果也完全相同,因此回归方程和标准回归方程是等效的。

6. 以下是抽查8名1—10岁儿童智力测试得分的结果：

| X(儿童年龄) | 10 | 8 | 7 | 6 | 4 | 3 | 2 | 1 |
| Y(智力得分) | 7 | 9 | 10 | 4 | 2 | 1 | 3 | 2 |

求：

(1) 作散布图,评价是否存在线性相关,相关系数？是否可以推论到总体？($\alpha=0.05$)。

(2) 通过儿童年龄,作预测儿童的智力的回归直线。

(3) 通过儿童智力,作预测或估计儿童年龄的回归直线。

(4) 以上两条回归线是否相同？什么情况下可能相同？两条回归线的交叉点在哪里？

[解] (1) 数据散布图见本题解(4)，图形表明,变量呈线性关系,为了计算相关系数,列表计算 x^2, xy, y^2 同问题2,代入式(9-7)至式(9-12),并统计检验($\alpha=0.05$)。

$$L_{xx} = \sum(x-\bar{x})^2 = \sum x^2 - \frac{1}{n}(\sum x)^2$$

$$= 279 - \frac{1}{8}(41)^2 = 68.875$$

$$L_{xy} = \sum(x-\bar{x})(y-\bar{y}) = \sum xy - \frac{1}{n}\sum x \sum y$$

$$= 255 - \frac{1}{8} 41 \times 38 = 60.25$$

$$L_{yy} = \sum(y-\bar{y})^2 - \sum y^2 - \frac{1}{n}(\sum y)^2$$

$$= 264 - \frac{1}{8}(38)^2 = 83.5$$

$$r = \frac{L_{xy}}{\sqrt{L_{xx}L_{yy}}} = \frac{60.25}{\sqrt{68.875 \times 83.5}} = 0.795$$

$|r| > r_{0.05}(8-2) = 0.707$ 检验通过($\alpha=0.05$)

(2) 通过儿童年龄,预测智力得分,可通过回归直线 $\hat{y}=a+bx$ 求得 $L_{xy}、\bar{x}、\bar{y}$ 代入公式(式(9-7)至式(9-12))得：

$$b = \frac{L_{xy}}{L_{xx}} = \frac{60.25}{68.875} = 0.87$$

$$a = \bar{y} - b\bar{x} = 4.75 - 0.87 \times 5.12$$

$$= 0.29$$

回归方程有： $\hat{y} = 0.29 + 0.87x$

(3) 为了说明 x 对 y 的回归直线与 y 对 x 回归直线的不同,不妨通过智力得分来预测(估计)儿童的年龄,即求出回归直线 $\hat{x}=a'+b'y$,为此将 $L_{xy}、\bar{x}、\bar{y}$ 代入公式(式(9-7)至式

(9-12))得：

$$b' = \frac{L_{xy}}{L_{yy}} = \frac{60.25}{83.5} = 0.72$$

$$a' = \bar{x} - b'\bar{y} = 5.12 - 0.72 \times 4.75$$
$$= 1.69$$

回归方程有：
$$\hat{x} = 1.69 + 0.72y$$

（4）通过（2）和（3）两条回归线比较，它们的截距和斜率都不相同：$a \neq a'$，$b \neq b'$，见下图。这是因为 $\hat{y} = 0.29 + 0.87x$ 表示的是每一个确定的 x_i 值，对应 y_i 的平均值，而 $\hat{x} = a' + b'y$ 表示的是每一个确定的 y_i 值，对应 x_i 的平均值，只要 $|r| < 1$ 两者是不相同的。除非相关系数 $|r| = 1$ 时，两条线才会相同。

两条回归线的交叉点在 $(\bar{x}, \bar{y})$

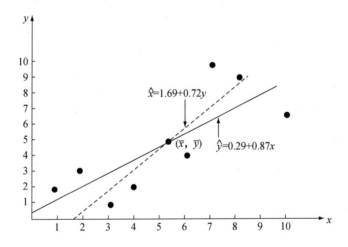

本章要点思考

一、什么是函数关系？什么是相关关系？什么是线性相关？

二、怎么研究相关关系？

三、回归方程是如何确定？回归系数与相关系数有什么不同？

四、相关系数的取值范围？相关系数什么情况下等于1？什么情况下等于 -1？什么情况下等于0？

五、回归与相关的统计检验。

六、什么是判定系数 r^2？

七、回归方程的预测值 $\hat{y}$ 是什么？什么是它的区间估计？

本章习题

一、问答题

1. 以下一组日常生活中常见的相关,试问它们是正相关,还是负相关？或如何变化？
   (a) 二手车的车龄与售价(不包括收藏品)。
   (b) 根据散布图,父亲与儿子的身高的相关系数为 $r=0.5$,那么,如果截取散布图中一段,只计算父亲身高为 1.7 米以上的,问父亲与儿子身高的相关系数是增加还是减少？
   (c) 如果男女婚配年龄都是男比女大些。
   (d) 学生的年级与学生的年龄。
   (e) 设体检结果时同时给出了两份体重报告:一份用市斤为单位,另一份用公斤为单位,问这两份体检报告中体重的相关系数是多少？

2. 回归系数 b 与相关系数 r 的关系是:
   (a) $b>0$,则 r？
   (b) $b<0$,则 r？
   (c) $b=0$,则 r？

3. 以下 3 种情况下的相关系数 r 应有何特征？

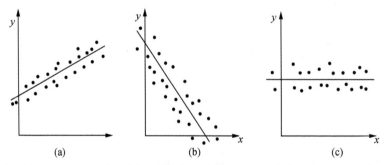

(a)　　　　　　　　(b)　　　　　　　　(c)

4. 如果有甲、乙两个样本,其中乙样本每项数据都比甲样本多 1 个,试计算甲、乙两样本的相关系数,并由此能做出什么结论？

甲样本				
x	1	1	2	2
y	1	3	2	4
乙样本				
x	$1+1=2$	$1+1=2$	$2+1=3$	$2+1=3$
y	$1+1=2$	$3+1=4$	$2+1=3$	$4+1=5$

第九章 回归与相关（定距变量—定距变量）

5. 接上题,如果又增加了丙样本,其中丙样本每项数据都是甲样本的 2 倍,试计算丙样本的相关系数,并由此能做出什么结论?

丙样本

x	1×2=2	1×2=2	2×2=4	2×2=4
y	1×2=2	3×2=6	2×2=4	4×2=8

6. 设有样本数据:

x	1	2	3	4	5
y	2	3	1	5	6

它们的相关系数为 r,问:下列情况下,相关系数 r 是否改变?
(a) 将每个 x 观测值都增加 3
(b) 将每个 y 观测值都增加 2
(c) 将 x 和 y 的观测值全部交换
(d) 将 x 和 y 的部分观测值交换

7. 以下的 3 个散布图,不用计算,能说出它们的相关系数是否相同吗?

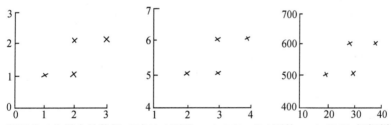

8. 以下是 6 个样本的数据,已知(a)图的 $r=0.8571$,(b)图的 $r=0.7857$,根据样本中数据的特点,说出(c)—(f)图的相关系数。

(a)		(b)		(c)		(d)		(e)		(f)	
x	y	x	y	x	y	x	y	x	y	x	y
1	2	1	2	2	1	2	2	1	4	0	6
2	3	2	3	3	2	3	3	2	6	1	9
3	1	3	1	1	3	4	1	3	2	2	3
4	4	4	4	4	4	5	4	4	8	3	12
5	6	5	6	6	5	6	6	5	12	4	18
6	5	6	7	7	6	7	5	6	10	5	21
7	7	7	5	5	7	8	7	7	14	6	15

9. 如果 x 和 y 的相关系数 $r=0.73$

问:(a) 散布图应是向上斜？还是向下斜？

(b) 如果把所有 y 的值都乘以 -1，则散布图是向上斜？还是向下斜？

(c) 如果把所有 y 的值都乘以 -1，相关系数 $r=$?

10. 设有回归直线 $\hat{y}=a+bX$，试用 $\bar{y}$、$\hat{y}$ 来表述以下平方和：

(1) TSS _____

(2) RSSR _____

(3) RSS _____

(4) 平方和之间关系有_____

(5) 用平方和表示 PRE _____

(6) 判定系数 r^2 与 PRE 的关系_____

(7) 判定系数 r^2 的意义_____

11. 设有以下回归直线：

$$\hat{y}=21+1.1X \quad r=0.5$$

问：

(1) 回归系数_____

(2) 判定系数_____

(3) $\hat{y}$ 的意义_____

(4) 标准回归方程_____

12. 样本中收集到文化程度与子女数两项：

文化程度	6	16	6	15	7	15	8	14	9	13	9	12	10	11	10
子女数	5	2	6	4	4	2	5	1	5	3	3	3	4	2	2

问：

(1) 自变量应选择是哪个？

(2) 作散布图。

(3) 根据散布图，可以看出两者是否有线性函数关系？还是线性相关关系？

(4) 两者的相关系数是正？还是负？

二、计算题

1. 根据抽样数据：

文化程度	6	16	6	15	7	15	8	14	9	13	9	12	10	11	10
子女数	5	2	6	4	4	2	5	1	5	3	3	3	4	2	2

求相关系数 r 和回归直线（$\alpha=0.05$）

2. 设研究的两相关变量,有如下的抽样观测值：

x	1	2	3	4
y	11	15	17	20
	10	16	19	22
	12	16	18	
		14		

求:(1) 作散布图及回归直线

(2) 根据回归直线,当 $x=1, x=2, x=3, x=4$ 时, y 的预测值是什么? 是否与观测值 y 相同?

(3) 计算 TSS, RSS

(4) 计算 r^2, 并解释 r^2 的意义

(5) 检验 r 值是否具有推论意义 ($\alpha=0.05$)?

3. 以下是 5 对两代人受教育年限的抽样调查：

父代	2	4	6	8	10
子代	4	5	8	7	9

求:(1) 回归直线?

(2) 相关系数和判定系数,并解释其意义。

(3) 是否具有推论意义 ($\alpha=0.05$)?

习 题 答 案

第二章

1. [解] (1) 根据上组界不包括在内的约定,收入是 1 千元的家庭,应归入直方图中 1 千元—2 千元之间的家庭,收入是 2 千元的家庭,应归入 2 千元—3 千元之间的家庭,余类推。

(2) 分别是:1%、2%、3%、4% 和 5%。

(3) 百分比都是 15%。

(4) 相同。

(5) 它们组距虽然都是 1 千元,但 10 千元—11 千元的家庭数最多,25 千元—26 千元的家庭数最少。

2. [解] a：没有

b：20%

c：$B+A = 40\% + 30\% = 70\%$

3. [解] (a) 中等以上生活水平的人数多于中等以下的。

(b) 中等以下生活水平的人数多于中等以上的,两极分化严重。

(c) 中等以上和中等以下生活水平的人数相当,符合中间大两端小的正态分布。

4. [解] (1) (b)图。因为年轻夫妇家庭有婴幼儿,所以身高分布从婴儿开始,双峰表示了男性和女性各自的峰值。

(2) (c)图。因为丁克家庭无子女,所以统计的结果是成人男女的身高,双峰原因同上。

(3) (d)图。

(4) (a)图。汽车的高度集中在 120 cm 左右,分散性很小。

(e)和(f)都不是以上 4 件事实的直方图,因为单位不对。

5. [解] (1) 如果发达地区计时工资普遍是欠发达地区的约 2 倍,那么,它直方图峰值点的位置应右移一倍的距离,同时峰值高度(密度)几乎降了一半。发达地区直方图为图 B。

(2) 如果中部计时工资比欠发达地区普遍多约 10 元,那么,中部地区直方图几乎只是向右平移了 10 元,中部地区直方图为图 C。

6. [解] 图中纵轴为频率(百分比)密度,直方图的总面积应为 100%,因此有:2 千元—5 千元收入的总面积为:

$$1 - 10\% - 20\% - 5(10 - 5)\% = 45\%$$

2 千元—5 千元收入直方图的高度(百分比密度)为:

$$45\%/(5-2) = 15\%/千元$$

7. [解]　（a）不正确,纵轴无单位　（b）正确　（c）不正确,纵轴单位错
8. [解]　不是。因为我们可以近似地把它看作三角形,并计算它的面积:

$$(1/2) \times 底 \times 高 = \left(\frac{1}{2}\right) \times (200 - 100) \text{cm} \, 4\%/\text{cm} = 200\% > 100\%$$

图形面积为200%,它远远超过直方图应有的面积100%,所以该图形不是直方图。

9. [解]　不能。因为随着子女数的增加,妇女年龄也会增加,我们不知道年龄是否也会影响血压,为了排除年龄的影响,可以将妇女按年龄档次分类,然后再观察同一年龄档次的妇女,血压与子女数是否有关。这时,我们称年龄为控制变量。

10. [解]　（a）乙企业的　（b）甲企业的
11. [解]　（a）对

（b）错。面积大于100%,$(170 - 90) \times (1/2) \times 5 = 200 > 100$

（c）错。纵轴单位不对

12. [解]　（a）由于是离散型定距变量,所以要转换为真实组界:

$$(0.5—1.5),(1.5—2.5),(2.5—3.5)$$

它的直方图见:

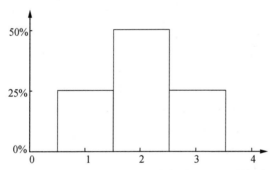

（b）:(b)组数据为(a)组数据加1,所以它的直方图为(a)组数据直方图向右平移1,图形相同。

（c）:(c)组数据是(a)组数据各乘以2,所以(c)组数据的真实组界可以用(a)组数据的真实组界乘以2,于是有:

$$(1—3),(3—5),(5—7)$$

须注意的是,由于组界增大,纵轴上的密度(频次或百分比)要减少1/2,直方图见下左图。

另一种做法是仍然采用将分组点精度比数据值的精度增加一倍,于是有:

$$(1.5—2.5),(2.5—3.5),(3.5—4.5),(4.5—5.5),(5.5—6.5)$$

直方图见下右图。

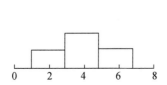 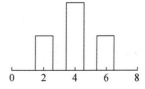

13. [解]　(a) 5

(b) 组数据共有 4 项,为偶数,应该说 2 与 5 之间的任意数都可以是中位数。为了方便,统计学中指定 2 与 5 的中点 $(2+5)/2 = 3.5$ 作为中位值,虽然它在数列中并不存在。

(c) 先将数据按递增次序重新排列：
$$-3, -1, 0, 1, 4, 5, 8$$
居中位置的数值即中位值,所以中位值为 1。

14. [解]　a. 它们的平均值都是 50,因为取居中点的 50 为中心,左右对称点之和相同,且都是 50 的 2 倍。

b. (b) 最小; (c) 最大

15. [解]　(a) 各班相同,都是 50 分

(b) 不同,B 班最大

(c) 各班相同,都是 1 分至 99 分

16. [解]　(a) 平均值 $\overline{X} = 4$

离均差：$1-4 = -3; 3-4 = -1; 4-4 = 0; 5-4 = 1; 7-4 = 3$

标准差：$\sigma = \sqrt{\dfrac{(-3)^2+(-1)^2+(0)^2+(1)^2+(3)^2}{5}} = 2$

(b) 平均值 $\overline{X} = 9$

离均差：$6-9 = -3; 8-9 = -1; 9-9 = 0; 10-9 = 1; 12-9 = 3$

标准差：$\sigma = \sqrt{\dfrac{(-3)^2+(-1)^2+(0)^2+(1)^2+(3)^2}{5}} = 2$

结论：如果 (b) 组数据中的每一项,是 (a) 组数据中每一项增加相同的常数值 Δ,则 (b) 组数据的均值也增加 Δ,而离均差与标准差不变。

17. [解]　(a) 平均值 $\overline{X} = 4$

离均差：$-3, -1, 0, 1, 3$

标准差：$\sigma = 2$

(b) 平均值 $\overline{X} = 12$

离均差：$-9, -3, 0, 3, 9$

标准差：$\sigma = 6$

结论：如果 (b) 组数据中的每一项,是 (a) 组数据中每一项乘以相同的常数 (正数) p,则 (b) 数列的均值、离均差与标准差都增加 p 倍。

18. [解]　(a) 平均值 $\overline{X} = \dfrac{5+(-4)+3+(-1)+7}{5} = 2$

离均差：$3, -6, 1, -3, 5$

标准差：$\sigma = \sqrt{\dfrac{3^2+(-6)^2+(1)^2+(-3)^2+(5)^2}{5}} = 4$

(b) 平均值 $\overline{X} = \dfrac{(-5)+(4)+(-3)+(1)+(-7)}{5} = -2$

离均差：$-3, 6, -1, 3, -5$

标准差：$\sigma = \sqrt{\dfrac{(-3)^2 + (6)^2 + (-1)^2 + (3)^2 + (-5)^2}{5}} = 4$

结论：如果(b)组数据中的每一项,是(a)组数据中每一项乘以相同的常数(负数)p,则均值和离均差都将乘以该常数(负数)p,但标准差仅乘以p的绝对数值,不取负号。

例如本题(b)组数据是(a)组数据每项乘以$p = -1$,所以有

平均值 $= (-1) \times 2 = -2$

离均差：$(-1) \times 3, (-1) \times (-6), (-1) \times 1, (-1) \times (-3), (-1) \times 5$

标准差 $= (1) \times 4$,当p为负数时,标准差乘以$p = 1$,不取负号。

19. [解] 企业员工的平均工资将增加 100 元,工资的标准差没有改变。

20. [解] 企业员工的平均工资和工资的标准差都改变 5%。

21. [解] 工资的标准差为 0。

22. [解] (a) 10 人抽到的结果都是等级 2。

(b) 5 人抽到的结果是等级 1,5 人抽到的结果是等级 3。

23. [解] 甲：平均重量 $\bar{X} = \dfrac{20 \times 4 + 15 \times 3 + 10 \times 2 + 5 \times 1}{10} = 15$

标准差 $\sigma = \sqrt{\dfrac{(20-15)^2 \times 4 + (15-15)^2 \times 3 + (10-15)^2 \times 2 + (5-15)^2 \times 1}{10}} = 5$

乙：平均重量 $\bar{X} = \dfrac{20 \times 8 + 15 \times 6 + 10 \times 4 + 5 \times 2}{20} = 15$

标准差 $\sigma = \sqrt{\dfrac{(20-15)^2 \times 8 + (15-15)^2 \times 6 + (10-15)^2 \times 4 + (5-15)^2 \times 2}{20}} = 5$

结论：当原始数据整理为频次分布,分布给出了百分比p_i,则均值和标准差的计算,都只与p_i有关。由于甲、乙两人购买品种的百分比相同,所以均值与标准差相同。

24. [解] A 班平均身高的增量 $= (1.3 - 1.2)$米$/(10 + 1) = 0.91$ 厘米

B 班平均身高的增量 $= (1.3 - 1.2)$米$/(15 + 1) = 0.63$ 厘米

可见,在增量相同的情况下,班级人数越多,平均增量越少。A 班的平均身高比 B 班增加多。

25. [解] 在已知比例的情况下,代入公式(2-5)得平均分

$5 \times 20\% + 4 \times 30\% + 3 \times 40\% + 2 \times 10\% = 3.6$ 分

可见,如果每样得分的比例已知,计算平均值与总数是无关的。但比例值本身的计算是需要知道总数及频次的,因为比例(成数)$P_i = n_i/N$

26. [解] 由于生产萎缩,企业将减员,而最先被减的,必然是那些无专业技能、工资最低的工人,因而工人的平均工资反倒上升了。

27. [解] (1) 为了做直方图,应将离散的变量值改作真实组界：$(-0.5—1.5)(1.5—2.5)(2.5—3.5)(3.5—4.5)(4.5—5.5)(5.5—6.5)(6.5—7.5)(7.5—8.5)(8.5—9.5)$。

图形做法参考解题辅导

(2)

X	n	$n_i x_i$	$n_i x_i^2$
0	417	240	0
1	240	240	240
2	366	732	1464
3	222	666	1998
4	134	536	2144
5	63	315	1575
6	39	234	1404
7	24	168	1176
8	21	168	1344
	$\sum = 1526$	$\sum = 3059$	$\sum = 11345$

$$\bar{X} = \frac{\sum n_i x_i}{N} = 3059/1526 = 2.00$$

$$\sigma = \frac{1}{N}\sqrt{N\sum n_i x_i^2 - \left(\sum n_i x_i\right)^2} = \frac{1}{1526}\sqrt{1526 \times 11345 - 3059^2} = 1.85$$

28. [解] (1)将(1)问—(3)问所需的计算值,一并列在下表。直方图与折线图略。

标明组界	真实组界	中心值 b_i	频次 n_i	累计频次	累计百分比 (%)	$n_i b_i$	$n_i b_i^2$
1—3	0.5—3.5	2	5	5	0.7	10	20
4—6	3.5—6.5	5	10	15	21	50	250
7—9	6.5—9.5	8	20	35	49	160	1280
10—12	9.5—12.5	11	14	49	68	154	1694
13—15	12.5—15.5	14	9	58	81	126	1764
16—18	15.5—18.5	17	4	62	86	68	1156
19—21	18.5—21.5	20	3	65	90	60	1200
22—24	21.5—24.5	23	2	67	93	46	1058
25—27	24.5—27.4	26	4	71	99	104	2704
28—30	27.5—30.5	29	1	72	100	29	841
						$\sum = 807$	$\sum = 11967$

(2) 众值 = 8

中位值 $Q = 9.5 + (50 - 49)(12.5 - 9.5)/(68 - 49) = 9.7$

均值 $\bar{X} = 807/72 = 11.2$

(3) $Q_{25} = 6.5 + (25 - 21)(9.5 - 6.5)/(49 - 21) = 6.9$

$Q_{75} = 12.5 + (75 - 68)(15.5 - 12.5)/(81 - 68) = 14.1$

四分互差 $= Q_{75} - Q_{25} = 14.1 - 6.9 = 7.2$

$$\sigma = \frac{1}{N}\sqrt{N\sum n_i b_i^2 - \left(\sum n_i b_i\right)^2} = \frac{1}{72}\sqrt{72 \times 11967 - (807)^2} = 6.37$$

第四章

1. [解] $Z=(61-50)/5=2.2, P(\xi>61)=1-\Phi(2.2)=1-0.9861=0.0139$

2. [解] $P(44\leqslant\xi\leqslant55)=P([44-50]/5\leqslant Z\leqslant[55-50]/5)=P(-1.2\leqslant Z\leqslant1)$
$=\Phi(1)-\Phi(-1.2)=\Phi(1)-[1-\Phi(1.2)]$
$=0.8413+0.8849-1=0.7262$

3. [解] $P(|Z|\geqslant\lambda)=2P(Z\geqslant\lambda)=2(1-\Phi(\lambda))=\alpha, \Phi(\lambda)=1-\alpha/2$, 当 $\alpha=0.1$, $\lambda=1.65$; 当 $\alpha=0.05, \lambda=1.96$; 当 $\alpha=0.01, \lambda=2.58$

4. [解] $P(110\leqslant\xi\leqslant120)=P[(110-100)/10]\leqslant Z\leqslant[(120-100)/10]=P(1\leqslant Z\leqslant2)=\Phi(2)-\Phi(1)=0.1359, 100\times0.1359\approx14$ 人

5. [解] 对 A 来说: $x_A=80$ 分 $\mu_A=75$ 分 $\sigma_A=10$ 分
代入公式(4-2)得标准分
$$Z_A=(80-75)\text{分}/10\text{分}=0.5$$
对 B 来说: $x_B=80$ 分 $\mu_B=65$ 分 $\sigma_B=10$ 分
代入公式(4-2)得标准分
$$Z_B=(80-65)\text{分}/10\text{分}=1.5$$
因为 $Z_B>Z_A$, 所以 B 在班上成绩比 A 好。

可见,虽然 A 和 B 分数相同,但由于 B 所在班平均分低于 A 班,所以 A 在班上的相对成绩比 B 好。

6. [解] 对 A 来说: $x_A=80$ 分 $\mu_A=75$ 分 $\sigma_A=5$ 分
代入公式(4-2)得标准分
$$Z_A=(80-75)\text{分}/5\text{分}=1$$
对 B 来说: $x_B=80$ 分 $\mu_B=75$ 分 $\sigma_B=10$ 分
代入公式(4-2)得标准分
$$Z_B=(80-75)\text{分}/10\text{分}=0.5$$
因为 $Z_A>Z_B$ 所以 A 在班上成绩比 B 要好。

可见,虽然 A 和 B 分数相同,两班的平均分也相同,但由于 A 班比 B 班标准差小,也就是有更多人的分数都在均值附近,所以 A 班比 A 成绩好的人比 B 在班上要少些,所以 A 在班上相对成绩要好些。

7. [解] 对 A 来说: $x_A=80$ 分 $\mu_A=75$ 分 $\sigma_A=5$ 分
代入公式(4-2)得标准分
$$Z_A=(80-75)\text{分}/5\text{分}=1$$
对 B 来说: $x_B=75$ 分 $\mu_B=70$ 分 $\sigma_B=5$ 分
代入公式(4-2)得标准分
$$Z_B=(75-70)\text{分}/5\text{分}=1$$
因为 $Z_B=Z_A$, 所以 A 和 B 在班上相对成绩是一样的。

可见，虽然 A 的分数比 B 高，但由于 A 所在班平均分高于 B 班，所以 A 在班上的相对成绩和 B 相同。

8. [解] 对 A 来说：$x_A = 80$ 分　$\mu_A = 70$ 分　$\sigma_A = 10$ 分
代入公式(4-2)得标准分
$$Z_A = (80 - 70) 分 / 10 分 = 1$$
对 B 来说：$x_B = 75$ 分　$\mu_B = 70$ 分　$\sigma_B = 5$ 分
代入公式(4-2)得标准分
$$Z_B = (75 - 70) 分 / 5 分 = 1$$
因为 $Z_B = Z_A$，所以 A 和 B 在班上相对成绩是一样的。

可见，虽然 A 的分数比 B 高，且班级平均分相同，但 A 仍未取得优于 B 的班级相对成绩。原因是 A 班的标准差大，即成绩的分散性大些，从而抵消了 A 优于 B 的分数，也就是说，他俩在班上成绩的相对位置是一样的。

综合以上四个例题，说明只有综合两个因素：班级的平均分和标准差，才能得出个人在总体中的相对位置，这也就是标准分的真实意义。

9. [解]　标准分 $Z_A = (80 - 75)/5 = 1$
　　　　　标准分 $Z_B = (85 - 70)/18 = 0.83$
由于 $Z_A > Z_B$，所以 A 在班上成绩更好些。

10. [解]　如果图形不满足正态分布，但仍用正态分布的公式计算任意两点之间的面积，其结果与真实情况会有很大误差，图形偏离正态越多，误差也越大。例如本题，收入的起点是"0"，它表示没有家庭没有收入，但如果用本图的 μ 和 σ 代入起点"0"，则有标准分
$$Z = (0 - 37000)/27000 = -1.37$$
查附表 2 有：
$$P(Z \leq -1.37) = 1 - \Phi(1.37) = 1 - 0.91 \approx 0.09$$
它表示，有近 9% 的家庭，收入为负值，这与直方图是不符的。

11. [解]　低档货源：
$$P(\xi \leq 2500) = P(Z \leq (2500 - 4000)/1000)$$
$$= P(Z \leq -1.5) = 1 - \Phi(1.5)$$
$$= 1 - 0.9332 = 0.0668 = 6.68\%$$
高档货源：
$$P(\xi \geq 6000) = P(Z \geq (6000 - 4000)/1000)$$
$$= P(Z \geq 2) = 1 - \Phi(2)$$
$$= 1 - 0.9772 = 0.0228 = 2.28\%$$
中档货源：
$$1 - (0.0668 + 0.0228) = 0.9104 = 91.04\%$$

第五章

1. [解] 总体是全校学生注册的花名册,参数是本学期不住学生宿舍的百分比。
2. [解] 根据题意,$\sigma=500$ 元,$n=100$,代入公式(5-2),样本均值的抽样误差有:

$$\sigma_{\bar{X}} = \frac{\sigma}{\sqrt{n}} = \frac{500}{\sqrt{100}} = 50 \text{ 元}$$

3. [解] 根据题意,$\sigma=500$ 元,$n=400$,代入公式(5-2),样本均值的抽样误差有:

$$\sigma_{\bar{X}} = \frac{\sigma}{\sqrt{n}} = \frac{500}{\sqrt{400}} = 25 \text{ 元}$$

4. [解] 设样本容量为 n_1 时的样本均值抽样误差为 $\sigma_{\bar{X}_1}$,样本容量为 n_2 时的样本均值抽样误差为 $\sigma_{\bar{X}_2}$,当其他条件相同时有:

$$\sigma_{\bar{X}_2}/\sigma_{\bar{X}_1} = \frac{\frac{\sigma}{\sqrt{n_2}}}{\frac{\sigma}{\sqrt{n_1}}} = \sqrt{\frac{n_1}{n_2}}$$

可见样本容量越大,样本均值的抽样误差越小,当样本容量增加 4 倍时,样本均值的抽样误差只有原有的 1/2。

5. [解] 根据题意有:样本容量 $n=100$,抽样方法为简单随机抽样,总体女性百分比 $P=0.54$,根据公式(5-3),样本成数 p 的标准差为

$$\sigma_p = \sqrt{\frac{p(1-p)}{n}} = \sqrt{\frac{0.54(1-0.54)}{100}} \approx 0.05$$

$$Z_1 = (0.59-0.54)/0.05 = 1$$
$$Z_2 = (0.49-0.54)/0.05 = -1$$
$$P(49\% \le X \le 59\%) = P(-1 \le Z \le 1) = \Phi(1) - \Phi(-1) = 68\%$$

6. [解] $25 \times 0.68 = 17$ 个
7. [解] 根据题意有:样本容量 $n=400$,抽样方法为简单随机抽样,总体女性百分比 $P=0.54$,根据公式(5-3),样本成数 p 的标准差为

$$\sigma_p = \sqrt{\frac{p(1-p)}{n}} \approx 0.025$$

$$Z_1 = (0.59-0.54)/0.025 = 2$$
$$Z_2 = (0.49-0.54)/0.025 = -2$$
$$P(49\% \le X \le 59\%) = P(-2 \le Z \le 2) = \Phi(2) - \Phi(-2) = 95\%$$

8. [解] $25 \times 0.95 \approx 24$ 个

9. [解] 说明当样本容量增大时,样本成数 p 的标准差会减少,因此在允许误差范围不变的情况下,抽取结果符合要求的概率增多,例如同样抽取 25 个样本,当样本容量 $n=100$ 时,女性抽样结果在 [49%,59%] 的样本约为 17 个,而当样本容量增加到 $n=400$ 时,女性抽样结果在 [49%,59%] 的样本约为 24 个,换句话说,如果允许误差范围不变的话,置信度增加了。

10. [解] 根据题意,

$$N = 1000, \sigma = 100, t = 2(置信度为 95\%), \Delta_{\bar{X}} = 20$$

代公式(5-13)有:

$$n = \frac{Nt^2\sigma^2}{N\Delta_{\bar{X}}^2 + t^2\sigma^2} = 1000 \times 2^2 \times (100)^2 / \{1000 \times (20)^2 + 2^2(100)^2\} \approx 91$$

11. [解] 依题意,$N = 2000$ 名,$t = 2$(置信度为 95%),$\triangle p = 0.05$,但这里缺少 p 值,可能这是没有以往资料可以借鉴,这种情况下,一般取 $p = 0.5$,因为公式(5-14)中 $p(1-p)$ 是当 $p = 0.5$ 时,$p(1-p)$ 达最大值,为 0.25,因此这是样本容量最保守的估计。根据式(5-14)有:

$$n = \frac{Nt^2p(1-p)}{N\Delta_p^2 + t^2p(1-p)} = 2000 \times 2^2 \times (0.5)^2 / \{2000(0.05)^2 + 2^2(0.5)^2\} \approx 334$$

第六章

一、问答题

1. [解]
a) 全市高中毕业生近视的情况　　b) 每一个高中毕业生近视的情况
c) 抽中 100 名的高中毕业生近视的情况　　d) 100

2. [解]　a) $[\bar{X} - \varepsilon, \bar{X} + \varepsilon]$　　b) 0.95　　c) 大

二、选择题

1. [解]　d
2. [解]　c
3. [解]　b
4. [解]　a
5. [解]　b
6. [解]　d
7. [解]　b

三、计算题

1. [解]　$\hat{p} = 500/625 = 0.8, 0.8 \pm 1.96\sqrt{\frac{0.8(1-0.8)}{625}} = 0.8 \pm 0.03136, [0.77, 0.83]$ $(1 - \alpha = 0.95)$

2. [解]　$\bar{X} = 800, n = 50, 800 \pm 1.96 \frac{21}{\sqrt{50}} = 800 \pm 5.82, [794.18, 805.82]$(置信度 $1 - \alpha = 0.95$)

3. [解]　$\hat{p} = 40/100 = 0.4, 0.4 \pm 2.58\sqrt{\frac{0.4(1-0.4)}{100}} = 0.4 \pm 2.58 \times 0.049, [0.274,$

$0.526](1-\alpha=0.99)$

4. [解] $\overline{X}=7.2, n=400, 7.2\pm1.96\dfrac{0.9}{\sqrt{400}}=7.2\pm0.088,[7.1,7.3]$(置信度$1-\alpha=0.95$)

5. [解] $\overline{X}=9, n=100, 9\pm1.96\dfrac{2}{\sqrt{100}}=9\pm0.392,[8.6,9.4]$(置信度$1-\alpha=0.95$)

6. [解] $\overline{X}=25, n=400, 25\pm1.96\dfrac{3}{\sqrt{400}}=25\pm0.294,[24.7,25.3]$(置信度$1-\alpha=0.95$)

7. [解] $\hat{p}=90/100=0.9, 0.9\pm1.96\sqrt{\dfrac{0.9(1-0.9)}{100}}=0.9\pm1.96\times0.03,[0.8412, 0.9588](1-\alpha=0.95)$

8. [解] $\hat{p}=50/100=0.5, 0.5\pm1.96\sqrt{\dfrac{0.5(1-0.5)}{100}}=0.5\pm1.96\times0.05,[0.402, 0.598](1-\alpha=0.95)$

第七章

一、选择题

1. [解] c
2. [解] b
3. [解] a
4. [解] a
5. [解] b
6. [解] c
7. [解] a
8. [解] a
9. [解] b
10. [解] b
11. [解] b
12. [解] b
13. [解] c
14. [解] b
15. [解] b
16. [解] c

二、计算题

1. [解] $H_0:\mu=0.75$

$H_1:\mu\neq0.75$

$$Z = (\overline{X} - 0.75) \div (0.2/\sqrt{100}) = (0.8 - 0.75) \times 10/0.2 = 2.5$$

∵ $Z > 1.96$

∴ 拒绝原假设,食品费用占总消费的比例,平均为0.75的说法不能成立。($\alpha = 0.05$)

2. [解] $H_0: P = 0.8$

$H_1: P \neq 0.8$

$\hat{P} = 512/625 = 0.82$

$Z = (0.82 - 0.8) \div \sqrt{0.8 \times 0.2/625} = 1.25$

∵ $Z < 1.96$

∴ 接受原假设,可以认为该村电视机普及率为0.8的假设成立。(显著性水平 $\alpha = 0.05$)

3. [解] $H_0: \mu = 100$

$H_1: \mu > 100$

$Z = (102 - 100) \div (20/\sqrt{100}) = 1$

$Z_{0.05} = 1.65$

∵ $Z < 1.65$

∴ 接受原假设,不能证实,小学生每月用于文具的花费上涨了。($\alpha = 0.05$)

4. [解] $H_0: \mu = 1500$

$H_1: \mu > 1500$

$Z = (1550 - 1500) \div (250/\sqrt{100}) = 2$

$Z_{0.05} = 1.65$

∵ $Z > 1.65$

∴ 拒绝原假设,接受备择假设,农民工平均工资已超过1500元的看法,得以证实。($\alpha = 0.05$)

5. [解] $H_0: P = 0.05$

$H_1: P > 0.05$

$\hat{P} = 20/200 = 0.1$

$Z = (0.1 - 0.05) \div \sqrt{0.05 \times 0.95/200} = 3.244$

$Z_{0.05} = 1.65$

∵ $Z > 1.65$

∴ 拒绝原假设,接受备择假设,可以认为该地电脑普及率已超过原有5%的统计结果。(显著性水平 $\alpha = 0.05$)

6. [解] $H_0: P = 0.5$

$H_1: P < 0.5$

$\hat{P} = 168/400 = 0.42$

$Z = (0.42 - 0.5) \div \sqrt{0.5 \times 0.5/400} = -3.2$

$Z_{0.05} = -1.65$

∴ $Z < -1.65$

∴ 拒绝原假设,接受备择假设,补碘收到了成效。

7. [解] $H_0: P = 0.8$

$H_1: P \neq 0.8$

$\hat{P} = 75/100 = 0.75$

$Z = (0.75 - 0.8) \div \sqrt{0.8 \times 0.2/100} = -1.25$

∴ $|Z| < 1.96$

∴ 接受原假设。这是因为虽然抽样的结果,未能达到 80%,但由于抽样误差的存在,还没有充分理由拒绝原假设,所以仍然认为该村电视机普及率为 0.8 的假设成立。(显著性水平 $\alpha = 0.05$)

8. [解] $H_0: P = 0.8$

$H_1: P \neq 0.8$

$\hat{P} = 750/1000 = 0.75$

$Z = (0.75 - 0.8) \div \sqrt{0.8 \times 0.2/1000} = -3.95$

∴ $Z < -1.96$

∴ 拒绝原假设,接受备择假设。不能认为该村电视机普及率为 0.8 的假设。(显著性水平 $\alpha = 0.05$)

9. [解] 这是因为样本容量增加的结果。可见,增加样本容量,可以增加确认的程度。

第八章

一、选择题

1. [解] b
2. [解] a
3. [解] c
4. [解] b

二、计算题

1. [解] 已知:调查总数 $n = 80$ 人,实测值:$n_1 = 20$ 人;$n_2 = 60$ 人

根据题意,原假设应有

H_0:两种看法无差异,也就是概率相等,都等于 0.5

期望频次:$E_1 = 80 \times 0.5 = 40$ 人;$E_2 = 80 \times 0.5 = 40$ 人

对于二项总体,服从自由度 $K=1$ 的 χ^2 分布,因此用增加 0.5 修正项的公式(8-14)得:

$$\chi^2 = \frac{(|20-40|-0.5)^2}{40} + \frac{(|60-40|-0.5)^2}{40}$$

$$= \frac{19.5^2}{40} + \frac{19.5^2}{40}$$

$$= \frac{380.25}{40} + \frac{380.25}{40}$$
$$= 9.506 + 9.506$$
$$= 19.012$$

检验:查附表4(续表二),当 $K=1$, $\alpha = 0.01$ 时, $\chi^2_{0.01}(1) = 6.635$,

因为 $\chi^2 > \chi^2_{0.01}(1) = 6.635$

所以认为两种看法是有显著性差异($\alpha = 0.01$)。

2. [解] $E(n_1) = 160 \times \frac{9}{16} = 90$, $E(n_2) = 160 \times \frac{3}{16} = 30$, $E(n_3) = 160 \times \frac{3}{16} = 30$,

$E(n_4) = 160 \times \frac{1}{16} = 10$

观测值	95	30	28	7	$\sum = 160$
期望值	90	30	30	10	$\sum = 160$

$H_0: p_1 = \frac{9}{16}, p_2 = \frac{3}{16}, p_3 = \frac{3}{16}, p_4 = \frac{1}{16}$

H_1: 至少有一项不同于 H_0

$$\chi^2 = \frac{(95-90)^2}{90} + \frac{(30-30)^2}{30} + \frac{(28-30)^2}{30} + \frac{(7-10)^2}{10} = 1.311$$

$$\chi^2_{0.01}(3) = 11.345$$

因为 $\chi^2 = 1.311 < 11.345$

所以接受原假设,认为老年人群三高情况,仍维持原比例。

3. [解] $E(n_1) = 500 \times 0.6 = 300$, $E(n_2) = 500 \times 0.05 = 25$, $E(n_3) = 500 \times 0.35 = 175$,

观测值	329	43	128	$\sum = 500$
期望值	300	25	175	$\sum = 500$

$H_0: p_1 = 0.6, p_2 = 0.05, p_3 = 0.35$

H_1: 至少有一项不同于 H_0

$$\chi^2 = \frac{(329-300)^2}{300} + \frac{(43-25)^2}{25} + \frac{(128-175)^2}{175} = 28.383$$

$$\chi^2_{0.05}(2) = 5.991$$

因为 $\chi^2 = 28.383 > 5.991$

所以拒绝原假设,接受备择假设。报名比例为 $\frac{329}{500} = 0.658$,犹豫不定的 $\frac{43}{500} = 0.086$,由于以上两项比例有所增加,不报名的比例将是下降,但最终比例将报名结束才能得出。

习题答案

4. [解] $E(n_1) = 90 \times \dfrac{1}{4} = 22.5, E(n_2) = 90 \times \dfrac{1}{4} = 22.5,$

$$E(n_3) = 90 \times \dfrac{1}{4} = 22.5, E(n_4) = 90 \times \dfrac{1}{4} = 22.5$$

观测值	10	13	27	40	$\sum = 90$
期望值	22.5	22.5	22.5	22.5	$\sum = 90$

$H_0: p_1 = \dfrac{1}{4}, p_2 = \dfrac{1}{4}, p_3 = \dfrac{1}{4}, p_4 = \dfrac{1}{4}$

H_1：至少有一项不同于 H_0

$$\chi^2 = \dfrac{(10-22.5)^2}{22.5} + \dfrac{(13-22.5)^2}{22.5} + \dfrac{(27-22.5)^2}{22.5} + \dfrac{(40-22.5)^2}{22.5} = 25.45$$

$$\chi^2_{0.05}(3) = 7.82$$

因为 $\chi^2 = 25.45 > 7.825$

所以拒绝原假设，接受备择假设，认为人们对月饼各种口味喜爱的比例是不同的。

5. [解] 下表中格值为频次，括号内为期望频次：

口味 \ 年龄	老	中	青	边缘和
咸	55(45.39)	15(21.61)	7(10.00)	77
甜	40(43.03)	25(20.49)	8(9.48)	73
酸	43(43.03)	18(20.49)	12(9.48)	73
辣	30(36.55)	22(17.40)	10(8.05)	62
边缘和	168	80	37	285

$$\chi^2 = \dfrac{(55-45.39)^2}{45.39} + \dfrac{(15-21.61)^2}{21.61} + \cdots\cdots + \dfrac{(22-17.40)^2}{17.40} + \dfrac{(10-8.05)^2}{8.05}$$

$$= 10.23$$

$K = (3-1)(4-1) = 6$

$\chi^2_{0.05}(6) = 12.592$

$\chi^2 < \chi^2_{0.05}(6)$

由于计算所得的 χ^2 小于临界值 $\chi^2_{0.05}(6)$，所以不能拒绝变量间独立、无关的原假设，因此这样的列联表没被确认的 ($\alpha = 0.05$)，应将不同年龄段的人数合并，形成一维单变量的统计表：

食物口味	频次	百分比
咸	77	27.02
甜	73	25.61
酸	73	25.61
辣	62	21.75
调查总数	285	99.99%

6. [解]

婚姻状况、期望列联表

生活满意度	已婚	未婚	$\sum$
很满意	22(12.8)	10(19.2)	32
较满意	19(16.4)	22(24.6)	41
一般	11(18.8)	36(28.2)	47
不满意	8(12)	22(18)	30
$\sum$	60	90	150

根据式(8-12)得：

$$\chi^2 = \frac{(22-12.8)^2}{12.8} + \frac{(19-16.4)^2}{16.4} + \frac{(11-18.8)^2}{18.8} + \frac{(8-12)^2}{12}$$

$$+ \frac{(10-19.2)^2}{19.2} + \frac{(22-24.6)^2}{24.6} + \frac{(36-28.2)^2}{28.2} + \frac{(22-18)^2}{18}$$

$$= 6.61 + 0.41 + 3.24 + 1.33 + 4.41 + 0.27 + 2.16 + 0.89 = 19.32$$

根据自由度 $K = (r-1)(c-1) = 3, \alpha = 0.05$

$$\chi^2_{0.05}(3) = 7.782$$

因为 $\chi^2 > \chi^2_{0.05}(3) = 7.782$ 所以拒绝原假设，接受求职意愿与年级有关的备择假设。

$$\lambda = \frac{E_1 - E_2}{E_1} = \frac{(150-47) - [(60-22) + (90-36)]}{150-47} = 0.11$$

7. [解] （1）本题没有必要进行检验，因为是总体数据。

（2）$\lambda = \frac{E_1 - E_2}{E_1} = \frac{30 - (5+5)}{30} = 0.66$

8. [解] 由于是抽样数据，首先必须检验，取 $\alpha = 0.05$

	男	女	$\sum$
喜爱	46(32.62)	20(18.97)	66
一般	10(13.84)	18(8.05)	28
不喜爱	30(39.54)	50(40.46)	80
$\sum$	86	88	174

习题答案

$$\chi^2 = \frac{(46-32.62)^2}{32.62} + \frac{(20-18.97)^2}{18.97} + \cdots\cdots + \frac{(50-40.46)^2}{40.46} = 17.51$$

$$\chi^2_{0.05}(2) = 5.99$$

$$\chi^2 > \chi^2_{0.05}(2) = 5.99$$

$$\lambda = \frac{E_1 - E_2}{E_1} = \frac{(174-80) - [(86-46)+(88-50)]}{174-80} = 0.17$$

9. [解] 由于是抽样数据,首先必须检验,取 $\alpha = 0.05$

	南方	北方	$\sum$
有冠心病	20(41.9)	60(38.1)	80
无冠心病	90(68.1)	40(61.9)	130
$\sum$	110	100	210

$$\chi^2 = \frac{(|20-41.9|-0.5)^2}{41.9} + \frac{(|60-38.1|-0.5)^2}{38.1} + \frac{(|90-68.1|-0.5)^2}{68.1}$$

$$+ \frac{(|40-61.9|-0.5)^2}{61.9} \approx 38$$

$$\chi^2_{0.05}(1) = 3.84$$

$$\chi^2 > \chi^2_{0.05}(1) = 3.84$$

$$E_1 = 80\left(1 - \frac{80}{210}\right) + 130\left(1 - \frac{130}{210}\right) = 99.05$$

$$E_2 = 20\left(1 - \frac{20}{110}\right) + 90\left(1 - \frac{90}{110}\right) + 60\left(1 - \frac{60}{100}\right) + 40\left(1 - \frac{40}{100}\right) = 80.73$$

$$\tau = \frac{E_1 - E_2}{E_1} = \frac{99.05 - 80.73}{99.05} = 0.18$$

10. [解] 由于是抽样数据,首先必须检验,取 $\alpha = 0.05$

	生活方式干预	对照组	$\sum$
患糖尿病	10(35)	60(35)	70
未患糖尿病	90(65)	40(65)	130
$\sum$	100	100	200

$$\chi^2 = \frac{(|10-35|-0.5)^2}{35} + \frac{(|60-35|-0.5)^2}{35} + \frac{(|90-65|-0.5)^2}{65}$$

$$+ \frac{(|40-65|-0.5)^2}{65} \approx 55$$

$$\chi^2_{0.05}(1) = 3.84$$

$$\chi^2 > \chi^2_{0.05}(1) = 3.84$$

$$E_1 = 70\left(1 - \frac{70}{200}\right) + 130\left(1 - \frac{130}{200}\right) = 91$$

$$E_2 = 10\left(1 - \frac{10}{100}\right) + 90\left(1 - \frac{90}{100}\right) + 60\left(1 - \frac{60}{100}\right) + 40\left(1 - \frac{40}{100}\right) = 66$$

$$\tau = \frac{E_1 - E_2}{E_1} = \frac{91 - 66}{91} = 0.27$$

第九章

一、问答题

1. [解]　(a) 负相关
   (b) 减少
   (c) 正相关
   (d) 正相关
   (f) 正相关 $r = 1$
2. [解]　(a) $r > 0$　(b) $r < 0$　(c) $r = 0$
3. [解]　(a) $r > 0$　(b) $r < 0$　(c) $r = 0$
4. [解]　甲样本的相关系数有

表

x	y	x^2	xy	y^2
1	1	1	1	1
1	3	1	3	9
2	2	4	4	4
2	4	4	8	16
$\Sigma x = 6$	$\Sigma y = 10$	$\Sigma x^2 = 10$	$\Sigma xy = 16$	$\Sigma y^2 = 30$

$$r = \frac{16 - \frac{6 \times 10}{4}}{\sqrt{\left(10 - \frac{6 \times 6}{4}\right)\left(30 - \frac{10 \times 10}{4}\right)}} = \frac{1}{\sqrt{5}} = 0.45$$

乙样本的相关系数有

表

x	y	x^2	xy	y^2
2	2	4	4	4
2	4	4	8	16
3	3	9	9	9
3	5	9	15	25
$\Sigma x = 10$	$\Sigma y = 14$	$\Sigma x^2 = 26$	$\Sigma xy = 36$	$\Sigma y^2 = 54$

$$r = \frac{36 - \frac{10 \times 14}{4}}{\sqrt{\left(26 - \frac{10 \times 10}{4}\right)\left(54 - \frac{14 \times 14}{4}\right)}} = \frac{1}{\sqrt{5}} = 0.45$$

习题答案

结论:两样本的相关系数是相同的,验证了当变量同时增加一数值,相关系数是不变的。这是因为当变量增加一个常数时,相当于改动了坐标的原点,其图形并不改变。

5. [解] 将甲样本数据同时乘以2,得丙样本,丙样本的相关系数有:

表

x	y	x^2	xy	y^2
2	2	4	4	4
2	6	4	12	36
4	4	16	16	16
4	8	16	32	64
$\Sigma x = 12$	$\Sigma y = 20$	$\Sigma x^2 = 40$	$\Sigma xy = 64$	$\Sigma y^2 = 120$

$$r = \frac{64 - \frac{12 \times 20}{4}}{\sqrt{\left(40 - \frac{12 \times 12}{4}\right)\left(120 - \frac{20 \times 20}{4}\right)}} = \frac{1}{\sqrt{5}} = 0.45$$

结论:两样本的相关系数是相同的,验证了当变量同时乘上一正数,相关系数是不变的。这是因为当变量同时乘上一正数时,相当于改动了度量单位,其图形并不改变。

6. [解] (a) 不变 (b) 不变 (c) 不变 (d) 变

7. [解] 相同。

8. [解] (c)是(b) x 和 y 数据交换,所以 $r = 0.7857$,(d)是(a)中 x 数据都加1,所以 $r = 0.8571$,(e)是(a)中 y 数据都乘以2,所以 $r = 0.8571$,(f)是(a)中 x 数据都减1,y 数据都乘以3,所以 $r = 0.7857$

9. [解] (a) 向上斜 (b) 向下斜 (c) $r = -0.73$

10. [解] (1) TSS: $\Sigma(y - \bar{y})^2$

(2) RSSR: $\Sigma(\bar{y} - \hat{y})^2$

(3) RSS: $\Sigma(y - \hat{y})^2$

(4) 平方和之间关系有: TSS = RSSR + RSS

(5) 用平方和表示: PRE = $\frac{TSS - RSS}{TSS}$

(6) 判定系数 r^2 与 PRE 的关系: r^2 = PRE

(7) 判定系数 r^2 的意义:回归直线解释掉的误差占总误差的比例

11. [解] (1) 回归系数1.1,它表示,当 X 增加一个单位 $\triangle X = 1$,$\hat{y}$ 将增加1.1个单位 $\triangle \hat{y} = 1.1$

(2) 判定系数 $r^2 = (0.5)^2 = 0.25$

(3) $\hat{y}$ 的意义:X 预测 Y 平均值

(4) 标准回归方程:$\hat{Z}_y = 0.5 Z_x$

12. [解] (1) 文化程度

(2) 略

(3) 两者是线性相关关系

(4) 两者的相关系数是负

二、计算题

1. [解] (1) 求 r 值

根据数据表,为了计算相关系数 r,还要计算 x^2、xy 和 y^2,下面将用表一并列出,并代入公式(9-34),算出 r 值:

x_1	y_1	$x_1 y_1$	x_1^2	y_1^2
6	5	30	36	25
16	2	32	256	4
6	6	36	36	36
15	4	60	225	16
7	4	28	49	16
15	2	30	225	4
8	5	40	64	25
14	1	14	196	1
9	5	45	81	25
13	3	39	169	9
9	3	27	81	9
12	3	36	144	9
10	4	40	100	16
11	2	22	121	4
10	2	20	100	4
Σ 161	51	499	1883	203
$\bar{x} = \frac{161}{15}$ $= 10.7$	$\bar{y} = \frac{51}{15}$ $= 3.4$			

将表中各 Σ 值代入式(9-9)—式(9-12)得相关系数:

$$L_{xx} = \Sigma(x - \bar{x})^2 = \Sigma x^2 - \frac{1}{n}(\Sigma x)^2$$

$$= 1883 - \frac{1}{15}(161)^2 = 154.93$$

$$L_{xy} = \Sigma(x - \bar{x})(y - \bar{y}) = \Sigma xy - \frac{1}{n}\Sigma x \Sigma y$$

$$= 499 - 547.4 = 48.4$$

$$L_{yy} = \Sigma(y - \bar{y})^2 = \Sigma y^2 - \frac{1}{n}(\Sigma y)^2$$

$$= 203 - 173.4 = 29.6$$

$$r = \frac{L_{xy}}{\sqrt{L_{xx}L_{yy}}} = \frac{-48.4}{\sqrt{154.93 \times 29.6}} = -0.72$$

(2) 由于本题为抽样数据,相关系数还必须进行统计检验:

$$H_0: \rho = 0$$

$$H_1: \rho \neq 0$$

根据相关系数检查表(附表6),$K = n - 2 = 15 - 2 = 13$,对于 $\alpha = 0.05$, $r_{0.05}(n-2) = r_{0.05}(13) = 0.514$ 因为:$|r| \geq r_{0.05}(13) = 0.514$ 所以通过了检验。

(3) 建立直线回归方程

将 L_{xy} 值代入式(9-8)、式(9-7)有:

$$b = \frac{L_{xy}}{L_{xx}} = \frac{-48.4}{154.93} = -0.31$$

$$a = \bar{y} - b\bar{x}$$

$$= 3.4 - (-0.31) \times 10.7 = 6.72$$

代入式(9-14)回归方程有:

$$\hat{y} = 6.72 - 0.31x$$

2. [解] (1) 散布图见下图

(2) 根据数据表,为了计算回归直线,要计算 x^2、xy 和 y^2,下面将用表一并列出,并代入公式(9-8)、式(9-7),得出回归直线:

x_i	y_i	$x_i y_i$	x_i^2	y_i^2
1	11	11	1	121
	10	10	1	100
	12	12	1	144
2	15	30	4	225
	16	32	4	256
	16	32	4	256
	14	28	4	196
3	17	51	9	289
	19	57	9	361
	18	54	9	324
4	20	80	16	400
	22	88	16	484
Σ 28	190	485	78	3 156
$\bar{x} = \frac{28}{12}$ $= 2.33$	$\bar{y} = \frac{190}{12}$ $= 15.83$			

$$L_{xx} = \Sigma(x - \bar{x})^2 = \Sigma x^2 - \frac{1}{n}(\Sigma x)^2$$

$$= 78 - \frac{1}{12}(28)^2 = 12.67$$

$$L_{xy} = \Sigma(x - \bar{x})(y - \bar{y}) = \Sigma xy - \frac{1}{n}\Sigma x \Sigma y$$

$$= 485 - \frac{1}{12} 28 \times 190 = 41.67$$

$$L_{yy} = \Sigma(y - \bar{y})^2 = \Sigma y^2 - \frac{1}{n}(\Sigma y)^2$$

$$= 3156 - \frac{1}{12}(190)^2 = 147.67$$

$$b = \frac{L_{xy}}{L_{xx}} = \frac{41.67}{12.67} = 3.29$$

$$a = \bar{y} - b\bar{x} = 15.83 - 3.29 \times 2.33 = 8.16$$

回归方程有：

$$\hat{y} = 8.16 + 3.29x$$

回归线图：

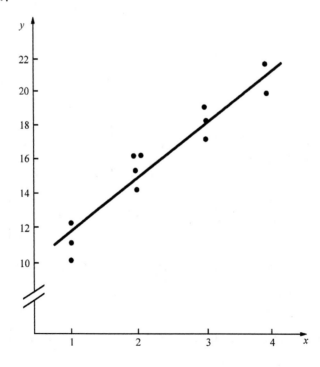

当 $x=1$ 时:$\hat{y}=8.16+3.29\times1=11.45$
当 $x=2$ 时:$\hat{y}=8.16+3.29\times2=14.74$
当 $x=3$ 时:$\hat{y}=8.16+3.29\times3=18.03$
当 $x=4$ 时:$\hat{y}=8.16+3.29\times4=21.32$

可见,回归直线的预测值并不等于观测值,回归直线的预测值 $\hat{y}$ 只是 y 的点估计值,而围绕 $\hat{y}$ 的区间估计,才是依置信度包含了观测值。

(3) 计算 TSS, RSS:

$$\text{TSS}=(y-\hat{y})^2=L_{yy}=147.67$$

$$\text{RSS}=\text{TSS}-\text{RSSR}=L_{yy}-\frac{L_{xy}^2}{L_{xx}}=147.67-\frac{(41.67)^2}{12.67}=10.62$$

(4) $r^2=\dfrac{\text{TSS}-\text{RSS}}{\text{SSS}}=\dfrac{147.67-10.62}{147.67}=0.93$

$$r=\sqrt{0.93}=0.96$$

(5) 检验 r 值是否具有推论意义($\alpha=0.05$)?

$H_0:\rho=0$

$H_1:\rho\neq 0$

根据相关系数检查表(附表6),$K=n-2=12-2=10$,

对于 $\alpha=0.05$,$r_{0.05}(n-2)=r_{0.05}(10)=0.576$ 因为:$|r|\geqslant r_{0.05}(10)=0.576$

所以通过了检验。

3. [解] (1) 根据数据表,为了计算回归直线,要计算 x^2、xy 和 y^2,下面将用表一并列出,并代入公式(9-7),(9-8),得出回归直线:

x	y	xy	x^2	y^2
2	4	8	4	16
4	5	20	16	25
6	8	48	36	64
8	7	56	64	49
10	9	90	100	81
Σ 30	33	222	220	235
$\bar{x}=\dfrac{30}{5}$ $=6$	$\bar{y}=\dfrac{33}{5}$ $=6.6$			

$$L_{xx}=\Sigma(x-\bar{x})^2=\Sigma x^2-\frac{1}{n}(\Sigma x)^2$$

$$=220-\frac{1}{5}(30)^2=40$$

$$L_{xy} = \Sigma(x-\bar{x})(y-\bar{y}) = \Sigma xy - \frac{1}{n}\Sigma x \Sigma y$$

$$= 222 - \frac{1}{5} \times 30 \times 33 = 24$$

$$L_{yy} = \Sigma(y-\bar{y})^2 = \Sigma y^2 - \frac{1}{n}(\Sigma y)^2$$

$$= 235 - \frac{1}{5}(33)^2 = 17.2$$

$$b = \frac{L_{xy}}{L_{xx}} = \frac{24}{40} = 0.6$$

$$a = \bar{y} - b\bar{x} = 6.6 - 0.6 \times 6 = 3$$

所以有回归直线：

$$\hat{y} = 3 + 0.6x$$

回归直线检验：

$$H_0 : \beta = 0$$
$$H_1 : \beta \neq 0$$

$$\text{TSS} = L_{yy} = 17.2$$

$$\text{RSS} = L_{yy} - \frac{L_{xy}^2}{L_{xx}} = 17.2 - \frac{(24)^2}{40} = 2.8$$

$$\text{RSSR} = \text{TSS} - \text{RSS} = 17.2 - 2.8 = 14.4$$

$$F = \text{RSSR}/\text{RSS}/(n-2) = 14.2/2.8/3 = 15.2$$

$$F_{0.05}(1, n-2) = F_{0.05}(1,3) = 10.13$$

$F > F_{0.05}(1,3)$ 检验通过 ($\alpha = 0.05$)

（2）判定系数 r^2：

$$r^2 = \frac{\text{RSSR}}{\text{TSS}} = \frac{14.4}{17.2} = 0.84$$

$$r = \sqrt{0.84} = 0.915$$

（3）有，$0.1915 > 0.878$，由于 β 系数检验与 r 系数检验是等效的，而 β 系数检验已经通过，所以 r 系数认为可以推论到总体。

附　表

附表 1 随机数字表

	1	2	3	4	5	6	7	8	9	10	11	12	13	14	15	16	17	18	19	20	21	22	23	24	25	26	27	28	29	30	31	32
1	1	2	5	4	2	8	5	8	7	3	5	8	4	0	2	4	3	6	8	4	8	4	8	5	2	6	1	7	5	4	8	8
2	5	4	4	3	4	9	1	1	0	9	2	2	7	1	3	4	4	4	9	8	1	3	1	1	8	7	0	1	2	2	1	0
3	3	2	6	2	4	3	2	2	2	1	1	9	9	8	7	7	4	7	7	6	4	5	1	2	1	7	4	6	5	5	9	3
4	7	8	0	9	0	2	2	7	4	9	5	6	2	1	5	8	7	7	8	0	0	7	5	1	3	2	2	2	1	1	8	1
5	6	8	6	2	4	1	9	4	3	5	9	6	5	0	7	2	4	4	7	3	3	9	9	0	1	7	2	9	4	9	5	0
6	9	7	1	9	9	8	1	4	9	1	5	5	2	2	2	7	7	7	4	5	9	6	6	6	8	1	0	5	3	1	3	3
7	5	5	7	1	6	8	8	6	0	6	3	3	6	8	8	4	6	8	6	4	8	7	4	1	8	8	2	9	8	5	7	7
8	0	1	2	2	4	7	5	7	0	0	3	3	9	2	7	0	8	1	1	8	3	2	8	0	2	0	2	9	3	6	3	2
9	2	3	7	2	2	7	7	4	8	4	4	6	7	1	7	8	2	4	0	3	3	9	8	1	5	8	3	9	8	6	7	7
10	0	3	5	7	4	2	2	6	3	9	9	5	0	2	6	1	8	2	5	5	5	7	0	5	0	8	9	9	5	0	3	3
11	7	8	5	5	5	7	7	7	5	2	5	9	4	2	6	3	4	9	8	7	4	9	1	8	0	9	8	7	1	9	1	8
12	2	5	1	0	4	2	0	4	1	5	4	4	0	2	2	4	1	2	7	2	6	5	9	8	5	6	2	7	4	4	6	3
13	6	6	3	6	9	9	3	3	3	5	2	6	9	1	7	9	2	6	1	4	5	8	9	5	0	7	3	6	3	8	0	9
14	6	7	6	0	8	4	1	3	1	3	1	4	4	7	5	2	8	6	0	4	4	6	6	7	8	3	8	3	2	7	8	0
15	4	5	2	7	8	0	3	0	8	8	4	8	3	3	8	6	7	5	4	6	6	4	8	4	7	3	1	7	9	6	3	6
16	5	9	9	9	9	8	8	3	2	4	5	6	0	8	9	3	4	1	3	2	6	6	9	0	4	7	9	3	1	1	3	7
17	4	1	6	0	4	4	7	5	2	8	8	0	0	7	7	4	1	2	7	0	8	6	7	5	1	5	2	8	7	4	6	8
18	4	4	0	6	4	4	1	1	3	5	9	0	5	3	0	8	2	6	4	2	7	1	4	4	7	0	2	3	4	2	1	8
19	4	5	4	5	3	6	1	3	9	8	4	8	3	4	4	7	5	6	6	6	6	6	7	7	1	5	2	4	3	3	4	0
20	6	2	6	7	0	5	4	4	7	8	2	9	9	1	8	7	0	5	0	6	6	4	0	6	5	1	3	6	8	8	0	0
21	6	5	0	3	9	3	3	9	7	8	9	4	8	2	1	1	8	8	5	2	8	0	6	6	5	7	9	6	6	9	4	0
22	1	3	5	8	4	2	2	8	1	9	5	8	5	1	1	9	3	5	1	4	8	9	8	1	1	4	6	8	3	8	6	3
23	3	1	3	1	3	2	0	4	2	3	4	7	4	8	8	6	5	9	4	6	6	7	7	1	7	4	0	0	1	3	1	3
24	5	0	6	0	0	0	2	7	2	0	8	7	8	8	1	2	8	6	4	5	3	2	3	3	1	7	9	1	3	6	5	2
25	7	8	6	6	2	0	2	9	5	1	5	2	2	0	0	3	9	9	0	0	0	2	7	0	7	6	7	0	0	8	5	2

附表1（续）

	1	2	3	4	5	6	7	8	9	10	11	12	13	14	15	16	17	18	19	20	21	22	23	24	25	26	27	28	29	30	31	32
26	1	9	8	3	3	9	9	2	2	0	1	7	7	2	6	3	7	8	9	9	4	1	5	1	8	1	3	2	2	4	7	1
27	9	9	4	4	0	8	4	5	1	4	6	6	3	9	3	6	6	0	0	2	0	8	5	7	5	7	8	8	4	4	8	0
28	0	3	3	3	0	9	1	3	7	9	3	8	7	7	6	0	8	0	0	2	0	8	7	1	1	9	8	8	9	8	8	1
29	9	9	0	3	7	9	1	4	4	1	0	0	6	8	2	6	6	2	3	3	1	3	3	3	7	4	1	3	3	8	4	0
30	1	6	1	4	7	8	6	2	9	5	0	0	4	1	0	9	0	1	3	7	2	9	7	8	6	0	7	5	0	9	7	1
31	2	0	9	6	1	1	6	4	3	7	8	6	6	2	5	7	0	6	6	3	0	6	9	3	2	2	6	3	5	2	9	0
32	0	5	1	1	0	2	2	5	5	9	5	6	6	8	0	8	4	4	0	9	7	6	2	4	0	9	0	3	4	6	9	2
33	0	5	2	4	4	0	5	6	9	1	4	0	6	3	7	1	2	0	9	2	8	2	0	0	3	6	1	1	6	5	0	1
34	7	3	8	1	7	3	8	6	6	5	0	8	1	5	7	4	4	1	6	3	0	4	0	3	3	4	8	8	3	7	4	0
35	3	3	1	4	3	7	0	3	7	5	0	2	4	9	8	5	8	8	3	4	7	2	6	3	4	5	7	7	9	5	9	1
36	6	8	7	4	2	5	5	4	7	4	8	5	9	5	3	6	9	0	8	2	2	5	0	1	9	9	6	7	7	1	5	8
37	8	8	8	7	3	1	1	1	2	6	2	8	0	3	8	2	1	5	5	6	6	2	5	7	8	7	7	3	5	2	1	7
38	9	2	0	5	2	3	3	8	0	3	9	3	3	1	6	6	6	6	1	9	8	3	9	9	4	9	9	0	4	1	9	7
39	7	4	4	7	3	9	8	3	0	0	7	0	9	7	7	1	0	5	0	0	8	2	0	3	4	7	9	4	0	8	1	5
40	2	1	8	3	2	1	0	9	2	8	8	4	5	7	3	3	8	8	1	7	1	6	2	6	4	3	9	1	8	9	9	0
41	6	9	2	6	3	0	8	5	2	0	7	5	2	3	3	0	4	4	3	2	9	5	2	4	0	5	2	7	9	6	4	1
42	3	3	7	3	3	5	5	7	0	3	7	8	0	9	2	2	3	9	2	7	7	7	5	0	8	7	8	8	5	8	6	2
43	9	9	8	5	2	5	5	2	4	3	1	5	8	5	0	7	7	6	7	4	3	5	6	7	5	9	7	3	4	3	9	7
44	7	3	0	5	3	3	3	6	0	0	5	3	0	1	5	0	2	2	7	1	3	9	9	3	6	9	9	0	4	4	7	4
45	5	7	2	6	7	9	8	1	7	8	8	6	6	2	5	5	0	0	3	2	6	1	9	5	9	4	6	1	2	0	4	6
46	6	8	5	0	8	1	8	2	4	4	5	5	2	0	3	0	9	9	4	5	9	8	9	8	3	5	8	8	8	4	1	2
47	6	6	1	6	7	7	7	0	5	7	3	8	0	4	4	6	6	3	4	4	8	9	9	8	4	7	7	3	0	5	4	7
48	2	6	3	3	2	2	5	5	8	5	5	5	8	5	3	4	3	3	3	6	7	1	0	3	1	2	9	0	1	4	5	4
49	6	8	3	7	6	8	9	8	3	5	2	7	5	5	6	3	1	5	1	6	7	7	3	5	9	9	8	7	8	4	5	4
50	4	5	2	3	7	7	7	2	3	8	8	8	7	2	4	3	3	3	3	0	7	2	1	5	4	8	9	7	6	6	1	8

附表2 标准正态分布表

$$\Phi(Z) = \int_{-\infty}^{Z} \frac{1}{\sqrt{2\pi}} e^{-\frac{t^2}{2}} dt$$

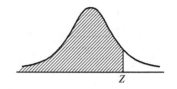

Z	$\Phi(Z)$	Z	$\Phi(Z)$	Z	$\Phi(Z)$	Z	$\Phi(Z)$
0.00	0.5000	0.80	0.7881	1.60	0.9452	2.35	0.9906
0.05	0.5199	0.85	0.8023	1.65	0.9505	2.40	0.9918
0.10	0.5398	0.90	0.8159	1.70	0.9554	2.45	0.9929
0.15	0.5596	0.95	0.8289	1.75	0.9599	2.50	0.9938
0.20	0.5793	1.00	0.8413	1.80	0.9641	2.55	0.9946
0.25	0.5987	1.05	0.8531	1.85	0.9678	2.58	0.9951
0.30	0.6179	1.10	0.8643	1.90	0.9713	2.60	0.9953
0.35	0.6368	1.15	0.8749	1.95	0.9744	2.65	0.9960
0.40	0.6554	1.20	0.8849	1.96	0.9750	2.70	0.9965
0.45	0.6736	1.25	0.8944	2.00	0.9772	2.75	0.9970
0.50	0.6915	1.30	0.9032	2.05	0.9798	2.80	0.9974
0.55	0.7088	1.35	0.9115	2.10	0.9821	2.85	0.9978
0.60	0.7257	1.40	0.9192	2.15	0.9842	2.90	0.9981
0.65	0.7422	1.45	0.9265	2.20	0.9861	2.95	0.9984
0.70	0.7580	1.50	0.9332	2.25	0.9878	3.00	0.9987
0.75	0.7734	1.55	0.9394	2.30	0.9893	4.00	1.0000

附表 3 t 分布表

$P(t > t_\alpha) = \alpha$

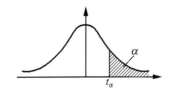

K	α = 0.25	0.10	0.05	0.025	0.01	0.005
1	1.0000	3.0777	6.3138	12.7062	31.8207	63.6574
2	0.8165	1.8856	2.9200	4.3027	6.9646	9.9248
3	0.7649	1.6377	2.3534	3.1824	4.5407	5.8409
4	0.7407	1.5332	2.1318	2.7764	3.7469	4.6041
5	0.7267	1.4759	2.0150	2.5706	3.3649	4.0322
6	0.7176	1.4398	1.9432	2.4469	3.1427	3.7074
7	0.7111	1.4149	1.8946	2.3646	2.9980	3.4995
8	0.7064	1.3968	1.8595	2.3060	2.8965	3.3554
9	0.7027	1.3830	1.8331	2.2622	2.8214	3.2498
10	0.6998	1.3722	1.8125	2.2281	2.7638	3.1693
11	0.6974	1.3634	1.7959	2.2010	2.7181	3.1058
12	0.6955	1.3562	1.7823	2.1788	2.6810	3.0545
13	0.6938	1.3502	1.7709	2.1604	2.6503	3.0123
14	0.6924	1.3450	1.7613	2.1448	2.6245	2.9768
15	0.6912	1.3406	1.7531	2.1315	2.6025	2.9467
16	0.6901	1.3368	1.7459	2.1199	2.5835	2.9208
17	0.6892	1.3334	1.7396	2.1098	2.5669	2.8982
18	0.6884	1.3304	1.7341	2.1009	2.5524	2.8784
19	0.6876	1.3277	1.7291	2.0930	2.5395	2.8609
20	0.6870	1.3253	1.7247	2.0860	2.5280	2.8453
21	0.6864	1.3232	1.7207	2.0796	2.5177	2.8314
22	0.6858	1.3212	1.7171	2.0739	2.5083	2.8188
23	0.6853	1.3195	1.7139	2.0687	2.4999	2.8073
24	0.6848	1.3178	1.7109	2.0639	2.4922	2.7969
25	0.6844	1.3163	1.7081	2.0595	2.4851	2.7874
26	0.6840	1.3150	1.7056	2.0555	2.4786	2.7787
27	0.6837	1.3137	1.7033	2.0518	2.4727	2.7707
28	0.6834	1.3125	1.7011	2.0484	2.4671	2.7633
29	0.6830	1.3114	1.6991	2.0452	2.4620	2.7564
30	0.6828	1.3104	1.6973	2.0423	2.4573	2.7500

附表3(续)

K	α = 0.25	0.10	0.05	0.025	0.01	0.005
31	0.6825	1.3095	1.6955	2.0395	2.4528	2.7440
32	0.6822	1.3086	1.6939	2.0369	2.4487	2.7385
33	0.6820	1.3077	1.6924	2.0345	2.4448	2.7333
34	0.6818	1.3070	1.6909	2.0322	2.4411	2.7284
35	0.6816	1.3062	1.6896	2.0301	2.4377	2.7238
36	0.6814	1.3055	1.6883	2.0281	2.4345	2.7195
37	0.6812	1.3049	1.6871	2.0262	2.4314	2.7154
38	0.6810	1.3042	1.6860	2.0244	2.4286	2.7116
39	0.6808	1.3036	1.6849	2.0227	2.4258	2.7079
40	0.6807	1.3031	1.6839	2.0211	2.4233	2.7045
41	0.6805	1.3025	1.6829	2.0195	2.4208	2.7012
42	0.6804	1.3020	1.6820	2.0181	2.4185	2.6981
43	0.6802	1.3016	1.6811	2.0167	2.4163	2.6951
44	0.6801	1.3011	1.6802	2.0154	2.4141	2.6923
45	0.6800	1.3006	1.6794	2.0141	2.4121	2.6896

附表4 χ^2 分布表

$P(\chi^2 > \chi^2_\alpha) = \alpha$

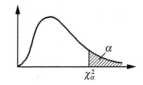

K	α=0.995	0.99	0.975	0.95	0.90	0.75
1	—	—	0.001	0.004	0.016	0.102
2	0.010	0.020	0.051	0.103	0.211	0.575
3	0.072	0.115	0.216	0.352	0.584	1.213
4	0.207	0.297	0.484	0.711	1.064	1.923
5	0.412	0.554	0.831	1.145	1.610	2.675
6	0.676	0.872	1.237	1.635	2.204	3.455
7	0.989	1.239	1.690	2.167	2.833	4.255
8	1.344	1.646	2.180	2.733	3.490	5.071
9	1.735	2.088	2.700	3.325	4.168	5.899
10	2.156	2.558	3.247	3.940	4.865	6.737
11	2.603	3.053	3.816	4.575	5.578	7.584
12	3.074	3.571	4.404	5.226	6.304	8.438
13	3.565	4.107	5.009	5.892	7.042	9.299
14	4.075	4.660	5.629	6.571	7.790	10.165
15	4.601	5.229	6.262	7.261	8.547	11.037
16	5.142	5.812	6.908	7.962	9.312	11.912
17	5.697	6.408	7.564	8.672	10.085	12.792
18	6.265	7.015	8.231	9.390	10.865	13.675
19	6.844	7.633	8.907	10.117	11.651	14.562
20	7.434	8.260	9.591	10.851	12.443	15.452
21	8.034	8.897	10.283	11.591	13.240	16.344
22	8.643	9.542	10.982	12.338	14.042	17.240
23	9.260	10.196	11.689	13.091	14.848	18.137
24	9.886	10.856	12.401	13.848	15.659	19.037
25	10.520	11.524	13.120	14.611	16.473	19.939
26	11.160	12.198	13.844	15.379	17.292	20.843
27	11.808	12.879	14.573	16.151	18.114	21.749
28	12.461	13.565	15.308	16.928	18.939	22.657
29	13.121	14.257	16.047	17.708	19.768	23.567
30	13.787	14.954	16.791	18.493	20.599	24.478

附表4(续一)

K	α=0.995	0.99	0.975	0.95	0.90	0.75
31	14.458	15.655	17.539	19.281	21.434	25.390
32	15.134	16.362	18.291	20.072	22.271	26.304
33	15.815	17.074	19.047	20.867	23.110	27.219
34	16.501	17.789	19.806	21.664	23.952	28.136
35	17.192	18.509	20.569	22.465	24.797	29.054
36	17.887	19.233	21.336	23.269	25.643	29.973
37	18.586	19.960	22.106	24.075	26.492	30.893
38	19.289	20.691	22.878	24.884	27.343	31.815
39	19.996	21.426	23.654	25.695	28.196	32.737
40	20.707	22.164	24.433	26.509	29.051	33.660
41	21.421	22.906	25.215	27.326	29.907	34.585
42	22.138	23.650	25.999	28.144	30.765	35.510
43	22.859	24.398	26.785	28.965	31.625	36.436
44	23.584	25.148	27.575	29.787	32.487	37.363
45	24.311	25.901	28.366	30.612	33.350	38.291

附表 4(续二)

K	α = 0.25	0.10	0.05	0.025	0.01	0.005
1	1.323	2.706	3.841	5.024	6.635	7.879
2	2.773	4.605	5.991	7.378	9.210	10.597
3	4.108	6.251	7.815	9.348	11.345	12.838
4	5.385	7.779	9.488	11.143	13.277	14.860
5	6.626	9.236	11.071	12.833	15.086	16.750
6	7.841	10.645	12.592	14.449	16.812	18.548
7	9.037	12.017	14.067	16.013	18.475	20.278
8	10.219	13.362	15.507	17.535	20.090	21.955
9	11.389	14.684	16.919	19.023	21.666	23.589
10	12.549	15.987	18.307	20.483	23.209	25.188
11	13.701	17.275	19.675	21.920	24.725	26.757
12	14.845	18.549	21.026	23.337	26.217	28.299
13	15.984	19.812	22.362	24.736	27.688	29.819
14	17.117	21.064	23.685	26.119	29.141	31.319
15	18.245	22.307	24.996	27.488	30.578	32.801
16	19.369	23.542	26.296	28.845	32.000	34.267
17	20.489	24.769	27.587	30.191	33.409	35.718
18	21.605	25.989	28.869	31.526	34.805	37.156
19	22.718	27.204	30.144	32.852	36.191	38.582
20	23.828	28.412	31.410	34.170	37.566	39.997
21	24.935	29.615	32.671	35.479	38.932	41.401
22	26.039	30.813	33.924	36.781	40.289	42.796
23	27.141	32.007	35.172	38.076	41.638	44.181
24	28.241	33.196	36.415	39.364	42.980	45.559
25	29.339	34.382	37.652	40.646	44.314	46.928
26	30.435	35.563	38.885	41.923	45.642	48.290
27	31.528	36.741	40.113	43.194	46.963	49.645
28	32.620	37.916	41.337	44.461	48.278	50.993
29	33.711	39.087	42.557	45.722	49.588	52.336
30	34.800	40.256	43.773	46.979	50.892	53.672
31	35.887	41.422	44.985	48.232	52.191	55.003
32	36.973	42.585	46.194	49.480	53.486	56.328
33	38.058	43.745	47.400	50.725	54.776	57.648
34	39.141	44.903	48.602	51.966	56.061	58.964
35	40.223	46.059	49.802	53.203	57.342	60.275
36	41.304	47.212	50.998	54.437	58.619	61.581
37	42.383	48.363	52.192	55.668	59.892	62.883
38	43.462	49.513	53.384	56.896	61.162	64.181
39	44.539	50.660	54.572	58.120	62.428	65.476
40	45.616	51.805	55.758	59.342	63.691	66.766
41	46.692	52.949	56.942	60.561	64.950	68.053
42	47.766	54.090	58.124	61.777	66.206	69.336
43	48.840	55.230	59.304	62.990	67.459	70.616
44	49.913	56.369	60.481	64.201	68.710	71.893
45	50.985	57.505	61.656	65.410	69.957	73.166

附表 5　F 分布表

$$P(F > F_\alpha) = \alpha$$
$$\alpha = 0.10$$

K_2\K_1	1	2	3	4	5	6	7	8	9	10	12	15	20	24	30	40	60	120	∞
1	39.86	49.50	53.59	55.83	57.24	58.20	58.91	59.44	59.86	60.19	60.71	61.22	61.74	62.00	62.26	62.53	62.79	63.06	63.33
2	8.53	9.00	9.16	9.24	9.29	9.33	9.35	9.37	9.38	9.39	9.41	9.42	9.44	9.45	9.46	9.47	9.47	9.48	9.49
3	5.54	5.46	5.39	5.34	5.31	5.28	5.27	5.25	5.24	5.23	5.22	5.20	5.18	5.18	5.17	5.16	5.15	5.14	5.13
4	4.54	4.32	4.19	4.11	4.05	4.01	3.98	3.95	3.94	3.92	3.90	3.87	3.84	3.83	3.82	3.80	3.79	3.78	3.76
5	4.06	3.78	3.62	3.52	3.45	3.40	3.37	3.34	3.32	3.30	3.27	3.24	3.21	3.19	3.17	3.16	3.14	3.12	3.10
6	3.78	3.46	3.29	3.18	3.11	3.05	3.01	2.98	2.96	2.94	2.90	2.87	2.84	2.82	2.80	2.78	2.76	2.74	2.72
7	3.59	3.26	3.07	2.96	2.88	2.83	2.78	2.75	2.72	2.70	2.67	2.63	2.59	2.58	2.56	2.54	2.51	2.49	2.47
8	3.46	3.11	2.92	2.81	2.73	2.67	2.62	2.59	2.56	2.54	2.50	2.46	2.42	2.40	2.38	2.36	2.34	2.32	2.29
9	3.36	3.01	2.81	2.69	2.61	2.55	2.51	2.47	2.44	2.42	2.38	2.34	2.30	2.28	2.25	2.23	2.21	2.18	2.16
10	3.29	2.92	2.73	2.61	2.52	2.46	2.41	2.38	2.35	2.32	2.28	2.24	2.20	2.18	2.16	2.13	2.11	2.08	2.06
11	3.23	2.86	2.66	2.54	2.45	2.39	2.34	2.30	2.27	2.25	2.21	2.17	2.12	2.10	2.08	2.05	2.03	2.00	1.97
12	3.18	2.81	2.61	2.48	2.39	2.33	2.28	2.24	2.21	2.19	2.15	2.10	2.06	2.04	2.01	1.99	1.96	1.93	1.90
13	3.14	2.76	2.56	2.43	2.35	2.28	2.23	2.20	2.16	2.14	2.10	2.05	2.01	1.98	1.96	1.93	1.90	1.88	1.85
14	3.10	2.73	2.52	2.39	2.31	2.24	2.19	2.15	2.12	2.10	2.05	2.01	1.96	1.94	1.91	1.89	1.86	1.83	1.80
15	3.07	2.70	2.49	2.36	2.27	2.21	2.16	2.12	2.09	2.06	2.02	1.97	1.92	1.90	1.87	1.85	1.82	1.79	1.76
16	3.05	2.67	2.46	2.33	2.24	2.18	2.13	2.09	2.06	2.03	1.99	1.94	1.89	1.87	1.84	1.81	1.78	1.75	1.72
17	3.03	2.64	2.44	2.31	2.22	2.15	2.10	2.06	2.03	2.00	1.96	1.91	1.86	1.84	1.81	1.78	1.75	1.72	1.69
18	3.01	2.62	2.42	2.29	2.20	2.13	2.08	2.04	2.00	1.98	1.93	1.89	1.84	1.81	1.78	1.76	1.72	1.69	1.66
19	2.99	2.61	2.40	2.27	2.18	2.11	2.06	2.02	1.98	1.96	1.91	1.86	1.81	1.79	1.76	1.73	1.70	1.67	1.63

附表 5（续一）　α = 0.10

K_2 \ K_1	1	2	3	4	5	6	7	8	9	10	12	15	20	24	30	40	60	120	∞
20	2.97	2.59	2.38	2.25	2.16	2.09	2.04	2.00	1.96	1.94	1.89	1.84	1.79	1.77	1.74	1.71	1.68	1.64	1.61
21	2.96	2.57	2.36	2.23	2.14	2.08	2.02	1.98	1.95	1.92	1.87	1.83	1.78	1.75	1.72	1.69	1.66	1.62	1.59
22	2.95	2.56	2.35	2.22	2.13	2.06	2.01	1.97	1.93	1.90	1.86	1.81	1.76	1.73	1.70	1.67	1.64	1.60	1.57
23	2.94	2.55	2.34	2.21	2.11	2.05	1.99	1.95	1.92	1.89	1.84	1.80	1.74	1.72	1.69	1.66	1.62	1.59	1.55
24	2.93	2.54	2.33	2.19	2.10	2.04	1.98	1.94	1.91	1.88	1.83	1.78	1.73	1.70	1.67	1.64	1.61	1.57	1.53
25	2.92	2.53	2.32	2.18	2.09	2.02	1.97	1.93	1.89	1.87	1.82	1.77	1.72	1.69	1.66	1.63	1.59	1.56	1.52
26	2.91	2.52	2.31	2.17	2.08	2.01	1.96	1.92	1.88	1.86	1.81	1.76	1.71	1.68	1.65	1.61	1.58	1.54	1.50
27	2.90	2.51	2.30	2.17	2.07	2.00	1.95	1.91	1.87	1.85	1.80	1.75	1.70	1.67	1.64	1.60	1.57	1.53	1.49
28	2.89	2.50	2.29	2.16	2.06	2.00	1.94	1.90	1.87	1.84	1.79	1.74	1.69	1.66	1.63	1.59	1.56	1.52	1.48
29	2.89	2.50	2.28	2.15	2.06	1.99	1.93	1.89	1.86	1.83	1.78	1.73	1.68	1.65	1.62	1.58	1.55	1.51	1.47
30	2.88	2.49	2.28	2.14	2.05	1.98	1.93	1.88	1.85	1.82	1.77	1.72	1.67	1.64	1.61	1.57	1.54	1.50	1.46
40	2.84	2.44	2.23	2.09	2.00	1.93	1.87	1.83	1.79	1.76	1.71	1.66	1.61	1.57	1.54	1.51	1.47	1.42	1.38
60	2.79	2.39	2.18	2.04	1.95	1.87	1.82	1.77	1.74	1.71	1.66	1.60	1.54	1.51	1.48	1.44	1.40	1.35	1.29
120	2.75	2.35	2.13	1.99	1.90	1.82	1.77	1.72	1.68	1.65	1.60	1.55	1.48	1.45	1.41	1.37	1.32	1.26	1.19
∞	2.71	2.30	2.08	1.94	1.85	1.77	1.72	1.67	1.63	1.60	1.55	1.49	1.42	1.38	1.34	1.30	1.24	1.17	1.00

附表 5（续二）　α = 0.05

K_2 \ K_1	1	2	3	4	5	6	7	8	9	10	12	15	20	24	30	40	60	120	∞
1	161.4	199.5	215.7	224.6	230.2	234.0	236.8	238.9	240.5	241.9	243.9	245.9	248.0	249.1	250.1	251.1	252.2	253.3	254.3
2	18.51	19.00	19.16	19.25	19.30	19.33	19.35	19.37	19.38	19.40	19.41	19.43	19.45	19.45	19.46	19.47	19.48	19.49	19.50
3	10.13	9.55	9.28	9.12	9.01	8.94	8.89	8.85	8.81	8.79	8.74	8.70	8.66	8.64	8.62	8.59	8.57	8.55	8.53
4	7.71	6.94	6.59	6.39	6.26	6.16	6.09	6.04	6.00	5.96	5.91	5.86	5.80	5.77	5.75	5.72	5.69	5.66	5.63
5	6.61	5.79	5.41	5.19	5.05	4.95	4.88	4.82	4.77	4.74	4.68	4.62	4.56	4.53	4.50	4.46	4.43	4.40	4.36
6	5.99	5.14	4.76	4.53	4.39	4.28	4.21	4.15	4.10	4.06	4.00	3.94	3.87	3.84	3.81	3.77	3.74	3.70	3.67
7	5.59	4.74	4.35	4.12	3.97	3.87	3.79	3.73	3.68	3.64	3.57	3.51	3.44	3.41	3.38	3.34	3.30	3.27	3.23
8	5.32	4.46	4.07	3.84	3.69	3.58	3.50	3.44	3.39	3.35	3.28	3.22	3.15	3.12	3.08	3.04	3.01	2.97	2.93
9	5.12	4.26	3.86	3.63	3.48	3.37	3.29	3.23	3.18	3.14	3.07	3.01	2.94	2.90	2.86	2.83	2.79	2.75	2.71

附表 5（续三） $\alpha = 0.05$

K_2\K_1	1	2	3	4	5	6	7	8	9	10	12	15	20	24	30	40	60	120	∞
10	4.96	4.10	3.71	3.48	3.33	3.22	3.14	3.07	3.02	2.98	2.91	2.85	2.77	2.74	2.70	2.66	2.62	2.58	2.54
11	4.84	3.98	3.59	3.36	3.20	3.09	3.01	2.95	2.90	2.85	2.79	2.72	2.65	2.61	2.57	2.53	2.49	2.45	2.40
12	4.75	3.89	3.49	3.26	3.11	3.00	2.91	2.85	2.80	2.75	2.69	2.62	2.54	2.51	2.47	2.43	2.38	2.34	2.30
13	4.67	3.81	3.41	3.18	3.03	2.92	2.83	2.77	2.71	2.67	2.60	2.53	2.46	2.42	2.38	2.34	2.30	2.25	2.21
14	4.60	3.74	3.34	3.11	2.96	2.85	2.76	2.70	2.65	2.60	2.53	2.46	2.39	2.35	2.31	2.27	2.22	2.18	2.13
15	4.54	3.68	3.29	3.06	2.90	2.79	2.71	2.64	2.59	2.54	2.48	2.40	2.33	2.29	2.25	2.20	2.16	2.11	2.07
16	4.49	3.63	3.24	3.01	2.85	2.74	2.66	2.59	2.54	2.49	2.42	2.35	2.28	2.24	2.19	2.15	2.11	2.06	2.01
17	4.45	3.59	3.20	2.96	2.81	2.70	2.61	2.55	2.49	2.45	2.38	2.31	2.23	2.19	2.15	2.10	2.06	2.01	1.96
18	4.41	3.55	3.16	2.93	2.77	2.66	2.58	2.51	2.46	2.41	2.34	2.27	2.19	2.15	2.11	2.06	2.02	1.97	1.92
19	4.38	3.52	3.13	2.90	2.74	2.63	2.54	2.48	2.42	2.38	2.31	2.23	2.16	2.11	2.07	2.03	1.98	1.93	1.88
20	4.35	3.49	3.10	2.87	2.71	2.60	2.51	2.45	2.39	2.35	2.28	2.20	2.12	2.08	2.04	1.99	1.95	1.90	1.84
21	4.32	3.47	3.07	2.84	2.68	2.57	2.49	2.42	2.37	2.32	2.25	2.18	2.10	2.05	2.01	1.96	1.92	1.87	1.81
22	4.30	3.44	3.05	2.82	2.66	2.55	2.46	2.40	2.34	2.30	2.23	2.15	2.07	2.03	1.98	1.94	1.89	1.84	1.78
23	4.28	3.42	3.03	2.80	2.64	2.53	2.44	2.37	2.32	2.27	2.20	2.13	2.05	2.01	1.96	1.91	1.86	1.81	1.76
24	4.26	3.40	3.01	2.78	2.62	2.51	2.42	2.36	2.30	2.25	2.18	2.11	2.03	1.98	1.94	1.89	1.84	1.79	1.73
25	4.24	3.39	2.99	2.76	2.60	2.49	2.40	2.34	2.28	2.24	2.16	2.09	2.01	1.96	1.92	1.87	1.82	1.77	1.71
26	4.23	3.37	2.98	2.74	2.59	2.47	2.39	2.32	2.27	2.22	2.15	2.07	1.99	1.95	1.90	1.85	1.80	1.75	1.69
27	4.21	3.35	2.96	2.73	2.57	2.46	2.37	2.31	2.25	2.20	2.13	2.06	1.97	1.93	1.88	1.84	1.79	1.73	1.67
28	4.20	3.34	2.95	2.71	2.56	2.45	2.36	2.29	2.24	2.19	2.12	2.04	1.96	1.91	1.87	1.82	1.77	1.71	1.65
29	4.18	3.33	2.93	2.70	2.55	2.43	2.35	2.28	2.22	2.18	2.10	2.03	1.94	1.90	1.85	1.81	1.75	1.70	1.64
30	4.17	3.32	2.92	2.69	2.53	2.42	2.33	2.27	2.21	2.16	2.09	2.01	1.93	1.89	1.84	1.79	1.74	1.68	1.62
40	4.08	3.23	2.84	2.61	2.45	2.34	2.25	2.18	2.12	2.08	2.00	1.92	1.84	1.79	1.74	1.69	1.64	1.58	1.51
60	4.00	3.15	2.76	2.53	2.37	2.25	2.17	2.10	2.04	1.99	1.92	1.84	1.75	1.70	1.65	1.59	1.53	1.47	1.39
120	3.92	3.07	2.68	2.45	2.29	2.17	2.09	2.02	1.96	1.91	1.83	1.75	1.66	1.61	1.55	1.50	1.43	1.35	1.25
∞	3.84	3.00	2.60	2.37	2.21	2.10	2.01	1.94	1.88	1.83	1.75	1.67	1.57	1.52	1.46	1.39	1.32	1.22	1.00

附表 5（续四）

$\alpha = 0.025$

K_2\K_1	1	2	3	4	5	6	7	8	9	10	12	15	20	24	30	40	60	120	∞
1	647.8	799.5	864.2	899.6	921.8	937.1	948.2	956.7	963.3	968.6	976.7	984.9	993.1	997.2	1001	1006	1010	1014	1018
2	38.51	39.00	39.17	39.25	39.30	39.33	39.36	39.37	39.39	39.40	39.41	39.43	39.45	39.46	39.46	39.47	39.48	39.49	39.50
3	17.44	16.04	15.44	15.10	14.88	14.73	14.62	14.54	14.47	14.42	14.34	14.25	14.17	14.12	14.08	14.04	13.99	13.95	13.90
4	12.22	10.65	9.98	9.60	9.36	9.20	9.07	8.98	8.90	8.84	8.75	8.66	8.56	8.51	8.46	8.41	8.36	8.31	8.26
5	10.01	8.43	7.76	7.39	7.15	6.98	6.85	6.76	6.68	6.62	6.52	6.43	6.33	6.28	6.23	6.18	6.12	6.07	6.02
6	8.81	7.26	6.60	6.23	5.99	5.82	5.70	5.60	5.52	5.46	5.37	5.27	5.17	5.12	5.07	5.01	4.96	4.90	4.85
7	8.07	6.54	5.89	5.52	5.29	5.12	4.99	4.90	4.82	4.76	4.67	4.57	4.47	4.42	4.36	4.31	4.25	4.20	4.14
8	7.57	6.06	5.42	5.05	4.82	4.65	4.53	4.43	4.36	4.30	4.20	4.10	4.00	3.95	3.89	3.84	3.78	3.73	3.67
9	7.21	5.71	5.08	4.72	4.48	4.32	4.20	4.10	4.03	3.96	3.87	3.77	3.67	3.61	3.56	3.51	3.45	3.39	3.33
10	6.94	5.46	4.83	4.47	4.24	4.07	3.95	3.85	3.78	3.72	3.62	3.52	3.42	3.37	3.31	3.26	3.20	3.14	3.08
11	6.72	5.26	4.63	4.28	4.04	3.88	3.76	3.66	3.59	3.53	3.43	3.33	3.23	3.17	3.12	3.06	3.00	2.94	2.88
12	6.55	5.10	4.47	4.12	3.89	3.73	3.61	3.51	3.44	3.37	3.28	3.18	3.07	3.02	2.96	2.91	2.85	2.79	2.72
13	6.41	4.97	4.35	4.00	3.77	3.60	3.48	3.39	3.31	3.25	3.15	3.05	2.95	2.89	2.84	2.78	2.72	2.66	2.60
14	6.30	4.86	4.24	3.89	3.66	3.50	3.38	3.29	3.21	3.15	3.05	2.95	2.84	2.79	2.73	2.67	2.61	2.55	2.49
15	6.20	4.77	4.15	3.80	3.58	3.41	3.29	3.20	3.12	3.06	2.96	2.86	2.76	2.70	2.64	2.59	2.52	2.46	2.40
16	6.12	4.69	4.08	3.73	3.50	3.34	3.22	3.12	3.05	2.99	2.89	2.79	2.68	2.63	2.57	2.51	2.45	2.38	2.32
17	6.04	4.62	4.01	3.66	3.44	3.28	3.16	3.06	2.98	2.92	2.82	2.72	2.62	2.56	2.50	2.44	2.38	2.32	2.25
18	5.98	4.56	3.95	3.61	3.38	3.22	3.10	3.01	2.93	2.87	2.77	2.67	2.56	2.50	2.44	2.38	2.32	2.26	2.19
19	5.92	4.51	3.90	3.56	3.33	3.17	3.05	2.96	2.88	2.82	2.72	2.62	2.51	2.45	2.39	2.33	2.27	2.20	2.13
20	5.87	4.46	3.86	3.51	3.29	3.13	3.01	2.91	2.84	2.77	2.68	2.57	2.46	2.41	2.35	2.29	2.22	2.16	2.09
21	5.83	4.42	3.82	3.48	3.25	3.09	2.97	2.87	2.80	2.73	2.64	2.53	2.42	2.37	2.31	2.25	2.18	2.11	2.04
22	5.79	4.38	3.78	3.44	3.22	3.05	2.93	2.84	2.76	2.70	2.60	2.50	2.39	2.33	2.27	2.21	2.14	2.08	2.00
23	5.75	4.35	3.75	3.41	3.18	3.02	2.90	2.81	2.73	2.67	2.57	2.47	2.36	2.30	2.24	2.18	2.11	2.04	1.97
24	5.72	4.32	3.72	3.38	3.15	2.99	2.87	2.78	2.70	2.64	2.54	2.44	2.33	2.27	2.21	2.15	2.08	2.01	1.94

附表 5（续五） α = 0.025

K_1 \ K_2	1	2	3	4	5	6	7	8	9	10	12	15	20	24	30	40	60	120	∞
25	5.69	4.29	3.69	3.35	3.13	2.97	2.85	2.75	2.68	2.61	2.51	2.41	2.30	2.24	2.18	2.12	2.05	1.98	1.91
26	5.66	4.27	3.67	3.33	3.10	2.94	2.82	2.73	2.65	2.59	2.49	2.39	2.28	2.22	2.16	2.09	2.03	1.95	1.88
27	5.63	4.24	3.65	3.31	3.08	2.92	2.80	2.71	2.63	2.57	2.47	2.36	2.25	2.19	2.13	2.07	2.00	1.93	1.85
28	5.61	4.22	3.63	3.29	3.06	2.90	2.78	2.69	2.61	2.55	2.45	2.34	2.23	2.17	2.11	2.05	1.98	1.91	1.83
29	5.59	4.20	3.61	3.27	3.04	2.88	2.76	2.67	2.59	2.53	2.43	2.32	2.21	2.15	2.09	2.03	1.96	1.89	1.81
30	5.57	4.18	3.59	3.25	3.03	2.87	2.75	2.65	2.57	2.51	2.41	2.31	2.20	2.14	2.07	2.01	1.94	1.87	1.79
40	5.42	4.05	3.46	3.13	2.90	2.74	2.62	2.53	2.45	2.39	2.29	2.18	2.07	2.01	1.94	1.88	1.80	1.72	1.64
60	5.29	3.93	3.34	3.01	2.79	2.63	2.51	2.41	2.33	2.27	2.17	2.06	1.94	1.88	1.82	1.74	1.67	1.58	1.48
120	5.15	3.80	3.23	2.89	2.67	2.52	2.39	2.30	2.22	2.16	2.05	1.94	1.82	1.76	1.69	1.61	1.53	1.43	1.31
∞	5.02	3.69	3.12	2.79	2.57	2.41	2.29	2.19	2.11	2.05	1.94	1.83	1.71	1.64	1.57	1.48	1.39	1.27	1.00

附表 5（续六） α = 0.01

K_1 \ K_2	1	2	3	4	5	6	7	8	9	10	12	15	20	24	30	40	60	120	∞
1	4052	4999.5	5403	5625	5764	5859	5928	5982	6022	6056	6106	6157	6209	6235	6261	6287	6313	6339	6366
2	98.50	99.00	99.17	99.25	99.30	99.33	99.36	99.37	99.39	99.40	99.42	99.43	99.45	99.46	99.47	99.47	99.48	99.49	99.50
3	34.12	30.82	29.46	28.71	28.24	27.91	27.67	27.49	27.35	27.23	27.05	26.87	26.69	26.60	26.50	26.41	26.32	26.22	26.13
4	21.20	18.00	16.69	15.98	15.52	15.21	14.98	14.80	14.66	14.55	14.37	14.20	14.02	13.93	13.84	13.75	13.65	13.56	13.46
5	16.26	13.27	12.06	11.39	10.97	10.67	10.46	10.29	10.16	10.05	9.89	9.72	9.55	9.47	9.38	9.29	9.20	9.11	9.02
6	13.75	10.92	9.78	9.15	8.75	8.47	8.26	8.10	7.98	7.87	7.72	7.56	7.40	7.31	7.23	7.14	7.06	6.97	6.88
7	12.25	9.55	8.45	7.85	7.46	7.19	6.99	6.84	6.72	6.62	6.47	6.31	6.16	6.07	5.99	5.91	5.82	5.74	5.65
8	11.26	8.65	7.59	7.01	6.63	6.37	6.18	6.03	5.91	5.81	5.67	5.52	5.36	5.28	5.20	5.12	5.03	4.95	4.86
9	10.56	8.02	6.99	6.42	6.06	5.80	5.61	5.47	5.35	5.26	5.11	4.96	4.81	4.73	4.65	4.57	4.48	4.40	4.31

附表 5（续七） α = 0.01

K_2\K_1	1	2	3	4	5	6	7	8	9	10	12	15	20	24	30	40	60	120	∞
10	10.04	7.56	6.55	5.99	5.64	5.39	5.20	5.06	4.94	4.85	4.71	4.56	4.41	4.33	4.25	4.17	4.08	4.00	3.91
11	9.65	7.21	6.22	5.67	5.32	5.07	4.89	4.74	4.63	4.54	4.40	4.25	4.10	4.02	3.94	3.86	3.78	3.69	3.60
12	9.33	6.93	5.95	5.41	5.06	4.82	4.64	4.50	4.39	4.30	4.16	4.01	3.86	3.78	3.70	3.62	3.54	3.45	3.36
13	9.07	6.70	5.74	5.21	4.86	4.62	4.44	4.30	4.19	4.10	3.96	3.82	3.66	3.59	3.51	3.43	3.34	3.25	3.17
14	8.86	6.51	5.56	5.04	4.69	4.46	4.28	4.14	4.03	3.94	3.80	3.66	3.51	3.43	3.35	3.27	3.18	3.09	3.00
15	8.68	6.36	5.42	4.89	4.56	4.32	4.14	4.00	3.89	3.80	3.67	3.52	3.37	3.29	3.21	3.13	3.05	2.96	2.87
16	8.53	6.23	5.29	4.77	4.44	4.20	4.03	3.89	3.78	3.69	3.55	3.41	3.26	3.18	3.10	3.02	2.93	2.84	2.75
17	8.40	6.11	5.18	4.67	4.34	4.10	3.93	3.79	3.68	3.59	3.46	3.31	3.16	3.08	3.00	2.92	2.83	2.75	2.65
18	8.29	6.01	5.09	4.58	4.25	4.01	3.84	3.71	3.60	3.51	3.37	3.23	3.08	3.00	2.92	2.84	2.75	2.66	2.57
19	8.18	5.93	5.01	4.50	4.17	3.94	3.77	3.63	3.52	3.43	3.30	3.15	3.00	2.92	2.84	2.76	2.67	2.58	2.49
20	8.10	5.85	4.94	4.43	4.10	3.87	3.70	3.56	3.46	3.37	3.23	3.09	2.94	2.86	2.78	2.69	2.61	2.52	2.42
21	8.02	5.78	4.87	4.37	4.04	3.81	3.64	3.51	3.40	3.31	3.17	3.03	2.88	2.80	2.72	2.64	2.55	2.46	2.36
22	7.95	5.72	4.82	4.31	3.99	3.76	3.59	3.45	3.35	3.26	3.12	2.98	2.83	2.75	2.67	2.58	2.50	2.40	2.31
23	7.88	5.66	4.76	4.26	3.94	3.71	3.54	3.41	3.30	3.21	3.07	2.93	2.78	2.70	2.62	2.54	2.45	2.35	2.26
24	7.82	5.61	4.72	4.22	3.90	3.67	3.50	3.36	3.26	3.17	3.03	2.89	2.74	2.66	2.58	2.49	2.40	2.31	2.21
25	7.77	5.57	4.68	4.18	3.85	3.63	3.46	3.32	3.22	3.13	2.99	2.85	2.70	2.62	2.54	2.45	2.36	2.27	2.17
26	7.72	5.53	4.64	4.14	3.82	3.59	3.42	3.29	3.18	3.09	2.96	2.81	2.66	2.58	2.50	2.42	2.33	2.23	2.13
27	7.68	5.49	4.60	4.11	3.78	3.56	3.39	3.26	3.15	3.06	2.93	2.78	2.63	2.55	2.47	2.38	2.29	2.20	2.10
28	7.64	5.45	4.57	4.07	3.75	3.53	3.36	3.23	3.12	3.03	2.90	2.75	2.60	2.52	2.44	2.35	2.26	2.17	2.06
29	7.60	5.42	4.54	4.04	3.73	3.50	3.33	3.20	3.09	3.00	2.87	2.73	2.57	2.49	2.41	2.33	2.23	2.14	2.03
30	7.56	5.39	4.51	4.02	3.70	3.47	3.30	3.17	3.07	2.98	2.84	2.70	2.55	2.47	2.39	2.30	2.21	2.11	2.01
40	7.31	5.18	4.31	3.83	3.51	3.29	3.12	2.99	2.89	2.80	2.66	2.52	2.37	2.29	2.20	2.11	2.02	1.92	1.80
60	7.08	4.98	4.13	3.65	3.34	3.12	2.95	2.82	2.72	2.63	2.50	2.35	2.20	2.12	2.03	1.94	1.84	1.73	1.60
120	6.85	4.79	3.95	3.48	3.17	2.96	2.79	2.66	2.56	2.47	2.34	2.19	2.03	1.95	1.86	1.76	1.66	1.53	1.38
∞	7.63	4.61	3.78	3.32	3.02	2.80	2.64	2.51	2.41	2.32	2.18	2.04	1.88	1.79	1.70	1.59	1.47	1.32	1.00

附表 5（续八）

$\alpha = 0.005$

K_2\K_1	1	2	3	4	5	6	7	8	9	10	12	15	20	24	30	40	60	120	∞
1	16211	20000	21615	22500	23056	23437	23715	23925	24091	24224	24426	24630	24836	24940	25044	25148	25253	25359	25465
2	198.5	199.0	199.2	199.2	199.3	199.3	199.4	199.4	199.4	199.4	199.4	199.4	199.4	199.5	199.5	199.5	199.5	199.5	199.5
3	55.55	49.80	47.47	46.19	45.39	44.84	44.43	44.13	43.88	43.69	43.39	43.08	42.78	42.62	42.47	42.31	42.15	41.99	41.83
4	31.33	26.28	24.26	23.15	22.46	21.97	21.62	21.35	21.14	20.97	20.70	20.44	20.17	20.03	19.89	19.75	19.61	19.47	19.32
5	22.78	18.31	16.53	15.56	14.94	14.51	14.20	13.96	13.77	13.62	13.38	13.15	12.90	12.78	12.66	12.53	12.40	12.27	12.14
6	18.63	14.54	12.92	12.03	11.46	11.07	10.79	10.57	10.39	10.25	10.03	9.81	9.59	9.47	9.36	9.24	9.12	9.00	8.88
7	16.24	12.40	10.88	10.05	9.52	9.16	8.89	8.68	8.51	8.38	8.18	7.97	7.75	7.65	7.53	7.42	7.31	7.19	7.08
8	14.69	11.04	9.60	8.81	8.30	7.95	7.69	7.50	7.34	7.21	7.01	6.81	6.61	6.50	6.40	6.29	6.18	6.06	5.95
9	13.61	10.11	8.72	7.96	7.47	7.13	6.88	6.69	6.54	6.42	6.23	6.03	5.83	5.73	5.62	5.52	5.41	5.30	5.19
10	12.81	9.43	8.08	7.34	6.87	6.54	6.30	6.12	5.97	5.85	5.66	5.47	5.27	5.17	5.07	4.97	4.86	4.75	4.64
11	12.23	8.91	7.60	6.88	6.42	6.10	5.86	5.68	5.54	5.42	5.24	5.05	4.86	4.76	4.65	4.55	4.44	4.34	4.23
12	11.75	8.51	7.23	6.52	6.07	5.76	5.52	5.35	5.20	5.09	4.91	4.72	4.53	4.43	4.33	4.23	4.12	4.01	3.90
13	11.37	8.19	6.93	6.23	5.79	5.48	5.25	5.08	4.94	4.82	4.64	4.46	4.27	4.17	4.07	3.97	3.87	3.76	3.65
14	11.06	7.92	6.68	6.00	5.56	5.26	5.03	4.86	4.72	4.60	4.43	4.25	4.06	3.96	3.86	3.76	3.66	3.55	3.44
15	10.80	7.70	6.48	5.80	5.37	5.07	4.85	4.67	4.54	4.42	4.25	4.07	3.88	3.79	3.69	3.58	3.48	3.37	3.26
16	10.58	7.51	6.30	5.64	5.21	4.91	4.69	4.52	4.38	4.27	4.10	3.92	3.73	3.64	3.54	3.44	3.33	3.22	3.11
17	10.38	7.35	6.16	5.50	5.07	4.78	4.56	4.39	4.25	4.14	3.97	3.79	3.61	3.51	3.41	3.31	3.21	3.10	2.98
18	10.22	7.21	6.03	5.37	4.96	4.66	4.44	4.28	4.14	4.03	3.86	3.68	3.50	3.40	3.30	3.20	3.10	2.99	2.87
19	10.07	7.09	5.92	5.27	4.85	4.56	4.34	4.18	4.04	3.93	3.76	3.59	3.40	3.31	3.21	3.11	3.00	2.89	2.78
20	9.94	6.99	5.82	5.17	4.76	4.47	4.26	4.09	3.96	3.85	3.68	3.50	3.32	3.22	3.12	3.02	2.92	2.81	2.69
21	9.83	6.89	5.73	5.09	4.68	4.39	4.18	4.01	3.88	3.77	3.60	3.43	3.24	3.15	3.05	2.95	2.84	2.73	2.61
22	9.73	6.81	5.65	5.02	4.61	4.32	4.11	3.94	3.81	3.70	3.54	3.36	3.18	3.08	2.98	2.88	2.77	2.66	2.55
23	9.63	6.73	5.58	4.95	4.54	4.26	4.05	3.88	3.75	3.64	3.47	3.30	3.12	3.02	2.92	2.82	2.71	2.60	2.48
24	9.55	6.66	5.52	4.89	4.49	4.20	3.99	3.83	3.69	3.59	3.42	3.25	3.06	2.97	2.87	2.77	2.66	2.55	2.43

附表 5（续九）

$\alpha = 0.005$

K_2 \ K_1	1	2	3	4	5	6	7	8	9	10	12	15	20	24	30	40	60	120	∞
25	9.48	6.60	5.46	4.84	4.43	4.15	3.94	3.78	3.64	3.54	3.37	3.20	3.01	2.92	2.82	2.72	2.61	2.50	2.38
26	9.41	6.54	5.41	4.79	4.38	4.10	3.89	3.73	3.60	3.49	3.33	3.15	2.97	2.87	2.77	2.67	2.56	2.45	2.33
27	9.34	6.49	5.36	4.74	4.34	4.06	3.85	3.69	3.56	3.45	3.28	3.11	2.93	2.83	2.73	2.63	2.52	2.41	2.29
28	9.28	6.44	5.32	4.70	4.30	4.02	3.81	3.65	3.52	3.41	3.25	3.07	2.89	2.79	2.69	2.59	2.48	2.37	2.25
29	9.23	6.40	5.28	4.66	4.26	3.98	3.77	3.61	3.48	3.38	3.21	3.04	2.86	2.76	2.66	2.56	2.45	2.33	2.21
30	9.18	6.35	5.24	4.62	4.23	3.95	3.74	3.58	3.45	3.34	3.18	3.01	2.82	2.73	2.63	2.52	2.42	2.30	2.18
40	8.83	6.07	4.98	4.37	3.99	3.71	3.51	3.35	3.22	3.12	2.95	2.78	2.60	2.50	2.40	2.30	2.18	2.06	1.93
60	8.49	5.79	4.73	4.14	3.76	3.49	3.29	3.13	3.01	2.90	2.74	2.57	2.39	2.29	2.19	2.08	1.96	1.83	1.69
120	8.18	5.54	4.50	3.92	3.55	3.28	3.09	2.93	2.81	2.71	2.54	2.37	2.19	2.09	1.98	1.87	1.75	1.61	1.43
∞	7.88	5.30	4.28	3.72	3.35	3.09	2.90	2.74	2.62	2.52	2.36	2.19	2.00	1.90	1.79	1.67	1.53	1.36	1.00

附表 5（续十）

$\alpha = 0.001$

K_2 \ K_1	1	2	3	4	5	6	7	8	9	10	12	15	20	24	30	40	60	120	∞
1	4053*	5000*	5404*	5625*	5764*	5859*	5929*	5981*	6023*	6056*	6107*	6158*	6209*	6235*	6261*	6287*	6313*	6340*	6366*
2	998.5	999.0	999.2	999.2	999.3	999.3	999.4	999.4	999.4	999.4	999.4	999.4	999.4	999.4	999.5	999.5	999.5	999.5	999.5
3	167.0	148.5	141.1	137.1	134.6	132.8	131.6	130.6	129.9	129.2	128.3	127.4	126.4	125.9	125.4	125.0	124.5	124.0	123.5
4	74.14	61.25	56.18	53.44	51.71	50.53	49.66	49.00	48.47	48.05	47.41	46.76	46.10	45.77	45.43	45.09	44.75	44.40	44.05
5	47.18	37.12	33.20	31.09	29.75	28.84	28.16	27.64	27.24	26.92	26.42	25.91	25.39	25.14	24.87	24.60	24.33	24.06	23.79
6	35.51	27.00	23.70	21.92	20.81	20.03	19.46	19.03	18.69	18.41	17.99	17.56	17.12	16.89	16.67	16.44	16.21	15.99	15.75
7	29.25	21.69	18.77	17.19	16.21	15.52	15.02	14.63	14.33	14.08	13.71	13.32	12.93	12.73	12.53	12.33	12.12	11.91	11.70
8	25.42	18.49	15.83	14.39	13.49	12.86	12.40	12.04	11.77	11.54	11.19	10.84	10.48	10.30	10.11	9.92	9.73	9.53	9.33
9	22.86	16.39	13.90	12.56	11.71	11.13	10.70	10.37	10.11	9.89	9.57	9.24	8.90	8.72	8.55	8.37	8.19	8.00	7.81

* 表示要将所列数乘以 100。

附表 5（续十一）

$\alpha = 0.001$

K_2\K_1	1	2	3	4	5	6	7	8	9	10	12	15	20	24	30	40	60	120	8
10	21.04	14.91	12.55	11.28	10.48	9.92	9.52	9.20	8.96	8.75	8.45	8.13	7.80	7.64	7.47	7.30	7.12	6.94	6.76
11	19.69	13.81	11.56	10.55	9.58	9.05	8.66	8.35	8.12	7.92	7.63	7.32	7.01	6.85	6.68	6.52	6.35	6.17	6.00
12	18.64	12.97	10.80	9.63	8.89	8.38	8.00	7.71	7.48	7.29	7.00	6.71	6.40	6.25	6.09	5.93	5.76	5.59	5.42
13	17.81	12.31	10.21	9.07	8.35	7.86	7.49	7.21	6.98	6.80	6.52	6.23	5.93	5.78	5.63	5.47	5.30	5.14	4.97
14	17.14	11.78	9.73	8.62	7.92	7.43	7.08	6.80	6.58	6.40	6.13	5.85	5.56	5.41	5.25	5.10	4.94	4.77	4.60
15	16.59	11.34	9.34	8.25	7.57	7.09	6.74	6.47	6.26	6.08	5.81	5.54	5.25	5.10	4.95	4.80	4.64	4.47	4.31
16	16.12	10.97	9.00	7.94	7.27	6.81	6.46	6.19	5.98	5.81	5.55	5.27	4.99	4.85	4.70	4.54	4.39	4.23	4.06
17	15.72	10.66	8.73	7.68	7.02	6.56	6.22	5.96	5.75	5.58	5.32	5.05	4.78	4.63	4.48	4.33	4.18	4.02	3.85
18	15.38	10.39	8.49	7.46	6.81	6.35	6.02	5.76	5.56	5.39	5.13	4.87	4.59	4.45	4.30	4.15	4.00	3.84	3.67
19	15.08	10.16	8.28	7.26	6.62	6.18	5.85	5.59	5.39	5.22	4.97	4.70	4.43	4.29	4.14	3.99	3.84	3.68	3.51
20	14.82	9.95	8.10	7.10	6.46	6.02	5.69	5.44	5.24	5.08	4.82	4.56	4.29	4.15	4.00	3.86	3.70	3.54	3.38
21	14.59	9.77	7.94	6.95	6.32	5.88	5.56	5.31	5.11	4.95	4.70	4.44	4.17	4.03	3.88	3.74	3.58	3.42	3.26
22	14.38	9.61	7.80	6.81	6.19	5.76	5.44	5.19	4.99	4.83	4.58	4.33	4.06	3.92	3.78	3.63	3.48	3.32	3.15
23	14.19	9.47	7.67	6.69	6.08	5.65	5.33	5.09	4.89	4.73	4.48	4.23	3.96	3.82	3.68	3.53	3.38	3.22	3.05
24	14.03	9.34	7.55	6.59	5.98	5.55	5.23	4.99	4.80	4.64	4.39	4.14	3.87	3.74	3.59	3.45	3.29	3.14	2.97
25	13.88	9.22	7.45	6.49	5.88	5.46	5.15	4.91	4.71	4.56	4.31	4.06	3.79	3.66	3.52	3.37	3.22	3.06	2.89
26	13.74	9.12	7.36	6.41	5.80	5.38	5.07	4.83	4.64	4.48	4.24	3.99	3.72	3.59	3.44	3.30	3.15	2.99	2.82
27	13.61	9.02	7.27	6.33	5.73	5.31	5.00	4.76	4.57	4.41	4.17	3.92	3.66	3.52	3.38	3.23	3.08	2.92	2.75
28	13.50	8.93	7.19	6.25	5.66	5.24	4.93	4.69	4.50	4.35	4.11	3.86	3.60	3.46	3.32	3.18	3.02	2.86	2.69
29	13.39	8.85	7.12	6.19	5.59	5.18	4.87	4.64	4.45	4.29	4.05	3.80	3.54	3.41	3.27	3.12	2.97	2.81	2.64
30	13.29	8.77	7.05	6.12	5.53	5.12	4.82	4.58	4.39	4.24	4.00	3.75	3.49	3.36	3.22	3.07	2.92	2.76	2.59
40	12.61	8.25	6.60	5.70	5.13	4.73	4.44	4.21	4.02	3.87	3.64	3.40	3.15	3.01	2.87	2.73	2.57	2.41	2.23
60	11.97	7.76	6.17	5.31	4.76	4.37	4.09	3.87	3.69	3.54	3.31	3.08	2.83	2.69	2.55	2.41	2.25	2.08	1.89
120	11.38	7.32	5.79	4.95	4.42	4.04	3.77	3.55	3.38	3.24	3.02	2.78	2.53	2.40	2.26	2.11	1.95	1.76	1.54
8	10.83	6.91	5.42	4.62	4.10	3.74	3.47	3.27	3.10	2.96	2.74	2.51	2.27	2.13	1.99	1.84	1.66	1.45	1.00

附表 6　相关系数检验表

K \ α	0.05	0.01	K \ α	0.05	0.01
1	0.997	1.000	21	0.413	0.526
2	0.950	0.990	22	0.404	0.515
3	0.878	0.959	23	0.396	0.505
4	0.811	0.917	24	0.388	0.496
5	0.754	0.874	25	0.381	0.487
6	0.707	0.834	26	0.374	0.478
7	0.666	0.798	27	0.367	0.470
8	0.632	0.765	28	0.361	0.463
9	0.602	0.735	29	0.355	0.456
10	0.576	0.708	30	0.349	0.449
11	0.553	0.684	35	0.325	0.418
12	0.532	0.661	40	0.304	0.393
13	0.514	0.641	45	0.288	0.372
14	0.497	0.623	50	0.273	0.354
15	0.482	0.606	60	0.250	0.325
16	0.468	0.590	70	0.232	0.302
17	0.456	0.575	80	0.217	0.283
18	0.444	0.561	90	0.205	0.267
19	0.433	0.549	100	0.195	0.254
20	0.423	0.537	200	0.138	0.181

参 考 书 目

1. Hubert M. Blalock, *Social Statistics*, McGraw-Hill, 1979.
2. Gudmund R. Iversen, *Statistics for Sociology*, W. C. Brown Co., 1979.
3. Simon W. Tai, *Social Science Statistics*, Goodyear Pub. Co., 1978.
4. Robert R. Johnson, *Elementary Statistics*, Duxbury Press, 1999.
5. Jack Levin, *Elementary Statistics in Social Research*, , Addison Wesley Publishing Company, 1993.
6. William Mendenhall, *Introduction to Probability and Statistics*, Wadsworth 1969.
7. Elàzar J. Pedhazur, *Multiple Regression in Behavioral Research*, Wadsworth, 1997.
8. 李沛良:《社会研究的统计分析》,湖北人民出版社 1987 年版。
9. 沈恒范:《概率论讲义》,高等教育出版社 1982 年版。
10. 陈家鼎等:《概率统计讲义》,高等教育出版社 2004 年版。
11. 宋元村等:《数理统计学》,湖南人民出版社 1982 年版。
12. 王广森等:《概率统计方法及其在农业经济管理中的应用》,农业出版社 1981 年版。
13. 〔美〕罗伯特·D. 梅森:《工商业和经济学中应用的统计方法》,中国人民大学出版社 1984 年版。
14. 〔美〕David Freedman 等:《统计学》,中国统计出版社 1997 年版。